4418- B3E-82 ②

Ces parents
à bout
de souffle

Un guide de survie

Données de catalogage avant publication (Canada)

Lavigueur, Suzanne

Ces parents à bout de souffle

Nouv. Éd.
(Collection Psychologie)

ISBN 2-7640-0663-2

1. Enfants hyperactifs. 2. Hyperactivité. 3. Parents et enfants. 4. Enfants hyperactifs -
Relations familiales. 5. Enfants hyperactifs - Éducation. I. Titre. II. Collection: Collection Psychologie (Éditions Quebecor).

HQ773.L38 2002   649'.153   C2002-940821-0

LES ÉDITIONS QUEBECOR
7, chemin Bates
Montréal (Québec)
H2V 4V7
Téléphone: (514) 270-1746

© 2002, Les Éditions Quebecor, pour la présente édition
Bibliothèque nationale du Québec
Bibliothèque nationale du Canada

Éditeur: Jacques Simard
Coordonnatrice de la production: Dianne Rioux
Conception de la couverture: Bernard Langlois
Illustration de la couverture: Diana Ong / SuperStock
Illustrations intérieures: Jonathan Plante
Photo de l'auteure: Roger Labelle, photographe
Révision: Francine St-Jean
Correction d'épreuves: Jocelyne Cormier

Nous reconnaissons l'aide financière du gouvernement du Canada par l'entremise du Programme d'Aide au Développement de l'Industrie de l'Édition pour nos activités d'édition.

Gouvernement du Québec – Programme de crédit d'impôt pour l'édition de livres – Gestion
SODEC.

Dans cet ouvrage, le masculin est utilisé comme représentant des deux sexes, sans discri-
mination à l'égard des hommes et des femmes et dans le seul but d'alléger le texte.

Suzanne Lavigueur, Ph.D.

Ces parents
à bout
de souffle

Un guide de survie

LES ÉDITIONS
Quebecor
© QUEBECOR MEDIA

À Martin,

aux parents qui doutent de leur compétence,
et aux enfants qui aimeraient répondre mieux
aux attentes de ceux qu'ils aiment.

Je tiens à remercier sincèrement:

- Jonathan Plante, dont les illustrations pleines de complicité jalonnent le texte;

- Yolande Lavigueur, Jean Gervais et Paul Charette, pour la pertinence de leurs critiques et de leurs suggestions;

- les parents et les enseignants qui ont généreusement partagé leur expérience;

- Claude, Yolande, ma mère et Anouk, pour leur encouragement et leur présence irremplaçable.

Préface

Dans l'introduction de *Ces enfants qui bougent trop*[1], j'écrivais que le simple fait de «comprendre» le déficit d'attention-hyperactivité aidait déjà beaucoup le parent qui saisit mal pourquoi son enfant, malgré les efforts de plusieurs, a tant de difficulté à s'ajuster dans ses différents milieux. Si «comprendre» peut faire une différence, je sais pourtant que c'est insuffisant et que le parent doit aussi être outillé pour aider son enfant dans la vie de tous les jours. C'est ce défi d'envergure qu'a relevé Suzanne Lavigueur dans le présent guide, *Ces parents à bout de souffle*.

J'évalue, depuis plus de dix ans, des enfants ayant un déficit d'attention-hyperactivité. Pour préparer l'évaluation, je demande au parent de me dire ce qu'il attend de moi à la suite de cette consultation. Voici trois extraits des réponses reçues:

• *Nous guider et nous éclairer dans le comment et le pourquoi des actions à prendre face à Maxime et à la famille, car nous vivons tous des frustrations.*

• *Trouver une façon de comprendre et de quelle façon l'on pourrait vivre en harmonie, comment la vie de Dominique pourrait être meilleure pour lui et son entourage.*

• *Nous donner des trucs pour aider Mélissa. Nous nous sentons impuissants.*

---

1. C. Desjardins, *Ces enfants qui bougent trop! Déficit d'attention-hyperactivité chez l'enfant*, Montréal, Éditions Quebecor, 1992.

Certains parents parlent de «trucs». Un truc évoque un moyen pour contourner une difficulté ou encore pour s'en tirer facilement à bon compte, comme un truc de magie. Dans la première partie de son livre, Suzanne Lavigueur nous rappelle que le problème ne se contourne pas, qu'il est parfois de taille, qu'il touche toute la famille, et que, bien plus que des trucs, il faudra y mettre les forces de tous aux bons endroits et de façon rentable.

Dans la deuxième partie, elle propose qu'on appuie les moyens d'intervention sur du solide et rappelle l'importance de maintenir la qualité de la relation parent-enfant. Dans les troisième et quatrième parties, elle aborde comment s'y prendre, quels outils utiliser, quels sont les pièges à éviter. Bien plus qu'une série de recettes, elle nous fait comprendre les moyens d'action et situe ceux-ci dans une logique qui devrait en faciliter l'utilisation. Dans la cinquième partie, il est question de l'importance de mettre en commun les forces tant à l'intérieur qu'à l'extérieur de la famille; elle aborde également sans détour la question de la médication comme une force qui peut être mise au profit de l'évolution de l'enfant.

Ce livre arrive à point et sera un guide précieux, à la fois par l'étendue et par la pertinence de son contenu fort bien documenté, mais également par son ouverture et par le ton très respectueux qu'il a à l'égard des parents et des enfants. Un ton juste face à cette réalité souvent difficile: un message d'espoir que le lecteur pourra adapter à ses propres besoins.

Par son travail d'illustration, Jonathan Plante nous présente un petit bonhomme, qui rebondit ici et là, avec sa naïveté et à qui l'on s'attache. Il revient au fil des illustrations pleines d'humour, de simplicité et de tendresse; ce sont là de précieux ingrédients que l'on retrouve souvent chez ces enfants et leurs parents, des dimensions qu'il faut savoir accueillir et aller chercher.

Claude Desjardins,
pédiatre

Sommaire

Introduction

À qui s'adresse ce guide

Ce livre, petit guide de survie, s'adresse aux parents qui ont un enfant présentant un déficit d'attention avec hyperactivité (DAH)[1], plus particulièrement à ceux qui ont déjà franchi l'étape du diagnostic, qui reconnaissent (ce qui ne veut pas dire acceptent) la présence du DAH chez leur enfant et qui cherchent des moyens concrets pour mieux l'aider. Il s'adresse aux parents à bout de souffle et à bout d'espoir, aux parents qui se sentent frustrés et inquiets, qui en ont assez des chicanes avec leur enfant et leur conjoint, qui en ont assez de se sentir jugés comme des incompétents par l'entourage.

Si le guide s'adresse en priorité aux parents, il peut également être utile à l'enseignante de l'enfant, à sa gardienne, à ses grands-parents, en somme à tout adulte qui partage le défi de son éducation.

Que contient-il?

On y trouve des indications sur quoi faire et comment s'y prendre dans la vie de tous les jours. Par comparaison, il représente une sorte de guide de survie en forêt destiné aux parents qui se sentiraient perdus et désemparés face aux difficultés auxquelles le DAH les confronte quotidiennement.

---

1. Tout au long du livre, pour alléger le texte, l'abréviation DAH représentera l'entité clinique spécifique reconnue dans le DSM-IV (American Psychiatric Association, *Diagnostic and statistical manual of mental disorders*, 1994) comme le trouble de «déficit d'attention/hyperactivité» (ou TDAH).

Il comprend cinq parties regroupant chacune un certain nombre de chapitres.

LA *PARTIE* **I: *Pourquoi un guide de survie*** présente les difficultés de tous les jours vécues par l'enfant, le parent, la famille. «Le bilan de départ» permet à chacun de faire le point sur ses propres difficultés et moyens.

LA *PARTIE* **II: *Appuyer son action sur du solide*** présente quatre dimensions de base sur lesquelles doivent reposer les moyens qui seront utilisés par le parent: un diagnostic fiable, une bonne information, une relation positive avec l'enfant et la promotion de son estime de soi.

LA *PARTIE* **III: *Quoi faire, principes et moyens d'action*** présente les quatre stratégies éducatives (les quatre C) pour aider le parent dans son action quotidienne: compenser les déficits, clarifier les demandes, construire sur le positif et contrecarrer l'inacceptable.

LA *PARTIE* **IV: *Des situations à prévoir et des solutions à inventer*** applique ces stratégies éducatives à certaines situations qui posent souvent problème: lever, coucher, tâches familiales, repas, devoirs, loisirs, amis et événements spéciaux.

LA *PARTIE* **V: *Mettre toutes les forces en commun*** explique les rôles complémentaires joués par l'école, la médication, les ressources à l'intérieur (conjoint et fratrie) et les ressources à l'extérieur de la famille (parenté, amis, voisins, groupe d'entraide et ressources professionnelles).

LE *MOT DE LA FIN*: **Reprendre son souffle...** suggère des moyens pour réussir à se ressourcer et à prendre un peu de recul face aux pressions du quotidien.

Le guide porte sur quoi faire

Le contenu du guide est en grande partie centré sur l'action des parents. La majorité des livres qui traitent du DAH présentent certains éléments explicatifs de base, avant d'aborder l'impérieuse question du quoi faire. On y présente, par exemple, les caractéristiques du DAH, l'importante et difficile étape de l'évaluation et du diagnostic, le rôle de la médication, etc. Or ces thèmes ne seront que brièvement repris dans ce guide; en ce sens, l'utilisation du guide présuppose que le lecteur connaît déjà cette information. En 1992, j'ai collaboré à la rédaction du livre du docteur Claude Desjardins, *Ces enfants qui bougent trop. Déficit d'attention-hyperactivité chez l'enfant*[2], en particulier pour les chapitres «Ce que vit la

---

2. C. Desjardins, *op. cit.*

famille» et «Comment aider». Le présent volume s'inscrit dans la suite de ce premier ouvrage: il le prolonge et le complète en mettant l'accent sur les moyens d'action du parent et en se concentrant surtout sur quoi faire pour mieux aider.

Le guide partage l'expérience de plusieurs parents et professionnels

Il est important de souligner que les véritables auteurs de ce guide sont aussi tous les parents d'enfants avec DAH qui ont accepté de partager leur expérience avec moi ou avec d'autres intervenants. Ils sont présents de façon explicite dans chacun des témoignages présentés, mais ils se trouvent aussi en toile de fond de l'ensemble du volume. Les vrais experts de la gestion quotidienne du DAH sont tous ces enfants, parents et enseignants qui ont progressivement appris à composer avec le déficit; combien de fois ceux-ci ont-ils dû essayer, ajuster, essayer à nouveau tel moyen, recommencer tel effort? Aussi, le guide cherche d'abord à refléter et à diffuser l'expertise élaborée au fil des années par ceux qui sont le plus directement touchés par cette réalité souvent difficile à vivre. Leur contribution enrichit et éclaire le contenu de façon essentielle.

Ce livre a largement bénéficié de l'étroite collaboration et de l'expertise clinique du docteur Claude Desjardins; il a souvent servi de poste de relais pour les parents et a été une source précieuse pour enrichir la banque d'expériences qui a alimenté ce guide. Ce livre s'inspire aussi des écrits de plusieurs auteurs qui, par leur expérience clinique ou leurs projets de recherche, ont largement contribué à enrichir le contenu; plusieurs de ces ouvrages sont cités en référence tout au long du guide. La liste des références utilisées révèle la disproportion qui existe entre les documents en langue anglaise comparativement à ceux de langue française. Cette rareté m'a convaincue de l'urgence d'écrire un guide pour répondre aux questions et aux attentes des parents francophones, qui sont nombreux à chercher des outils concrets pour «les aider à aider» leur enfant.

Je souhaite que chaque parent trouve dans ce livre le matériel nécessaire pour bâtir son propre coffre d'outils, un coffre qu'il puisse équiper et organiser à sa main, de façon à se sentir confiant dans ses propres moyens.

Première partie

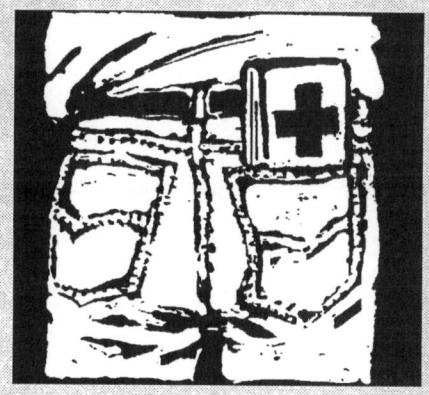

Pourquoi un
guide de survie

CHAPITRE I

Un cri d'alarme qui doit être entendu

Un cri d'alarme

Un témoignage: l'histoire de Louise

Le DAH peut-il devenir une question de survie? Oui, pour de nombreux parents! Du moins, dans la perspective où nous l'entendons ici. Dans ce chapitre, nous aborderons les difficultés importantes que vivent plusieurs parents d'un enfant avec un problème de DAH: Comment ça se passe? Quels sont leurs espoirs? leurs frustrations? leurs inquiétudes? L'histoire de Louise, mère d'un petit bonhomme hyperactif de neuf ans, permettra d'évoquer le genre de menace qui plane sur plusieurs familles; cette difficile réalité de tous les jours constitue la toile de fond sur laquelle s'inscrit la suite du guide.

T é m o i g n a g e

Louise, au creux de la vague

Protégée derrière sa porte de chambre fermée, Louise se blottit sur son lit pour se laisser aller à pleurer sans retenue. Une vraie pluie de larmes. Les sentiments se bousculent: la rage, la honte, l'épuisement. Impuissante, frustrée, coupable, découragée, voilà comment elle se sent.

Elle revoit les cinq dernières minutes passées avec Philippe: l'atmosphère tendue, étouffante, menaçante; une atmosphère d'orage qui éclatait de plus en plus souvent depuis septembre. L'appel du directeur de l'école ce matin. Puis, Philippe était rentré de l'école l'air bourru. Agressif, il avait laissé tomber ses livres par terre. Les devoirs... Elle avait ramassé son courage à deux mains. Mais Philippe n'accrochait tout simplement à rien dans le travail à faire. Faisait-il au moins la MOITIÉ ou même le QUART de ses efforts à elle, qui tentait courageusement de l'aider malgré sa propre frustration?

La suite était prévisible: plus sa patience diminuait, plus Philippe se barricadait derrière un mur de béton. Encore une fois, tout avait dérapé rapidement. À bout de moyens, elle s'était mise à crier après Philippe, à lui faire des menaces: *«Eh! Ça va faire, ton niaisage! Tu pourrais au moins faire un petit effort, après tout ce qu'a dit le directeur sur ton comportement à l'école! Ou bien tu t'y mets tout de suite, ou bien tu oublies la télé et le Nintendo cette semaine.»* Philippe en avait profité pour lui retourner comme une balle l'écœurement et l'agressivité accumulés pendant sa journée à l'école: *«As-tu fini de m'écœurer? T'es TOUJOURS sur mon dos! J'veux pu rien savoir de toi! J'suis tanné! J't'haïs! T'es jamais de bonne humeur avec moi. T'es juste fine avec ta p'tite chouchou de Nathalie!»* Jacques, son conjoint, était rentré du travail au beau milieu de la chicane et elle avait reçu comme un coup en plein cœur son air réprobateur et exaspéré qui lui disait clairement: *«Pas encore une de TES chicanes! T'as donc pas le tour avec lui! On dirait que tu le fais vraiment exprès pour lui tomber dessus!»*

La pluie de larmes a un peu calmé l'orage de ses émotions, mais Louise s'est dit à elle-même que si, comme le chante Richard Desjardins, *Le cœur est un oiseau*, le sien se débat douloureusement comme un oiseau pris au piège. Ce soir, elle se sent traquée, humiliée, une mère inadéquate, impuissante. Elle sent l'usure de la situation. Elle sent le cœur de Philippe tout aussi traqué et affolé que le sien, piégé dans sa propre cage d'enfant. Et Jacques qui ne voit que la chicane extérieure, comme un arbitre qui se permet de juger sans s'engager ni même essayer de comprendre.

L'intuition, la peur d'un naufrage

Un médecin rapporte l'histoire suivante[1]: en entrant dans son cabinet pour l'évaluation de son fils Samuel qui présente un DAH, la mère s'assoit et lance spontanément: *«Docteur, aidez-moi! Je suis en train de perdre mon enfant.»* Sur le coup, le médecin ne comprend pas: il a l'impression qu'il s'agit d'une dispute pour la garde légale de l'enfant. Mais non. Il met alors de côté sa feuille de notes toute prête divisée en deux colonnes, une pour y inscrire les problèmes à l'école et l'autre pour les problèmes à la maison... Mais voilà qu'il comprend tout à coup la profondeur de l'appel qui lui est lancé. L'angoisse de cette mère est viscérale; le cri est global et sans nuance (d'ailleurs, un cri peut-il être nuancé?). Il appelle à l'aide pour sauver ce qui lui reste d'espoir pendant qu'il en est encore temps. La profondeur de cet appel va directement à l'essentiel, il surgit de l'instinct de survie d'un parent, il exprime sa détresse et son impuissance. Il rejoint le nœud de l'inquiétude la plus grave de tout parent: la perte définitive du lien qui le relie à son enfant.

Cet appel, c'est l'intuition d'une noyade possible alors que l'enfant et le parent se sentent emportés par la force d'un même courant. On se débat, on sent confusément qu'on risque de perdre pied. L'importance de cette demande d'aide lancée par un parent inquiet de son enfant est la toile de fond de ce petit guide de survie. La survie dont il est question ici n'est pas celle de l'enfant lui-même, ni celle des gens qui l'entourent; elle fait plutôt référence à la survie d'une relation de soutien et de complicité entre l'enfant et ses parents. Bien sûr, tous les parents d'un enfant avec DAH ne vivent pas une situation aussi dramatique, mais la plupart connaissent sinon le découragement, du moins de lourds épisodes de frustration et d'inquiétude. Le guide présente un certain nombre de points de repère qui, comme des bouées de sauvetage, tentent d'arrimer l'espoir aux situations quotidiennes et d'assurer une qualité de survie malgré l'importance des vagues.

---

1. R. A. Barkley, *Taking charge of ADHD: The complete autoritative guide for parents,* New York, GSI Publications, 1995, p. 2.

Les dangers qui s'additionnent et se multiplient

Premier danger: les sources de stress sont contagieuses

Témoignage

Il y a mon mariage que je sens de plus en plus fragile et qui risque de se briser en morceaux deux fois par mois, et à côté, ou plutôt au beau milieu, il y a Stéphane qui réussit à se mettre dans le trouble à peu près tous les jours; quand ce n'est pas à l'école, c'est à la maison. Alors là, ça m'en fait pas mal trop sur les nerfs. Un des deux, Stéphane ou son père, il me semble que j'en viendrais à bout, mais les deux ensemble, j'en peux juste plus!

Une interaction qui est une source de tension ou de dévalorisation a tendance à contaminer les interactions qui gravitent autour.

Dans l'histoire de Louise, le regard accusateur de Jacques a été la goutte d'eau qui a fait déborder le vase. Ici, dans le témoignage de la mère de Stéphane, on comprend que celle-ci vit simultanément deux relations difficiles, l'une avec son conjoint, l'autre avec son fils. Il est facile d'imaginer que les frustrations vécues avec l'un peuvent contribuer à augmenter les frustrations vécues avec l'autre.

Une relation conjugale tendue, un stress vécu au travail, le budget qui se resserre, un problème de santé, de mauvaises nouvelles de l'école ou de la gardienne, toutes ces tensions teinteront de gris ou de noir les interactions à venir avec l'enfant. Les sources de stress ne font pas que s'additionner; elles créent un cercle vicieux et s'amplifient entre elles, comme dans une caisse de résonance ou comme des ronds dans l'eau. C'est ainsi que, dans un climat de tensions, les rires, la bonne humeur, les encouragements, les caresses se font de plus en plus rares, les petits écarts irritent davantage et une «petite» mauvaise nouvelle devient facilement un drame.

Au sein d'une famille, les émotions négatives (et positives aussi) circulent comme un liquide dans des vases communicants; c'est ce qu'on appelle le *spillover effect*, que nous traduirons par l'effet de débordement, c'est-à-dire l'influence entre nos interactions quotidiennes. Certains chercheurs ont en effet établi l'existence d'un effet de débordement typique de la relation de couple sur la relation de parent: une relation difficile aurait tendance à déborder et à déteindre sur le climat de la deuxième relation. Notons que l'effet inverse est aussi vrai et qu'une relation heureuse peut avoir un débordement positif sur les autres relations qui existent au sein de la famille.

Deuxième danger: les escalades agressives où tout le monde est perdant

Témoignage

Des fois, je suis assez tannée de crier après Martin pour qu'il ramasse ses affaires que je ne dis plus rien et que je ramasse toutes les traîneries moi-même. Mais, d'autres fois, je deviens tellement enragée qu'il comprend qu'il est bien mieux de «s'enligner» et de m'écouter. Non seulement ça me met tout à l'envers, mais le pire, c'est que le lendemain, tout est encore à recommencer. On dirait qu'il faudrait que je crie toujours de plus en plus fort après lui ou que je lui donne une bonne volée pour qu'il comprenne que c'est sérieux et qu'il FAUT qu'il m'écoute.

L'escalade de l'agressivité est facile à imaginer: c'est une guerre de pouvoir où les contraintes, les résistances, les attaques et les contre-attaques montent en forme d'escalier. Mais cette guerre de pouvoir entre le parent et l'enfant n'est drôle pour personne.

À titre d'exemple, l'escalade de l'agressivité est le triste scénario évoqué dans l'histoire de Louise. Plus sa patience diminuait, plus Philippe se barricadait. Elle l'avait menacé, il avait riposté en criant à l'injustice, puis, refusant d'utiliser des armes plus «meurtrières», elle avait battu en retraite dans sa chambre, la mère et son fils se retrouvant tous deux écorchés par une confrontation aussi stérile que répétitive. Entre les deux, ces réactions agressives en chaîne étaient devenues prévisibles: une escalade qui, selon la logique d'une guerre, ne s'arrêterait que lorsqu'un des deux adversaires y était contraint ou décidait de céder «pour avoir la paix», la rancune au cœur. De guerre lasse, le parent peut battre en retraite et laisser tomber; ou c'est le scénario inverse, l'enfant peut «se rendre» et «se tasser», du moins pour l'instant. Le témoignage de la mère de Martin évoque bien l'alternance de ces deux scénarios.

La séquence typique de ces comportements aussi répétitifs qu'inefficaces de la part d'un parent confronté aux comportements difficiles de son enfant, est à peu près la suivante: on demande, on ignore; on répète et on exige, on devient frustré, on répète et on menace. Finalement, on punit ou, au contraire, on laisse tomber... Dans les deux scénarios, les pertes subies ne justifient ni pour l'un ni pour l'autre les gains immédiats. Malheureusement, ce genre d'escalade échappe à toute logique; elle ne réussit qu'à accumuler une rancune réciproque et à menacer une relation qui est pourtant tout aussi fondamentale pour l'enfant que pour le parent.

Troisième danger: l'entourage juge plus et soutient moins

T é m o i g n a g e

Le party de Noël, moi, j'ai toujours hâte que ce soit passé. Avec toute la parenté, les cadeaux, les enfants partout, Sébastien devient très énervé. Tout le monde me regarde avec l'air de dire: «Bien, fais quelque chose, tu vois bien que t'es trop bonasse, t'as jamais été capable de t'imposer.» Moi, je me dis qu'il faudrait que le père Noël lui-même s'assoie dessus pour qu'il se tienne tranquille et qu'il ne dérange plus personne...!

Alors que Louise ressentait vivement les reproches même implicites de Jacques, la mère de Sébastien semblait vivre comme une forme de pression et de jugement personnels face à l'intolérance de sa famille relativement à l'hyperactivité de son fils.

Le fait que le DAH n'est pas écrit sur le front de l'enfant explique en partie pourquoi, contrairement à l'enfant aveugle ou trisomique, l'entourage (voisins, parents, amis) est nettement plus porté aux jugements négatifs qu'au soutien sympathique! Un enfant avec DAH passe facilement pour être mal élevé et ses parents, pour des personnes qui manquent soit de jugement, soit de compétence éducative. L'entourage regarde cet enfant qui manque de retenue et condamne spontanément l'approche éducative des parents, qu'on jugera comme trop autoritaires et rigides, tantôt trop permissifs et mous. Mais, peu importe le verdict, les parents n'y échapperont pas: ils sont coupables et responsables des écarts de comportement de l'enfant!

Par contre, lorsque ce même entourage apprend que les difficultés de tel enfant sont reliées, par exemple, à une déficience intellectuelle, à de l'autisme, à de l'épilepsie, etc., on se gardera bien d'accuser les parents d'être responsables. Au contraire, on se mobilisera parfois pour offrir une aide concrète ou un soutien émotif à cette famille éprouvée. Ainsi, le caractère non facilement identifiable du DAH et la fausse interprétation qui s'ensuit auront un impact difficile sur ce que vit l'enfant et sa famille. Nous aurons l'occasion d'y revenir lorsqu'il sera question de contrer cette fâcheuse tendance au jugement [2].

Quatrième danger: les frères et les sœurs vivent aussi des pressions

Témoignage

Après les devoirs, c'est souvent la chicane qui commence avec son frère Francis, qui a deux ans de plus que lui. Qu'est-ce que vous voulez? Kim, il est partout, il dérange, pis attendre son tour, on dirait qu'il ne connaît pas ça. En plus, comme il n'a presque jamais d'amis qui viennent jouer avec lui, plus souvent qu'autrement, il voudrait bien jouer avec les amis de son frère, mais eux ne sont vraiment pas patients avec lui, même s'il n'a encore rien fait... L'autre jour, Francis s'est plaint que ses amis lui avaient répondu: «O.K. on va jouer chez toi, mais juste si ton frère n'est pas là!»

Cet exemple illustre le fait qu'être le frère ou la sœur d'un enfant avec DAH n'est pas toujours facile, même si l'on «comprend» et qu'on veut bien «faire sa part»...

---

2. Voir aux page 346 et 347.

Kim, qui a maintenant dix ans, bouge un peu moins qu'avant, mais il est demeuré tout aussi impulsif, davantage tendu et mal dans sa peau, réagissant peut-être au rejet plus ou moins avoué dont il est souvent l'objet. Son frère, Francis, se permet rarement de le condamner aussi rapidement que ses amis le font. Il sait qu'il est différent, qu'il a aussi des côtés sympathiques; il ressent parfois la peine cachée de Kim face à la réaction des autres enfants à son endroit. La condition posée par les copains («On va chez toi juste si ton frère n'est pas là!») le met en rogne. Il se dit que c'est là une marge de manœuvre que lui est bien loin d'avoir! Imaginez: il doit VIVRE AVEC son frère à longueur de semaine, alors que ses amis le jugent trop dérangeant pour jouer avec lui pendant un pauvre petit après-midi à la fois...

Même s'il veut bien comprendre son jeune frère, le stress quotidien vécu par Francis demeure important.

Considérons les difficultés auxquelles Francis est confronté:

- il se sent parfois mal à l'aise à l'école face aux comportements dérangeants de Kim;

- il ressent la réaction négative des autres enfants à l'égard de son frère;

- il subit lui-même les réactions impulsives de Kim dans leurs nombreuses interactions quotidiennes;

- il est frustré par les réactions d'impatience et de réprobation de ses parents à leurs chicanes fréquentes, réactions qui, souvent, se déversent indifféremment sur les deux enfants. Par exemple: *Vous ne pourriez pas essayer de vous entendre, juste pour UNE fois?*;

- il est parfois jaloux de l'atmosphère familiale qui semble tellement calme et détendue chez ses copains, alors que, chez lui, la tension prend souvent le dessus malgré la bonne volonté de chacun;

- il se sent parfois un peu mis de côté par ses parents, puisque les besoins de Kim accaparent la presque totalité de l'énergie et de l'attention dont ils sont «physiquement» capables, alors que lui «se débrouille bien» et plus facilement que son petit frère.

L'équilibre de la famille est menacé

Une première menace: l'accumulation des pressions

Qu'elles viennent de l'intérieur ou de l'extérieur de la famille, les pressions ont tendance à s'attiser les unes les autres. Rappelons différentes formes de pression évoquées plus haut et qui sont susceptibles de miner la vie familiale.

Des pressions vécues à l'intérieur de la famille
- Le défi pour chacun de composer quotidiennement avec les difficultés particulières du DAH;
- la tension dans les interactions qui tendent à déborder les unes sur les autres;
- les reproches entre conjoints sur l'attitude éducative de l'un ou de l'autre;
- le piège des escalades agressives entre le parent et l'enfant, entre les frères et les sœurs.

Des pressions venues de l'extérieur de la famille
- La tendance des amis, des parents ou des voisins à juger plutôt qu'à soutenir;
- les difficultés et les irritations du milieu scolaire qui rebondissent assez rapidement et régulièrement à la maison.

Certaines familles sont confrontées à un double défi
Une deuxième personne dans la famille (par exemple, l'un des parents ou un autre enfant) peut aussi présenter, à un autre degré, un DAH. En effet, sans que nous sachions exactement par quel processus, nous savons néanmoins que le DAH peut être associé à un facteur d'hérédité; un peu comme le diabète, la haute pression ou les cheveux roux, le DAH, «court dans certaines familles». Ainsi, jusqu'à 40 % des familles qui ont un enfant avec un DAH comptent également un second membre hyperactif (fratrie ou l'un des parents). Nous comprenons que, dans une telle éventualité, la pression qui pèse sur ces familles est d'autant augmentée.

L'accumulation des sources de pression
L'accumulation des sources de pression associées au DAH permet de comprendre pourquoi la marmite familiale risque souvent de sauter... Avec le

temps, le climat familial s'use, les réserves de chacun risquent de s'épuiser, à un point tel qu'on peut parfois courir vers une «faillite émotive» au sein de la famille. J. Taylor, un auteur américain, a d'ailleurs écrit: «*Hyperactive children can emotionally bankrupt a family* [3]», qu'on pourrait traduire par: «Les enfants hyperactifs risquent de ruiner une famille sur le plan émotif.» Lorsque l'intuition d'un naufrage possible est ressentie, comme c'était le cas pour la mère de Samuel [4], le cri d'alarme doit être entendu. C'est alors l'équilibre de l'ensemble du système familial et de chacun de ses membres qui est en péril.

Une deuxième menace: la perte de l'estime de soi

Chez le parent comme chez l'enfant, les émotions et l'image de soi sont parfois en chute libre...

L'estime de soi chez le parent

Certaines études indiquent que les parents d'enfants avec DAH sont moins confiants dans leurs habiletés parentales et qu'ils ont une plus faible estime d'eux-mêmes que la moyenne des autres parents. Rappelons ici les émotions ressenties par Louise, au creux de la vague. Confrontée à son enfant qui l'écoute trop peu, aux mauvaises nouvelles du directeur d'école, à la réprobation de son conjoint, prise dans une escalade agressive qui ne mène nulle part, Louise se sent douloureusement «impuissante, frustrée, coupable, découragée... le cœur coincé... elle se sent traquée, humiliée, une mère inadéquate, impuissante [5]».

Si un parent est soumis quotidiennement, et ce, pendant des années à de telles difficultés, nous pouvons comprendre le processus de dévalorisation qui le menace. Il faudrait être fait de roc pour ne pas avoir l'estime de soi ou l'image parentale sinon réduite en miettes, du moins fortement ébranlée ou écorchée par ces difficiles confrontations... Nous reviendrons sur les moyens qu'il est important de prendre pour diminuer ce risque d'une «chute libre des émotions et de l'estime de soi» chez le parent.

L'estime de soi chez l'enfant

Parallèlement à ces études auprès des parents, certaines recherches ont tenté d'évaluer le niveau d'estime de soi chez les enfants qui présentent

---

3. J. Taylor, *Helping your hyperactive/attention deficit child*, Rocklin, Prima Publishing, 1994.
4. Voir à la page 23.
5. Voir à la page 22.

un DAH. Les chercheurs ont observé qu'ils ne prenaient pas le risque de laisser paraître dans leurs réponses un sentiment d'incompétence ou une faible image d'eux-mêmes; ils faisaient semblant. Ce n'est que lorsqu'ils étaient mis dans une situation où ils «n'avaient clairement rien à prouver» qu'on a pu constater que, comme chez les parents, leur image d'eux-mêmes était sinon en péril, du moins passablement plus faible que celle des enfants sans DAH.

Le parent et l'enfant partagent les mêmes émotions

Les enfants sont souvent branchés sur les émotions des parents, tandis que les parents sont profondément influencés par ce que vivent leurs enfants. Les émotions circulent spontanément de l'un à l'autre; on se regarde et on se ressent. L'un est le miroir de l'autre. Selon la loi des vases communicants, la déception, la frustration, la peur de l'échec, la dévalorisation se communiquent spontanément entre le parent et l'enfant.

Ainsi, Louise et Philippe ont-ils tous deux l'image de soi en péril. Parallèlement à l'expérience intérieure décrite chez Louise, nous pouvons imaginer que l'image de soi de Philippe est également en chute libre, en miroir avec les émotions négatives vécues par sa mère. Philippe cherche désespérément à s'accrocher à une expérience positive qui serait capable de freiner le sentiment d'incompétence et de dévalorisation qui l'envahit de plus en plus. Depuis ses débuts à l'école, son sentiment d'incompétence est exacerbé par les exigences scolaires auxquelles il est bien mal outillé pour répondre. Les devoirs, les exercices, les examens et les bulletins se chargent de lui mettre sous le nez ses difficultés scolaires, presque aussi souvent et aussi régulièrement que la cloche qui sonne dans le corridor de cette triste école. Souvent rappelé à l'ordre, peu choisi par les autres enfants pour les travaux d'équipe ou pour jouer, il sent bien, sans trop se l'avouer, que sa difficulté à se contrôler déçoit ou irrite un peu tout le monde autour de lui, que ce soit son enseignant, les amis de la classe et, maintenant, le directeur! À ses yeux, même sa mère semble se ranger de plus en plus de leur côté. Le pire, c'est qu'on dirait qu'ils pensent tous qu'il le fait exprès pour les faire fâcher! Il ne doit vraiment pas être bon à grand-chose... (Les sentiments d'échec et de dévalorisation vécus par l'enfant hyperactif sont bien décrits dans le petit livre *Le cousin hyperactif*, de Jean Gervais, qui explique le DAH aux jeunes de sept à douze ans[6].)

* * *

---

6. J. Gervais, *Le cousin hyperactif*, Montréal, Éditions du Boréal, 1996.

Heureusement, la réalité du DAH est loin d'être toujours sombre ou dramatique; une de ses caractéristiques, c'est précisément l'alternance de soleil et de nuages, la température variable subie par ceux qui vivent sous son climat. Le «beau fixe» est rare et les orages électriques le sont tout autant... Typiquement, les éclaircies et le soleil sont plus fréquents au cœur de l'été, époque où l'enfant peut courir dans les champs, naviguer des heures sur la planète grâce à Internet, établir des records de vitesse en vélo de montagne, jouer dans la piscine pour n'en sortir que pour «faire le plein» et manger en vitesse... Les orages sont plus fréquents dans un ciel alourdi par l'accumulation de nuages, par exemple, un échec scolaire ou le rejet par les amis. Ajoutons aussi une situation de tensions particulières vécues entre les parents: un déménagement, un stress au travail, l'annonce d'une maladie dans la famille... Déjà, nous entendons le tonnerre qui gronde. La tempête devient alors relativement prévisible! Bref, si la météo prévoit un ciel variable, il est sage de sortir avec le parapluie et le guide à la main!

Maintenant que la toile de fond est en place et que les difficultés que peuvent vivre les parents sont reconnues, les objectifs de sauvetage poursuivis dans ce guide de survie devraient permettre au parent d'être mieux outillé dans la vie de tous les jours. Celui-ci est appelé à choisir parmi les moyens proposés soit pour en expérimenter de nouveaux, soit pour améliorer l'application de certains moyens qu'on utilise déjà un peu, soit encore pour recycler des moyens jugés inefficaces et qu'on a délaissés parce qu'ils étaient mal utilisés.

Pour rouler avec confiance, rien ne vaut une bonne mise au point. Pour bien tenir la route du rôle de parent et pour rouler en douceur, il faut prendre le temps d'ajuster le moteur, de vérifier les freins et d'«aligner» les roues. Ce n'est pas un luxe, surtout si l'on roule sur des chemins accidentés comme ceux du DAH! C'est sur cette note que nous vous invitons à faire, en compagnie de Louise, un exercice de mise au point, c'est-à-dire un bilan des difficultés que vous éprouvez et des moyens dont vous disposez sur la route du DAH.

Réflexion 1

VIVRE AVEC LE DAH: UN BILAN DE DÉPART

Présentation de la démarche

Pour savoir si ce cri d'alarme s'applique à votre propre expérience du DAH et pour dessiner une toile de fond personnelle sur laquelle vous inscrirez votre «Guide de survie», vous êtes invité à faire une pause en compagnie de Louise, puis à prendre un peu de recul pour faire votre bilan de départ concernant les difficultés que vous éprouvez et les moyens que vous utilisez.

Pour faciliter la démarche, nous présentons d'abord les bilans remplis par Louise et par Philippe (à un moment moins dramatique que la situation présentée précédemment). La démarche proposée comporte les étapes suivantes.

Réflexion 1: Vivre avec le DAH: un bilan de départ

Le parent remplit d'abord une grille de réflexion[7] en quatre volets concernant les difficultés qu'il éprouve et les moyens sur lesquels il peut compter:

a) *Comment va le parent?*
b) *Moi, comme personne, comment ça va?*
c) *Comment va la famille?*
d) *Comment va mon enfant?*

Activité complémentaire 1: *Qu'en pense mon enfant?*

Le parent échange avec l'enfant sur la perception qu'a ce dernier des difficultés qu'il éprouve et des éléments positifs sur lesquels il peut miser.

Le parent utilise la grille «Vivre avec le DAH: un bilan de départ» (version de l'enfant)[8] sous la forme d'un questionnaire, d'un jeu ou d'une entrevue, selon ce qui convient le mieux à l'enfant. Il explique avec soin à celui-ci le contexte de l'exercice et, dans une atmosphère détendue et

---

7. Voir aux pages 43 à 48.
8. Voir à la page 49.

d'échange, parent et enfant prennent ensemble un peu de recul face au quotidien. Le parent se montre attentif pour mieux comprendre la perception que l'enfant a lui-même de ce qu'il vit et de ce qui lui arrive, dans un contexte dégagé de tout élément d'urgence ou de confrontation. Si l'enfant a de la difficulté à se concentrer longtemps et s'il risque de se fatiguer assez rapidement, il est sage de faire cette démarche avec lui par petites étapes successives.

Activité complémentaire 2: *Qu'en pense mon conjoint?*
Le deuxième parent de l'enfant remplit de son côté la même grille du bilan de départ remplie par son conjoint. Le couple compare ensuite leurs propres perceptions quant aux difficultés et aux moyens déterminés, et s'attardent aux questions suivantes: *Qu'est-ce qui les surprend? Qu'est-ce qui les encourage? Quelles pistes leur suggère cette mise en commun?* Comme dans l'échange avec l'enfant, les parents prennent ensemble un peu de recul face au quotidien et en profitent pour mieux comprendre la perception de l'autre, dans un contexte dégagé de tout élément d'urgence ou de toute confrontation...

Activité complémentaire 3: *Partager sa perception avec quelqu'un qui a plus de recul*
Le parent discute de ses réponses ou partage les réflexions que suscite ce bilan avec une personne (autre que le conjoint) qui l'appuie dans son rôle de parent, une personne qui non seulement le comprend, mais qui l'aide à mieux comprendre parce qu'elle a plus de recul face à cette expérience quotidienne du DAH. L'objectif est d'essayer de revoir à neuf un paysage devenu tellement familier qu'on n'arrive plus à discerner soi-même les «éclaircies» qui s'y cachent.

BILAN DE DÉPART DE LOUISE

Réflexion 1

VIVRE AVEC LE DAH: UN BILAN DE DÉPART

A. Comment va le parent?

1. Certains éléments que je trouve difficiles à vivre avec mon enfant

a. Une difficulté majeure.

Vous en voulez vraiment juste une?

On dirait que tout ce qu'on lui demande de faire passe difficilement.

Comme s'il n'était pas motivé par lui-même.

Il faut sans cesse recommencer à lui dire quoi faire. Il me semble qu'il devrait comprendre que c'est pour son bien ou pour faire sa part.

b. De petits irritants qui reviennent régulièrement, sinon tous les jours.

Attendez que je choisisse...

Philippe ne se ramasse pas: ça traîne partout autour de lui et partout où il passe. Dans ce désordre, il oublie les affaires dont il a besoin tant à l'école qu'à la maison.

c. Une activité ou une situation avec mon enfant qui me tombe sur les nerfs.

Celle-là est facile! Les devoirs qui s'étirent en longueur et qui n'en finissent plus...

2. Des éléments que j'aime bien vivre avec mon enfant

a. Une source de satisfaction ou de réconfort.

Difficile à expliquer. Mais je l'aime, moi, ce petit bonhomme girouette, aux yeux rieurs. Il n'y a rien à comprendre, c'est comme ça!

Il faut voir la joie qui pétille dans ses yeux quand il ramène une bonne note de l'école ou quand il est invité chez un ami...

b. D'autres joies plus petites mais qui reviennent souvent.

Notre bec de «bonsoir, bonne nuit».

Son enthousiasme spontané chaque matin ou quand je lui propose n'importe quoi de nouveau à faire ensemble.

c. Une activité ou une situation agréable pour nous deux.
 Faire du ski ensemble en hiver, camper, se baigner et aller à la pêche en été.

3. Des personnes qui sont généralement aidantes

a. Quelqu'un sur qui je peux laisser déborder le trop-plein.
 Ma sœur; elle a quatre enfants, mais aucun d'eux n'est hyperactif.

b. Quelqu'un qui me donne le sentiment que je suis malgré tout un bon parent pour mon enfant.
 Ma sœur... une des perles rares! Aussi Jacques, mais quand il est en forme lui-même et qu'il me fait, par exemple, un clin d'œil quand j'ai réussi à éviter un affrontement.

c. Quelqu'un qui m'aide à diminuer mes attentes face à mon enfant.
 Ma belle-mère: elle a vu évoluer son fils, Louis, le frère de Jacques, qui était telle-ment hyperactif. Ma belle-mère raconte qu'on devait l'attacher avec une laisse à un arbre quand il était petit pour ne pas le perdre en pique-nique à la cam-pagne...
 Mon amie Nicole, qui a un enfant trisomique et qui comprend les limites d'un en-fant.

4. Des personnes qui sont généralement stressantes

a. Quelqu'un qui me fait sentir encore plus inadéquat ou incompétent comme parent.
 Jacques, quand il juge trop vite...
 Ma mère, ses nuances dans sa voix et son regard quand il est question de Philippe.
 Ma belle-sœur, qui a un fils unique un peu trop parfait à mon goût, du style «bien poli, gentil, qui reste assis»...

b. Quelqu'un qui ajoute une pression supplémentaire à mon rôle de parent.
 Le directeur d'école, le directeur d'école et le directeur d'école (excusez-moi: ça fait du bien!).

5. Le piège des escalades d'agressivité

a. Des situations difficiles qui m'entraînent dans un affrontement avec mon enfant.
 Les devoirs... (je l'ai déjà dit!) et les traîneries (ça aussi, je l'ai dit!).

b. Les façons dont se terminent habituellement ces affrontements.

Les devoirs: Philippe finit par les faire plus ou moins, après que j'ai déballé toute mon agressivité.

Les traîneries: généralement, je ramasse moi-même, c'est moins souffrant...

c. Des éléments qui peuvent nous permettre de désamorcer une escalade.

Ouais... Bonne question! Il n'y a pas quelqu'un qui aurait des suggestions? Je ne le sais vraiment pas, mais je suis drôlement intéressée par la question...

6. Des situations difficiles et des situations agréables

a. Quelqu'un qui m'humilie ou me décourage particulièrement comme parent.

Aller chercher son bulletin à l'école.

Les gens qui me regardent au restaurant quand Philippe n'est pas tranquille, avec l'air de me dire: «Voyons, c'est si simple quand les parents ont le cran de s'imposer!»

b. Quelqu'un qui m'encourage, qui me remonte le moral comme parent.

Une journée de ski à rire et à «courser» avec Philippe.

Un commentaire positif de la part de son prof.

7. Ce qui m'aide le plus à traverser les moments difficiles

Philippe lui-même avec son enthousiasme, toujours prêt à repartir à neuf!

Le fait de me sentir comprise et respectée par ma sœur, et savoir que je peux toujours l'appeler.

B. Moi, comme personne, comment ça va?

1. À part la difficulté du DAH, quelles autres sources de tension viennent s'ajouter:

a. dans ma relation avec mon enfant?

Je ne vois pas vraiment d'autres sortes de tensions. À part son manque d'attention, sa bougeotte, le fait qu'il pense juste après avoir agi..., je le trouve bien correct. Philippe est intelligent, affectueux, beau, et ça me choque que les autres ne semblent pas voir tout ça!

b. dans ma vie personnelle?

Juste quand il y a trop de travail au bureau, ou encore quand une autre gardienne me laisse tomber...

c. dans la vie de la famille?

Quand Jacques juge trop vite! Et aussi les chicanes qui n'en finissent plus entre Philippe et sa sœur Nathalie.

2. D'autres sources de plaisir dans ma vie actuelle

Finir un travail difficile, l'atmosphère généralement positive avec la «gang» du bureau.

Certaines soirées de télé-vidéo-popcorn du vendredi soir en famille.

Sortir seule avec ma sœur.

La tendresse de Jacques (parfois!), l'affection et l'attachement des deux enfants, chacun à leur façon.

P.-S. Cou'donc, c'est pas si pire que je le pensais; ça m'en fait pas mal...

3. Des moyens qui me permettent de me détendre

Prendre une grande marche, à n'importe quelle saison; lire ou écouter mon baladeur, barricadée dans ma chambre pendant que Jacques s'occupe des enfants; regarder les deux enfants dormir comme des anges et penser à des moments où ils étaient heureux; envoyer Philippe seul en visite chez sa grand-mère paternelle!

C. Comment va la famille?

1. Certaines difficultés

a. Une situation ou un moment de vie plus difficile dans la vie familiale.

Cinq heures et demie: tout le monde a faim, on est fatigué, les devoirs traînent, et moi qui manque de temps pour préparer le souper. L'enfer, on voudrait tous être ailleurs...

b. Un élément qui menace le bien-être de notre famille.

La peur d'être de mauvais parents et la peur de Philippe d'être un mauvais enfant; la peur de ce qui nous attend peut-être à l'adolescence...

Il ne reste souvent plus beaucoup d'énergie pour s'occuper de sa petite sœur. Jacques qui se fâche de plus en plus avec Philippe (il crie plus fort que moi!).

c. Un élément qui était positif dans notre vie de famille et qui, malheureusement, existe de moins en moins.

Zut! C'est pas mal triste ça comme question...

On est peut-être en train de perdre le sens de l'humour de Jacques et de Philippe.

Avant les fameux devoirs, on jouait plus avec Philippe les soirs de semaine.
En fait, avant l'école, il me semble que tout était moins sérieux. On avait plus d'énergie pour rire et faire des folies!

2. Certains beaux côtés

a. Un élément qui était difficile pour la famille et qui, heureusement, a disparu maintenant.

Ce n'est pas évident ça... Attendez un peu que j'y pense...
Ah! oui, les couchers qui n'en finissaient plus; réussir à habiller Philippe le matin quand j'étais pressée pour aller travailler!
Philippe qui me harcelait toujours pour faire quelque chose avec lui... surtout après l'arrivée du plus jeune; c'est vrai, j'avais oublié, il est plus autonome maintenant, il peut jouer des heures au Nintendo...
On peut maintenant faire des activités à quatre, avant c'était impensable.

b. Un moment ou un moyen de détente qui permet de refaire le plein en famille.

J'en ai parlé plus haut: le camping, le ski, les soirées télé-vidéo-popcorn...

c. Une force qui caractérise notre famille.

On n'a pas peur de se dire qu'on s'aime.
Quand ça va mal, tout le monde repart assez facilement sur une nouvelle piste.

D. Comment va mon enfant?

1. Certaines difficultés

a. Certaines activités qui sont souvent source d'échec ou de frustration pour mon enfant.

Les devoirs! (Je deviens répétitive, une vraie obsession!)

b. Certaines situations qui sont souvent difficiles à vivre adéquatement pour mon enfant.

Magasiner (mais c'est beaucoup moins pire qu'avant...), les fêtes et les «spéciaux» comme la visite de ses cousins.

c. Une personne qui est plus jugeante ou plus stressante pour mon enfant.

Son prof de l'an dernier; le directeur de l'école.

2. Certains beaux côtés

a. Une activité qui est généralement une source de plaisir ou de valorisation pour mon enfant.

Sa vitesse et ses acrobaties en ski; initier sa sœur aux joies du Nintendo; ses cours de karaté; le contrat qu'il s'est donné pour couper le gazon et pelleter la neige de notre vieille voisine.

b. Un moment ou un moyen de détente qui fonctionne souvent pour mon enfant.

Jouer, courir, se rouler à terre... avec son chien Rex.

Se promener sur son vélo de montagne comme si c'était une fusée sur deux roues, avec trampoline intégrée.

c. Certaines situations qui sont plus faciles à vivre pour mon enfant.

L'été en campagne, en camping ou à la pêche; de façon générale, jouer dehors (surtout avec quelqu'un...).

Les couchers (maintenant!), aller chez McDonald (ça aussi maintenant!), les repas en général, la première (!) semaine d'école en septembre.

d. Une personne qui aide souvent mon enfant, une personne qui le comprend bien.

Sa grand-mère, celle qui a élevé l'oncle Louis...

Son prof de cette année.

Autre commentaire

Fiou!... Toute une randonnée... un peu essoufflant, si vous voulez mon avis. Mais c'est vrai que ça donne une vision plus ou moins panoramique du défi que représente pour moi le fait d'être la mère de Philippe. Au fond, c'est pas si pire. Il y a malgré tout pas mal d'aspects plutôt positifs, quand on regarde dans toutes les directions, l'une après l'autre.

Rapport des activités complémentaires de Louise

Activité complémentaire 1: Qu'en pense mon enfant?
Le bilan rempli par Philippe

Tel que suggéré, Louise a regardé avec Philippe les questions proposées, en lui expliquant qu'elle avait fait elle-même une sorte de petit exercice que son livre lui suggérait et qu'elle aimerait connaître son propre point de vue relativement à ces quelques questions qui le touchent plus personnellement. Ils en ont discuté un peu jusqu'à ce que Philippe saisisse bien de quoi il s'agissait et qu'il comprenne bien le sens de chacune des questions. Philippe a ensuite préféré faire comme sa mère et inscrire lui-même ses réponses par écrit, pour pouvoir lui glisser le tout sous la porte de sa chambre, livraison spéciale.

Transcription des réponses de Philippe pour son bilan

• Sa perception des difficultés

Des activités qui sont souvent source d'échec ou de frustration.
  Les devoirs, les examens, les exercices en classe.

Des situations qui sont souvent difficiles à vivre.
  Rester assis, écouter en classe quand c'est plate.

Ce qui l'inquiète le plus.
  Faire rire de moi, passer pour un niaiseux.

Une personne qui le dévalorise ou le stresse.
  Les autres dans la classe.

• Sa perception des éléments positifs

Une activité gratifiante, où il réussit.
  Entraîner Rex à courir après un bâton.

Une activité de détente.
  Faire une course avec Rex, en roulant avec ma bicyclette.

Une activité facile à vivre.
(Philippe n'arrivait tout simplement pas à en trouver.)

Qui l'aide et le comprend bien?
  Rex.

Quel serait son rêve s'il était Aladin?
  Il y aurait juste l'été pendant toute l'année.

Les éléments suivants ont frappé Louise, en comparant sa perception à celle de Philippe

1. Les aspects difficiles gravitent autour de la réalité école: ils semblent partager la même «allergie scolaire», c'est peut-être contagieux...

2. Les aspects positifs gravitent autour d'une ressource: Rex... (Dire que Jacques et elle ont souvent pensé s'en défaire, puisque, selon eux, ils avaient bien assez de chats à fouetter sans lui!)

3. Elle perçoit plusieurs éléments positifs dans la vie de Philippe que lui-même ne semble pas voir ou considérer comme tel.

4. Elle a particulièrement apprécié ce prétexte du questionnaire qui lui a permis d'être simplement à l'écoute du point de vue de Philippe; un contexte d'échange un peu gratuit, en dehors du quotidien, à répéter...

Activité complémentaire 2: *Qu'en pense mon conjoint?*
Mise en commun des perceptions de Louise et de Jacques

Lorsque Louise lui a proposé de remplir une grille, Jacques s'est dit pressé et n'avoir surtout pas la tête à ce genre d'exercice! Il faut dire qu'il n'était pas d'humeur ce soir-là. Tant pis, on repassera une autre fois, quand Jacques sera en meilleure forme! Louise y tient: elle veut partager avec lui ses inquiétudes quant au peu d'énergie qui reste pour Nathalie, voir si on ne pourrait pas s'arranger autrement les soirs entre dix-sept et dix-neuf heures; elle aimerait aussi discuter avec lui des éléments positifs qu'elle a fini par trouver, question de vérifier s'il les voyait lui aussi et s'il pouvait en ajouter d'autres.

Activité complémentaire 3:
Partager sa perception avec quelqu'un qui a plus de recul
Louise partage son bilan avec sa sœur et l'enseignante de Philippe

Louise a résolu de discuter à fond de son bilan «Difficultés et moyens» lors d'une prochaine rencontre avec sa sœur; elle veut, entre autres, voir avec elle comment mieux exploiter ses moyens de détente et discuter comment aider Philippe à «se brancher» sur d'autres éléments positifs en plus, bien sûr, de miser sur Rex, le roi du bonheur!

Louise décide aussi de rencontrer Philippe et son enseignante pour discuter comment on pourrait reprendre à neuf toute la question des devoirs. Ce serait dommage de ne pas profiter de cette année pour essayer de nouvelles solutions, alors que Philippe peut compter sur le soutien et la compétence de Mme Larivière, sa nouvelle enseignante.

Réflexion 1

VIVRE AVEC LE DAH: UN BILAN DE DÉPART

A. Comment va le parent?

1. Certains éléments que je trouve difficiles à vivre avec mon enfant

a. Une difficulté majeure.

_____

_____

b. De petits irritants qui reviennent régulièrement, sinon tous les jours.

_____

_____

c. Une activité ou une situation avec mon enfant qui me tombe sur les nerfs.

_____

_____

2. Des éléments que j'aime bien vivre avec mon enfant

a. Une source de satisfaction ou de réconfort.

_____

_____

b. D'autres joies plus petites mais qui reviennent souvent.

_____

_____

c. Une activité ou une situation agréable pour nous deux.

_____

_____

3. Des personnes qui sont généralement aidantes

a. Quelqu'un sur qui je peux laisser déborder le trop-plein.

_____

_____

b. Quelqu'un qui me donne le sentiment que je suis malgré tout un bon parent pour mon enfant.

_____

_____

c. Quelqu'un qui m'aide à diminuer mes attentes face à mon enfant.

_____

_____

4. Des personnes qui sont généralement stressantes

a. Quelqu'un qui me fait sentir encore plus inadéquat ou incompétent comme parent.

_____

_____

b. Quelqu'un qui ajoute une pression supplémentaire à mon rôle de parent.

_____

_____

5. Le piège des escalades d'agressivité

a. Des situations difficiles qui m'entraînent dans un affrontement avec mon enfant.

_____

_____

b. Les facons dont se terminent habituellement ces affrontements.

_____

_____

c. Des éléments qui peuvent nous permettre de désamorcer une escalade.

_____

_____

6. Des situations difficiles et des situations agréables

a. Quelqu'un qui m'humilie ou me décourage particulièrement comme parent.

_____

_____

b. Quelqu'un qui m'encourage, qui me remonte le moral comme parent.

_____

_____

7. Ce qui m'aide le plus à traverser les moments difficiles

_____

_____

B. Moi, comme personne, comment ça va?

1. À part la difficulté du DAH, quelles autres sources de tension viennent s'ajouter:

a. dans ma relation avec mon enfant?

_____

_____

b. dans ma vie personnelle?

_____

_____

c. dans la vie de la famille?

_____

_____

2. D'autres sources de plaisir dans ma vie actuelle

_____

_____

3. Des moyens qui me permettent de me détendre

_____

_____

C. Comment va la famille?

1. Certaines difficultés

a. Une situation ou un moment de vie plus difficile dans la vie familiale.

_____

_____

b. Un élément qui menace le bien-être de notre famille.

_____

_____

c. Un élément qui était positif dans notre vie de famille et qui, malheureusement, existe de moins en moins.

_____

_____

2. Certains beaux côtés

a. Un élément qui était difficile pour la famille et qui, heureusement, a disparu maintenant.

_____

_____

b. Un moment ou un moyen de détente qui permet de refaire le plein en famille.

_____

_____

c. Une force qui caractérise notre famille.

_____

_____

D. Comment va mon enfant?

1. Certaines difficultés

a. Certaines activités qui sont souvent source d'échec ou de frustration pour mon enfant.

_____

_____

b. Certaines situations qui sont souvent difficiles à vivre adéquatement pour mon enfant.

_____

_____

c. Une personne qui est plus jugeante ou plus stressante pour mon enfant.

_____

_____

2. Certains beaux côtés

a. Une activité qui est généralement une source de plaisir ou de valorisation pour mon enfant.

_____

_____

b. Un moment ou un moyen de détente qui fonctionne souvent pour mon enfant.

_____

_____

c. Certaines situations qui sont plus faciles à vivre pour mon enfant.

_____

_____

d. Une personne qui aide souvent mon enfant, une personne qui le comprend bien.

_____

_____

Autre commentaire

_____

_____

_____

VIVRE AVEC LE DAH:
UN BILAN DE DÉPART
(version de l'enfant)

Quelles sont les difficultés que je vis?

Quelles activités sont souvent une source d'échec ou de frustration et me découragent?

_____

Quelles situations sont les plus difficiles à vivre? dans quelles situations les autres sont-ils mécontents à cause de mon comportement?

_____

Une chose à laquelle je pense souvent et qui m'inquiète.

_____

Une personne qui pense des choses de moi qui ne sont pas vraies et qui me fait sentir moins bon.

_____

Quels sont les beaux côtés dans ma vie de tous les jours?

Quelque chose que je fais où je réussis bien et qui me fait me sentir fier de moi.

_____

Quelque chose que je fais qui me repose, me détend et m'aide à me sentir bien.

_____

Des situations faciles à vivre et où les autres sont heureux de mon comportement.

_____

Une personne qui m'aide ou une personne qui me comprend.

_____

Si j'étais Aladin, quel souhait je demanderais au génie de la lampe magique de réaliser pour me rendre heureux?

_____

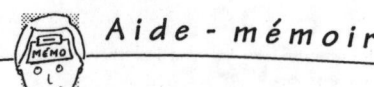 *A i d e - m é m o i r e*

Première partie:
Pourquoi un guide de survie

Chapitre I: Un cri d'alarme qui doit être entendu

1. La plupart des parents qui ont un enfant avec DAH vivent des moments où ils ressentent à des degrés divers des sentiments de frustration, d'impuissance et d'inquiétude face à leur enfant.

2. Les dangers s'additionnent et se multiplient:

   a. Les sources de stress sont contagieuses à l'intérieur d'une famille et ont tendance à s'aggraver les unes les autres.

   b. Les interactions entre un parent qui demande et un enfant qui ne répond pas à cette demande dégénèrent rapidement en escalades d'agressivité. Cette guerre de pouvoir est inefficace; elle ne fait que des perdants et alimente la rancœur de chacun.

   c. Le DAH, parce qu'il n'est pas associé à un handicap visible, est souvent interprété à tort comme la caractéristique d'un enfant mal élevé. Ce jugement négatif de la part de l'entourage ajoute une pression supplémentaire sur la famille, en plus de la priver de l'aide dont elle a grandement besoin.

   d. Être le frère ou la sœur d'un enfant avec DAH est parfois difficile à vivre: le frère ou la sœur doit subir quotidiennement des interactions fraternelles teintées d'impulsivité, en plus d'absorber des jugements négatifs de la part de ses amis ainsi qu'une attitude plus tendue de la part de ses parents.

3. Les sources de stress associées au DAH, tant à l'intérieur qu'à l'extérieur de la famille, s'accumulent et font boule de neige. Cette tension menace l'équilibre émotif de l'ensemble du système familial ainsi que l'équilibre de chacun de ses membres.

4. Le parent et l'enfant qui a un DAH se communiquent mutuellement des émotions teintées de frustration et de dévalorisation qui menacent l'estime qu'ils ont d'eux-mêmes.

5. Pour un parent, faire le bilan des difficultés qu'il éprouve et des moyens dont il dispose lui permet de prendre un peu de recul pour mieux choisir ses objectifs et ajuster les moyens d'action qui conviennent à la réalité de sa famille.

Deuxième partie

APPUYER SON ACTION SUR DU SOLIDE

Pour tenir le coup ou pour éviter l'essoufflement, toute approche éducative et tout effort pour composer avec les défis que pose le DAH doivent s'appuyer sur une base solide. Celle-ci repose sur les deux piliers suivants: 1. reconnaître le diagnostic et bien comprendre la nature du DAH; 2. maintenir et miser sur la relation avec l'enfant et sur la promotion de son estime de soi. Ces deux piliers agissent pour le parent comme les racines profondes d'un arbre qui permettent de résister aux vents violents et aux tornades. Comme nous le savons, les intempéries ne manquent pas avec le DAH...

Louise avait parfois tendance à mal interpréter certaines des difficultés vécues par Philippe. «*Si Philippe faisait au moins la MOITIÉ ou même le QUART de mes efforts*», se dit avec ressentiment Louise quant au peu d'investissement de Philippe face à ses devoirs[1]. Confrontée au défi concret des misérables devoirs, la distinction entre ce que Philippe «ne VEUT pas faire» et «ne PEUT pas faire» n'est pas toujours évidente aux yeux de Louise. Cette confusion quant à la nature des déficits réels de Philippe entraîne davantage Louise sur la voie de la frustration et de la confrontation, plutôt que de l'orienter vers une recherche plus sereine de moyens adaptés à la réalité du DAH.

Quant à la mère de Samuel, le cri d'alarme qu'elle lance à son médecin exprime un désarroi profond[2]. «*Docteur, aidez-moi! Je suis en train de perdre mon enfant.*» Ce lien privilégié qui la relie à son fils avait souvent inspiré et soutenu leurs efforts mutuels. L'inquiétude de cette mère est bien justifiée: perdre cette complicité de base serait, d'abord et avant tout, rendre les interactions quotidiennes ternes, comme si leur communication passait graduellement de la couleur au «blanc et noir». Sans complicité, les moyens éducatifs mis en place par le parent risquent de perdre une partie de leur sens, de leur vitalité et de leur efficacité.

---

1.   Voir «Louise, au creux de la vague», à la page 22.
2.   Voir à la page 23.

Au-delà de toutes les recettes et de tous les trucs éducatifs entendus ici et là, il est prioritaire pour le parent d'être, d'une part, bien informé sur la nature du DAH et, d'autre part, de préserver la qualité de la relation qu'il a avec son enfant; ce sont les deux points d'appui, ou leviers, sur lesquels repose la compétence parentale. L'application de toutes les suggestions et stratégies éducatives proposées dans les parties III, IV et V de ce guide n'est vraiment valable ou ne demeure viable que si ces différents moyens s'appuient solidement sur ces deux assises. Au-delà d'un sentiment de frustration ou d'impuissance, ces leviers les orientent davantage vers une recherche active et sereine de solutions. Forts de cet éclairage et grâce à leur complicité, parent et enfant peuvent garder le souffle qui leur est nécessaire pour attaquer chaque défi qui se présente à eux et pour tenir le coup contre vents et marées. Avant de discuter des stratégies d'action du parent, il sera question, dans cette partie, de la façon de s'appuyer sur cette base solide.

CHAPITRE II

S'appuyer sur du solide: établir le bon diagnostic

L'impact du diagnostic

Reconnaître qu'il s'agit bien d'un déficit d'attention-hyperactivité, *ça change pas le monde, sauf que...* ça colore et ça oriente toute l'approche à l'égard de l'enfant hyperactif — même si ça ne règle pas tous les problèmes...

Témoignage

Alexandre a sept ans. Il est le dernier-né d'une famille reconstituée, fils unique de sa mère et dont la demi-sœur est de dix ans son aînée. Sa mère confiait ceci: «J'ai lu *Ces enfants qui bougent trop* presque d'une traite. Là, je me suis dit: *"Ben c'est ça! Ce que je cherche depuis qu'il est tout petit, là je l'ai!"* Je venais de COMPRENDRE, je l'avais reconnu, j'avais compris ce qu'il avait, mon fils. J'ai dit à Paul (son père): *"Il faut que tu le lises, toi aussi!"* Puis, on est allé voir le pédiatre, on a eu une nouvelle rencontre à l'école (l'enseignante, la psychologue, le directeur, Paul et moi) et c'est devenu clair. On avait bien essayé, avant ça, d'être fins et encourageants ou, à l'inverse, d'être plus stricts et confrontants, il n'y a rien qui marchait vraiment longtemps. Ensuite, j'ai fait lire le livre à mes belles-sœurs et à ma famille parce que tout le monde me regardait de travers depuis le début: *"T'es trop bonne, tu le gâtes trop"*, et tout ça»....

Témoignage

Six mois après que le diagnostic de DAH fut clairement établi, la mère de Karine confie au pédiatre: «*Bien, Karine va quand même recommencer sa troisième année en septembre prochain, sauf que maintenant, pour dire franchement, elle a l'air d'une enfant heureuse. Elle doit sentir qu'on a tous un peu changé face à elle, on pense moins qu'elle le fait exprès. On dirait qu'elle se sent mieux comprise, moins jugée, peut-être aussi qu'elle se comprend plus elle-même.*»

Le témoignage de la mère d'Alexandre souligne l'importance du diagnostic pour le parent. Dans son cas, le fait de «comprendre enfin ce qu'avait son fils» fut vécu comme une étape positive menant vers de nouvelles solutions, après des années de tâtonnements et de jugements négatifs de la part de la famille.

Quant à la mère de Karine, elle souligne l'impact positif qu'a eu le diagnostic sur sa fille. Ceux qui étaient importants à ses yeux, parents, enseignante ou amis, ont alors perçu la différence entre ce qu'elle ne VOULAIT pas et ne POUVAIT pas faire, si bien que doubler son année n'était plus une catastrophe. Pour mieux comprendre ce que ressentent certains enfants dont le DAH n'est pas reconnu, rappelons-nous combien nous sommes facilement blessés quand nos gestes ou nos comportements sont mal interprétés, particulièrement par nos proches.

Mais reconnaître le diagnostic n'est pas toujours une étape aussi simple ni aussi «libérante» que dans les deux exemples précédents. D'une part, le diagnostic du DAH est souvent un processus complexe et, d'autre part, sa reconnaissance est habituellement perçue comme une arme à deux tranchants.

Le diagnostic peut être un processus complexe

L'évaluation peut être fort complexe. Il n'y a pas un seul modèle d'enfant hyperactif. Certaines difficültés parallèles (anxiété, stress émotif, troubles d'apprentissage, limites intellectuelles, troubles d'opposition et de conduite) peuvent en effet se greffer au DAH, compliquer le tableau et embrouiller le diagnostic. La plupart des livres qui s'adressent aux parents d'enfants avec DAH consacrent à juste titre de très nombreuses pages sur l'étape importante et complexe que constitue le processus de l'évaluation et de l'établissement d'un diagnostic fiable.

Puisque notre guide de survie s'adresse aux parents qui, de façon générale, ont déjà franchi cette étape et recherchent maintenant des moyens d'action, nous n'aborderons ici le thème du diagnostic que pour souligner l'impact important qu'il a sur le «quoi faire». Par contre, nous sommes tellement convaincus que cette étape demeure un moment clé que nous invitons fortement le lecteur à compléter, au besoin, sa réflexion sur ce thème crucial, plus particulièrement s'il subsiste chez lui quelque ambiguïté ou malaise face à l'évaluation et au diagnostic de son enfant. À titre de suggestions, la capsule d'information qui suit présente sommairement quelques références utiles concernant l'étape du diagnostic et celle des caractéristiques de base du DAH. La plupart des ressources présentées en appendice peuvent également être utiles pour approfondir ces deux sujets.

Le diagnostic, une arme à deux tranchants

Reconnaître le diagnostic clarifie certaines ambiguïtés et fausses interprétations; c'est le beau côté de la médaille (ou de l'étiquette!). Non, les difficultés éprouvées ne sont pas uniquement la faute de l'enfant qui, malgré certaines apparences, n'est ni indifférent, ni paresseux, ni provocateur. Les difficultés ne sont pas non plus uniquement la faute des parents qui ne sont pas nécessairement trop rigides ou intolérants, trop permissifs ou trop occupés... Elles ne sont pas non plus la faute de l'école, qui ne sait pas comprendre l'enfant, qui s'y prend mal avec lui ou qui manque de ressources... Oui, le beau côté du diagnostic, c'est de comprendre enfin que ni le parent ni l'enfant n'ont à porter le blâme des difficultés éprouvées: ce n'est ni la bonne volonté de l'enfant ni la compétence des parents ou de l'école qui sont d'abord à mettre en cause. Finie la recherche stérile d'un coupable sur qui reporter les frustrations de chacun!

Il faut toutefois comprendre que le diagnostic comporte aussi un côté plus difficile. Celui-ci confirme qu'il existe bel et bien une différence chez l'enfant, qui est inscrite dans la biologie de son cerveau. Les déficits du DAH sont aussi réels et aussi persistants qu'un déficit relié à la myopie, à l'asthme, au diabète ou à une malformation congénitale. Moins visibles, mais aussi légitimes et injustes que toute autre forme de déficit plus ou moins sévère qui peut affecter un enfant. Accepter la légitimité des difficultés vécues par l'enfant (et, par conséquent, le parent et l'enseignante!), c'est également accepter que ces difficultés s'inscrivent dans un processus d'ajustement à long terme, tant de la part de l'enfant, des parents que de l'école.

Cette part difficile du diagnostic explique pourquoi de nombreux parents sont souvent tentés de revenir en arrière, de mettre en doute le diagnostic ou de minimiser le problème dès que la situation s'améliore. Nous préférons d'ailleurs parler de «reconnaître» plutôt que «d'accepter le diagnostic», parce que cette dernière expression peut laisser supposer que les sentiments de révolte, d'inquiétude ou de regret, qui font aussi partie de cette étape, seraient enfin résorbés et réglés pour de bon. Ce serait nier ou banaliser le processus de deuil associé à la reconnaissance du DAH, un long processus émotif sur lequel nous reviendrons tout au long du guide.

Capsule d'information

Des ressources pour approfondir le thème du diagnostic du DAH

(ainsi que des pistes sur les moyens éducatifs)

Dans *Ces enfants qui bougent trop*[3], on y présente l'histoire de Philippe, de sa naissance jusqu'à son bal de finissants de l'école secondaire. On y évoque, entre autres, le long cheminement qui amènera ses parents, Monique et Serge, à reconnaître, selon son rythme propre, la présence du DAH chez Philippe et à s'ajuster progressivement et à long terme aux défis particuliers que posent ces déficits. Un autre chapitre y décrit les caractéristiques principales qui distinguent le DAH, un deuxième explique ses causes et sa base neurobiologique, tandis qu'un troisième présente toutes les démarches nécessaires avant d'arriver à une évaluation diagnostique qui soit fiable et utile.

Le cousin hyperactif[4] s'adresse aux jeunes de sept à douze ans. À travers l'histoire de Sébastien, on décrit les difficultés quotidiennes qu'il éprouve tant à l'école que dans sa famille. La clarification du diagnostic de DAH lui ouvre une nouvelle porte. Cette étape jette un nouvel éclairage sur ses comportements,

---

3. C. Desjardins, *op. cit.*
4. J. Gervais, *op. cit.*

on comprend que «la partie du cerveau qui contrôle le comportement et les pensées fait mal son travail»; cette compréhension diminue les préjugés à son égard et permet de trouver des moyens pour l'aider. En plus de souligner l'importance d'un bon diagnostic, ce livre nous fait partager les difficultés et les émotions que vit l'enfant hyperactif; il permet aussi aux jeunes lecteurs de mieux comprendre la base biologique et la nature des déficits associés au DAH.

ADHD/Hyperactivity: a consumer's guide [5]. Si vous lisez l'anglais et si vous appréciez l'humour de Michael Gordon, ne manquez pas de lire les chapitres qui abordent l'importance et les exigences d'un bon diagnostic. Les titres de ces chapitres sont présentés sous forme de messages ou de principes clairs et convaincants. Voici quelques exemples évocateurs:

Chapitre 1: Avant de chercher le meilleur traitement, recherchez d'abord la meilleure évaluation

Chapitre 6: Ne laissez pas le pédiatre observer le comportement angélique de votre enfant tout en vous déclarant hystérique (à moins que ce ne soit vrai!)

Chapitre 11: Il n'existe pas de meilleur traitement qu'un bon diagnostic

Chapitre 17: Tout programme éducatif efficace commence en reconnaissant que le DAH est un handicap légitime qui requiert une approche particulière

I would if I could. A teenager's guide to ADHD/hyperactivity [6] *(Je le ferais si je le pouvais)*, également écrit par Michael Gordon, se présente sous la forme du journal personnel de Sam, un adolescent hyperactif. Comme le souligne la préface, le livre montre bien que «le DAH n'est pas une réalité dont on doit avoir honte ou que l'on doit cacher, pas plus qu'il n'est une excuse facile ou une façon plus polie de dire que quelqu'un est sans-cœur ou paresseux. Le DAH est un problème légitime, réel, avec lequel on peut apprendre à composer.» À travers son journal, Sam retrace deux changements majeurs qui ont récemment marqué sa vie: la reconnaissance du DAH ainsi que sa participation dans l'équipe de soccer. Avec la spontanéité d'un adolescent, Sam décrit les sentiments mêlés qu'il a vécus quand on a clarifié son diagnostic: d'une part, une sorte de libération d'être enfin mieux compris («*Ce n'est pas juste de ma faute*»), et, d'autre part, une forme d'inquiétude et de peur d'être stigmatisé (son visage allait-il bientôt apparaître sur les affiches de sensibilisation qu'on trouve dans

---

5. M. Gordon, *ADHD/hyperactivity: a consumer's guide. For parents and teachers*, New York, GSI Publications, 1991.
6. M. Gordon, *I would if I could. A teenager's guide to ADHD/hyperactivity*, New York, GSI Publications, 1993.

les lieux publics tels que «l'enfant de l'UNICEF» ou encore «*L'épilepsie, ce n'est pas ce qu'on pense*»). Malgré cette inquiétude, Sam souligne néanmoins comment cette étape cruciale de la reconnaissance du DAH a permis d'introduire dans sa vie une série de moyens qui lui permettront enfin de sortir de ce qui lui semblait être un «long tunnel noir».

Taking charge of ADHD. The complete autoritative guide for parents [7] (*Prendre en charge le* DAH) est écrit par Russell A. Barkley, une autorité dans le domaine de la recherche sur le DAH. Dans les quelque cent premières pages du livre, ce chercheur-clinicien explique de façon approfondie en quoi consiste le DAH. L'auteur présente par la suite au parent comment il peut aborder concrètement et gérer ce problème de façon efficace, à partir d'une prise en charge qui débute dès avant l'étape du diagnostic. D'abord, «La décision même de faire évaluer son enfant pour un possible DAH» (chapitre 6), puis «Comment se préparer à cette évaluation» (chapitre 7) et, finalement, «Comment composer avec le diagnostic du DAH» (chapitre 8).

---

7. R. A. Barkley, *Taking charge of ADHD. The complete autoritative guide for parents*, New York, GSI Publications, 1995.

CHAPITRE III

S'appuyer sur du solide: être bien informé

Pour comprendre la nature particulière des déficits qui affectent son enfant et pour entrevoir les pistes de solutions qui en découlent, il est important que le parent soit bien informé des données scientifiques récentes relativement au DAH. Sans reprendre le contenu de ces connaissances (voir à ce sujet les livres recommandés précédemment[1]), nous nous limiterons ici à faire ressortir les éléments clés de compréhension du DAH qui offrent un éclairage spécifique sur «quoi faire».

Reconnaître les trois caractéristiques du comportement

Les réactions suivantes illustrent le triple déficit qui caractérise le DAH: les déficits du contrôle de l'attention, de l'agitation et de l'impulsivité. Comme le souligne J. Gervais[2], le terme «déficit» veut dire «manque»; dans les exemples qui suivent, il manque à Sébastien une capacité de contrôle de son attention, à Stéphane, un contrôle de son agitation motrice et à Philippe, une capacité de contrôle de ses réactions impulsives.

---

1. Voir aux pages 60 à 62.
2. J. Gervais, *op. cit.*

L'inattention

Les pensées de Sébastien se promènent allègrement

L'enseignant parle en avant de la classe et explique comment faire le devoir de ce soir. Avant la fin de sa deuxième phrase, les pensées de Sébastien ont décroché et se promènent ailleurs; l'idée des devoirs l'amène à la table de la cuisine chez lui. Il se demande ce qu'il mangera ce soir pour souper. Ah! oui, hier, c'était du spaghetti! Il aime bien le spaghetti. Dommage que maman n'était pas tellement de bonne humeur! Voilà que Sébastien rêve à la fin de semaine prochaine, lorsque le bruit des pupitres qui se ferment et des enfants qui se lèvent lui indique que la journée est finie. Zut! Ceci le ramène subitement à l'idée du devoir qui, visiblement, a fini d'être expliqué sans qu'il ait la moindre idée de ce qu'il lui faudra faire. Tant pis, il demandera à Louis dans l'autobus scolaire; et ce n'est qu'une fois tout installé pour commencer son devoir qu'il s'est rappelé qu'il avait complètement oublié d'en parler à Louis. Zut et re-zut!

La distraction de Sébastien à l'égard des explications données en classe illustre comment l'attention d'un enfant avec DAH décroche tout spontanément, à moins que l'activité proposée ne soit captivante et ne suscite chez lui un intérêt particulier et immédiat (le Nintendo est un exemple classique pour plusieurs). On a démontré que, pour tout individu, poursuivre une tâche moins gratifiante exige beaucoup d'énergie et d'activité dans la région préfrontale du cerveau. Un enfant hyperactif doit, quant à lui, faire encore plus d'efforts qu'un autre, sinon son attention se trouve presque inévitablement attirée par n'importe quelle autre source de stimulation. Par contre, pour ce qui est de cette difficulté, retenons que le fait de pouvoir bouger augmente sa capacité à maintenir son attention sur une tâche (un autre avantage qu'offre le Nintendo, en plus des stimuli rapides, variés et interactifs).

L'agitation

Stéphane bouge

Le témoignage du père de Stéphane (dix ans) fait sourire: «Quand mon gars est arrivé à sa nouvelle école, au bout d'un mois, son enseignant me dit qu'il a de la difficulté avec Stéphane. Je lui demande s'il est au courant de son DAH et s'il a lu son dossier. Il me répond oui. Alors, je lui demande quel était son problème, et il me répond: «Bien, Stéphane dérange, il ne reste pas assis tranquille à sa place.» Alors, je le regarde dans les yeux et lui dis: «Si tu as un enfant aveugle dans ta classe et que tu lui dis: "Viens donc lire en avant de la classe!", penses-tu qu'il ira juste parce que tu veux qu'il y aille? Stéphane, c'est la même chose. Ne lui demande pas de rester assis tranquille sans bouger sur sa chaise, il ne le fera pas lui non plus, même si tu lui demandes de le faire. Il n'est pas capable, il est hyperactif», conclut le père sur un ton d'évidence élémentaire...

La difficulté éprouvée par l'enfant à contrôler son agitation, sa fébrilité motrice, son trop-plein d'énergie, était bien comprise par le père de Stéphane. Cette agitation motrice tend à diminuer avec l'âge, mais en attendant cette heureuse accalmie, «ces enfants qui bougent trop» deviennent facilement dérangeants et même épuisants pour leur entourage; l'irritation est d'autant plus grande lorsque l'agitation se combine à l'impulsivité et se traduit par des comportements d'intrusion ainsi que par le désordre et les petits dégâts qui marquent le passage de ces enfants tornades.

Les réactions impulsives

Témoignage

Philippe agit avant de penser

Les parents de Philippe (cinq ans) racontent leur embarras lorsqu'ils marchaient tous les trois dans les corridors du métro. «On avait d'abord réussi à retenir Philippe quand il s'était subitement mis à courir en bousculant une dame devant lui, propulsé comme un ressort en entendant le bruit lointain du métro. Rendu à l'escalier mobile, Philippe avait aperçu le bouton jaune de l'arrêt d'urgence. Alors, plus vite que l'éclair, il appuya dessus, immobilisant les voyageurs qui se hâtaient pour attraper le fameux métro... On savait trop bien qu'il était parfaitement inutile de demander à Philippe l'éternelle question "Pourquoi tu as fait ça?"». Le bouton était là, et puisque cela "est fait pour peser dessus", sa réaction avait été typique: immédiate, spontanée, bien avant d'avoir pu se demander si c'était ou non une bonne idée de faire ce geste....»

Les comportements impulsifs de Philippe dans le métro traduisent l'hyper-réactivité de ces enfants face à tout stimulus: la réaction est immédiate, spontanée, irréfléchie, quels que soient son contexte ou sa nature: un bouton d'ascenseur, on pousse dessus; un ballon qui roule, on donne un coup de pied; une question posée, on répond trop vite; une phrase perçue comme agressive, on rétorque plus fort; on est bousculé, on repousse l'autre brusquement... Il est important de savoir que l'enfant hyperactif n'est généralement pas celui qui donnera à l'autre une «petite jambette bien planifiée» pour provoquer ou pour attirer l'attention; s'il participe souvent à des chicanes, c'est surtout à cause d'une réaction immédiate et irréfléchie à ce qu'il a perçu à tort ou à raison comme une injure ou une menace à son égard. Même si l'enfant hyperactif se trouve souvent dans l'eau chaude, il serait inexact de dire, selon l'expression populaire, que c'est parce qu'il «cherche le trouble».

Plus encore que son inattention et son agitation, c'est son immédiateté impulsive qui entraîne sa difficulté à se faire des amis; non seulement réagir trop vite entraîne bien des chicanes inutiles, mais le respect des règles du jeu, y compris le «chacun son tour», devient un tour de force pour cet enfant hyper-réactif. Ce manque d'inhibition face à ses réactions spontanées rappelle le comportement d'un enfant plus jeune et plus immature que lui, alors qu'une forme de retenue devient presque naturelle dans le processus de socialisation chez les enfants du même âge.

Savoir qu'il existe une base biologique au DAH

Même s'il reste beaucoup encore à connaître sur les causes et les mécanismes liés au DAH, nous savons aujourd'hui que ce déficit est lié à un problème biologique, plus spécifiquement à un problème d'ordre neurologique. Les recherches ont démontré que certains secteurs du cerveau fonctionnent au ralenti chez les enfants avec DAH, un ralentissement qui serait dû à une production insuffisante de certaines substances chimiques cérébrales. C'est cette activité cérébrale qui peut d'ailleurs être relativement normalisée par une médication comme le *Ritalin*®; celle-ci n'est donc pas un calmant, mais bien un stimulant du cerveau qui compense la faible production des substances chimiques nécessaires.

Les secteurs affectés du cerveau seraient d'abord un poste de relais à la base du cerveau (le *striatum*) par lequel passent les stimulations que le corps perçoit (audition, vision, toucher, goût et odorat). Ce relais est en contact avec le secteur du cerveau (le *lobe lymbique*) où se trouve le centre du plaisir et du déplaisir. Puis, l'autre secteur affecté par le déficit est la partie supérieure du cerveau (la *zone préfrontale*), responsable de la retenue (l'inhibition) des comportements indésirables, du maintien de l'attention ainsi que de la planification mentale. Précisons que le fonctionnement au ralenti de ces secteurs du cerveau n'a rien à voir avec l'intelligence de l'enfant hyperactif, mais il explique pourquoi il devient plus difficile pour lui de maintenir son attention et de contrôler l'impulsivité de ses réactions.

Reconnaître les liens qui existent entre les caractéristiques

Il existe deux déficits importants qui seraient sous-jacents aux caractéristiques comportementales d'inattention, d'agitation et d'impulsivité. Nous savons maintenant que l'enfant hyperactif est en quelque sorte handicapé dans sa capacité de demeurer motivé et dans sa capacité de s'organiser. Ces deux difficultés seraient directement reliées au sous-fonctionnement du cerveau dont il a été question précédemment.

La capacité de demeurer motivé
L'enfant avec un DAH évalue mal, sinon pas du tout, les conséquences de son comportement; c'est comme si, comparativement aux autres enfants, une sorte de cloison ou de couche isolante l'empêche d'apprendre et de s'ajuster socialement à partir de l'effet désirable ou indésirable des gestes qu'il fait. Cette difficulté à développer un autocontrôle limite l'enfant à l'immédiateté de son action et réduit son ajustement aux normes sociales[3].

Une première difficulté qu'entraîne cette plus grande imperméabilité face aux conséquences à moyen et à long terme des comportements: la norme et les règles sociales (ce que l'on doit faire, même si c'est plus ennuyeux et, inversement, ce que l'on ne doit pas faire, même quand ça nous tente) n'ont pas le même poids pour lui que pour les autres enfants et n'exercent pas autant de pouvoir de contrôle sur ses comportements. Une deuxième difficulté est celle de la perspective de l'enfant qui a tendance à se situer davantage à court terme. Sa motivation liée à une activité s'épuise plus rapidement, la tâche perd son attrait et devient rapidement ennuyeuse. La gratification qui justifie ou soutient son effort doit donc être immédiate et relativement évidente à ses yeux, sinon il parvient plus difficilement qu'un autre enfant à persévérer et à garder sa motivation. Cette fâcheuse «myopie émotive» face à toute conséquence qui n'est pas immédiate ou évidente l'amène spontanément à décrocher, qu'il s'agisse d'une tâche à faire, d'une résolution qu'il a prise avec la meilleure volonté possible ou d'un objectif personnel qu'il s'était fixé.

---

3. R. A. Barkley, *ADHD and the nature of self-control*, New York, The Guilford Press, 1997.

La capacité de s'organiser

Si le décrochage face à la tâche est en quelque sorte naturel (ou physiologique) chez l'enfant hyperactif, la désorganisation l'est tout autant. Le déficit touche ici l'organisation de sa pensée, c'est-à-dire les mécanismes mentaux liés à l'exécution d'une tâche (l'organisation des idées, l'identification des étapes à suivre, l'anticipation des résultats, etc.), la capacité de planifier et de gérer son temps, ainsi que l'organisation de son espace (comme en témoignent le désordre dans le bureau ou la chambre, les objets perdus, le fouillis dans les notes de cours et les différents cahiers).

Mieux comprendre facilite la survie

Mieux comprendre: un préalable au quoi faire

Le fait de reconnaître le diagnostic et de mieux comprendre la nature des déficits en cause permet au parent de vraiment saisir en quoi les besoins de son enfant sont bel et bien différents des besoins éducatifs des autres enfants. Nous savons alors que l'approche habituelle face à la discipline ne suffit plus et qu'il faut ajuster notre façon de gérer les comportements de l'enfant et les situations auxquelles il est confronté.

Comme nous avons besoin de lunettes pour compenser un déficit visuel et éviter de nous buter à notre environnement, l'enfant hyperactif a besoin d'une aide particulière pour compenser les déficits associés au DAH et pour éviter d'accumuler des échecs ou d'être rejeté par les autres. Nous reviendrons, tout au long des parties III et IV, sur différents moyens susceptibles de répondre à ces besoins. Les moyens d'action privilégiés s'inscrivent directement dans la logique des déficits identifiés grâce à une meilleure connaissance du DAH.

Voici, par exemple, quelques liens que nous pouvons établir entre les déficits évoqués et certaines pistes d'intervention:

1. *Pour composer avec la difficulté à maintenir l'attention*: S'assurer que l'attention est bien présente quand on parle à l'enfant, fragmenter sa tâche et encourager systématiquement chacune des étapes réalisées.

2. *Pour composer avec l'agitation*: Prévoir un espace où l'enfant peut être libre de bouger et de brûler de l'énergie sans trop déranger ceux qui l'entourent.

3. *Pour composer avec l'impulsivité*: Intervenir tôt et désamorcer les escalades d'agressivité.

4. *Pour compenser l'activité ralentie de certains secteurs du cerveau*: Mettre à profit la médication si elle s'avère utile pour maximiser l'impact positif des autres approches.

5. *Pour composer avec le manque de motivation*: Compenser la difficulté de l'enfant à percevoir les conséquences de son comportement; privilégier des objectifs à court terme et offrir des gratifications plus immédiates, plus fréquentes, plus variées.

6. *Pour composer avec le déficit organisationnel*: Aider à «organiser la désorganisation» naturelle de l'enfant; organiser un rangement simple et facile de ses effets personnels; établir des moments de routine qui sont stables et clairs.

Mieux comprendre protège la relation avec l'enfant et... avec soi-même

Lorsque nous avons compris la base neurologique des déficits associés au DAH, nous voyons qu'il ne peut y avoir de solution miracle, définitive ou unique face aux difficultés vécues par l'enfant. Il devient alors plus évident que l'enfant et le parent(!) devront davantage apprendre à composer avec les déficits plutôt que d'espérer les éliminer ou guérir du DAH.

Après avoir saisi que mieux comprendre permet ainsi au parent d'appuyer son action sur une base plus solide, le chapitre IV abordera le deuxième pilier qui soutient son action: la qualité de la relation avec l'enfant et la promotion de l'estime de soi. Soulignons ici le lien qui existe entre ces deux dimensions: reconnaître le diagnostic et mieux comprendre la nature des déficits qui affectent l'enfant facilite grandement le maintien d'une relation positive avec ceux qui l'entourent. Selon le témoignage de sa mère, Karine est tout simplement plus heureuse maintenant que le diagnostic est clair; elle se sent enfin mieux comprise. Mieux comprendre permet de respecter l'enfant dans sa différence tout en évitant de mal interpréter la portée de ses comportements.

Mieux comprendre le DAH permet aussi au parent d'accepter plus facilement les difficultés qu'il vit lui-même dans son rôle de parent qui doit composer quotidiennement avec les limites associées à l'hyperactivité. Non, sa famille n'est pas un havre de paix et les interventions qui fonctionnaient pourtant avec un autre enfant s'avèrent souvent inefficaces ou insuffisantes. Tout en faisant le deuil de l'enfant rêvé et de la famille harmonieuse, il fait aussi le deuil du parent idéal; le parent bien informé comprend pourquoi le défi auquel il est confronté est beaucoup plus exigeant que celui du «parent normal»...

Réflexion 2

Évaluez l'état
de vos connaissances sur le DAH

1. Le *Ritalin* agit comme un calmant en ralentissant
   l'activité survoltée de certaines régions du cerveau.

   Vrai _____
   Faux _____

2. Le fait de diminuer les sucres et les colorants dans
   la diète de l'enfant hyperactif améliore de façon
   sensible son agitation, son impulsivité et sa capacité
   de concentration.

   Vrai _____
   Faux _____

3. La concentration dont sont capables certains
   enfants hyperactifs qui jouent au Nintendo montre
   bien que, s'ils le voulaient, ils pourraient facilement
   être plus attentifs et plus calmes pendant les
   explications en classe.

   Vrai _____
   Faux _____

4. Le fait que l'on trouve parfois les mêmes traits de
   caractère (faible concentration et impulsivité) chez
   l'un des parents de l'enfant hyperactif suggère que
   l'éducation joue un rôle important dans le développement de traits semblables chez l'enfant.

   Vrai _____
   Faux _____

5. L'enfant hyperactif a souvent des parents trop
   permissifs qui manquent de structure.

   Vrai _____
   Faux _____

6. Si l'enfant a vraiment un DAH, on observera assez
   peu de différence dans les symptômes qu'il
   présentera d'une journée à l'autre.

   Vrai _____
   Faux _____

7. Les enfants hyperactifs sont généralement plus
   intelligents que les enfants non hyperactifs.

   Vrai _____
   Faux _____

8. Pour poser un diagnostic objectif de DAH, il suffit
   de mesurer par un test neurologique le niveau
   d'activité de certaines régions particulières du cerveau.

   Vrai _____
   Faux _____

9. Il est souhaitable pour l'enfant hyperactif que l'école
   et les autres enfants ne sachent pas qu'il a été
   diagnostiqué comme ayant un DAH.

   Vrai _____
   Faux _____

10. On ne retrouve pas de DAH chez les filles.

    Vrai _____
    Faux _____

Réponses:

Chacune de ces dix affirmations est fausse. Voici pourquoi:

1. Le *Ritalin* est un stimulant qui normalise le fonctionnement au ralenti de certaines régions du cerveau en compensant pour un taux anormalement bas de certaines substances chimiques comme la dopamine.

2. Malgré un certain courant de pensée dans les années 70, aucune étude bien contrôlée n'a encore réussi à prouver sur le plan scientifique le rôle de ces substances dans l'aggravation des symptômes du DAH (pas plus, d'ailleurs, que le rôle des lumières, des vitamines [à n'importe quelle dose], de l'oreille moyenne ou de la colonne vertébrale).

3. Contrairement à l'enfant dit lunatique, il est facile de *solliciter l'attention* de l'enfant hyperactif: le défi est de maintenir la qualité de cette attention: le Nintendo y réussit de façon exemplaire auprès de certains enfants en raison du genre de stimulations immédiates, variées et interactives qui le caractérise (ce qui n'est pas toujours le cas en classe!).

4. Cette similitude traduit davantage le facteur héréditaire associé à la transmission du DAH qui, comme les cheveux roux, est un trait «qui court dans certaines familles».

5. Le style plus ou moins permissif ou, au contraire, relativement rigide dans l'approche disciplinaire de certains parents d'enfant hyperactif traduit davantage leur propre «ajustement» aux difficultés éducatives que pose le DAH plutôt que la cause des difficultés de comportement de l'enfant.

6. On observe en effet une certaine irrégularité dans les symptômes associés au DAH. Comme dans les symptômes de *l'asthme* ou de *l'arthrite*, on observe de «bonnes et de moins bonnes journées» sans qu'on puisse associer à ces variations des facteurs externes aggravants (par exemple, la poussière ou l'humidité pour l'asthme). Il y a là un secret qui appartient aux «caprices de la biologie» comme facteur qui sous-tend ces différents problèmes.

7. L'intelligence n'est pas reliée en soi au DAH; tout comme dans la population normale, on rencontre des enfants hyperactifs surdoués et des enfants hyperactifs avec une déficience intellectuelle.

8. Les tests qui ont mis en lumière certaines particularités dans le fonctionnement du cerveau reflètent les moyennes d'un groupe de sujets avec DAH et ne peuvent être utilisés comme moyen diagnostique capable de discriminer d'un sujet à l'autre.

9. Selon le degré de sévérité du DAH qui affecte le fonctionnement d'un enfant, il y a de grandes possibilités qu'il porte déjà une étiquette qui est non seulement fausse, mais qui l'amène davantage à être rejeté (on pensera qu'il est plus ou moins fatigant, paresseux, peu intelligent, ou encore mal élevé). Savoir ce qui affecte tel enfant, comprendre qu'il ne fait pas exprès et qu'il n'est pas dépourvu de ressources amène les autres à le comprendre mieux et augmente ainsi la tolérance envers lui.

10. S'il est vrai que le DAH affecte environ 5 % des enfants, un enfant hyperactif sur cinq est une fille.

CHAPITRE IV

S'appuyer sur du solide: maintenir une bonne relation

La magie de la relation parent-enfant

 Si, comme nous l'avons souligné précédemment, bien comprendre le DAH éclaire et guide l'action, la complicité du lien qui existe entre le parent et l'enfant justifie et soutient l'effort que cette action exigera de chacun d'eux. Au-delà du quoi faire, la qualité de cette relation maintient l'énergie et la motivation pour avancer, tant chez l'enfant que chez le parent. Par analogie, la relation parent-enfant, c'est comme l'amour de la musique qui justifie, pour le musicien, le laborieux apprentissage des gammes et du solfège. Cette relation est de l'ordre du cri du cœur livré par Louise, quand elle évoque «une source importante de satisfaction et de réconfort» à vivre avec Philippe: «*C'est difficile à expliquer. Mais je l'aime, moi, ce petit bonhomme girouette, aux yeux rieurs. Il n'y a rien à comprendre, c'est comme ça!*» Et à la question suivante, «Trouvez une récompense plus petite mais qui revient souvent», Louise répondait simplement: «*Notre bec de "bonsoir, bonne nuit[1]".*»

---

1. Voir le bilan de départ à la page 35.

C'est précisément cette magie relationnelle, cette complicité de base, que la mère de Samuel, comme certains autres parents, redoute justement de perdre quand elle demande avec angoisse à son pédiatre: «*Docteur, aidez-moi! Je suis en train de perdre mon enfant[2].*» Les meilleurs programmes et moyens éducatifs se vident d'une partie de leur sens et de leur efficacité s'ils sont privés d'une atmosphère de complicité positive entre le parent et l'enfant. Nous pourrions établir ici un certain parallèle avec la relation à l'intérieur d'un couple: même si les livres sur les stratégies amoureuses ne manquent pas (on y cherche la recette, le «comment faire»), nous savons bien que rien ne vaut le fait d'être carrément amoureux et de communiquer ouvertement avec son partenaire! Il en est de même pour les stratégies éducatives: il n'y a rien de mieux qu'une bonne relation parent-enfant pour appuyer sur du solide les efforts que chacun y met.

Par contre, comme le mentionnait Louise, ce qui fait une bonne relation demeure «difficile à expliquer». Nous allons néanmoins évoquer brièvement trois points de repère utiles pour protéger et pour nourrir une bonne relation: 1. trouver des occasions d'admirer et d'être fier de l'enfant; 2. trouver des moyens d'avoir du plaisir avec l'enfant; 3. développer la capacité d'écouter les émotions et le point de vue de l'enfant. Si ces points de repère sont valables pour solidifier toute relation parent-enfant, ils revêtent une importance encore plus grande avec l'enfant hyperactif. En effet, à cause des caractéristiques d'impulsivité et de la faible motivation associées au DAH, cette relation n'a pas toujours la vie facile et devient vite menacée, à moins qu'on ne lui accorde une attention toute spéciale.

Trouver des occasions d'admirer et d'être fier de l'enfant

Utilisons encore une fois l'exemple de Louise pour illustrer l'attitude du parent qui, malgré tout, reste ouvert et sensible aux qualités particulières de son enfant, sans oublier de lui exprimer qu'il l'apprécie. Louise note qu'elle apprécie «*l'enthousiasme spontané de Philippe chaque matin ou quand on lui propose de faire une activité nouvelle ensemble*». D'ailleurs, un des éléments qui aide le plus Louise à dépasser les moments difficiles est justement «*cet enthousiasme de Philippe, toujours prêt à repartir à neuf*»!

Par contre, l'exemple de Louise est moins convaincant en ce qui concerne sa capacité d'exprimer à Philippe combien elle l'apprécie. Même si

---

2. Voir à la page 23.

elle notait qu'une des forces de leur famille est justement *«qu'on n'a pas peur de se dire qu'on s'aime»*, les réponses de Philippe (qui ne soulignent que le soutien qu'il retire de sa relation privilégiée avec son chien Rex...) avaient amené Louise à se demander si elle manifestait suffisamment à son enfant l'affection et l'admiration qu'elle lui porte.

Nous avons en effet noté que les parents d'enfants hyperactifs avaient moins tendance que les autres parents à réagir aux comportements positifs de leur enfant. L'état de fatigue et de stress, le poids des jugements négatifs de l'entourage ne sont sans doute pas étrangers à cette attitude trop réservée. Nous savons que le bonheur a tendance à faire moins de bruit que les contrariétés et que nous tenons facilement pour acquis ce qui ne pose pas de problème. Comme chaque jour apporte en général assez de préoccupations et de situations à régler pour accaparer toute l'attention du parent, une fixation sur les éléments plus négatifs devient presque inévitable, à moins que le parent ne fasse un *effort conscient* pour voir et souligner les forces de son enfant.

Pour contrecarrer cette tendance, il devient nécessaire que chaque parent se trouve un moyen qui l'aide à sortir des frustrations routinières et à demeurer sensible à ce qu'il apprécie chez son enfant. Une mère racontait que ce qui l'avait le plus aidée à passer au travers était de noter chaque soir, dans un petit carnet, un moment heureux vécu avec son enfant, une situation où elle le trouvait attachant, une observation où elle avait été fière de lui (ou fière d'elle-même!), un élément qui avait donné un coup de pouce à l'enfant, ou encore une phrase significative qu'il avait dite alors qu'elle avait su se taire pour l'écouter...

Il s'agit, selon l'expression de J. Leclercq, de s'accrocher *«aux bulles de fraîcheur qui jaillissent de la pesanteur du quotidien[3]»*. Un peu comme nous nous bâtissons un album de photos de vacances pour nous rappeler de bons souvenirs, des images qui permettront de rêver de soleil et de liberté certains lundis matin pluvieux, chaque parent peut s'inventer un moyen qui lui permette de garder bien présentes à l'esprit des «photos soleil» de son enfant. Au moment opportun, pourquoi ne pas regarder à nouveau certaines de ces photos avec l'enfant lui-même? Il s'agit d'entretenir et de partager votre préjugé favorable à son égard!

---

3. J. Leclercq, *Le jour de l'Homme*, Paris, Éditions du Seuil, 1976.

Trouver des moyens d'avoir du plaisir avec l'enfant

Pour alimenter et cimenter la relation avec un enfant de sept à douze ans, rien ne vaut les situations de plaisir que nous partageons avec lui. Ainsi, dans l'exemple du bilan de départ de Louise et de Philippe, tout, dans leur vie, ne se résume heureusement pas aux «redoutables devoirs». Dans les moments de vie qu'ils partagent ensemble, il y a beaucoup plus et beaucoup mieux que cette tâche scolaire... Aussi, Louise a trouvé une série d'activités qu'elle apprécie et qu'elle *aime* faire avec son fils; par exemple, skier, camper, se baigner, aller à la pêche. D'autre part, les soirées télé-vidéo-popcorn du vendredi lui apparaissent comme des moments agréables pour toute la famille. Même si Louise note avec regret qu'avant l'école, «*la famille avait plus d'énergie pour rire et faire des folies ensemble*», elle peut quand même se souvenir de certains moments heureux partagés avec Philippe.

L'importance du plaisir

Qu'ils soient spontanés ou planifiés, qu'ils durent quelques minutes ou quelques heures, les moments de plaisir avec l'enfant sont comme une bouffée d'air frais, comme des morceaux de fins de semaine au cœur de la semaine, ou des moments de vacances en plein mois de novembre...

Si la forêt amazonienne est le poumon du monde, le plaisir partagé avec l'enfant est le poumon qui permet d'oxygéner sa relation avec lui! Il importe de s'accrocher à tout ce qui nourrit cette relation et de multiplier les occasions d'être bien ensemble; partager des activités qui sont agréables pour les deux, avoir du plaisir, se détendre ou rire un bon coup!

Bien sûr, nous «aimons nos enfants». Mais, comme dans toute relation, nous les aimons encore plus si nous

avons souvent du plaisir ensemble! Et quand ce n'est plus le temps de s'amuser et qu'il faut exiger et mettre des limites, la collaboration devient tellement plus facile avec l'enfant en raison de ces autres beaux moments. Se payer du bon temps avec l'enfant semble à première vue le conseil qui devrait être le plus facile à suivre parmi tous ceux proposés dans le guide... Pourtant, cette dimension est souvent oubliée ou sous-estimée, à la fois parce que c'est presque trop simple et parce que nous nous sentons spontanément à court de temps, sollicité par le travail à finir, les tâches domestiques à refaire, l'émission à ne pas manquer, le livre à lire, la vie sociale qui s'impose, etc. Mais pour se payer du bon temps avec l'enfant, il est nécessaire que le parent soit réellement convaincu de son importance. S'il faut attendre d'avoir du temps à perdre pour penser à s'amuser, nous risquons de ne jamais le faire!

Les règles du plaisir avec l'enfant

Nous pourrions dire qu'avoir du plaisir échappe aux règles... Mais pour maximiser l'impact positif de cette dimension sur la relation parent-enfant, certains points de repère relevés par Phelan[4] sont utiles: la régularité, la simplicité, un plaisir partagé, le «un pour un», l'absence de contamination, l'humour.

La régularité: En plus des événements spéciaux (par exemple, pour Louise et Philippe, le ski pendant la semaine de relâche l'hiver ou le camping pendant les vacances d'été), privilégier de petites activités qui reviennent souvent et régulièrement (comme l'histoire racontée au coucher ou le jogging à deux le matin).

La simplicité: Il faut se rappeler que le plaisir pour un enfant n'est pas obligatoirement compliqué ou coûteux. Aller au restaurant ou visiter un musée, ce peut être une activité très intéressante, surtout si le parent et l'enfant aiment bien ça. Mais faire une promenade en jasant librement avec un parent, c'est aussi un bon petit plaisir de la vie pour un enfant.

Un plaisir partagé: Privilégier des activités que l'on apprécie presque autant que l'enfant. Celui-ci ressent très vite le fait que le parent se sacrifie un peu pour lui, et ce type d'activité n'apporte pas la même magie relationnelle ni le même ressourcement qu'un plaisir franchement partagé.

---

4. T. W. Phelan, *Self-esteem revolutions in children. Understanding and managing the critical transitions in your child's life,* Glen Ellyn, Illinois, Child Management Inc., 1996.

Le «un pour un»: Avoir du plaisir en famille, c'est bien, mais pouvoir à l'occasion partager un plaisir en exclusivité avec un des ses parents, c'est super! Notons que ceci dépend du contexte (importance de la fratrie, famille éclatée ou reconstituée, etc.). Mais, de façon générale, on peut dire que les enfants apprécient beaucoup ces moments d'intimité, sans conjoint et sans fratrie...

L'absence de contamination: Dans la mesure du possible, ces moments devraient demeurer libres de confrontation et de problèmes à régler. Il s'agit de profiter d'une atmosphère de mini-vacances pour prendre ensemble une bonne bouffée d'air. Il faut donc résister à la tentation de contaminer ces moments privilégiés avec la pollution des problèmes quotidiens.

L'humour: Une qualité à laquelle tous les enfants sont particulièrement sensibles et qui règle comme par magie bien des tensions! Il est en effet difficile d'être sur la défensive ou agressif face à quelqu'un qui nous fait rire. *«L'humour, c'est un chatouillement de l'esprit provoquant le rire qui constitue un véritable jogging pour le corps et l'esprit tout en étant la plus courte distance entre deux personnes[5].»* Le sens de l'humour est une qualité qui ne vient pas sur commande; par contre, l'humour et le rire spontanés de l'enfant entraînent souvent le parent, qui accepte à son tour de s'y laisser prendre.

Améliorer les situations de plaisir avec l'enfant

Nous vous invitons à revoir dans votre bilan de départ les situations de plaisir partagé avec votre enfant pour imaginer des améliorations possibles[6]. Visiblement, Louise et Philippe ont, quant à eux, un penchant pour les sports: ski, camping, natation et pêche. Notons aussi qu'à part le moment du *«bonsoir, bonne nuit»*, Louise semble plus sensible aux activités structurées qu'aux moments spontanés de plaisir avec Philippe.

À partir de vos propres réponses à l'exercice, tentez maintenant de poursuivre la réflexion et imaginez comment élargir l'éventail des activités et des moments agréables, en explorant divers loisirs ou passe-temps qui vont du jogging aux échecs, en passant par le Scrabble, la marche, la bicyclette, la cuisine, le bricolage, le rituel du coucher, l'organisation d'un

---

5. Présentation d'un atelier sur le rôle de l'humour en éducation animé par Bernard Goyette, au Congrès international de l'AQETA, Montréal, mars 1996.
6. Voir à la page 43.

repas ou d'une fête, la décoration d'une pièce, l'exploration de la nature, les lunchs à préparer, etc. Essayez de voir comment vous pouvez modifier votre attitude et vos habitudes pour mettre davantage à profit les six règles du plaisir dont il a été question précédemment. L'idée, c'est d'être d'abord convaincu de l'importance de vous payer du bon temps avec votre enfant; une fois convaincu, il devient plus facile de modifier un peu le quotidien pour respirer à pleins poumons cet air vivifiant et pour oxygéner ainsi une relation qui, autrement, risque fort de s'essouffler!

Développer la capacité d'écouter les émotions et le point de vue de l'enfant

Savoir capter la longueur d'onde de l'enfant

Le témoignage de Louise illustre un exemple de la capacité d'un parent d'écouter et de capter le message émis par son enfant. Comme il a été suggéré dans l'activité complémentaire 1, Louise a en effet su profiter du prétexte du questionnaire rempli par Philippe pour se mettre simplement à son écoute et essayer de mieux comprendre sa perception à lui, dans un contexte d'échange gratuit, dégagé de tout élément d'urgence ou de confrontation. Une expérience d'écoute enrichissante, qu'elle s'était d'ailleurs bien promis de répéter[7].

Comme dans une situation de plaisir partagé, le parent doit ici encore se dégager de son mandat traditionnel où il se sent spontanément responsable de raisonner l'enfant ou de régler quelque difficulté. Savoir écouter implique plutôt que le parent réussisse à se dégager de son rôle et à marquer un temps d'arrêt dans le train-train quotidien: «O.K., *là je t'écoute! Je ferme le bouton de mon poste et je m'ajuste sur* TA *longueur d'onde. Je te reçois...*» Il s'agit alors d'être simplement réceptif au message de l'enfant, de capter ses émotions, son point de vue, ses perceptions, et de revoir une situation à partir de ses yeux à lui.

Aider l'enfant à exprimer ses émotions

Selon l'expression de Paltin[8], le parent qui se met à l'écoute de son enfant l'aide ainsi à contenir ses émotions *(holding model)*, c'est-à-dire qu'il lui offre le soutien de son environnement dont celui-ci a besoin pour contenir, pour venir à bout des émotions qu'il aurait peine à gérer seul. C'est l'image de l'intensité émotive d'un cauchemar que l'enfant va porter, «faire

---

7.   Voir à la page 42.
8.   D. M. Paltin, *The parents hyperactivity handbook. Helping the fidgety child*, New York, Plenum Press, 1993.

contenir», dans les bras de ses parents. C'est aussi l'image du parent qui, en berçant son nourrisson qui souffre de coliques, lui offre l'environnement émotif dont il a besoin pour composer avec sa douleur. Plus tard, c'est l'image du parent qui écoute et qui parle tout doucement quand son enfant est envahi par des émotions intenses. Écouter, c'est recevoir le message, sans chercher à changer les émotions que l'enfant ressent, ni tenter d'en limiter et d'en censurer l'expression. Comme il le faisait pour des coliques ou un cauchemar, l'enfant peut alors prendre appui sur la sécurité de l'adulte, pour devenir capable de trouver sa façon de composer avec les émotions qui l'envahissent.

Mentionnons ici qu'écouter se fait souvent en deux temps. Dans un permier temps, il s'agit de contenir le comportement de l'enfant ou de permettre au parent de devenir ouvert à l'émotion sous-jacente, après que le gros de la tempête s'est calmé. Un recul ou un retrait souvent nécessaire avant que la réaction plus grande de l'enfant soit calmée ou avant que le parent se sente véritablement ouvert. Dans un second temps, il s'agit d'écouter son enfant de façon dégagée et disponible.

Une autre nuance concerne l'expression des émotions par les enfants ayant un DAH. Plutôt que d'intérioriser l'émotion difficile, de se fermer ou de s'isoler comme peuvent le faire les enfants dépressifs ou anxieux, les enfants hyperactifs ont souvent tendance à extérioriser rapidement leurs émotions difficiles dans des comportements réactifs peu adaptés. En raison de son impulsivité, l'enfant avec DAH a davantage tendance à faire passer dans des comportements négatifs sa tristesse, sa colère, son anxiété ou ses peurs. Pour contrer cette tendance à agir plutôt qu'à exprimer ses émotions, le parent doit développer l'art de susciter l'échange avec son enfant. En prenant l'initiative de l'écoute, il cherche activement la bonne longueur d'onde qui permettra à l'enfant d'émettre son message (plutôt que de l'exprimer en action).

Savoir écouter

Nous avons beaucoup entendu parler depuis les trente dernières années des livres et des sessions de formation pour *Parents efficaces* selon l'approche de Thomas Gordon[9]. On y apprend, entre autres, comment utiliser certaines des techniques de l'écoute active, dans le contexte de l'éducation des enfants; un certain type de réponses qui favorisent

---

9. T. Gordon, *Comment apprendre l'autodiscipline aux enfants. Éduquer sans punir,* Montréal, Le Jour Éditeur, 1990; *Parents efficaces. Carnet du parent,* Montréal, Le Jour Éditeur, 1976.

l'expression des émotions et de la pensée de l'enfant sont encouragées. À titre d'exemples: l'ouverture de pistes (*Tu n'as pas l'air dans ton assiette, raconte-moi ce qui t'arrive*), le reflet de l'émotion exprimée (*Ça a vraiment l'air de te faire de la peine qu'ils ne t'aient pas choisi dans leur équipe*), le reflet de l'opinion (*Tu as l'impression que c'est parce que Pierre joue mieux que toi qu'ils l'ont choisi*) ou la vérification de perception de celui qui écoute (*Est-ce que je me trompe ou, au fond, ce qui t'inquiète le plus, c'est qu'ils ne t'aient pas choisi parce qu'ils ne t'aiment pas?*).

Par l'écoute active, le parent tente de refléter l'émotion ou le contenu de ce que l'enfant exprime pour lui signifier qu'il l'écoute avec attention et qu'il essaie vraiment de le comprendre. L'objectif de l'échange consiste à accompagner discrètement l'enfant dans son cheminement face à ses émotions ou face à ce qu'il pense. On le fait par respect pour lui et parce qu'on a confiance qu'il réussira ainsi à gérer par lui-même certaines de ses émotions ou de ses difficultés.

Dans l'écoute active, Phelan[10] souligne que le premier défi pour le parent est de penser à le faire! Il faut penser au bon moment à fermer son propre poste émetteur pour tenter de capter activement les ondes, le message de l'enfant. Dans quelles situations est-il particulièrement important que le parent pense à ouvrir son poste récepteur? On distingue trois situations qui, selon l'expression populaire, seraient «de belles occasions pour le parent de se taire»: 1. l'enfant est bouleversé, envahi par ses propres émotions (par exemple, Philippe apprend que son meilleur ami va déménager); 2. le parent a besoin de plus de renseignements pour vraiment comprendre ce que vit l'enfant (par exemple, Louise ne se doutait pas de l'importance de Rex dans la vie de Philippe); 3. l'enfant a besoin d'être encouragé lorsqu'il «travaille» à démêler ce qui lui apparaît être un problème (par exemple, Philippe voudrait inviter des amis pour sa fête, mais il a peur qu'ils refusent).

Des exemples de deux situations d'écoute active

Les deux exemples suivants illustrent l'art d'écouter qu'a su développer Louise et mettent en lumière tout le bénéfice que Philippe en retire. Dans la première situation, Louise aide Philippe à exprimer ses émotions, et, dans la seconde, Louise essaie de mieux comprendre quelle est la perception de Philippe.

---

10. T. W. Phelan, *op. cit.*

T é m o i g n a g e

Philippe est bouleversé et Louise l'aide à contenir son trop-plein émotif

Philippe rentre en pleurant et se précipite littéralement comme une tornade sur sa mère qui lit calmement son journal du soir.

– *Eh! Maman! Tu sais pas quoi?* (Son ton horrifié annonce une catastrophe.) *Le père de Luc a été muté! Luc va déménager!!!*

– *Toute une nouvelle ça, Philippe. Raconte-moi.*

– (Les propos de Philippe deviennent de plus en plus compréhensibles à mesure que les larmes diminuent.) *Son père est dans l'armée et il va être muté à Kingston pour deux ans. Ils vont partir le 1er juillet... Ah! Ça ne se peut pas!*

– *Luc, c'était un bon ami pour toi?*

– *Mets-en. Je vais m'ennuyer comme un vrai fou. Je ne pourrai jamais me trouver un autre ami comme lui.*

– *Tu es triste de le perdre, puis tu as l'impression que tu ne pourras jamais le remplacer tout à fait.*

– *C'est en plein ça. Même s'il n'était pas dans ma classe, on revenait presque toujours ensemble de l'école.*

Tranquillement, tout au long de cette fin d'année scolaire, Philippe a trouvé toutes sortes de moyens pour apprivoiser sa peine et préparer la séparation (y compris un échange de séjours entre Kingston et Hull pendant l'été et la résolution de correspondre régulièrement, un projet d'écriture étonnant pour Philippe!).

Commentaire

Voilà un scénario et un cheminement bien improbables si la réaction de Louise avait été de tenter de raisonner Philippe, de minimiser son émotion, ou encore de régler son problème de cette façon: «*Voyons donc, mon beau Philippe. N'en fais pas un drame national! Dis-toi que c'est encore bien pire pour Luc, lui il perd* TOUS *ses amis. Il y a plein d'autres garçons avec qui tu vas pouvoir devenir ami. Tiens, justement, Pierre, il prend le même chemin que toi pour revenir de l'école, et il est pas mal moins tannant que ton Luc!*» Louise aurait probablement alors eu droit à une série d'invectives contre le pauvre Pierre, sinon à une montée d'agressivité contre elle-même: «*Laisse faire, tu ne comprends donc jamais rien!*»

Témoignage

Louise essaie de comprendre un peu mieux ce que vit Philippe
(L'extrait qui suit fait partie de l'échange Louise-Philippe à la suite de leur bilan de départ[11].)

– Philippe, parle-moi donc un peu plus de Rex.

– Ben quoi, qu'est-ce que tu veux savoir? Tu sais, c'est l'espèce de chien brun qui reste ici...

– Espèce de comique! Non, sérieusement, je me demandais ce que tu pensais. Qu'est-ce que tu lui trouves à ce chien-là?

– Moi, ce que j'aime le plus de Rex, c'est qu'il est toujours content de me voir et qu'il me court après quand je reviens de l'école. Lui, il me trouve bien correct, pas comme les autres niaiseux de la classe. Pis, une autre affaire, c'est qu'il n'y a jamais de chicane quand on joue ensemble... On peut pas en dire autant quand je joue avec Nathalie, elle n'est jamais contente de ce que je fais!

– C'est important pour toi de sentir qu'on t'aime beaucoup?

– Moi, ce qui m'écœure le plus, c'est quand quelqu'un à l'école me niaise, pis que tous les autres le laissent faire.

– T'as peur qu'on rie de toi en classe?

– Mets-en! Si tu voyais ce qu'ils disent de Louis-Pierre dans son dos, parce qu'ils savent qu'il prend du Ritalin. Il faut dire que Louis-Pierre, il est pas mal grave des fois...

– Des fois, tu te demandes ce que les autres pensent de toi parce que toi aussi, tu en prends?

– Bien, ils disent rien. Ça n'a pas l'air de les déranger, mais peut-être que dans mon dos, ils sont encore pires qu'avec Louis-Pierre... Cou'donc, maman, ça sent bien bon ici, qu'est-ce qu'on mange pour souper? En attendant, pour oublier ma faim, je vais aller faire une petite course avec mon beau gros Rex, O.K.?

Avec Philippe, les échanges s'éternisent rarement. Écoute à poursuivre, à petites doses, se promet Louise. Mais celle-ci comprend enfin la vraie raison qui se cachait sous les réticences et les fausses excuses de Philippe face à la médication. Elle comprend mieux également combien Philippe est sensible au rejet dans la classe. Tout n'est pas encore réglé, mais elle est heureuse d'avoir mieux compris ces deux points sensibles chez Philippe, un éclairage qui, se dit-elle, lui sera utile pour l'accompagner dans les événements à venir.

11. Voir à la page 42.

Commentaire

À la suite de la lecture des réponses de Philippe, la tentation de Louise avait d'abord été de lui faire voir tous les autres éléments positifs (à part Rex) qu'elle avait notés elle-même dans la vie de son enfant: ses prouesses en ski, le Nintendo avec sa sœur, ses progrès en karaté, les contrats de gazon et de neige pour leur vieille voisine. Elle était contente d'avoir résisté: ce serait drôlement plus efficace de trouver une façon de souligner à Philippe ces éléments positifs lorsqu'il vivrait concrètement des situations heureuses. Autrement, elle risquait fort de se contenter soit d'un acquiescement pour la forme, soit d'un dénigrement «par principe» de certaines de ces sources de satisfactions de la part de Philippe. Dans les deux cas, elle n'aurait rien appris de nouveau sur la vision de son enfant, pas plus que ce dernier n'aurait intégré de façon significative des éléments positifs qui composent pourtant son quotidien.

* * *

Mais, bien au-delà des techniques ou des formules classiques de réponses illustrées dans ces exemples, le défi le plus important de l'écoute active demeure d'abord et avant tout une question d'attitude: une attitude d'ouverture authentique et sans jugement du parent face à ce que vit son enfant. Le défi fondamental consistera toujours à essayer de comprendre ce que pense et ce que ressent l'enfant, sans le juger trop vite, sans préparer une sage réplique, sans vouloir régler rapidement la situation à sa place. Un programme de vie en ce qui concerne les relations interpersonnelles! Entre-temps, la qualité de la relation que maintient le parent avec son enfant grâce à sa capacité d'en être fier, de partager des moments de plaisir et de demeurer à l'écoute de son point de vue, nous relance directement au thème suivant, celui de *favoriser chez l'enfant le développement de l'estime de soi*. Nous verrons comment cette dimension est étroitement reliée à la relation positive qui existe entre eux.

Rappelons que non seulement cette relation positive donne à chacun l'énergie et la motivation nécessaires pour avancer, mais que c'est précisément cette relation basée sur le respect et la coopération qui peut devenir pour l'enfant un modèle de relation positive pour d'autres interactions sociales. Ainsi l'enfant peut apprendre éventuellement à mieux s'ajuster sur le plan social, à gérer son impulsivité (à l'exemple de son parent face à lui) et à développer des relations interpersonnelles plus satisfaisantes.

Réflexion 3

Maintenir la magie de la relation parent-enfant

Admirer, être fier de mon enfant

a. Depuis sa naissance et plus récemment, dans quelles circonstances avez-vous ressenti de l'admiration à l'égard de votre enfant? (Vous l'avez trouvé, par exemple, «pas mal bon», particulièrement intéressant ou attendrissant.)

b. Y aurait-il un moyen (qui s'intègre bien dans vos habitudes quotidiennes) qui vous aiderait à garder à l'esprit des photos soleil de votre enfant?

Me payer du bon temps avec mon enfant

a. Depuis sa naissance et plus récemment, quels moments heureux et de plaisir avez-vous partagés avec votre enfant?

b. Comment pourriez-vous améliorer les situations de plaisir que vous partagez avec votre enfant?

- la régularité (des petites activités qui reviennent souvent);
- la simplicité (des activités faciles à faire et qui ne coûtent rien);
- le plaisir partagé (des activités que j'aime vraiment);
- le «un à un» (des activités qui permettent l'intimité à deux);
- l'absence de contamination (je laisse les difficultés à la porte);
- l'humour (qu'est-ce qui nous fait rire ensemble?).

Savoir écouter l'émotion et le point de vue de mon enfant

a. Si votre enfant a répondu aux questions proposées dans le bilan de départ (version de l'enfant)[12], relisez ses réponses en posant un regard neuf sur les messages que livre l'enfant.

b. Si ce bilan ne convient pas tellement à son style ou au vôtre, quelle forme d'échange vous conviendrait davantage et vous permettrait de découvrir un peu mieux l'enfant qui se cache sous son visage trop familier?

c. Quels sont les aspects que vous connaissez moins chez votre enfant (ce qu'il pense ou ce qu'il sent face à son école, sa famille, ses amis, face à lui-même, etc.)? Faites ici un effort particulier pour dépasser le préjugé voulant que vous connaissiez aussi bien votre enfant que si vous l'aviez tricoté.

---

12. Voir à la page 49.

85

CHAPITRE V

S'appuyer sur du solide: promouvoir l'estime de soi de l'enfant

L'estime de soi: une pile intérieure bien chargée

Nous avons évoqué au premier chapitre comment l'estime de soi est souvent en chute libre chez le parent comme chez l'enfant hyperactif; ils partagent un même sentiment d'incompétence, d'impuissance, de dévalorisation. L'estime de soi est en fait le jugement plus ou moins heureux, plus ou moins misérable, que chacun porte sur lui-même. Nous pouvons comprendre le rôle que joue l'estime de soi dans notre vie en la comparant à une sorte de pile intérieure plus ou moins chargée, qui nous fournirait l'énergie nécessaire pour composer avec les défis de la vie quotidienne. Rappelons-nous certaines images publicitaires: une *bonne pile,* c'est celle qui continue de faire fonctionner le petit lapin mécanique alors que tous les autres autour de lui se sont progressivement éteints, ou encore c'est celle qui permet de démarrer notre voiture en pleine tempête de neige, alors que les phares étaient restés allumés... C'est un peu comme lorsque nous sommes amoureux ou lorsque la douceur du printemps éclate. Renforcer son estime de soi, c'est ressentir un regain d'énergie et de confiance en soi: ce qui, hier, nous semblait une montagne devient soudainement un défi stimulant!

S'appuyer sur du solide, c'est également prendre appui sur cette base importante qu'est l'estime de soi, ce levier situé à l'intérieur de l'enfant qui le motive et oriente sa réaction face aux défis que nous lui proposons. Certaines des idées avancées par T. Phelan[1] semblent particulièrement utiles pour comprendre ce qu'est l'estime de soi et pour guider l'action du parent relativement au développement de l'estime de soi chez son enfant; nous nous en inspirerons largement tout au long du chapitre. L'estime de soi, c'est ce qui permet à l'enfant de *«croire en lui-même de façon réaliste»*; c'est une réserve d'énergie et de courage, une force intérieure qui est là et qui se développe. Le parent doit apprendre à reconnaître cette réserve d'énergie et doit savoir l'utiliser pour que l'enfant développe tout son potentiel. Parce que l'estime de soi est à la fois un enjeu et un appui importants dans la gestion quotidienne des défis auxquels l'enfant hyperactif est confronté, nous résumerons ici les *phases critiques* qui marquent le développement de l'estime de soi chez l'enfant ainsi que les *implications éducatives* qui découlent de ce processus dans l'accompagnement de l'enfant hyperactif.

Comprendre comment l'estime de soi se développe chez l'enfant

Nous pouvons facilement imaginer que les comportements, évoqués au chapitre précédent, qui alimentent la qualité de la relation parent-enfant (communiquer sa fierté, partager le plaisir d'être ensemble, savoir écouter l'enfant) sont directement reliés à la promotion de l'estime de soi chez l'enfant. L'acceptation inconditionnelle des parents est la base même à partir de laquelle cette estime se développe tout au long de la vie.

Pendant la période préscolaire

L'estime de soi du jeune enfant reflète assez aveuglément l'amour inconditionnel des parents à son égard. La période de la petite enfance est en ce sens marquée par un état d'insouciance, tandis que le jugement du jeune enfant sur lui-même ne fait qu'un avec les messages que lui envoient ses parents. Ainsi, l'exemple du petit Frédéric, quatre ans, qui joue au ballon avec son père; il lance gauchement, échappe sans cesse le ballon, mais son père, heureux en ce beau samedi de printemps, lui sourit et le félicite chaudement. L'enfant croit spontanément à son succès, se trouve bon et continue de s'amuser sans l'ombre d'un nuage... Quelques jours

---

1. T. W. Phelan, *op. cit.*

plus tard, Frédéric descend sans permission dans l'atelier de son père pour actionner sa merveilleuse scie à ruban neuve; la colère de son père se déverse alors sur lui, une colère suscitée par la peur devant le danger. Frédéric court se cacher en pleurant sa honte, convaincu maintenant d'être le plus monstrueux des enfants sur la terre...

Vers l'âge de sept ou huit ans

À partir de cette période, sur la base de l'amour inconditionnel reçu de ses parents, l'estime de soi de l'enfant est appelée à s'étendre et à se complexifier. Son jugement sur lui-même est alors confronté aux normes et aux exigences précises de rendement et de socialisation qu'impose la réalité scolaire. L'estime de soi traverse à cette période trois révolutions ou changements successifs.

Premier changement: des personnes s'ajoutent
Tout en continuant à s'appuyer sur l'amour inconditionnel des parents, l'estime de soi inclura maintenant l'acceptation conditionnelle des pairs et des autres adultes (une acceptation qui se gagne *et* qui se perd).

Deuxième changement: un sentiment de compétence soumis à des normes plus objectives
Toujours en ayant l'amour inconditionnel des parents comme base, l'estime de soi inclura maintenant un sentiment de compétence confronté à l'évaluation de ses pairs et de l'école. Comme l'acceptation *conditionnelle*, ce sentiment de compétence doit être «mérité» et peut être perdu.

Troisième changement: le début de l'autoévaluation
Cette réorganisation est marquée par l'apparition ou le développement d'une composante interne d'autoévaluation chez l'enfant. Désormais, l'estime de soi ne repose plus aveuglément sur l'amour des parents, mais elle est régie par une sorte de contrôle interne, relativement stable, que constitue le jugement posé par l'enfant lui-même sur la valeur relative de ses comportements. Le «concept de soi» prend forme. Nous appellerons ce contrôle interne qui prend de plus en plus de place, le Juge Intérieur. Pour mieux comprendre le rôle qu'il joue auprès de l'enfant, écoutons-le s'adresser à celui-ci[2]:

---

2. T. W. Phelan, *op. cit.*

Salut, le petit qui grandit!

Aussi bien me présenter, puisque je vais rester avec toi jusqu'à la fin de tes jours!... Je veux que tu comprennes que je serai comme ton «entraîneur personnel» pendant que tu t'occupes à grandir. «Grandir», je ne sais pas si tu t'en rends compte, mais c'est tout un contrat qu'on a tous les deux sur les épaules, et je suis là pour t'aider à y réussir.

Je dois t'avertir que tu ne me trouveras pas toujours de ton goût. Quand tu travailleras fort pour réussir et que tu y arriveras, je verrai à ce que tu te sentes super bien et fier de toi; c'est pour t'aider à recommencer le plus souvent possible. Mais quand ça ne marchera pas fort tes affaires, que ce soit avec tes amis, ton travail, tes projets, et que tu te mettras les pieds dans les plats, je verrai à ce que tu te sentes pas mal moins bien... Mais c'est certain que je ne ferai pas ça par plaisir ou pour te blesser, mais pour que tu te rappelles d'essayer plus fort ou d'éviter de répéter les mêmes gaffes. Un entraîneur, c'est ça, son rôle. Qu'est-ce que tu veux, on a un contrat de «grandir» à réaliser ensemble, et c'est pas toujours du gâteau!

Je sais aussi que d'autres personnes sont très importantes pour toi. Un autre aspect de mon travail consiste à t'aider à garder en tête et à te laisser guider par ce qu'ils te disent d'important sur toi. C'est une autre de mes façons de t'aider: un entraîneur a aussi besoin des conseils d'autres entraîneurs!

Mais, n'aie pas peur, je ne serai pas toujours après toi. On me l'a déjà dit: il n'y a pas juste les efforts et la réussite dans la vie! Tu auras aussi plein de beaux moments gratuits (les meilleurs, peut-être!) où je m'occuperai ailleurs, et tu en profiteras pour retrouver ton insouciance d'antan... t'amuser, te reposer, t'émerveiller, simplement être bien... sans évaluation! En d'autres mots, prendre congé de moi; je ne le prendrai pas sur un plan personnel, ces «vacances» sont également très importantes pour grandir!

Mais je serai régulièrement de retour pour te donner un coup de pouce, parce que garder ses amis, réussir à l'école, ne pas se mettre dans le trouble, c'est comme dans le sport: je n'en connais pas beaucoup qui réussissent sans efforts. Comme disent les grands athlètes, réussir ça prend un peu de talent, mais surtout, beaucoup de pratique et être capable d'apprendre à partir de ses erreurs!

Bon, assez parlé! Nos règles sont claires? Au travail!

Ton Juge Intérieur

Le rôle du Juge Intérieur

Le Juge Intérieur, c'est l'opinion que l'enfant se fait de lui-même. Agissant comme un mécanisme de contrôle interne, doté d'une mémoire et capable de représentations mentales, il régit maintenant à plus long terme le niveau d'estime de soi de l'enfant. En évaluant constamment «là où l'enfant se situe» par rapport à «là où il *veut* être», le Juge Intérieur dicte sans cesse à l'enfant s'il doit être content ou déçu de lui-même, s'il doit se sentir heureux ou misérable… Son jugement s'appuie sur une comparaison de ses comportements (avec une norme objective, avec ses pairs, avec ses performances antérieures, etc.) et il s'accompagne d'une émotion intense: son verdict positif ou négatif se traduit, chez l'enfant, par un sentiment spontané et intense de satisfaction ou de frustration. C'est ainsi qu'il agit à la manière d'un entraîneur sportif, d'un motivateur, qui aurait pour mandat de rendre le jeune plus conscient de ses comportements et plus sensible à ses succès ou à ses échecs.

Pendant la période de sept à douze ans, à titre d'entraîneur, le Juge Intérieur remplit *deux fonctions vitales* pour le développement de l'enfant: 1. il l'informe sur le résultat de son action; 2. il y associe une émotion heureuse ou malheureuse.

1. *Il permet au jeune d'apprendre*: Il l'informe sur l'action faite et sur l'effet produit afin de permettre les ajustements requis; autrement dit, il lui donne une sorte de rétroaction (*feedback*) sur le résultat afin de rectifier le tir en conséquence (*Ai-je ou non atteint la cible visée?*).

2. *Il motive l'enfant à évoluer*: Il soutient sa performance et sa réussite par des sentiments positifs associés à l'évaluation de bons résultats (*Wow! Enfin, je suis capable! Ils n'ont encore rien vu!*) ou, à l'inverse, par des sentiments négatifs associés à l'évaluation de mauvais résultats (*Eh! Ça m'écœure! Il va falloir que je me prépare mieux!*)

Les limites du rôle du Juge Intérieur

Toutefois, le Juge Intérieur, qui en est à ses premières armes et qui manque d'expérience (nous savons qu'il a l'âge de l'enfant…) a deux traits de caractère importants à connaître:

1. il manque de nuances et il a une fâcheuse tendance à exagérer les jugements qu'il fait;

2. il demeure très influençable dans ses jugements, surtout par les personnes qui sont importantes aux yeux de l'enfant.

En ce qui concerne plus particulièrement l'enfant avec un DAH, nous pourrions penser, à partir des caractéristiques présentées au chapitre III[3], qu'il est doté d'un Juge Intérieur qui fonctionne au ralenti. Rappelons en effet que le déficit d'attention-hyperactivité se caractérise par une certaine myopie de l'enfant face aux conséquences positives ou négatives des gestes faits, par sa sensibilité réduite aux récompenses et aux punitions.

En raison de ces trois aspects, le soutien judicieux des parents devient particulièrement précieux pour aider le Juge Intérieur à bien faire son travail. Comment le parent peut-il aider (et non pas nuire!) au travail du Juge Intérieur de l'enfant?

Le rôle des parents des enfants de sept à douze ans: faire équipe avec le Juge Intérieur

Comprendre que le Juge Intérieur joue un rôle aussi important dans l'évolution du jeune aide le parent à prendre lui-même un peu de recul face aux comportements de l'enfant, pour davantage s'associer au nouveau processus d'évaluation de l'enfant par l'enfant. Il ne s'agit pas de comment contrôler le comportement de l'enfant, mais plutôt de comment aider l'enfant qui, dans son développement, en est à l'étape où il pose lui-même des jugements sur ce qu'il fait et sur ce qui lui arrive. Autrement dit, comment épauler, nuancer et compléter l'action du Juge Intérieur? Comment contribuer au développement à long terme d'une solide estime de soi chez l'enfant? Le parent doit d'abord reconnaître qu'il n'est pas seul à évaluer le niveau de réussite des comportements faits par l'enfant. Faire équipe avec le Juge Intérieur, c'est reconnaître le rôle primordial du jugement que l'enfant porte sur lui-même.

Voici quelques exemples qui mettent en scène Pierre, son Juge Intérieur et sa mère; ils illustrent les éléments que le parent doit garder en tête pour appuyer le rôle du Juge Intérieur de l'enfant.

Conseil n° 1:
laisser d'abord l'enfant poser son propre jugement

En raison de ce partenariat, il devient plus clair pour le parent qu'il n'a pas à assumer seul la tâche de confronter l'enfant face à ses comportements peu satisfaisants. Ainsi, dans l'exemple suivant, la mère de Pierre a avantage à laisser d'abord à celui-ci le soin d'évaluer la situation avant de lui dire ce qu'elle en pense.

---

3. Voir aux pages 63 à 67.

Exemple

Pierre, âgé de dix ans, a deux projets qui lui tiennent à cœur: réussir en mathématiques et être accepté dans l'équipe de baseball du quartier. Sa mère est *convaincue* depuis longtemps que, dans les deux cas, un peu de pratique supplémentaire serait nécessaire.

Un jour, Pierre revient avec une mauvaise note pour son travail en mathématiques et avec la réponse de l'entraîneur qui lui a dit: «*On verra plus tard dans la saison en ce qui concerne les nouvelles recrues dans l'équipe.*» À la double frustration de Pierre, sa mère (qui venait de lire sur l'estime de soi) se tait et réussit à retenir juste à temps son propre commentaire; contrairement à son habitude, elle laisse enfin à Pierre le temps de réagir par lui-même, elle écoute le jugement qu'il porte sur la situation et elle aura peut-être ensuite la chance de partager avec lui certains points de vue.

Conseil nº 2: laisser l'enfant vivre sa propre frustration

Il devient également plus évident que le parent n'a pas, sous prétexte de ménager l'estime de soi de l'enfant, à le protéger un peu artificiellement contre les sentiments de frustration et de déception inhérents aux difficultés qu'il éprouve. Ces émotions pénibles sont malheureusement souvent nécessaires au processus évolutif et font partie de la motivation à agir autrement.

Exemple

Supposons que, dans la situation précédente, la réaction spontanée de la mère de Pierre aurait été de le réconforter: «*Bah! Arrête de t'en faire avec ça! On ne peut pas être bon dans tout dans la vie, tu sais! Moi, je trouve que tu as beaucoup d'autres belles qualités.*» Si Pierre se satisfait de cette consolation, il perd une occasion de travailler plus fort à renforcer à plus long terme ses compétences scolaires et sportives.

Conseil nº 3: ne pas ajouter à la frustration présente

Par contre, il est sage que, lors d'une situation difficile, le parent évite d'en ajouter inutilement, en confrontant lui-même l'enfant quand celui-ci est précisément occupé à digérer sa frustration liée à un échec.

Exemple

Imaginons que Pierre, acceptant difficilement sa mauvaise note en mathématiques, lance son sac en criant: «*Maudit que c'est plate l'école. Si je peux donc avoir seize ans, moi je vais lâcher ça!*» Agacée cette fois-ci par l'exagération et irritée par la frustration, sa mère risque de rétorquer spontanément, et sur le même ton: «*Voyons donc, Pierre! Si tu te forçais juste un peu plus, tu réussirais beaucoup mieux et t'aimerais pas mal plus ça l'école! Les maths, ce n'est pas sorcier et la paresse, ça ne mène nulle part!*»

Conseil nº 4: limiter la tendance à exagérer du Juge Intérieur

Si le parent doit éviter de profiter de son influence sur le Juge Intérieur pour en «ajouter», il doit par contre aider l'enfant à contrecarrer sa tendance à l'exagération. C'est donc dire que non seulement le parent doit éviter les jugements globaux, mais il doit l'aider à nuancer les évaluations qu'il fait sur lui-même et sur ses comportements[4]. Concrètement, cela signifie que le parent devient habile à «proposer», à la réflexion et au jugement de l'enfant (par opposition à «imposer»...), des rétroactions qui ont la qualité d'être précises, concrètes, et de porter sur des comportements récents et spécifiques sur lesquels l'enfant peut avoir une certaine prise.

Exemple

Cette fois, Pierre rentre du terrain de jeux en pleurant et en criant. Puis, il lance son gant telle une balle... «*C'est juste une gang de CONS! Je ne veux plus rien savoir d'eux autres. Ils veulent même plus que je joue avec eux! Tant pis, je leur ai dit ma façon de penser!*» Après que le plus gros de l'orage émotif s'est calmé, sa mère rétablit le contact ainsi: «*Et si tu me racontais comment tout ça a commencé? Imagine qu'on fait un retour comme avec un vidéo, pour revoir et améliorer le jeu. Voyons voir si la prochaine fois, ça pourrait se passer autrement...*»

---

4. Voir la capsule d'information «Les règles de base d'une bonne rétroaction» aux pages 98 et 99.

Conseil nº 5: aider l'enfant à percevoir les effets positifs ou négatifs associés à ses comportements

Il demeure utile de se rappeler que le Juge Intérieur de l'enfant hyperactif fonctionne au ralenti et qu'il a plus besoin d'aide qu'un autre pour remplir son rôle d'autoévaluation des comportements et de motivateur face à l'effort. Dans cette perspective, il devient d'autant plus important d'utiliser les occasions qui se présentent pour aider l'enfant à évaluer l'effet positif ou, le cas échéant, l'effet négatif de son comportement. Capitaliser sur le positif, féliciter et souligner «publiquement» les réussites, reconnaître les progrès par un bon système de récompenses sont des stratégies qui s'inscrivent directement dans cette préoccupation et sur lesquelles nous reviendrons en détail au chapitre IX.

Conseil nº 6: souligner la valeur de l'effort de l'enfant

Sans nier le succès ou l'échec du comportement en cause, faire équipe avec l'enfant et nuancer son jugement, c'est aussi l'amener à reconnaître explicitement la valeur de l'effort ou de l'autocontrôle dont il a su faire preuve (si tel est le cas...), indépendamment du résultat obtenu par son comportement. Ce comportement du parent qui donne une rétroaction centrée sur l'effort sera illustré par la réaction de la mère de Pierre lorsqu'il revient d'une rencontre avec ses amis à la suite de la chicane évoquée précédemment, ou encore lorsque Pierre revient d'une défaite sportive.

E x e m p l e

Malgré la chicane de l'autre jour, Pierre est retourné auprès de ses amis pour une autre partie de balle: *«Je peux imaginer comment tu pouvais te sentir de les affronter tous ensemble. Il me semble que ça a dû te prendre pas mal de courage. Bravo! C'est une autre sorte de court-circuit, ça!»*

Pierre fait maintenant partie de l'équipe de balle; cette fois, il fulmine face à la défaite cuisante qu'ils viennent de subir. Sa mère souligne la valeur de l'effort: *«C'est dommage que vous ayez perdu, mais même si ce n'est pas une grande consolation, nous vous avons tous trouvés courageux de tenir comme vous l'avez fait jusqu'au bout! Chapeau, les gars!»*

Conseil n° 7: utiliser la frustration de l'enfant pour préparer «la prochaine fois»

En somme, le rôle le plus utile que peut jouer le parent consiste à aider l'enfant à se centrer sur ce qui peut être fait pour mieux ajuster le tir afin d'atteindre la prochaine cible, c'est-à-dire pour l'aider à utiliser la frustration comme un élément de motivation. Il s'agit de dépasser la frustration de l'enfant liée au jugement de «*J'ai encore raté la cible*» pour se mobiliser et faire mieux la prochaine fois. C'est en effet tout un art que d'accompagner l'enfant pour l'aider à mettre sa déception au service de la recherche de moyens nouveaux et peut-être plus efficaces. Mettre une déception au service d'une recherche de solutions nouvelles, c'est la dynamique sous-jacente d'une attitude centrée sur la résolution de problèmes; elle contraste avec une attitude culpabilisante ou défaitiste. Nous y reviendrons souvent dans les prochains chapitres.

Exemple

Voici l'exemple d'une mère qui, après avoir évoqué quelques gaffes que son fils hyperactif avait tendance à répéter, me demandait: «*Chaque fois, il me dit qu'il le regrette, qu'il n'a pas fait exprès. Il a l'air vraiment sincère, mais quand le comportement se reproduit encore une fois, j'en doute... D'après vous, est-ce qu'il est vraiment sincère quand il dit ça?*»

J'expliquais alors à cette mère que faire équipe avec son enfant, c'était abandonner résolument cette question plus ou moins culpabilisante pour choisir de s'orienter vers la planification d'une réussite possible, en misant sur la complicité de l'enfant qui regrettait: «*O.K.!* dirait la mère, *comment pourrait-on bien s'y prendre pour que la prochaine fois, tu réussisses à ne pas répéter la même chose?*» Voici qu'ils profitaient de leur commune déception pour mettre ensemble leur génie créatif et ne pas gaffer la prochaine fois. Du coup, cette façon de définir différemment son rôle auprès de son fils était apparue à la fois libérante et stimulante pour cette mère.

Bâtir l'estime de soi dans la vraie vie

Il faut être critique à l'égard de certains programmes à la mode qui s'adressent tantôt aux enfants, tantôt aux adultes, et qui tentent en quelque sorte de rebâtir, à partir de différentes techniques, un sentiment d'estime de soi affaibli par le rejet social ou par l'absence de réussites capables de confirmer un sentiment de compétence. Si l'estime de soi est de croire en soi de façon réaliste, c'est dans la vraie vie, confronté à des défis concrets, que l'estime de soi se bâtit; on ne peut bâtir de façon plus ou moins artificielle un sentiment d'estime de soi chez l'enfant. Ainsi, le fait de multiplier les jugements globaux, qu'ils soient positifs ou négatifs (par exemple, «*Tu as été bien gentil*» ou «*Tu n'as pas été bien gentil*»), les formules un peu fourre-tout (par exemple, «*Ce n'est pas toi, mais tes comportements que je n'aime pas*»), pas plus que la tentation de minimiser l'échec vécu par l'enfant ne contribuent à promouvoir de façon durable l'estime de soi de l'enfant.

Nous pouvons par contre faire ressortir trois pistes d'intervention plus valables qui s'appuient sur l'expérience réelle:

1. donner à l'enfant le maximum de chances de vivre des réussites concrètes;

2. favoriser le développement de certaines compétences particulières dans un domaine qui lui convient;

3. faire équipe pour nuancer et renforcer le rôle du Juge Intérieur.

En somme, il importe que le parent favorise le succès et qu'il épaule, sur le terrain, le travail d'évaluation que l'enfant fait de lui-même, qu'il l'aide à nuancer des jugements globaux, qu'il l'aide à trouver des comportements spécifiques et à utiliser la frustration d'un échec pour mieux ajuster le tir et réussir la prochaine fois. La tâche n'est ni simple ni facile, mais *aider l'enfant à croire en lui-même de façon réaliste* est la contribution la plus importante que le parent puisse faire pour favoriser le développement à long terme de toutes les ressources de l'enfant.

Cette perspective relativement à la construction de l'estime de soi chez l'enfant d'âge scolaire suggère une orientation nouvelle au rôle du parent: d'un côté, elle lui enlève une certaine pression (il n'est plus seul à faire le travail d'évaluation et de motivation, puisqu'il peut faire équipe avec l'enfant lui-même) et, d'un autre côté, elle introduit des exigences nouvelles liées à son rôle d'accompagnement. En plus de favoriser au maximum toutes les formes de réussite, il s'agit, pour le parent, d'éviter d'«ajouter» aux exagérations auxquelles l'enfant est déjà enclin, pour lui permettre d'apprendre l'art de la nuance, des rétroactions spécifiques et pour qu'il se concentre vers le prochain défi.

Les règles d'une bonne rétroaction décrivent comment le parent peut aider l'enfant à croire de façon réaliste en lui-même, parce qu'il l'aide à bien percevoir quels sont ses comportements, quels effets ils ont et comment les ajuster pour obtenir le résultat désiré.

Capsule d'information

Les règles de base d'une bonne rétroaction

Pour toute rétroaction:

- Donner une rétroaction immédiatement après le comportement ciblé pour que son impact soit plus grand.

- Être précis, concret et se reporter à un seul élément à la fois.

- Cibler un élément, un comportement sur lequel l'enfant *peut* exercer un certain contrôle.

- Dans la mesure du possible, faire appel à la capacité d'observation de l'enfant lui-même; l'amener à verbaliser lui-même ce qui s'est passé et ce qu'il en pense.

- Tenter d'équilibrer la proportion des rétroactions positives et négatives données à l'enfant (le «deux pour un» semble une règle honnête).

Pour une rétroaction positive:

- Rester honnête et éviter de féliciter pour tout et pour rien, simplement pour le principe de favoriser l'estime de soi (l'enfant n'est pas dupe face à ce type de stratégie, qui diminue d'ailleurs la portée des félicitations plus significatives).

- Travailler à augmenter votre capacité de donner des rétroactions positives significatives jusqu'à établir une moyenne de trois par jour (une règle qui vaut également pour soi-même et pour le conjoint!).

- Dans la mesure du possible, mettre également en lumière les éléments associés à des traits de caractère chez l'enfant; par exemple, l'effort fourni, le courage, la délicatesse et le contrôle par rapport au comportement ciblé.

- Tailler sur mesure une modalité de reconnaissance et de félicitations qui convient particulièrement à la sensibilité de l'enfant; par exemple, y ajouter une marque d'affection ou une trace d'humour, y associer un système de récompenses, parler de son bon coup devant un public, etc.

Pour une rétroaction négative:

- Se rappeler que même si l'on respecte les règles énoncées ici, les rétroactions négatives peuvent être déplaisantes et engendrer une baisse temporaire de l'estime de soi. Elles sont par contre souvent *nécessaires* pour bâtir une estime de soi *réaliste*, dans la mesure où elles ciblent des éléments sur lesquels l'enfant peut exercer un contrôle (par exemple, «modifier telle habitude de travail», par opposition à «être une personne paresseuse»).

- Se donner un temps d'arrêt personnel et attendre d'être moins fâché avant de revenir sur un comportement négatif; autrement, les nuances seront trop minces ou artificielles, de sorte que non seulement on n'aidera en rien le rôle du Juge Intérieur, mais on risque fort de nuire en exagérant ses propres travers.

- Au besoin, se remettre en tête une photo positive de l'enfant.

- Éviter systématiquement tout ce qui peut être humiliant ou décourageant pour l'enfant.

- Finir d'une façon encourageante une rétroaction négative, pour relancer l'enfant vers une action positive (par exemple, «*Je sais que tu peux y arriver, puisque c'était encore plus difficile l'autre jour quand tu as réussi à...*»).

Deux exemples permettront d'illustrer l'application de ces règles de base concernant l'utilisation de la rétroaction au service (et non au détriment) de l'estime de soi de l'enfant.

 *T é m o i g n a g e*

L'exemple d'un petit chef-d'œuvre de rétroaction du parent

— *Wow! Philippe, comment tu as fait ça, ce soir? Trente minutes, et tes devoirs sont presque tous finis!*

— *Bien, j'ai décidé que je voulais essayer un nouveau truc avec Rex avant de souper.*

— *Comment tu as fait pour t'asseoir comme ça, tout de suite après avoir pris ta collation?*

— *Je me suis dit que s'il fallait que j'aille faire un tour dans ma chambre, ce serait fatal, j'aurais encore moins le goût de commencer!*

— *Ouais, c'est du bon contrôle, pour un gars qui n'aime pas trop trop ça les maths! Un truc dans le style parachutiste: «J'y pense pas, puis je plonge»?*

– *Ouais, comme sauter dans les airs avant de trop y penser.*
– *Bon, je t'ai assez dérangé. Tu finis ton dernier problème pendant que je glisse un petit mot «Bravo pour les devoirs et son parachutiste!» dans ton cahier, pour ton enseignante. Rex va être content de pouvoir jouer avec toi, il avait justement eu congé de devoirs, lui, ce soir, le chanceux!*

P.-S. Venue spontanément dans l'échange, l'idée du parachute avait aussi été relevée par l'enseignante de Philippe en lisant la note laissée par Louise. Cette image du parachute était demeurée utile pendant un certain temps, une sorte de mot clé entre Louise et Philippe pour représenter ce moment particulièrement épineux où Philippe doit s'installer pour «plonger sans trop y penser» dans ses devoirs. L'idée retenue par Philippe est maintenant claire: le début des devoirs, c'est une question de courage et plus vite je saute, plus vite j'atterris dans un pays où il n'y a plus de devoirs à faire!

Un exemple d'une rétroaction moins réussie

– Wow! Philippe, tu es ben avancé ce soir dans tes devoirs. Tu vois, je te l'avais bien dit: quand tu veux, tu es capable... Au lieu de chialer pis de passer ton temps à niaiser, les devoirs, c'est pas sorcier, faut juste le vouloir!
– Je DÉTESTE ÇA, FAIRE DES DEVOIRS!
– Mais c'est ça que je te dis, tu as juste à y mettre plus de bonne volonté.
– C'est pas parce que je ne veux pas, c'est parce que c'est PLATE les devoirs. Je te le dis, c'est niaiseux!
– Si tu étais plus responsable, ça traînerait pas mal moins et ce serait moins plate aussi. Regarde ce soir, tu vois bien que c'est pas la mer à boire...

Et voici que cette séance de devoirs, pourtant particulièrement bien amorcée, s'était terminée par une discussion orageuse où Louise (qui, avouons-le, avait encore un peu de ressentiment à la suite de la chicane au sujet des devoirs de la veille) n'avait pas résisté à la tentation de lancer à Philippe un message à la fois ambigu et global relativement à son inefficacité habituelle. Du coup, elle s'était fait servir, pour une énième fois, les vieilles frustrations de Philippe, qui ne voulait surtout pas se faire reprocher son aversion pour les devoirs sous prétexte que, ce soir, il était capable de ne pas traîner...

Comment développer l'estime de soi chez l'enfant hyperactif

Comprendre les défis que pose le développement de l'estime de soi

Les talents ne sont certes pas distribués également entre tous les enfants, et plusieurs parents ressentent une forme d'injustice face aux difficultés auxquelles le milieu scolaire confronte leur enfant lorsque celui-ci est moins avantagé qu'un autre sur le plan des ressources personnelles. Il en est ainsi pour le parent de l'enfant hyperactif d'âge scolaire; le développement de l'estime de soi de ce dernier est souvent compromis à cause des deux facteurs suivants: 1. le risque de vivre des échecs répétés; et 2. sa propre myopie face aux conséquences de ses comportements.

L'enfant hyperactif court davantage le risque de vivre des échecs: à cause de son impulsivité et de son inattention, l'enfant hyperactif est plus souvent confronté au rejet de ses pairs et à des difficultés d'ordre scolaire; il risque ainsi d'accumuler une série d'échecs qui mineront d'autant son besoin d'acceptation et son sentiment de compétence, et ce, jusqu'à l'épuisement possible de ses réserves d'estime de soi. Par ailleurs, l'enfant hyperactif est myope face aux conséquences de ses comportements: puisqu'il agit en fonction de l'immédiateté et de sa relative imperméabilité face aux conséquences de ses actes, l'enfant hyperactif apprend moins qu'un autre à partir des difficultés qu'il éprouve.

Ainsi, le parent qui désire favoriser chez son enfant le développement de son estime de soi est confronté aux questions suivantes:

- Comment prévenir le développement d'un sentiment d'impuissance et d'une attitude défaitiste qu'entraînent les échecs en série?

- Comment favoriser et capitaliser sur ses succès pour bâtir son sentiment de compétence?

- Comment compenser sa faible motivation et sa faible persévérance à l'effort?

- Comment lui apprendre à mieux discriminer l'effet produit par ses comportements?

L'exemple du bilan de Louise et de Philippe permettra d'illustrer les défis que pose le développement de l'estime de soi chez l'enfant hyperactif. Leurs réponses retracent d'abord quelques bons moments de détente dans la vie de Philippe, lorsqu'il prend joyeusement congé de son Juge Intérieur et que la priorité est au pur plaisir (par exemple, courir avec Rex ou encore filer comme une fusée sur son vélo de montagne); le grand rêve de Philippe est dans cette même veine: qu'il n'y ait que l'été à longueur d'année (c'est-à-dire pas d'école...). Bien que cette dimension soit essentielle pour l'équilibre émotif de Philippe, ces moments de jeu et de détente (surtout s'ils ne sont pas partagés avec quelqu'un de significatif) demeurent insuffisants pour nourrir en eux-mêmes le besoin d'estime de soi de Philippe.

Le fonctionnement de Philippe est assez typique: une joie intense accompagne ses trop rares réussites scolaires et sociales, tandis que plusieurs autres situations positives passent inaperçues à ses yeux. Louise mentionne en effet qu'une des gratifications importantes qu'elle vit avec Philippe est de *«voir la joie qui pétille dans ses yeux quand il ramène une bonne note de l'école ou quand il est invité chez un ami»*. Les réussites objectives sur lesquelles s'appuie le développement de l'estime de soi chez Philippe sont particulièrement rares en milieu scolaire; lorsqu'elles surviennent, et si ces réussites sont clairement reconnues et soulignées par l'environnement, elles provoquent chez lui une joie instantanée qui est aussi intense qu'inattendue... L'action «récompense» du Juge Intérieur de Philippe exerce alors son influence positive et lui permet de recharger sa pile intérieure, dans la mesure où le succès est suffisamment explicite pour être reconnu comme tel.

Par contre, Philippe perçoit peu ou néglige d'enregistrer dans son estime de soi certaines des situations potentiellement valorisantes qu'il vit. Bien que Louise ait pu relever un certain nombre d'activités parascolaires qui lui semblaient être une source de gratification ou de réussites significatives pour Philippe (sa vitesse et ses acrobaties en ski; l'initiation de sa sœur aux joies du Nintendo; ses cours de karaté; le contrat qu'il s'est donné pour couper le gazon et pelleter la neige de leur voisine âgée), celui-ci n'identifiait qu'une seule activité où il réussit bien: «*Entraîner Rex à courir après un objet.*»

Il était évident pour Louise que le fait de favoriser l'estime de soi de Philippe était devenu une priorité; sa pile intérieure tombait à plat plus souvent qu'à son tour. Devant la rebuffade d'un copain ou devant une difficulté scolaire, il se trouvait souvent en panne d'énergie et de motivation. Plutôt que de risquer un nouvel échec face aux amis ou face à un nouvel apprentissage, il préférait carrément ne pas essayer, en prétextant que les enfants de sa classe ne l'intéressaient pas, et que l'école était tout à fait inutile et très ennuyante! Être avec Rex, c'était au contraire une valeur sûre: il n'y a aucun risque de rejet ou d'échec...

Agir sur plusieurs fronts à la fois et utiliser différents moyens

Quels sont les moyens dont dispose Louise pour tenter de contrer ce cercle vicieux de l'échec et l'attitude défaitiste qui s'ensuit? En plus de privilégier les comportements susceptibles de favoriser la qualité de leur relation tel qu'abordé au chapitre VI (par exemple, communiquer sa fierté, multiplier les moments de plaisir partagé, demeurer à l'écoute de l'enfant), trois autres pistes peuvent guider Louise dans son approche pour soutenir l'estime de soi de Philippe: 1. compenser et renforcer la capacité d'autoévaluation de Philippe; 2. multiplier les situations de réussite; 3. adopter des stratégies efficaces de gestion des comportements.

Compenser et renforcer la faible capacité d'autoévaluation de l'enfant

Louise avait été frappée par le fait qu'elle avait trouvé plus d'éléments positifs dans la vie de Philippe que lui-même. Constatant cet écart, elle s'était donc promis de lui donner plus de rétroactions concrètes et encourageantes, immédiatement ou à la suite de ses comportements positifs, qu'il s'agisse de ses performances en ski, de ses progrès au karaté, de l'aide apportée à leur voisine, ou encore des moments de bonne entente avec sa sœur au Nintendo. Elle devra se reporter occasionnellement aux sept conseils[5] pour faire équipe avec le Juge Intérieur et à la capsule d'information «Les règles de base d'une bonne rétroaction»[6], jusqu'à ce qu'elle ait suffisamment développé le réflexe de ce type d'accompagnement. Il devenait clair pour Louise que Philippe avait besoin de ce coup de pouce pour arriver progressivement à voir et à enregistrer tant ses bons coups que ses difficultés, et réussir ainsi à recharger son estime de soi.

Multiplier les situations de réussite vécues par l'enfant

Afin de favoriser l'estime de soi de Philippe, Louise avait été amenée à réfléchir sur la façon d'exploiter davantage les situations valorisantes qu'il vivait déjà pour les rendre plus fréquentes ou plus significatives (Rex, ski, karaté, Nintendo, contrat de neige et de gazon). Puis, Louise s'était aussi demandé s'il y avait lieu d'aider Philippe à développer d'autres compétences parascolaires, qui correspondraient également à ses ressources et à ses intérêts.

---

5. Voir aux pages 92 à 96.
6. Voir aux pages 98 et 99.

La réflexion proposée en fin de chapitre[7] a précisément comme objectif d'accompagner ce genre de questionnement chez le parent et d'alimenter sa réflexion sur le thème des situations et des activités valorisantes pour son enfant.

Témoignage

Louise cherche comment promouvoir l'estime de soi de Philippe

- Comment pourrait-on mettre davantage à profit son intérêt et ses habiletés au Nintendo, mais aussi son penchant naturel pour l'ordinateur et l'électronique en général?

- Y aurait-il d'autres voisins avec qui Philippe pourrait négocier un petit contrat (ramasser les feuilles, pelleter la neige, tondre le gazon)? Comment les membres de la famille pouvaient-ils davantage valoriser Philippe lorsqu'il contribuait parfois à ces tâches d'entretien extérieur?

- Comment exploiter davantage son amour des chiens mais aussi son attachement pour tous les autres animaux? Peut-être Philippe pourrait-il offrir à des voisins de promener leur chien en compagnie de Rex pendant leurs vacances? Pourrait-il faire un futur travail de recherche scolaire sur les différentes races canines ou sur tout ce qu'on connaît des bergers allemands (la noble race du célèbre Rex)? Tiens, si on explorait ensemble les documents sur ce thème lors d'une prochaine visite à la bibliothèque? Ou peut-être sur Internet? Au fait, s'est demandé Louise, y a-t-il une section, au musée de la Nature, qui porte sur les chiens?

- Y avait-il d'autres activités, à part le Nintendo, où Nathalie et Philippe s'entendaient plus facilement? Comment maximiser ces expériences positives de bonne entente?

- Le karaté, oui, peut-être. En fait, qu'est-ce que Philippe en pensait réellement? Était-ce vraiment le meilleur choix d'activités pour lui? Qu'est-ce qu'il en retirait? Avait-il envisagé d'autres activités parascolaires où certains des

---

7. Voir à la page 106.

enfants de sa classe participaient? Louise était surprise de constater à quel point elle savait peu sur ce que cet investissement représentait aux yeux de Philippe. Aimerait-il mieux faire partie du groupe d'excursion en ski alpin? Ambitionnait-il d'améliorer son ski ou de faire plutôt de la planche à neige? Si oui, comment le faire participer à un projet où il financerait une partie de cet achat à prévoir?

Cette réflexion sur les situations de réussite vécues par Philippe avait finalement amené Louise à une autre réflexion qu'elle avait faite sur les activités qu'elle-même aimait faire en sa compagnie (le ski, la pêche, le camping, la natation):

- Comment le plaisir partagé pouvait-il être davantage exploité pour renforcer l'estime de soi de Philippe afin qu'il sente qu'il n'y avait pas seulement Rex qui appréciait spontanément sa compagnie...

Adopter des moyens efficaces de gestion des comportements

Cette troisième piste d'action pour favoriser l'estime de soi touche davantage l'ensemble des moyens éducatifs qui seront abordés dans les deux sections suivantes du guide.

Pour l'instant, notons que le parent qui, grâce à une approche disciplinaire claire et cohérente, sait comment encadrer les comportements de son enfant, contribue beaucoup à développer l'estime de soi de ce dernier. Selon une certaine approche plus permissive qu'autoritaire en éducation, nous avons parfois tendance à opposer «discipline parentale» et «estime de soi de l'enfant». L'opposition est sans doute justifiée lorsque la discipline parentale correspond davantage à une forme d'abus de pouvoir de la part de l'adulte et à un manque de respect des besoins de l'enfant. Mais, dans une perspective où c'est précisément les besoins de développement de l'enfant qui guident les stratégies éducatives adoptées, il nous semble au contraire que les deux dimensions — discipline et estime de soi — sont complémentaires.

Une approche éducative qui permet d'encadrer le comportement de l'enfant de façon à compenser ses limites et à faciliter ses réussites devient une des composantes nécessaires dans le cheminement qui le conduit à l'acceptation des autres et au développement de ses compétences. Les parties III et IV seront entièrement consacrées à la présentation des différents moyens éducatifs qui traduisent une approche positive de la discipline de la part du parent.

Réflexion 4

Multiplier les situations et les activités valorisantes pour l'enfant

Trouver les intérêts et les habiletés de l'enfant

a. Quelles situations ou activités vous semblent être une source de valorisation pour votre enfant?

b. Lesquelles sont plus importantes? Qu'est-ce que ces activités nous apprennent sur votre enfant? Qu'est-ce qui fait que ça fonctionne bien dans ces situations?

Multiplier les occasions où l'enfant peut se valoriser

a. Comment serait-il possible d'exploiter davantage les activités que votre enfant aime beaucoup? (À titre d'exemple, Louise pense exploiter davantage l'ordinateur puisque Philippe porte beaucoup d'intérêt au Nintendo, chercher d'autres petits contrats de travail avec les voisins, valoriser davantage l'énergie qu'il met dans les tâches d'entretien extérieur, utiliser son amour des chiens et des autres animaux pour encourager ses travaux scolaires et ses recherches sur Internet ou à la bibliothèque, pour proposer des visites au musée de la Nature, etc.)

b. Quelles autres activités (activité parascolaire, loisir, sport, champ de connaissance, etc.) sont accessibles dans votre entourage? Quelles nouvelles activités vaudraient la peine d'être explorées à partir des intérêts et des habiletés de votre enfant? À quelle activité l'enfant a-t-il déjà rêvé? À quelles activités parascolaires participent les enfants de sa classe?

À court d'idées?

En plus des autres personnes qui connaissent bien votre enfant, consultez sur-le-champ celui qui est le premier intéressé par cette question: l'enfant lui-même!

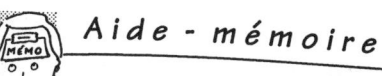

Deuxième partie:
Appuyer son action sur du solide

La base sur laquelle doit s'appuyer l'action du parent repose sur deux piliers:

1. reconnaître le diagnostic et bien comprendre la nature du DAH;
2. maintenir et miser sur la relation avec l'enfant et sur la promotion de son estime de soi.

Chapitre II:
S'appuyer sur du solide: établir un bon diagnostic

1. Obtenir un bon diagnostic est une étape cruciale, souvent longue et complexe: il n'existe pas de test standard qui puisse discriminer la problématique en cause. Ses manifestations varient selon les autres particularités de l'enfant et selon l'intensité des déficits.

2. Le fait de reconnaître le diagnostic est une arme à deux tranchants:

a) d'une part, nous comprenons mieux que la bonne volonté de l'enfant et la compétence des parents ou de l'école ne sont pas à mettre en cause;

b) d'autre part, nous comprenons également qu'il existe chez l'enfant une différence aussi réelle et persistante, aussi légitime et aussi injuste, que toute autre forme de déficit (par exemple, la myopie, l'asthme ou le diabète).

Chapitre III:
S'appuyer sur du solide: être bien informé

1. Le DAH correspond à une plus grande difficulté pour l'enfant à:

a) contrôler son attention (ses pensées se promènent allègrement);

b) contrôler son agitation motrice (il est fébrile, bouge et dérange);

c) contrôler ses réactions impulsives («hyper-réactif», il agit avant de penser).

2. Il est maintenant bien établi, sur le plan scientifique, que cette difficulté de contrôle est liée à un problème d'ordre biologique, plus spécifiquement à un fonctionnement au ralenti de deux secteurs du cerveau, où nous trouvons certaines substances chimiques à un niveau plus bas.

3. À la suite de ce ralentissement, l'enfant se trouve handicapé:

a. dans sa capacité à demeurer motivé (il est plus imperméable aux conséquences de son comportement);

b. dans sa capacité de s'organiser (il est plus difficile pour lui de planifier une tâche, de gérer son temps, de garder ses choses en ordre).

4. Bien comprendre la nature des difficultés associées au DAH:

a) nous éclaire sur les moyens à prendre pour aider l'enfant à compenser ses déficits;

b) nous soutient en maintenant une relation positive avec l'enfant et en évitant de mal interpréter ses comportements.

5. Comme pour tout autre déficit, la reconnaissance du DAH est associée à un processus de deuil d'une vie plus facile chez le parent et chez l'enfant; ils seront souvent tentés de minimiser le problème ou de rechercher des solutions miracles ou ultimes. Plutôt que d'espérer guérir du DAH, le défi sera d'apprendre à composer avec ses déficits.

Chapitre IV: S'appuyer sur du solide: maintenir une bonne relation

1. Au-delà du quoi faire, la qualité de la relation entre le parent et l'enfant et leur complicité donnent à chacun l'énergie et la motivation pour investir les efforts et pour continuer à avancer. Trois moyens permettent au parent de nourrir cette relation: être fier de son enfant et le lui communiquer, partager le plaisir d'être ensemble et savoir écouter l'enfant.

2. Pour contrecarrer la tendance naturelle à réagir d'abord à ce qui pose problème, le parent doit trouver un moyen pour rester sensible à ce qu'il apprécie chez son enfant; il doit se bâtir une sorte d'album photos soleil qui entretient son préjugé favorable face à l'enfant et qui éclaire les moments gris.

3. Pour alimenter et cimenter la relation avec l'enfant, rien de tel que les moments de plaisir partagé; ceux-ci doivent être réguliers, simples, facilement accessibles, aussi agréables pour le parent que pour l'enfant, colorés par le rire et l'humour plutôt que par les problèmes à régler.

4. Savoir écouter les émotions que vit l'enfant, c'est lui offrir un environnement qui l'appuie et l'aide à contenir son trop-plein émotif. Savoir écouter son point de vue, c'est le premier pas pour aider l'enfant et l'accompagner dans sa propre démarche de résolution de problème.

Chapitre V: S'appuyer sur du solide: promouvoir l'estime de soi de l'enfant

1. L'estime de soi de l'enfant, c'est-à-dire sa capacité de croire en lui-même de façon réaliste, agit comme une pile intérieure plus ou moins chargée; comme la relation, l'estime de soi lui fournit l'énergie et la motivation nécessaires pour composer efficacement avec les défis auxquels il doit faire face dans son développement.

2. L'estime de soi prend d'abord appui sur l'acceptation inconditionnelle de ses parents, puis, vers l'âge de sept ou huit ans, elle traverse trois révolutions successives.

   L'estime de soi est alors confrontée:
   a) à l'acceptation conditionnelle des autres personnes qui l'entourent;

   b) à un sentiment de compétence soumis aux normes extérieures;

   c) à une composante interne d'autoévaluation (le Juge Intérieur), qui préside maintenant aux jugements que l'enfant porte sur lui-même.

3. Le Juge Intérieur favorise le développement de l'enfant, en l'informant de l'effet produit par son action et en associant un sentiment de satisfaction ou de frustration qui correspond à cette autoévaluation, selon que le jugement est positif ou négatif.

   La myopie de l'enfant hyperactif face aux conséquences de ses comportements correspond à une sorte de sous-fonctionnement de son Juge Intérieur.

4. Pour renforcer l'estime de soi de l'enfant, le rôle des parents des sept à douze ans devient davantage le défi de «faire équipe» avec ce Juge Intérieur, plutôt que de se demander comment contrôler eux-mêmes le comportement de leur enfant. Le parent doit accompagner le processus d'évaluation que l'enfant apprend progressivement à poser par lui-même sur les résultats plus ou moins satisfaisants de ses comportements.

5. L'estime de soi de l'enfant ne peut être bricolée par quelque technique à la mode, mais elle se bâtit dans la vraie vie. Les moyens qui soutiennent le développement de l'estime de soi de l'enfant doivent donc s'appuyer sur l'expérience réelle d'être accepté par ceux qui l'entourent et d'être capable de réussir et d'être reconnu par son environnement.

6. Trois pistes s'offrent alors au parent pour aider à renforcer l'estime de soi de leur enfant:

a) compenser et renforcer la capacité d'autoévaluation de l'enfant (par exemple, lui donner des rétroactions positives ou négatives qui sont concrètes, spécifiques et immédiates en regard de ses comportements);

b) multiplier les situations de réussite que vit l'enfant (par exemple, l'aider à exploiter des domaines de compétence qui correspondent à ses intérêts et à ses aptitudes);

c) encadrer ses comportements par une approche disciplinaire cohérente et positive (en utilisant les stratégies des quatre C présentées à la troisième partie du guide).

Troisième partie

Quoi faire: principes et moyens d'action

Chapitre VI

Quoi faire: agir et non réagir

Nous avons mentionné à la fin de la partie précédente que «discipline» et «estime de soi», loin de s'opposer, étaient plutôt complémentaires dans le développement de l'enfant, de sorte qu'une des pistes pour favoriser l'estime de soi chez l'enfant vise justement l'efficacité des moyens éducatifs utilisés par les parents. Ce chapitre poursuit deux objectifs: premièrement, souligner l'importance d'avoir un plan de discipline pensé d'avance et, deuxièmement, présenter brièvement les grandes stratégies de base, soit la règle des quatre C: Compenser les déficits, Clarifier les demandes, Construire sur le positif, Contrecarrer l'inacceptable. Ces stratégies seront élaborées davantage dans les quatre chapitres suivants.

Pour une discipline positive: agir et non réagir

En regard de la discipline, de façon générale, nous réagissons à un événement, à une situation qui se passe et avec laquelle nous ne sommes pas d'accord. Par contre, une approche disciplinaire pensée d'avance permet au parent d'agir plutôt que de réagir, c'est-à-dire qu'elle lui permet d'appréhender l'avenir et de s'appuyer sur des moyens éducatifs qui contribuent à maintenir une approche relativement positive de la discipline. Dans le contexte des difficultés particulières associées au DAH, avoir des stratégies pensées d'avance permet au parent d'encadrer le comportement de son enfant de façon à compenser ses limites et à favoriser le développement de son autonomie et de son autocontrôle.

Rappelons l'escalade d'agressivité vécue entre Philippe et Louise autour de l'épisode des devoirs[1], un scénario relativement prévisible. La patience du parent diminue, l'enfant se barricade, la situation dérape: menaces, accusations; une blessure réciproque. Rien n'est réglé, même que nous avons plutôt reculé. Deux cœurs traqués, l'usure de la situation. Dans un tel contexte, nous comprenons mieux que Louise ait répondu, dans le questionnaire, être «*drôlement ouverte à toute suggestion*» qui serait susceptible d'aider à désamorcer les escalades plus ou moins désastreuses entourant la question des devoirs ou des traîneries avec Philippe... Des suggestions de moyens pour agir et ne plus réagir.

«Agir» veut dire ici avoir un plan: avoir décidé quelles sont présentement les priorités éducatives pour l'enfant et avoir décidé des meilleurs moyens à essayer dans de telles situations. «Réagir», c'est-à-dire répondre spontanément aux situations et aux comportements de l'enfant, signifie ici que le parent se laisse guider par les émotions du moment et par sa propre impulsivité. Réagir, c'est être à la merci de ses propres humeurs pour voir ou ne pas voir les comportements positifs de l'enfant ou, à l'inverse, pour se laisser entraîner par la frustration que provoquent des comportements négatifs qui se répètent.

Voyons ces attitudes à partir d'une scène classique le samedi matin chez les Latulippe, qui, dans un premier temps, réagissent de façon spontanée, puis prennent un peu de recul et décident d'agir.

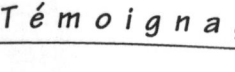

T é m o i g n a g e

La chicane du samedi matin

Pierrot, âgé de sept ans, et sa sœur, Maude, âgée de neuf ans, n'ont visiblement pas les mêmes goûts quant au choix des dessins animés qui sont présentés à cette heure-là à la télévision. Sauf si, heureusement, l'un des deux est occupé ailleurs. La scène est presque inévitable: la question de l'heure n'est alors pas celle de la violence à la télévision, mais celle de la violence devant la télévision! «*C'est assez bébé ton émission, change ça!*» «*Pas mal moins plate que la tienne, ôte-toi donc!*» Le ton et la frustration montent d'un cran par minute ou par mouvement de «zapping»... «*J'étais ici avant toi.*» «*Pourquoi t'es toujours dans mes jambes, fatigant!*» Juste après la série d'attaques qui a atteint ce niveau: «*J't'haïs!*» «*T'es juste un grand bébé!*»

---

1. Voir à la page 22.

Monique (l'heureuse mère, qui est assez proche pour entendre et dont le niveau d'irritation monte au même rythme que la tension fraternelle dans la pièce voisine) lance en crescendo quelques «bonnes paroles parentales» telles que: *«Vous ne pourriez pas essayer de vous entendre juste pour UNE fois?»* Mais, personne n'est surpris, le combat se poursuit de plus belle du côté de la salle de télévision, avec de nouvelles variations: *«Maman! C'est elle qui a commencé!»* *«Menteur, c'est pas vrai!»* Suivent quelques menaces de Monique qui, impatiente, en a décidément soupé de leurs stupides chicanes, crie: *«Avez-vous compris, vous deux?»* Puis, c'est la crise de larmes qui éclate, laissant supposer à Monique qu'on en serait venu aux coups... L'arbitre maternelle bondit dans l'arène de la salle familiale, ferme avec colère le téléviseur et s'écrie vraiment fâchée: *«O. K.! là ça va faire! Chacun dans votre chambre! Il n'y en aura PAS de télévision aujourd'hui pour ni l'un ni l'autre! Vous n'êtes PAS assez gentils. Êtes-vous contents là?»* Et voilà, la fin de semaine est partie sur un bien mauvais pied!

Le samedi, c'est aussi un soir de sortie pour Monique et André, qui, selon leur nouvelle résolution, se retrouvent pour un tête-à-tête mensuel au restaurant. C'est en revivant la scène du matin qu'ils en sont venus à vouloir élaborer un scénario différent qu'ils se sont promis d'appliquer dès le lendemain. Fiers de leur coup, ils en ont profité pour prendre congé des enfants et parler d'autre chose.

Au déjeuner, le dimanche matin, ils se réunissent tous les quatre pour discuter de: *«Comment pourrait-on s'organiser pour que ce soit plus agréable le samedi matin?»* Monique et André écoutent les suggestions des enfants, même s'ils ont déjà quelques solutions en réserve. Et c'est parti! Suit une longue discussion entre les enfants sur les avantages de tirer au sort versus alterner d'une semaine à l'autre. Satisfaits, Pierrot et Maude en viennent à une entente. Pierrot prépare les papiers et Maude tire son propre nom pour samedi prochain. Monique n'oubliera d'ailleurs pas de féliciter chaudement Pierrot qui, le samedi suivant, a très bien su respecter leur nouvelle entente.

Notons aussi que le fait d'amener Pierrot et Maude à discuter des choix d'émissions, avait ramené sur le tapis une vieille question qui leur tenait à cœur depuis longtemps: pourquoi ne pourraient-ils pas regarder la super émission du jeudi soir, bien meilleure que les dessins animés, même si elle est présentée un peu plus tard? Ils en étaient ainsi venus à négocier une entente (imprévue dans les scénarios imaginés la veille par les parents), stipulant que l'émission serait régulièrement enregistrée sur vidéo et que les deux enfants pourraient la regarder ensemble le dimanche matin, pour se féliciter d'avoir bien géré leur choix d'émissions du samedi (si, bien sûr, tel était le cas).

Que peut donc faire le parent une fois dans le feu de l'action? Pour agir et non réagir, il doit avoir suffisamment expérimenté et il doit être à l'aise avec quelques bonnes stratégies éducatives pour qu'elles puissent guider et même dicter ses moyens concrets d'action. Il est nécessaire d'avoir en tête des points de repère clairs et satisfaisants si nous voulons maintenir une approche positive de la discipline. Comme dans l'exemple des Latulippe, c'est le fait d'avoir pris le recul nécessaire pour agir plutôt que de réagir qui leur a permis, d'une part, d'encourager des situations de bonne entente entre Maude et Pierrot. D'autre part, agir plutôt que réagir leur a aussi permis de dépasser les tristes pièges d'une approche punitive que nous connaissons bien: les escalades agressives et les luttes de pouvoir, le blâme et l'humiliation qui accompagnent la punition, le développement d'un sentiment d'impuissance chez le parent et une estime de soi en chute libre chez l'enfant.

Pour aider le DAH: la règle des quatre C

Il est important de retenir quatre stratégies disciplinaires importantes pour aider l'enfant qui a un DAH:

√ COMPENSER les déficits;

√ CLARIFIER les demandes;

√ CONSTRUIRE sur le positif;

√ CONTRECARRER l'inacceptable.

Compenser les déficits: organiser l'environnement et prévenir les situations difficiles

Organiser l'environnement
Certaines des stratégies éducatives, utilisées par tout parent, visent à organiser l'environnement de l'enfant en l'adaptant au développement où celui-ci est rendu. Pensons, par exemple, au parent qui, plutôt que de répéter à son jeune enfant de ne pas toucher ou de le punir le cas échéant, préfère, pour l'instant, enlever les bibelots hors de sa portée et mettre sous clé les produits nettoyants toxiques... Ce parent choisit, pour le moment, de ne pas montrer un nouveau modèle d'obéissance ou de prudence à son enfant; il choisit simplement d'organiser l'environnement en fonction de ses capacités actuelles.

Dans l'exemple précédent, si, pour une raison quelconque, les parents de Pierrot et de Maude avaient jugé comme prématuré ou non prioritaire le fait de leur faire vivre l'apprentissage d'un compromis, organiser l'environnement pour compenser leur déficit de socialisation aurait pu signifier, par exemple: 1. le fait d'avoir deux téléviseurs; 2. de proposer une autre activité à l'un des deux (cette intervention de diversion est fréquemment utilisée avec succès auprès des plus jeunes); ou 3. l'un des deux enfants aurait pu visionner son émission préférée chez son ami, le petit voisin qui partage les mêmes goûts... En somme, les parents auraient choisi d'organiser les conditions extérieures de façon à contourner la difficulté vécue par l'enfant.

Prévenir les situations difficiles

Une autre catégorie de stratégies compensatoires utilisées par tout parent repose sur l'art avec lequel il arrive à prévoir certaines situations difficiles, à cause des caractéristiques qu'il connaît bien chez son enfant. Comme un météorologue, le parent reconnaît les signes avant-coureurs de l'orage et il agit *avant* que tout le monde soit trempé!

Prenons l'exemple du parent qui répète clairement chacune de ses attentes et qui précise le moment de son retour à son enfant, lorsque celui-ci se fait garder pour une petite vacance chez sa grand-mère («*Tu te couches à... Tu écoutes bien grand-maman... On revient te chercher après ton troisième dodo...*»). Ce parent tente de compenser les risques d'indiscipline ou d'anxiété qui sont susceptibles de survenir chez son enfant; son premier objectif n'est donc pas tellement de changer son enfant, mais davantage de prévoir et de s'organiser pour que tout se passe bien. Voici un autre exemple de prévention. Monique et André auraient pu penser à une petite phrase telle que: «*On zappe la chicane!*», pour désamorcer la crise entre Pierrot et Maude afin de signifier qu'il est temps de négocier une forme d'entente sur l'émission à regarder.

Clarifier les demandes: maximiser les chances d'être entendu

Cette stratégie éducative vise à choisir et à formuler les demandes que nous adressons à l'enfant pour maximiser les chances d'y répondre de façon vraiment satisfaisante. À titre d'exemple, «*Pierrot, veux-tu manger comme du monde!*» est une demande moins claire que «*Pierrot, peux-tu utiliser ta fourchette pour manger tes légumes et prendre une petite bouchée à la fois.*» Il est d'ailleurs significatif qu'à la demande faite par Monique, «*Vous ne pourriez pas essayer de vous entendre pour UNE fois?*», personne n'était surpris que le combat se poursuive de plus belle. La demande n'était pas particulièrement efficace, et Monique le savait déjà. Elle ne faisait qu'ajouter son propre ressentiment à la frustration des enfants. Pour le parent, apprendre à choisir ses demandes et à bien demander, c'est au contraire voir à favoriser une situation de *réussite réciproque*.

Construire sur le positif: encourager les comportements souhaités

Les stratégies suivantes encouragent la répétition des comportements positifs faits par l'enfant (par exemple, pour Philippe, faire ses devoirs ou ramasser ses traîneries; pour Pierrot et Maude, s'entendre sur un choix d'émissions). Construire sur le positif fait référence aux diverses *réactions positives* de l'environnement qui soulignent et encouragent l'apparition d'un comportement souhaité. La réaction positive, c'est par exemple une marque d'attention positive de la part du parent, des félicitations, une rétroaction, ou l'accès à une forme de récompense concrète (comme une activité ou un objet que l'enfant aime particulièrement). Dans l'exemple précédent, Monique a pris soin de chaudement *féliciter* Pierrot dès qu'il a respecté leur nouvelle entente; de plus, les deux enfants *partagent une activité aimée* chaque fois qu'ils réussissent à bien gérer leur entente du samedi.

Contrecarrer l'inacceptable: décourager les comportements indésirables

Voici des stratégies éducatives parallèles mais inverses à celles qui précèdent, puisque l'objectif, cette fois, est de décourager la répétition des comportements négatifs de l'enfant (par exemple, faire une crise de colère ou ne pas respecter une entente). Idéalement, contrecarrer l'inacceptable ne repose pas sur une approche punitive agressive, mais sur un temps d'arrêt ou un retrait de privilèges imposé à l'enfant (sans l'assortir inutilement de blâme ou d'humiliation). L'intervention de Monique qui, sous l'effet de la colère, envoie en criant les deux enfants dans leur chambre, n'est pas la forme idéale de retrait pour contrecarrer un comportement inacceptable. Comme dans l'escalade entre Philippe et Louise au sujet des devoirs, nous devinons l'impact négatif associé à une approche de nature punitive. Par contre, les difficultés vécues par Monique ou par Louise illustrent de quelle façon, lorsque le parent est confronté à des comportements négatifs répétés, il devient presque inévitablement entraîné à *réagir* sous le coup de la frustration plutôt qu'à *agir*, à moins d'avoir déjà intégré des points de repère clairs reliés à une approche disciplinaire efficace et pensée d'avance.

En résumé, l'ensemble des stratégies des quatre C (compenser, clarifier, construire et contrecarrer) regroupe un arsenal de moyens éducatifs dont disposent tous les parents pour «bien élever» leurs enfants. Et, dans le contexte de l'hyperactivité, ces différentes stratégies revêtent souvent une importance toute particulière.

1. Un environnement particulièrement *bien organisé* aidera à compenser partiellement la désorganisation naturelle qui caractérise l'enfant avec DAH; l'art de prévoir certaines situations plus explosives ou à risque d'échec aidera l'enfant à canaliser son impulsivité et à préserver son estime de soi.

2. Une autre particularité associée au DAH touche la dispersion spontanée de l'enfant et la quantité des défis auxquels il doit faire face. Dans ce contexte, il devient encore plus vital que le parent choisisse judicieusement les demandes qu'il lui fait et qu'il les rende les plus claires et les plus spécifiques possible.

3. Une autre caractéristique de l'enfant hyperactif touche sa *myopie émotive* qui tend à l'isoler des conséquences de ses actes et qui l'entretient dans une dynamique d'immédiateté et diminue sa motivation à l'effort. Dans ce cas, il est impératif que l'environnement réagisse de façon visible, immédiate, significative et cohérente face aux comportements positifs et négatifs de l'enfant afin de favoriser l'apprentissage des comportements qui lui permettront de devenir plus compétent et de mieux s'ajuster sur le plan social.

4. Finalement, une stratégie éducative qui permet de court-circuiter, avec le minimum de dommage, les escalades agressives qui menacent les interactions parent-enfant, devient d'autant plus utile que, dans le contexte de l'hyperactivité, ces escalades sont généralement provoquées par l'impulsivité et l'hyper-réactivité, et non par une dynamique d'opposition ou de provocation. Régler rapidement et sans bavure ces situations de tension permet de passer à autre chose de plus constructif, en ménageant les précieuses réserves d'énergie de chacun.

Chapitre VII

Premier C: Compenser les déficits

Compenser les déficits de l'enfant hyperactif repose sur l'art *d'organiser un environnement* adapté à ses besoins particuliers (par exemple, son besoin de bouger et sa désorganisation naturelle), de *voir venir* l'orage et d'intervenir avant qu'elle éclate ainsi que d'anticiper et de préparer les situations qui lui présentent un défi trop grand (par exemple, planifier une sortie inhabituelle). Dans ce chapitre, nous verrons comment compenser, c'est-à-dire comment offrir à l'enfant des conditions extérieures et un encadrement qui faciliteront sa réussite, *malgré* ses déficits...

Compenser les déficits, une solution de facilité?

Mais, diront certains, ne faut-il pas corriger plutôt que compenser les déficits? Compenser les déficits, n'est-ce pas là un réflexe de parent trop protecteur, qui «n'aide pas tellement l'enfant à se prendre en main et à grandir»? Nous ne le pensons pas. Nous ne devons pas oublier que les occasions de réussite sont peu fréquentes pour l'enfant hyperactif comparativement à tout ce qui lui est demandé. Rappelons-nous que les déficits reliés au DAH reposent sur une base physiologique et sont bien réels, qu'il s'agisse d'une plus grande difficulté pour l'enfant à contrôler son agitation, son attention, son impulsivité, ou encore une plus grande difficulté à demeurer motivé ou à s'organiser[1].

Dresser la liste de tout ce que nous voudrions que l'enfant hyperactif développe et apprenne (comportement, attitude, habileté, autonomie) serait passablement long... Cet enfant a besoin de temps et d'une bonne réserve d'estime de soi pour apprendre à composer avec ce que nous lui demandons. Le défi pour le parent, c'est donc de choisir judicieusement quelques priorités et, pour le reste, il s'agit d'avoir la créativité et la vigilance nécessaires pour compenser les déficits, en modifiant l'environnement et en prévenant les situations difficiles. Autrement dit, il faut éviter des situations d'échec ou, mieux encore, favoriser des expériences de réussite, et investir l'énergie économisée et l'estime de soi ainsi renforcée dans les apprentissages que nous aurons choisis de privilégier! Une solution qui relève de l'efficacité, et non de la facilité!

Organiser l'environnement

Celui qui, selon nous, est passé maître dans l'art d'organiser un milieu de vie pour l'adapter aux besoins particuliers des enfants, est sans contredit le géant McDonald! Cette chaîne de restaurants a en effet compris qu'il était beaucoup plus efficace et rentable d'adapter le restaurant à la réalité de l'enfant (par exemple, son besoin de manger rapidement et de jouer) plutôt que de tenter d'adapter l'enfant à la réalité classique des restaurants (par exemple, rester assis à une table garnie d'une nappe blanche, de chandelles et d'une batterie d'ustensiles, à attendre qu'on nous serve lentement des plats raffinés et inusités). Entre ces deux extrêmes, nous trouvons bien sûr des restaurants qui répondent aux besoins des deux générations de clients, allant de la distribution de craies de cire et napperons à dessiner, au barbecue pour faire rôtir soi-même son pain...

---

1. Voir à ce sujet le chapitre III.

En passant du hamburger aux jeux intégrés au restaurant, les restaurants McDonald illustrent magnifiquement cette stratégie éducative qui consiste à organiser un environnement adapté aux caractéristiques des enfants. En ce qui concerne l'enfant hyperactif, nous nous pencherons ici sur l'organisation d'un environnement adapté à deux de ses besoins spécifiques: 1. son besoin de brûler de l'énergie et de bouger; 2. son besoin d'encadrement quant à sa désorganisation naturelle.

Organiser le besoin de bouger

Jouer dehors!

De l'espace pour bouger, de l'espace pour brûler de l'énergie! Comme les poissons dans l'eau, comme les oiseaux en plein ciel, les enfants hyperactifs sont faits pour aller jouer dehors! Vive les grands espaces! Se rouler dans la neige, courir en plein champ, se prendre pour Tarzan au terrain de jeux, sauter ou flotter dans la piscine, courir les petits poissons et les têtards à la plage, bâtir des montagnes de sable, de neige ou de feuilles (une passion et une énergie qui, avec l'âge, se transforment pour certains en contrats tels que pelleter les entrées, tondre les pelouses ou amasser les feuilles) et vivement tout ce qui roule: vélo, planche ou patins! L'enfant hyperactif est véritablement un enfant tout-terrain, qui se couche plus heureux quand il est enfin (!) épuisé, en panne d'essence...

Le «grand espace» n'a heureusement pas besoin d'être organisé... Sauf, évidemment, pour assurer la *sécurité* de l'enfant tout-terrain, qui est aussi impulsif qu'il est épris de vitesse. Et, à ce sujet, les équipements et les règlements ne peuvent qu'être *non négociables* (qu'il s'agisse du casque de bicyclette, de la veste de sécurité ou des règles de circulation). Selon toute logique, les accidents sont de fait plus nombreux chez ce groupe d'enfants.

Et la vie à l'intérieur?

Comme nous l'avons mentionné précédemment, nous croyons que dans l'aménagement intérieur, nous avons avantage à prendre exemple sur le célèbre McDonald, à devenir imaginatif et à oser faire des choix prioritaires. Après tout, qui, avant McDonald, aurait pu penser à aménager un terrain de jeux au beau milieu d'un restaurant? Plusieurs parents ont accepté (avec d'ailleurs beaucoup de profit pour toute la famille) qu'une partie du sous-sol devienne une salle de jeux dont la définition s'éloigne assez radicalement d'une «salle familiale» et encore plus d'un «salon».

Quand, par bonheur, un espace peut être ainsi libéré et mis à la disposition plus ou moins exclusive des enfants, c'est un projet d'aménagement qui sera particulièrement utile pour l'équilibre familial, un projet amusant à penser et à réaliser avec le concours des enfants qui, pour l'occasion, deviennent architectes, ensembliers ou décorateurs de *leur* espace. Rappelons certaines priorités à ne pas oublier lorsque nous faisons cet aménagement: un endroit qui demeure sans souci pour personne, un ameublement uniquement fonctionnel et à toute épreuve (donc usagé), avec plusieurs espaces de rangement faciles à utiliser (voir à ce sujet «Organiser la désorganisation», à la page 125).

Mais encore faut-il qu'un tel espace intérieur existe. Une des raisons qui contribuent de nos jours à augmenter le nombre d'enfants diagnostiqués hyperactifs n'est peut-être pas étrangère au fait de vivre confinés en milieu urbain, en appartement, les yeux rivés durant des heures au même petit écran, au fait de ne plus marcher ou «courir» pour aller à l'école mais de voyager assis (!) en autobus scolaire, de ne plus avoir, par exemple, de bois de chauffage à corder, d'animaux à soigner, etc. Ce manque d'espace des milieux urbains pour bouger librement et sans déranger personne amplifie sans doute les symptômes de l'enfant hyperactif, comme c'est le cas de l'enfant asthmatique lorsqu'il vit dans un environnement trop humide ou trop poussiéreux pour sa condition pulmonaire.

Dans un livre[2] qui s'adresse aux jeunes d'environ neuf à douze ans, Barbara Ingersoll explique comment les traits caractéristiques de l'hyperactivité (réserve d'énergie, curiosité, goût du risque, rapidité du réflexe) étaient, à une autre époque, des qualités précieuses qui ont contribué à assurer la survie en pleine nature de nos ancêtres aventuriers et chasseurs. Des traits de caractère dont l'utilité devient certes moins évidente lorsque nous sommes assis derrière un pupitre de classe... Heureusement qu'il reste à l'enfant urbain hyperactif la joyeuse possibilité d'aller jouer dehors le plus souvent possible, pour renouer avec un environnement qui convient tellement mieux à sa vraie nature!

Rappelons finalement que le fait de *bouger* facilite, chez l'enfant hyperactif, sa capacité de concentration; comme un moteur qui est mal ajusté et qui roule trop vite, l'enfant a besoin de bouger pour donner sa pleine mesure. Une mère nous a déjà raconté qu'un moyen qui aidait son

---

2. B. Ingersoll, *Distant drums, different drummers. A guide for young people with ADHD*, Bethesda, M D., Cape Publications, 1995.

enfant à passer à travers la période des devoirs consistait à courir le long du corridor environ toutes les dix minutes. Un autre enfant, en situation de stress, allait spontanément courir au sous-sol en ajoutant à l'occasion quelques sauts sur le vieux divan. Une autre enseignante permettait à l'enfant hyperactif d'occuper ses mains libres à jouer avec de la pâte à modeler, alors qu'une autre en avait fait un «commis voyageur», dont les périples hors de la classe étaient aussi utiles pour empêcher «la vapeur de sauter» que pour faire quelques courses.

Organiser la désorganisation

Dans ce deuxième volet, nous allons voir comment encadrer ou structurer la désorganisation naturelle qui caractérise l'enfant hyperactif. Nous voulons contrer les méfaits que cause sa désorganisation, mais nous voulons aussi l'habituer à plus long terme à compenser lui-même, par différents moyens, sa tendance à éparpiller ses objets, ses idées ou son temps. Dans le livre de Patricia Kennedy, la mère d'un enfant hyperactif, celle-ci rapporte plusieurs moyens qui sont apparus utiles à la fois pour aider son fils Maxime et pour maintenir un certain équilibre familial[3].

L'éparpillement des objets

Le principe de base pour diminuer le désordre après le passage de l'enfant (l'effet post-tornade) et pour limiter l'éparpillement de tous les objets qui gravitent autour de lui est le suivant: SIMPLIFIER LA TÂCHE ET RENDRE L'ORDRE FACILE À MAINTENIR.

Pour illustrer l'application de cette approche résolument *facilitante*, voici quelques suggestions dans l'aménagement de la chambre de l'enfant.

√ Évitez d'accumuler trop d'objets dans la chambre et limitez son contenu à l'essentiel. Ce dépouillement simplifie d'autant la tâche du rangement et, par ailleurs, des objets moins nombreux se perdent moins facilement parmi les autres.

√ Dans cette perspective, ne gardez que les vêtements que l'enfant porte actuellement et rangez ailleurs ceux qui sont peu portés.

---

3. P. Kennedy, L. Terdal et L. Fusetti, *The hyperactive child book,* New York, St. Martin's Press, 1993.

√ Quant aux livres et aux jouets, rangez-en une partie ailleurs et faites une rotation. L'enfant, qui apprécie la nouveauté, retrouvera avec plaisir tel jouet qui vient remplacer un «habitué de la chambre» devenu moins stimulant.

√ Pour ranger les jouets, les livres, le matériel scolaire ou les vêtements: multipliez les tiroirs ainsi que les boîtes de différents formats. Indiquez clairement sur chacun (avec l'aide de l'enfant) le contenu, grâce à un indice visuel tel que des dessins, des photos, des coupures de magazines, des couleurs ou des formes.

√ Gardez des boîtes distinctes pour les petits et les gros jouets ou vêtements: ce système donnera une chance aux petits d'être retrouvés plus facilement, au moment opportun...

√ Pour l'organisation de la garde-robe: oubliez les cintres et multipliez les crochets, les casiers et les tablettes; c'est plus facile et plus rapide! Là encore, comme sur les boîtes et les tiroirs, multipliez les codes amusants qui permettront un meilleur rangement, en indiquant clairement où chaque objet doit atterrir.

√ Simplifiez aussi la tâche de faire le lit: c'est plus facile et rapide si l'enfant a un drap contour et un gros édredon qu'il n'a qu'à «tirer» en place d'un coup ou presque, en quittant sa chambre le matin.

Les mêmes principes de facilitation sont évidemment applicables et tout aussi utiles dans l'aménagement des aires familiales ou du vestiaire d'entrée. Le défi pour les parents est d'imaginer un système de rangement tellement simple et invitant que l'enfant pourra à peine lui résister. Aménagez, à l'entrée, des boîtes ou des tiroirs qui recueillent tout naturellement tout ce qui rentre de l'extérieur: tuques, bottes, mitaines ou manteaux, jouets, etc.

L'exemple de la boîte «Bon départ pour l'école» illustre le genre d'adaptation que chaque parent peut imaginer en fonction du contexte particulier de sa famille.

Témoignage

Une boîte «Bon départ pour l'école»

L'aménagement d'une boîte «Bon départ pour l'école» fut imaginé par la mère d'Éric pour qui ce moment de la journée était devenu associé à l'un des petits malheurs suivants (ou à une combinaison de ceux-ci): recherche intempestive de la seconde mitaine («*Vite, tu vas être encore en retard!*»), oubli du lunch sur la table de la cuisine («*On va le lui porter ou il finira par apprendre, à partir des conséquences pénibles?*»), la note de l'enseignante informant qu'Éric n'avait pas rapporté son cahier de devoirs ou qu'il lui manquait un crayon, le livre de lecture ou le billet d'autorisation signé par le parent, etc.

Le fonctionnement de la boîte «Bon départ pour l'école» est très simple: elle reçoit tout au long de la soirée et jusqu'au départ de l'enfant, *tous* les objets requis pour le lendemain matin, *à mesure* et *aussitôt* qu'ils deviennent disponibles. Éric arrive de l'école: manteau, tuque et mitaines s'en vont directement dans la boîte (ça c'est un rangement simple au goût d'Éric!), puis chacun des cahiers, livres ou billet, tombe à son tour dans la boîte à mesure que la tâche associée à l'objet est faite; le lunch fait partie de la routine du déjeuner et rejoint à ce moment la cueillette du matin, etc. Éric quitte la maison en vérifiant chaque matin si sa boîte est *complètement vidée*.

Même décorée par les bons soins d'Éric, la boîte en question n'est pas précisément une décoration dans l'entrée et, de plus, elle est un peu accrochante. Mais il faut ce qu'il faut! Ce choix de priorité n'a d'ailleurs jamais ·été contesté dans la famille, puisque la vie était simplifiée grâce au rôle que remplit cette simple petite boîte de cueillette permanente. Bien plus efficace que toutes les conséquences négatives qu'avaient entraînées quotidiennement les oublis répétés d'Éric qui, décidément, apprend très peu à partir de ses erreurs (même si elles lui rendent souvent la vie plutôt misérable). C'est bien connu, Éric vit *dans le moment présent* et il enregistre moins (ou oublie plus vite!) qu'un autre enfant les conséquences négatives qu'entraînent ses comportements, comme toutes les complications associées à ses oublis répétés.

Voici d'autres moyens utilisés par différents parents d'enfants hyperactifs sur le même thème «Objets oubliés ou objets perdus»:

√ Avoir en double les livres, les crayons ou les autres accessoires scolaires qui sont utilisés à la fois en classe et à la maison pour les devoirs.

√ Avoir un endroit fixe et facile à ranger pour les crayons et autres instruments du même genre.

√ Écrire en grosses lettres le nom de l'enfant sur les différents objets qui transitent en dehors de la maison, qu'il s'agisse du ballon ou du cahier, en passant par les vêtements et la boîte à lunch. À cet effet, un bel exemple consiste à coudre ou à faire écrire en grosses lettres dans le dos du vêtement, comme le font les jeunes sportifs ou les universitaires, le nom de l'enfant ou une autre caractéristique distinctive (selon le goût et la fantaisie de l'enfant).

L'éparpillement des idées et du temps

Encadrer l'éparpillement des idées et des activités de l'enfant, c'est un peu comme mettre en place la structure d'un casse-tête pour que tous les morceaux s'intègrent aux autres plus facilement. Comme un enfant qui apprend le truc du casse-tête, cette organisation de l'environnement deviendra éventuellement une approche que l'enfant intégrera pour compenser par lui-même et, à long terme, la désorganisation naturelle de ses pensées.

Voici quelques exemples:

√ Utiliser des cartables et des chemises qui sont non seulement de couleurs variées, mais qui présentent un code d'identification évident (comme pour les tiroirs et les boîtes de rangement vus précédemment).

√ Organiser un cahier à anneaux muni de séparateurs, de pochettes collées et de pinces qui retiennent les petites feuilles volantes.

√ Aménager un endroit fixe et bien outillé pour recevoir les messages téléphoniques ou les autres messages.

Comme le fait une bonne secrétaire, il faut utiliser toutes les ressources disponibles pour faciliter l'organisation de la tâche et des choses à faire.

√ Organiser un agenda fait sur mesure pour répondre aux besoins et aux goûts particuliers de l'enfant.

√ Afficher un calendrier à gros carrés où seront notés les événements du mois et les échéances à respecter.

√ Utiliser judicieusement les petits papiers collés comme moyen de rappel, de différentes couleurs plus ou moins fluorescentes, et placés bien en vue à la hauteur des yeux, sur les portes, les miroirs, etc.

√ Munir la clé de la maison d'un porte-clés de bonne grosseur et lui aménager un petit crochet à l'entrée réservé pour cet usage exclusif (certaines stations-service font de même pour les clients distraits...); cacher aussi une clé à l'extérieur (en réserve), munie d'une note qui rappelle de retourner celle-ci à sa cachette tout de suite après usage.

√ Dresser une liste qui divise la tâche à faire et qui détaille clairement les différentes étapes à suivre, qu'il s'agisse de la préparation du lunch, d'une responsabilité domestique, d'une valise à faire ou, évidemment, d'un travail scolaire.

√ Selon le contexte et les ressources, exploiter au maximum les fonctions «organisantes» de l'ordinateur, pour faire les devoirs, pour faciliter l'organisation logique et la présentation d'un texte, pour améliorer l'orthographe et la calligraphie, pour marquer le temps avec la minuterie intégrée, bref, pour soutenir la motivation par la fonction interactive et une meilleure organisation du travail accompli. Si nous en croyons les cliniciens qui travaillent auprès d'adultes hyperactifs, cet apprentissage de l'ordinateur comme soutien pour compenser la désorganisation sera un atout pour la vie[4]!

L'agenda, les listes, les rappels sont certes utiles pour contrer l'éparpillement dans le temps, mais rien ne vaut une bonne routine bien établie tout au long de la journée pour encadrer le déroulement des activités avec le minimum de perte d'énergie: le lever jusqu'au départ pour l'école, l'horaire quant aux devoirs et aux moments de détente, le rituel relié au coucher, etc.[5]. Il n'y a rien de tel pour encourager de bonnes habitudes, tout en se rappelant de respecter ici comme ailleurs un *choix de priorités* et en insistant pour *faire participer le plus possible l'enfant* dans la planification d'une routine quotidienne satisfaisante, puisqu'il s'agit de *son* temps après tout!

---

4. M. Gordon, et F. D. McClure, *The down & dirty guide to adult ADD,* De Witt, New York, GSI Publications, 1996.
5. Pour plus de détails, voir les chapitres XI («Le lever et le coucher») et XIV («Les devoirs»).

Réflexion 5

Aménager un environnement qui organise la désorganisation

Un espace pour bouger

- Mon enfant peut-il profiter d'un espace pour bouger à l'aise sans courir de risque et sans trop déranger personne (une cour arrière, un parc, un chalet, un sous-sol, sa chambre, etc.)?
- Y aurait-il des aménagements ou des améliorations possibles et relativement faciles à faire?

Faciliter le rangement

- Quel moyen de rangement facilite l'ordre chez mon enfant?
- Quelles modifications nouvelles ou quel aménagement nouveau pourraient faciliter encore plus le rangement fait par mon enfant?
  - √ Contenu de chambre plus dépouillé
  - √ Plusieurs tiroirs et boîtes de rangement
  - √ Indicateurs visuels du contenu
  - √ Séparation des gros et des petits objets
  - √ Organisation d'une garde-robe «rangement instantané»
  - √ Lit facile à faire
  - √ Rangement facile dans les pièces communes
  - √ Rangement facile à l'entrée
- Y a-t-il d'autres aménagements qui pourraient l'aider?

Limiter l'oubli et la perte des objets

- Quels moyens aident mon enfant à ne pas perdre ou à ne pas oublier ses objets?
  - √ Matériel scolaire en double
  - √ Rangement fixe et facile des articles pour les devoirs
  - √ Identification des objets à son nom
  - √ Adaptation d'une «Boîte bon départ»
- Y a-t-il d'autres moyens qui pourraient l'aider davantage?

Organiser le matériel scolaire

- Quels moyens aident mon enfant à organiser son matériel scolaire?
  - √ Cartables et chemises faciles à distinguer
  - √ Cahiers à anneaux «adaptés»
  - √ Coffre à crayons «adapté»
- Y a-t-il d'autres moyens qui pourraient l'aider davantage?

Planifier les choses à faire

- Quels moyens aident mon enfant à planifier et à visualiser ce qu'il a à faire?
  - √ Système de messages et de rappel
  - √ Agenda «adapté»
  - √ Calendrier d'événements et d'échéances
  - √ Liste qui divise en petites étapes la tâche à faire
  - √ Utilisation du potentiel de l'ordinateur
- Y a-t-il d'autres moyens qui pourraient l'aider davantage?

Avoir des routines stables

- Quels sont les moments de routine qui sont clairs et bien établis dans notre famille?

√ Lever	√ Retour	√ Télévision
√ Déjeuner	√ Devoirs	√ Tâches
√ Habillement	√ Loisirs	√ Hygiène
√ Départ	√ Souper	√ Coucher
√ Lunch		

- Lesquels de ces moments de routine pourraient y gagner en ayant davantage de clarté et de stabilité?

- Pour chacune des questions qui précèdent au sujet des facettes de l'organisation de notre environnement, comment solliciter des suggestions d'amélioration que mon enfant pourrait lui-même apporter?

Une deuxième façon de compenser les déficits: prévoir les situations

«Je le savais pourtant que ça finirait comme ça!»

M. Barkley[6] affirme avec raison que la majorité des parents *peuvent prédire* de façon étonnante comment leur enfant se comportera dans tel genre de situation ou encore quelle sera «la fin de l'histoire» si le scénario prend telle tournure. Mais il note du même coup qu'il demeure surprenant d'observer comment ces mêmes parents *utilisent peu cette connaissance* et mettent rarement à profit cette précieuse information pour contrer les situations malheureuses.

Le rôle du parent «météorologue» met à profit sa capacité de prévoir les situations et le «temps qu'il fera». Ce rôle peut s'exercer selon trois angles complémentaires: 1. intervenir tôt, c'est-à-dire avant plutôt qu'après l'orage; 2. communiquer à l'enfant ce qu'il voit venir à l'horizon; 3. prévoir la situation avec l'enfant.

Intervenir tôt

En reconnaissant les signes avant-coureurs de l'orage, le parent météorologue agit *avant* que tout le monde — l'enfant et ceux qui l'entourent — soit complètement trempé... Le parent peut voir venir toute situation parce qu'il demeure en «état d'alerte» et qu'il capte sur son «radar parental» les indices de difficultés de son enfant. C'est cette sensibilité qui peut lui permettre de compenser la désorganisation, l'impulsivité ou la perte de motivation qu'il sent venir chez l'enfant, en le soutenant de façon préventive, soit AVANT ou, selon le cas, dès le DÉBUT d'une situation difficile.

Voici quelques exemples:

Agir avant une situation difficile et préparer le terrain

1. Le parent prévient, par exemple, un climat de tension ou de désorganisation dans la routine du matin, en demandant à l'enfant de sortir ses vêtements pour l'école la veille au moment du coucher.

2. Ou encore, le parent prévient les difficultés associées au magasinage avec son enfant en évitant de l'y amener si c'est possible!, sinon en précisant au préalable avec lui certaines règles du jeu qui rendront la situation satisfaisante pour les deux.

---

6. R. A. Barkley, *op. cit.*

Intervenir dès le début d'un scénario malheureux et prévisible

1. Dans l'exemple du chapitre précédent[7], Monique, qui pressent l'orage, aurait pu choisir d'intervenir au tout début de la situation tendue entre Pierrot et Maude, avant que la chicane suive son cours jusqu'à une certaine forme de violence prévisible.

2. Dans le scénario souvent pénible des devoirs, le parent attentif aux indices émotifs de l'enfant peut parfois réussir à lui donner au bon moment le petit coup de pouce qui fera peut-être toute la différence, *avant* que l'enfant se décourage ou qu'il décroche.

Communiquer sa perception

À un autre moment, le parent «météorologue» pourra émettre à l'enfant un signal avant-coureur, un message qui sonne l'alarme, par exemple: «*Attention! Mauvais temps à l'horizon! Alerte météorologique en vigueur!*» Comme dans l'exemple du message «*On zappe la chicane!*» évoqué précédemment, le parent peut ainsi mettre au point avec l'enfant un code verbal ou non verbal, c'est-à-dire une entente sur un mot ou sur un signe qui permettra de communiquer à l'enfant l'état de la situation, pendant que celui-ci est dans le feu de l'action.

L'image rappelle l'interaction codée qui existe entre un entraîneur et les joueurs au sein d'une équipe de football ou de baseball; en pleine joute, l'entraîneur peut guider l'action de chacun des joueurs à partir de l'analyse qu'il fait de la situation et qu'il leur communique par une série de signes sur lesquels ils se sont mis d'accord. L'utilisation de ces codes au sein de l'équipe sportive est l'expression d'une bonne complicité et d'une motivation commune à maximiser les chances de gagner; il peut en être de même dans la petite équipe parent-enfant, lorsque ce dernier est pris dans le feu de l'action et qu'il bénéficie de la perception avisée de son entraîneur.

Ces signaux émis par le parent «radar» ont ici un double avantage, l'un dans l'immédiat et l'autre à plus long terme. D'abord, comme pour les joueurs sur le terrain de football, le message permet à l'enfant de mieux ajuster son action, c'est-à-dire qu'il peut saisir le signal émis et décider de se mobiliser lui-même afin de modifier ou d'intensifier le scénario en cours, si cela paraît souhaitable. Puis, à plus long terme, le message du parent permet à l'enfant d'apprendre à fabriquer son «radar» personnel et à

---

7. Voir aux pages 114 à 116.

devenir en quelque sorte son propre météorologue face aux situations qu'il vit. Comme celui qui sait reconnaître les signes d'orage et qui se munit d'un parapluie, l'enfant qui sait capter les indices de ses difficultés possibles apprend lui aussi à voir venir et à en profiter pour s'ajuster et pour éviter l'échec.

Prévoir à deux

L'art de *prévoir avec l'enfant* peut se présenter dans deux contextes. Nous pouvons d'abord prévoir avec lui certains éléments critiques dans une situation difficile qui s'en vient et «préparer le terrain» à deux, selon l'approche préventive mentionnée précédemment. Ou encore, après une situation d'échec ou de difficulté, le parent peut prévoir avec l'enfant comment mieux réussir *la prochaine fois*. Dans une situation de réussite, le parent en profitera cette fois pour voir avec l'enfant comment s'assurer de répéter cette situation heureuse la prochaine fois. Prévoir à deux, à partir d'une situation de difficulté vécue par l'enfant, nous ramène aux règles d'une bonne rétroaction qui permettent de se servir des expériences vécues par l'enfant pour l'aider à apprendre pour la prochaine fois[8].

---

8. Voir Conseil n° 7 à la page 96.

Réflexion 6

Prévoir et agir
sur le temps qu'il fera

Voir venir
- Y a-t-il des situations vécues par mon enfant qui finissent habituellement mal et que, souvent, je peux voir venir (par exemple, pour Monique, la chicane du samedi matin entre Pierrot et Maude à propos de la télévision)?

Agir avant
- Pour certaines de ces situations difficiles, serait-il possible de mieux préparer le terrain pour faciliter la suite?

Agir dès le début
- Pour certaines de ces situations difficiles, serait-il possible d'intervenir dès les premiers signes avant-coureurs d'un orage prévisible?

Établir une entente de messages codés
- Pour certaines de ces situations, serait-il possible d'établir avec mon enfant un signe dont nous aurions déjà convenu ensemble (un code qui lui dit ce que je vois venir l'aide à en prendre conscience et à s'ajuster lui-même)?

Prévoir à deux
- Y a-t-il des occasions où je me souviens avoir réussi à prévoir et à préparer le terrain avec mon enfant (pour augmenter ses chances de bien s'ajuster à une situation qui risquait d'être difficile)?

- À quelle occasion aurais-je pu le faire? Pourrais-je m'essayer la prochaine fois?

- Ai-je déjà réussi à utiliser une situation d'échec ou de réussite vécue par mon enfant pour préparer avec lui la prochaine fois (c'est-à-dire essayer de préparer avec lui une prochaine réussite)?

- À quelle occasion aurais-je pu le faire? Pourrais-je m'essayer la prochaine fois?

Chapitre VIII

Deuxième C:
Clarifier les demandes

Quand un enfant n'écoute pas, c'est frustrant!

- *Il ne fait jamais ce qu'on lui demande!*
- *Il fait comme s'il n'entendait pas!*
- *Je deviens frustré ou découragé de toujours lui répéter les mêmes choses!*
- *J'ai souvent l'impression de parler tout seul!*
- *En tout cas, s'il ne le fait pas exprès pour ne pas m'écouter, on ne pourra pas me faire croire qu'il fait beaucoup d'efforts!*

Dans le présent chapitre, nous tenterons de voir ce qui peut être changé dans l'environnement, c'est-à-dire ce que le parent peut faire de son côté pour améliorer ses demandes et augmenter son niveau d'écoute. Quand un enfant n'écoute pas, c'est frustrant! Voilà un point sur lequel les parents d'enfants hyperactifs sont d'accord: augmenter les chances que l'enfant *le fasse* lorsque nous lui demandons une chose, ce n'est certainement pas un luxe! Si ces parents sont souvent à bout de souffle (et à bout de patience), c'est entre autres, disent-ils, parce que leur enfant ne les écoute pas lorsqu'ils lui demandent (ou plutôt qu'ils lui répètent) quelque chose d'aussi simple que de rentrer à la maison quand c'est le temps, d'attendre son tour ou de ne pas déranger les autres...

Les enfants hyperactifs obéissent en effet moins facilement ou écoutent moins que leurs frères et sœurs parce qu'ils sont, entre autres, plus distraits, plus impulsifs, plus centrés sur l'immédiat et plus imperméables aux conséquences. Par contre, à partir des caractéristiques de base associées au DAH, nous ne pouvons pas dire que, de façon générale, ils cherchent comme tel à s'opposer ou à défier l'autorité du parent (bien que cela puisse être le cas chez certains d'entre eux, comme pour tout autre enfant). Mais nous avons beau savoir que ce n'est probablement PAS de l'indifférence ou de la provocation de la part de l'enfant, nous avons beau essayer de distinguer entre ce qu'il ne VEUT et ne PEUT pas faire, un enfant qui n'écoute pas demeure drôlement frustrant pour un parent. Certains chercheurs ont d'ailleurs reconnu que c'était là la source la plus importante de stress ou d'irritation dans la vie quotidienne des parents, et ce, pas seulement pour les parents d'enfants hyperactifs[1].

Alors même si l'enfant ne le fait pas exprès, le parent se dit que celui-ci pourrait néanmoins faire un petit effort, surtout si la demande faite est facile et raisonnable... Mais voilà que l'enfant *oublie* d'une journée à l'autre que nous lui avons déjà demandé de ne pas agacer le chien ou de ne pas parler la bouche pleine. Voilà qu'il demeure accroché à son jeu quand nous l'appelons pour le souper ou que nous lui disons que c'est l'heure du coucher. Voilà qu'il a encore la bougeotte, alors que nous lui répétons pour la énième fois de rester tranquille quand nous essayons d'écouter la télévision; voilà qu'il demeure tout aussi impulsif même si nous lui disons encore une fois que non, ce n'est pas son tour de jouer ou de parler. Alors, quoi faire?

Voici une série de conseils pour aider à améliorer la qualité des demandes à faire à l'enfant. Ces conseils s'échelonnent sur trois temps:

1. *Avant de faire la demande*: ne choisir que les demandes qui en valent la peine.

2. *Pendant la demande*: demander de façon que le message soit clair et précis.

3. *Après la demande*: souligner chaque réponse positive de la part de l'enfant pour l'encourager à recommencer ce comportement d'écoute.

En acceptant de changer son approche (c'est-à-dire choisir, clarifier et renforcer ses demandes), le parent peut augmenter de façon importante le taux de réponses positives du côté de l'enfant. Ce progrès impor-

---

1. K. A. Crinc et M. T. Greeberg, «Minor parenting stresses», *Child Development*, 61, 1628-1637, 1990.

tant permet de ménager sa frustration, d'améliorer le climat familial, en plus de favoriser le développement et la maturité de l'enfant.

Bien choisir ses demandes

Choisir les demandes que nous faisons, c'est décider de ne retenir que celles qui en valent la peine et, donc, d'accepter d'en laisser tomber plusieurs. Trop souvent et sans nécessairement s'en rendre compte, certains parents ont une façon peu efficace de choisir leurs demandes: soit qu'ils bombardent l'enfant d'un très grand nombre de demandes (donc, il y en a trop), soit que les demandes se superposent l'une sur l'autre (donc, elles sont trop rapprochées), soit que les demandes ne tiennent pas compte de la disponibilité de l'enfant (donc, elles arrivent à un mauvais moment). Quand nous y repensons un peu, voilà trois excellentes façons d'encourager l'enfant à ne pas respecter ce que nous lui avons demandé de faire. Pour obtenir l'effet inverse, voici une série de conseils à se rappeler *avant* de faire une demande à l'enfant.

Réduire le nombre de demandes

Le premier conseil vise à réduire de façon marquée le nombre des demandes que nous sommes portés à faire. Rappelez-vous que la fréquence des demandes risque d'augmenter la proportion de celles qui demeurent sans réponse... Ainsi, évitez avec soin les demandes faites à la chaîne, qui s'accumulent les unes sur les autres, avant que la précédente puisse être dûment remplie. Rappelons que des chercheurs ont observé des parents qui «généraient» plus de dix-sept demandes à l'enfant pendant trente minutes, et que ce nombre pouvait atteindre jusqu'à quarante dans certaines familles où l'enfant présentait des problèmes de comportement[2]. Étonnant, n'est-ce pas? À votre tour maintenant de vérifier le rythme avec lequel vos demandes et celles de votre conjoint peuvent surgir, dans certaines situations particulièrement sollicitantes!

Établir des priorités dans les demandes

En ce qui concerne le choix des demandes à faire, ne retenez que celles qui sont soit relativement faciles à respecter, ou encore celles que vous jugez être prioritaires, qui sont plus importantes et dont vous êtes prêt à assurer le suivi. Il est important que les deux parents s'entendent, que les demandes fassent clairement l'objet d'un consensus et qu'elles soient appuyées par eux.

---

2. C. Webster-Stratton, *The incredible years. A trouble-shooting guide for parents of children aged 3-8*, Toronto, Umbrella Press, 1992, p. 53.

Les demandes faciles (par exemple, demander à l'enfant de nous rendre un petit service alors qu'il est disponible et de bonne humeur) fourniront une belle occasion de souligner et de modeler un comportement de réponse positive à une demande. Cette idée est particulièrement utile lorsqu'il s'agit d'introduire un nouveau comportement d'écoute pour renverser l'habitude inverse qu'aurait l'enfant de faire peu de cas de ce que nous lui demandons.

En ce qui concerne certaines demandes moins faciles, nous avons avantage à ne retenir que celles qui ont un impact significatif pour l'enfant ou pour la famille (par exemple, l'enfant collabore à maintenir une atmosphère agréable pendant les repas). Il va sans dire que les comportements que nous demandons à l'enfant doivent correspondre à ce qu'il est réellement *capable* de faire. Nous devons donc éviter de faire une demande qui, en y repensant bien, nous apparaîtrait peu réaliste (la demande que Monique adressait à Pierrot et Maude *«d'essayer de s'entendre juste pour une fois»* est un exemple d'une demande irréaliste, dans le contexte où elle a été faite).

Un autre élément important à souligner pour encourager une réponse positive face à une demande moins facile consiste à être logique et à se limiter à des demandes dont nous pouvons *assurer le suivi*. En d'autres mots, le parent saura clairement si l'enfant a fait ou non ce qu'il lui demande et il sera prêt à tenir jusqu'au bout pour obtenir une réponse. Illustrons ce principe de logique à partir du Code de la route: fixer une limite de vitesse un peu trop basse et ne pas renforcer son application par quelque autopatrouille n'encourage-t-il pas une certaine forme de désobéissance civile, même chez les plus sages des automobilistes? Dans la même veine, si le parent n'est pas suffisamment convaincu de sa demande pour y tenir et la surveiller, il risque que l'enfant ne la prenne pas au sérieux. L'enfant apprend alors à *ne pas* écouter.

Choisir le bon moment

Un dernier conseil: avant de faire une demande, il faut évaluer si c'est le bon moment pour la faire. Selon toute logique, le parent augmente sa cote d'écoute s'il choisit judicieusement «son temps d'antenne» auprès de l'enfant (lorsque la situation le permet, bien sûr).

Le meilleur moment est lorsque l'enfant est pleinement *disponible* (qu'il est de bonne humeur, qu'il n'est pas occupé à jouer ou à finir une première demande...) et lorsque nous prenons soin de bien *capter son attention* (pour certains enfants, il est par exemple utile d'établir un contact visuel ou physique, ou encore de lui demander gentiment de répéter la demande, en cas de doute). Il faut donc éviter les demandes spontanées faites à un enfant qui a l'esprit occupé à autre chose.

Par contre, lorsque l'enfant n'est pas spontanément disponible à une demande qui exige une réponse immédiate, nous avons tout avantage à préparer le terrain de façon à augmenter sa chance d'être entendu. Dans le contexte d'une transition d'activité, il est souvent utile d'informer l'enfant un peu à l'avance (par exemple, *«Pierrot, dans cinq minutes, ce sera déjà l'heure de te préparer au dodo»*), ou encore de s'ajuster à partir de l'activité de l'enfant (par exemple, *«Quand tu auras fini de lire ta page, il sera temps de venir tout de suite mettre la table, s'il te plaît»*; ou *«Il te reste combien de blocs à installer ou de pages à lire?» «Parfait! Alors, aussitôt que tu auras fini, tu ramasses et tu mets ton pyjama»*).

Avant de passer en revue les caractéristiques d'une bonne demande, voici un rappel des conseils évoqués jusqu'ici.

Capsule d'information

Avant même de faire une demande, il faut faire attention:

- à la **quantité:**   √ nombre acceptable;
- au **choix:**   √ demandes faciles;
  √ demandes importantes et réalistes;
- au **moment:**   √ enfant disponible;
  √ si enfant non disponible, préparer la demande.

Faire de bonnes demandes

Nous pourrions résumer les qualités d'une bonne demande en la comparant aux qualités qui caractérisent une bonne recette de cuisine. Avec une bonne recette, c'est connu, même si nous ne connaissons à peu près rien dans ce domaine, nous pouvons difficilement manquer notre coup! Pourquoi? Parce que: 1. les ingrédients utilisés sont bien identifiés, accessibles et les quantités sont clairement indiquées; 2. la démarche et chacune des étapes à suivre sont présentées l'une après l'autre (avec des photos à l'appui dans certains livres de cuisine); 3. le niveau de difficulté et le temps de cuisson et de préparation sont souvent précisés; 4. pour nous encourager à essayer la recette, nous trouvons parfois une photo alléchante du produit fini, qui permet de visualiser cette réussite culinaire.

Ainsi, faire une bonne demande à l'enfant, c'est comme lui proposer une bonne recette, c'est-à-dire que la demande que nous faisons est tellement claire que l'enfant peut difficilement passer à côté ou manquer son coup. Aussi, lorsque c'est possible, nous la présentons de façon telle qu'il a spontanément le goût de l'exécuter!

Voici sept conseils susceptibles d'améliorer la qualité des demandes que le parent fait à l'enfant.

Conseil n° 1: être bref

Évitez de trop parler et d'envelopper la demande d'explications et de justifications rationnelles. Comme dans une bonne recette, nous avons avantage à nous en tenir aux faits; nous jaserons plus tard en dégustant le plat! Malgré tout, un courant en psychologie conseille aux parents de bien expliquer le pourquoi de leurs exigences aux enfants. Toutefois, il est plus efficace dans le cas des enfants hyperactifs de réserver le rationnel de votre demande après qu'il y a répondu, en lui expliquant, par exemple, en disant merci, pourquoi vous êtes content de ce qu'il a fait. Les enfants avec un DAH sont plus sensibles à l'action qu'aux mots, et trop de bavardage ne sert qu'à embrouiller la demande ou devient un prétexte pour mettre en doute le bien-fondé de celle-ci pour l'enfant qui cherche à s'en sauver.

Comparons les exemples suivants:
• L'explication arrive AVANT la demande; elle devient donc NUISIBLE.
«Louis, veux-tu te brosser les dents! Rappelle-toi ce que le dentiste t'a dit: le sucre peut causer des caries si on néglige de se brosser les dents avant de se coucher.» – *«Je n'ai même pas mangé de sucre!»* Ou encore: *«Je n'avais même pas de caries la dernière fois!»*

• L'explication arrive APRÈS son exécution: elle RENFORCE le comportement.
«Bravo pour le brossage de dents, Louis! Tes dents doivent être contentes: tu les protèges bien contre la menace de ces terribles caries!»

Conseil n° 2: être clair et concret

L'exemple d'une recette facile à suivre illustre bien cette caractéristique. Une demande a tout avantage à décrire des comportements suffisamment précis et observables pour permettre au parent et à l'enfant de savoir clairement si oui ou non le comportement demandé a été bien fait.

Comparons les exemples suivants:
• *«Steve, fais attention, tu vas renverser ton jus!»* est moins précis que: *«Prends tes deux mains pour tenir le pot de jus et rapproche-toi au-dessus de ton verre.»*

• *«Attends-moi, je vais aller t'aider tantôt»* est moins concret et moins précis que: *«Attends-moi. J'en ai pour cinq minutes encore. Je vais t'aider aussitôt que j'aurai fini d'essuyer la vaisselle qui est ici.»*

Conseil n° 3: être positif

Une demande formulée de manière positive indique le comportement que nous *souhaitons obtenir* plutôt que celui que nous désirons *voir s'arrêter*.

Comparons les exemples suivants:
• *«Steve, parle-moi tout doux et lentement»*, demandé sur un ton doux et lent (comportement positif) plutôt que *«Arrête de crier!»* (comportement négatif).

• *«Garde toute l'eau à l'intérieur de la baignoire!»* (comportement positif), plutôt que *«N'éclabousse pas partout!»* (comportement négatif).

• *«Garde les crayons feutres uniquement sur ta feuille!»* (comportement positif), plutôt que *«S'il te plaît, ne salis pas partout!»* (comportement négatif).

Cette nuance est plus importante que nous pourrions le croire. Les parents des enfants hyperactifs ont souvent le sentiment déplaisant de demander constamment à leur enfant *«d'arrêter ceci!»* et *«de ne pas faire cela!»*. Or le fait de visualiser ce que nous souhaitons que l'enfant fasse concrètement permet de formuler la demande d'une manière positive; en suggérant un comportement différent, nous *permettons* à l'enfant plutôt que de toujours défendre. Et cela fait toute la différence.

Un autre avantage important est que l'enfant visualise lui aussi ce que nous attendons de lui (comme dans une recette bien illustrée) et il a alors plus de chance de suivre cette indication positive que si nous soulignons ce qu'il ne doit pas faire. Pour appuyer cette hypothèse,

C. Webster-Stratton[3] souligne qu'on a observé, en psychologie du sport, qu'un lanceur au baseball à qui l'entraîneur vient de faire le signe «*Pas de balle rapide!*» sera davantage porté à lancer une balle rapide, non par opposition, mais simplement parce que c'est cette image que la demande de l'entraîneur lui a fait visualiser. Si ce dernier lui avait au contraire demandé «*Une balle courbe!*», il aurait été davantage porté à l'exécuter, et celle-ci n'aurait forcément pas été une balle rapide. Ainsi, il vaut vraiment la peine que le parent imagine et trouve les mots pour obtenir le comportement positif souhaité chez l'enfant, parce que c'est cette dernière image que l'enfant aura en tête avant d'agir.

Une autre version d'une demande formulée de manière positive consiste à offrir à l'enfant une activité de rechange qu'il peut choisir de faire pour compenser celle qui lui est refusée, par exemple: «*Steve, tu es trop bruyant: tu peux jouer tout doucement à l'intérieur, ou tu peux aller jouer dehors.*» Ou: «*Tu ne peux pas regarder la télévision, mais si ça te tente, tu peux venir m'aider à faire les biscuits.*» Ou encore, le parent propose à l'enfant de faire une activité que ce dernier souhaite, mais après celle qu'il lui demande d'abord de faire: «*Quand tu auras fini de mettre la table, alors tu pourras retourner immédiatement à ton jeu.*» Ou: «*Quand tu auras fini de ramasser tes jouets, on pourra lire une histoire pour le dodo.*»

Conseil n° 4: être affirmatif

Les mêmes parents qui ont tendance à justifier le rationnel et le bien-fondé de leur demande ont aussi parfois tendance à *dissimuler* ou à *envelopper* leur demande sous la forme d'une question («*Aimerais-tu ramasser tes jouets?*»), d'une description («*Tes jouets ne sont pas encore ramassés*»), d'une faveur («*Tu serais gentil de ramasser...*» ou «*Ça me ferait plaisir que tu ramasses...*»), ou d'un message ambigu («*Si l'on ramassait tes jouets*»).

Les enfants hyperactifs ne sont pas particulièrement sensibles à ce genre de nuance, et le parent a tout avantage à décider dès le début si sa demande est optionnelle ou non. Comme dans une recette, s'agit-il d'assaisonner au goût ou, au contraire, d'ajouter une cuillerée à thé de sel? Si la demande est facultative, il n'y a pas de problème, mais, lorsque ce n'est pas le cas, une formule claire et directe telle que «*Tu ramasses tes jouets maintenant*» peut augmenter l'efficacité. La question ici en est une de clarté, et non de domination ou d'intimidation; l'importance d'avoir envers l'enfant une attitude qui traduit le respect est abordée au point suivant.

---

3. C. Webster-Stratton, *op. cit.*

Conseil n° 5: préciser à l'enfant le moment et le temps requis pour s'exécuter

En raison de la désorganisation naturelle associée au DAH, il est parfois utile de préciser à l'enfant le moment et le temps requis pour exécuter une demande. Par exemple, *«Veux-tu ramasser tes jouets, immédiatement. Je t'attends pour lire l'histoire.»* Ou: *«O.K., tu as cinq minutes pour ramasser tes jouets et les ranger dans la boîte. Viens me trouver par la suite pour lire ton histoire».* Selon la pertinence, nous pourrions même ajouter: *«Je pars la minuterie, et tu essaies de finir avant elle, O.K.? Prêt? On part!»* Selon le contexte et selon l'enfant, certains parents trouvent en effet utile d'utiliser une minuterie de cuisine, la sonnerie du micro-ondes ou les aiguilles de l'horloge pour rendre le temps plus concret dans la perception de l'enfant (comme nous le faisons d'ailleurs dans l'exécution d'une recette!).

Par contre, dans la gestion du temps associée à une demande, il est sage que le parent ne s'attende pas à une exécution instantanée de la part de l'enfant (comme, d'ailleurs, d'un adulte), mais qu'il soit attentif pour laisser à l'enfant le temps nécessaire pour s'y mettre et y donner suite. Voici le genre de réaction à laquelle nous pensons: *«Veux-tu s'il te plaît ramasser tes jouets»* et, presque sans attendre, le parent impatient ou pressé se met à ramasser lui-même les jouets en question. Ou encore, de façon répétitive: *«Pierre! Je t'ai demandé de ramasser tes jouets!»*, alors que Pierre allait justement et lentement s'exécuter. Le message implicite du parent dans ces deux situations est qu'il a finalement peu confiance dans le fait que l'enfant acquiesce à sa demande ou qu'il le fasse dans un temps raisonnable.

Conseil n° 6: parler aux enfants comme si l'on parlait à ses amis

Parfois, sous l'effet d'une frustration accumulée (et combien compréhensible!), la demande faite à l'enfant est non seulement peu précise, mais elle est également assaisonnée d'une nuance d'impatience ou de critique plus ou moins explicite: *«Reste donc tranquille pour UNE fois!»* ou *«Pour la dixième fois, veux-tu bien manger COMME DU MONDE!»* Encore plus que le contenu verbal, c'est le ton de la voix et le message non verbal du parent qui traduiront à l'enfant qu'il est respecté; le ton du message traduit également à l'enfant si nous nous attendons à une réponse positive de sa part ou si, au contraire, nous en doutons fortement.

Est-ce utile de rappeler que le respect encourage le respect, tout comme la confrontation encourage la confrontation; si pour un impulsif, un bouton est fait pour peser dessus, alors une attaque est faite pour contre-attaquer! Le ton de voix illustre bien cette interaction en miroir: parler doucement suscite habituellement une réponse plus douce, alors qu'un cri a également tendance à revenir en écho!

Conseil nº 7: s'assurer que les autres membres de la famille soutiennent aussi la demande

Nous pensons ici à deux différentes sources de soutien dont bénéficie ou dont est au contraire privée la demande que le parent adresse à l'enfant. Tout d'abord, le soutien accordé par le second parent à l'égard d'une demande faite par le premier, mais également la façon dont les adultes eux-mêmes sont attentifs aux demandes qui leur sont adressées dans le contexte de la vie familiale.

Lorsqu'un parent est témoin d'une demande faite à l'enfant par son conjoint, il demeure difficilement neutre face à celle-ci et sa réaction traduit bien comment le couple se soutient. Le parent témoin peut tout autant disqualifier que renforcer la demande faite par son conjoint; par exemple, le parent qui appuie la demande de l'autre aura tendance à attendre que l'enfant s'exécute avant de le distraire ou d'entrer en interaction avec lui, ou encore, si nécessaire, il endossera cette demande par un petit rappel au moment opportun: «*Camille, il me semble que ta mère t'a demandé quelque chose.*»

L'autre forme de soutien fait référence à la façon dont l'ensemble des interactions qui caractérisent cette famille servent ou non de modèle positif face au respect que nous accordons à une demande. Par exemple, si maman pose une question à papa, est-ce que nous nous attendons à ce qu'il réponde à la première, à la deuxième ou à la troisième formulation? Si papa demande à maman de «*venir ici l'aider pour deux minutes*», en quoi la réaction de maman offre-t-elle un modèle de réponse positive à une demande claire? Ce qui est vrai pour les demandes du parent l'est aussi pour les demandes de l'enfant. Si l'enfant demande quelque chose à l'un des parents, comment ce dernier répondra-il? A-t-il tendance à répondre *immédiatement*, ou à préciser *quand* il pourra le faire, ou encore *pourquoi* il ne pourra pas le faire? Si la demande n'est pas assez claire, le parent prend-il la peine de demander à l'enfant de *clarifier* son attente?

Un peu comme il existe une tradition de violence, de tendresse, de plaisir ou de travail dans le mode de vie de différentes familles, nous croyons qu'il existe aussi une culture familiale quant à la façon de répondre aux attentes manifestées les uns face aux autres. Rappelez-vous, à titre d'exemple, certains repas où, après avoir demandé quelques fois qu'on vous passe le sel et le poivre, vous avez finalement préféré vous déplacer et les prendre vous-même. L'exemple que donnent les adultes dans leur façon de répondre aux demandes qui leur sont adressées est sans doute à long terme un des facteurs importants dans l'attitude que développe l'enfant, indépendamment du fait qu'il ait ou non un DAH.

Évaluer la qualité des demandes que vous faites

Avant de juger le comportement de votre enfant face à une demande, pourquoi ne pas soumettre celle-ci à la grille suivante pour évaluer s'il s'agit effectivement d'une bonne demande.

Grille d'évaluation d'une bonne demande

√ 1. La demande est-elle directe (sans enrobage explicatif)?
√ 2. Est-elle claire et précise (comme une bonne recette)? ___
√ 3. Décrit-elle le comportement à faire (et non celui à éliminer)? ___
√ 4. Précise-t-elle le temps requis (immédiatement ou à tel moment)? ___
√ 5. Son caractère non optionnel est-il évident? ___
√ 6. Est-elle dépourvue de toute critique ou de toute impatience? ___
√ 7. Son message non verbal traduit-il la confiance d'être entendu? ___

Assurer le suivi des demandes qui sont faites

Le dernier conseil que nous aimerions aborder ici se situe après la demande, et plus particulièrement lorsque l'enfant répond positivement (l'absence de réponse aux demandes sera vue au chapitre X sous le thème des conséquences et du retrait de privilèges [4]).

Voici quelques exemples qui illustrent des façons d'encourager l'enfant qui a bien répondu à ce que nous lui demandions de faire.

Exemple

Encourager une réponse positive à une demande

• *C'était pas mal gentil de ta part d'avoir ramassé tes jouets tout seul aussitôt que je te l'ai demandé. Ça me met drôlement de bonne humeur pour te raconter ton histoire.*

---

4. Voir aux pages 200 à 204.

- *Beau travail de rangement! J'aime vraiment ça quand chacun dans la famille fait l'effort de ramasser ses propres affaires, quand chacun fait sa part et que la maison «se couche» tout en ordre!*

- *Parle-moi donc un peu de la façon dont s'est passé ton coucher ce soir?... Difficile?... Tu es content?...*

- *Tu as été pas mal bon de ranger tout de suite tes jouets. Ça ne devait pas trop te tenter parce que je sais que les Lego, tu aimes vraiment ça. Bravo! Je te souhaite de faire de beaux rêves de Lego pendant toute la nuit!*

Être capable de revenir sur une réponse positive est un aspect qui est sûrement négligé, un peu comme si nous tenions pour acquis que ça va de soi et que ça n'a pas besoin d'être souligné et félicité, puisque c'est ce qui doit être fait. Non! «Construire sur le positif» est une des stratégies éducatives des quatre C que nous verrons au chapitre suivant et un des meilleurs moyens pour encourager la répétition de ce comportement d'écoute. Soulignons dès maintenant, au sujet des interactions demande-réponse, que c'est à partir de la réaction positive du parent que se crée et s'entretient chez l'enfant la motivation nécessaire pour faire l'effort de répondre aux demandes que nous lui faisons.

Exemples de demandes qui illustrent l'application de ces conseils

Avant de soumettre à un petit examen vos demandes récentes faites à l'enfant (exercice 6), voici deux exemples de demandes améliorées qui illustrent l'ensemble des conseils suggérés au fil du chapitre.

E x e m p l e

Claudette et Sandra s'en vont à l'épicerie

Sandra, âgée de sept ans, présente un DAH modéré; elle est particulièrement impulsive et résiste difficilement à la stimulation des attraits savamment disposés sur les rayons du magasin. Par contre, la relation avec sa mère est généralement positive et Sandra ne cherche pas comme tel à la contrarier ou à la faire fâcher. Aujourd'hui, à défaut d'avoir pu faire garder Sandra, Claudette se résout, malgré ses réticences, à l'amener avec elle faire l'épicerie.

Échaudée par leur dernière sortie, le ton et le visage de Claudette reflètent un mélange de frustration et de menace. «*Sandra! J'aimerais bien ça si, AUJOURD'HUI, tu étais gentille et que tu faisais BIEN ça à l'épicerie! PAS de niaiseries et PAS de crises, tu m'entends? Je sais que, quand tu veux, tu es capable de bien te comporter. Alors O.K. aujourd'hui, tu vas faire ça comme une grande fille de ton âge!*»

Voilà une demande qui risque fort de demeurer sans réponse. Pourquoi?

Analysons les différentes difficultés qui se glissent tout au long de l'intervention de Claudette.

1. *Échaudée par leur dernière sortie, le ton et le visage de Claudette reflètent un mélange de frustration et de menace*: Le message de frustration et de menace traduit à Sandra que sa mère est un peu portée à douter d'une réponse positive à la demande qu'elle lui fait. PARLEZ À VOTRE ENFANT COMME À UN AMI!

2. *J'aimerais bien ça*: Est-ce optionnel? une faveur? SOYEZ AFFIRMATIF!

3. *J'aimerais bien ça si AUJOURD'HUI tu étais gentille et que tu faisais BIEN ça à l'épicerie!*: La recette à suivre n'est pas claire. Que signifie pour Claudette «être gentille» et «bien faire ça»? Les comportements désirés ne sont pas évoqués de façon concrète et spécifique. SOYEZ CLAIR ET CONCRET!

4. *PAS de niaiseries et PAS de crises, tu m'entends?*: Sandra retiendra plus les comportements négatifs évoqués. L'image la plus claire qu'elle risque de garder en tête est la crise qu'elle a faite la dernière fois. SOYEZ POSITIF!

5. *Je sais que, quand tu veux, tu es capable de bien te comporter. Alors O.K. aujourd'hui, tu vas faire ça comme une grande fille de ton âge!*: Ces explications sont inutiles à ce moment-ci et auraient plus d'impact si elles étaient reportées après avoir répondu à la demande. SOYEZ BREF!

Voici la demande positive du parent:

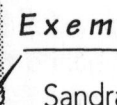

Exemple

Sandra! J'ai quelque chose d'important à te demander. Regarde bien maman pour deux minutes, mon chou. On s'en va toutes les deux faire l'épicerie ensemble.

Voici ce que je veux: en même temps que moi, tu vas prendre ton petit panier à l'entrée, tu vas le promener juste à côté du mien dans chacune des allées. Tu y déposes toi aussi tes achats, uniquement les produits que je t'indique sur la tablette, pendant que moi aussi, je remplis le mien. Arrivées à la caisse, on vide tranquillement ensemble le contenu de nos deux paniers: tu me passes tes choses et je les dépose sur le comptoir.

Puis, quand on a entièrement vidé nos paniers, on se fait toutes les deux un beau grand sourire parce que tu auras réussi à prendre uniquement les objets déjà écrits sur ma liste. De retour dans l'auto, quand tu es bien assise et attachée, je nous donne à chacune le fruit que tu auras choisi parmi ceux qu'on vient d'acheter!

Est-ce que ça te convient à toi aussi?... Est-ce que c'est bien clair pour toi? O.K.! À ton tour, raconte-moi l'histoire de notre petite épicerie ... Bravo Sandra! C'est tout à fait comme ça! C'est un départ? On y va!

Analysons cette demande améliorée.

1. «*J'ai quelque chose d'important à te demander. Regarde bien maman pour deux minutes, mon chou*»: Claudette prend soin de bien capter l'attention de Sandra.

2. «*Voici ce que je veux*»: Ce n'est ni optionnel ni une faveur, mais l'affirmation claire d'une attente.

3. «*... en même temps que moi, ... tu me passes tes choses et je les dépose sur le comptoir*»: La recette de Claudette est claire: chaque étape est précisée, avec la description concrète des comportements souhaités. Sandra peut voir concrètement ce que sa mère attend d'elle; toutes les deux pourront facilement dire si oui ou non la demande a été respectée.

4. «... *on se fait toutes les deux un beau grand sourire parce que tu auras...*» Le respect de la demande sera immédiatement reconnu et souligné de façon mutuellement gratifiante; la situation inverse (demandes répétées pour un achat imprévu, prendre des objets non indiqués, partir dans une autre allée) implique évidemment qu'il n'y aura ni sourire ni fruit; par contre, l'émergence d'une crise demanderait une gestion particulière sur laquelle nous reviendrons sous le thème «Contrecarrer l'inacceptable»[5].

5. «*Est-ce que c'est bien clair pour toi? O.K.! À ton tour, raconte-moi l'histoire de notre petite épicerie ...*» Claudette s'assure de la clarté avec laquelle l'enfant a compris ce qu'elle attend d'elle.

6. Le ton et l'attitude sont fermes mais respectueux, et traduisent à Sandra que Claudette s'attend à une réponse positive à ce qu'elle lui demande.

7. Claudette a éliminé les justifications au moment de faire la demande et ce n'est qu'au retour dans la voiture qu'elle expliquera à Sandra pourquoi elle est contente de son comportement et combien elle apprécie pouvoir sortir avec «sa grande fille» quand celle-ci respecte aussi bien l'entente qu'elles font. C'est alors le moment de donner une bonne rétroaction à Sandra pour renforcer son autocontrôle et encourager la répétition de son comportement positif.

Il ne nous reste plus qu'à espérer que Sandra répondra tellement bien aux attentes de Claudette qu'elle encouragera sa mère à continuer de faire d'aussi belles demandes, presque comme dans le livre...

P. Kennedy[6] rapporte également un exemple intéressant d'une demande difficile, suivie d'un exemple plus réussi.

 **E x e m p l e**

Une sortie récompense pour Maude

Pour une rare fois, Maude, âgée de huit ans, a réussi à accumuler assez de points à l'école et n'est pas exclue de la sortie spéciale: une visite de la ferme expérimentale à Ottawa! On est au début d'avril, juste avant le congé de

5. Voir chapitre X.
6. P. Kennedy, L. Terdal et L. Fusetti, *op. cit.* p. 91-94.

Pâques. On imagine facilement que Maude est ce matin-là un peu survoltée par cette situation inhabituelle; elle est particulièrement éparpillée depuis qu'elle s'est levée. *«Vite, Maude, tu vas être en retard. Va t'habiller, l'autobus passe dans dix minutes!» «O.K.! Est-ce que je peux mettre ma belle robe bleue?» «Je ne pense pas que ce soit une bien bonne idée, Maude. Il fait encore froid et c'est salissant à la ferme.»*

Maude revient dans la cuisine vêtue de la robe bleue en question et cherche son lunch. La scène suivante est prévisible: réaction négative de la mère et vive protestation de Maude: *«Mais tu m'as dit que je pouvais!»* Pour les deux autres enfants dans la famille, le message maternel aurait pourtant été assez clair: ils auraient tout de suite compris qu'une robe ça ne passe pas, même si maman l'avait dit d'une façon gentille et douce... Or la différence existe vraiment avec un DAH: pour Maude, ces nuances-là n'existent pas. Elle interprète spontanément la réaction selon ses propres désirs: ne pas mettre la robe, ce n'est pas une bonne idée pour sa mère; c'est son opinion à elle. Mais Maude pense différemment et ce qu'elle veut, c'est montrer aux autres sa nouvelle robe!

Aussi, confrontation et chicane suivront. Maude fait une crise de larmes, tandis que maman est bien déterminée à ne pas céder. Quand Maude a finalement revêtu pantalon et chandail, l'autobus est évidemment passé. Alors maman, qui ne veut surtout pas que Maude manque la seule sortie qu'elle a méritée depuis le début de l'année, la reconduit donc elle-même à l'école. Néanmoins, l'atmosphère de colère réciproque est presque palpable dans la voiture, et maman se dit que c'est là une bien triste façon d'amorcer une journée récompense pour laquelle Maude a investi tellement d'efforts!

Voici maintenant un autre scénario plus heureux.

Exemple

La veille, au moment du coucher, maman dit à Maude:
– *Demain, c'est ta belle journée de sortie. Il fait encore froid, alors ça te prend un pantalon et un chandail à manches longues. Tu veux mettre ton pantalon vert ou bleu?*
– *Non, je mets ma robe neuve!*
– *Impossible, ta robe c'est lorsqu'il fera au moins 20 °C, c'est-à-dire au mois de juin, quand l'école achève.*

– *Non, je veux mettre ma belle robe!*
– *Maude, ça ne fait tout simplement pas partie de tes choix. C'est promis, ta robe, tu pourras la mettre pour aller à l'école la première journée de juin qui sentira l'été. Alors, en attendant, quel pantalon choisis-tu de mettre demain?*
– *Mon bleu avec mon chandail turquoise!*
Bien que ces deux couleurs ne correspondent pas aux critères d'esthétique de maman, celle-ci répond bravement à Maude:
– *Parfait, ma chouette. Est-ce qu'on met aussi une petite boucle bleue à ton collet? Choisis maintenant tes bas et tes sous-vêtements et on va faire une petite pile toute prête pour demain matin.*

Quels sont les éléments positifs illustrés par ce deuxième scénario?

√ La situation inhabituelle avait été prévue d'avance; elle est donc d'autant plus facile à gérer que nous ne sommes pas stressés par le temps qui file; c'est l'art de prévoir pour compenser les déficits.

√ Les choix présentés à Maude sont très clairs et limités: aucune ambiguïté ou interprétation possible.

√ Maman ne se perd pas en explications sur pourquoi Maude doit porter des vêtements plus chauds en avril: on s'en tient aux faits, on jasera plus tard.

√ Maman a accepté d'établir certaines priorités dans les demandes qu'elle fait: tant pis pour l'harmonie des couleurs, sa priorité était le confort et la chaleur des vêtements choisis!

√ Maman a aidé Maude à faire un choix limité mais réaliste, et elle a pris soin de renforcer ce choix fait par Maude.

N.B. À la suite de cet heureux scénario, il ne restait plus qu'à savourer, le lendemain matin, la joie débordante de Maude rayonnante dans son chandail turquoise... Maude vivait une récompense bien méritée, sa première sortie spéciale de l'année!

Réflexion 7

Faire des demandes qui ont une bonne chance d'être entendues

Choisir ses demandes

- Quelles demandes ai-je faites à mon enfant au cours des deux dernières journées?
- Que penser du nombre?
- Lesquelles étaient essentielles? lesquelles étaient moins nécessaires?
- Est-ce qu'il y en a que j'aurais dû omettre et d'autres sur lesquelles j'aurais pu mettre plus d'importance?

Savoir demander

- Ces demandes étaient-elles bien faites?
  - √ Réaliste (correspond bien à ce que mon enfant est capable de faire).
  - √ Moment opportun (enfant disponible ou préparation préalable).
  - √ Brève (les justifications viennent après).
  - √ Claire et concrète (on peut dire si oui ou non la demande est respectée).
  - √ Formulation positive (décrit le comportement positif désiré ou suggère un autre choix).
  - √ Temps précisé (à faire maintenant ou à tel moment; laisse le temps nécessaire).
  - √ Affirmative (demande directe et non optionnelle, non pas une question ou une suggestion).
  - √ Respectueuse (dépourvue de critique ou de frustration, ton et visage positifs).
  - √ Appuyée par les autres (concertation entre les parents ou autres éducateurs).

Encourager les réponses positives

- Comment mon enfant a-t-il répondu à chacune de ces demandes?
- Comment ai-je réagi à ces différentes réponses de sa part?

Améliorer la qualité des demandes que nous faisons

- Quelles sont mes deux qualités, à titre de demandeur, à conserver et à renforcer?
- Quelles sont mes deux faiblesses, à titre de demandeur, à travailler?

Chapitre IX

Troisième C: Construire sur le positif

Encourager les comportements souhaités par une réaction positive

COMPENSER LES DEMANDES et CLARIFIER LES DEMANDES visent à améliorer la situation de l'enfant hyperactif en changeant des éléments de l'environnement. Les approches abordées dans les deux prochains chapitres, soit CONSTRUIRE SUR LE POSITIF et CONTRECARRER L'INACCEPTABLE, visent plutôt l'enfant lui-même dans sa capacité de s'ajuster et de se contrôler lui-même. Les deux dernières approches abordent la façon de réagir des parents face aux comportements positifs ou négatifs de l'enfant, réaction qui vise soit à encourager la répétition des comportements souhaités (l'approche abordée ici), soit à décourager les comportements indésirables (voir le chapitre suivant).

Deux principes expliquent l'importance de construire sur le positif pour favoriser les comportements souhaités. Premièrement, pour toute personne, un effort a plus de chance d'être maintenu s'il entraîne une conséquence positive. Deuxièmement, comparés aux autres enfants, ceux ayant un DAH ont encore plus besoin d'être encouragés par des conséquences positives fréquentes et évidentes.

Premier principe: un effort se maintient s'il entraîne une conséquence positive

Essayez d'imaginer la réaction suivante à VOTRE égard (à lire lentement mais avec enthousiasme):

«Bravo! Moi je trouve que tu fais du bien bon travail avec ton enfant!»

Disons, par surcroît, que le message vient d'une personne que vous respectez et dont l'opinion a du poids à vos yeux... Ça donne le goût de continuer, non?

Un comportement qui demande un effort ne se maintient que s'il est suffisamment reconnu et encouragé. Les Weight Watchers le savent d'expérience: pour réussir à continuer à se priver de frites ou de dessert, quand on est un peu gourmand, le soutien et les applaudissements du groupe à l'égard du demi-kilo perdu pendant la semaine jouent un rôle décisif.

Nous avons déjà signalé tous les défis d'ajustement auxquels doit faire face l'enfant avec un DAH. Tous les livres et documents qui s'adressent aux parents d'un enfant hyperactif n'en démordent pas: «*Encouragez, reconnaissez, félicitez, récompensez. Misez sur ses efforts et ses comportements positifs, et allez-y généreusement!*» L'effort en vaut bien le coup parce qu'*encourager* et *récompenser*, c'est bien sûr plus agréable que de *chicaner* et de *punir*. Mais, surtout, parce que c'est nettement plus efficace pour favoriser un comportement chez l'enfant: toutes les recherches sont unanimes à ce sujet!

Second principe: les enfants avec DAH ont encore plus besoin d'être encouragés

En raison de certaines des caractéristiques associées au DAH (faible sensibilité aux conséquences des comportements, impulsivité et difficulté à maintenir l'effort), les conséquences positives associées aux comportements de l'enfant devront elles aussi avoir des caractéristiques particulières et compensatoires. Il faudra prendre soin d'encourager cet enfant atteint de myopie émotive avec des LETTRES PLUS GROSSES. Le parent devra rendre plus visible l'effet produit par ses comportements. Encourager et réagir avec des lettres plus grosses, qu'est-ce que cela veut dire? Cela veut dire que les réactions positives devront être plus immédiates, plus fréquentes, plus évidentes et, finalement, plus variées.

Rendre les conséquences plus visibles
Plus immédiates

Pour influencer la répétition d'un comportement, les conséquences agréables associées à celui-ci devront s'inscrire dans la dynamique typique du moment présent qui contrôle l'action de l'enfant hyperactif: attention positive, félicitations, rétroaction ou récompenses doivent arriver immédiatement après le comportement que nous souhaitons encourager. Nous pouvons dire que l'impact positif diminue à mesure que le temps s'écoule.

Plus fréquentes

Comme on défait en morceaux la tâche proposée à l'enfant avec DAH, les récompenses et les autres formes d'encouragement devront être suffisamment fragmentées pour être assez fréquentes pour soutenir la motivation de l'enfant qui s'effrite rapidement. Mieux vaut de petites félicitations et récompenses réparties au fur et à mesure que d'autres plus grosses qui s'obtiennent après avoir accumulé plusieurs réussites ou qui sont trop éloignées dans le temps.

Plus évidentes

La conséquence, ou l'effet positif associé au comportement, devra être assez évidente et frappante pour compenser l'imperméabilité de l'enfant hyperactif face aux conséquences moins immédiates et pour appuyer l'évaluation positive de lui-même.

Plus variées

Finalement, les récompenses doivent non seulement être évidentes, mais elles doivent être variées afin de conserver leur impact sur la motivation. Nous pouvons les comparer à de la publicité à la télévision: on tend à privilégier des messages frappants, mais qui doivent être régulièrement renouvelés pour le demeurer. C'est le même phénomène avec les panneaux publicitaires qui jalonnent les routes; même s'ils sont gros et nombreux, on tend, avec le temps, à ne plus les voir à l'usure et il faut, en conséquence, les rafraîchir, les changer régulièrement pour qu'elles continuent d'encourager nos comportements de consommateurs.

Accorder de l'attention positive

L'attention positive du parent s'inscrit en continuité avec les éléments abordés au chapitre IV au sujet du maintien d'une bonne relation entre le parent et l'enfant. Nous avons souligné alors l'importance pour le parent de trouver des occasions d'admirer et d'être fier de son enfant et d'inscrire ces images positives dans une sorte d'album de photos soleil, afin de renforcer sa relation qui, rappelons-le, demeure la base de toute action éducative. Or le parent qui réussit à rester sensible à ce qu'il apprécie chez son enfant sera également capable de *capter* et de *renforcer* des comportements qu'il désire favoriser, quand ceux-ci, par bonheur, se manifestent. Il s'agit là d'une attitude parentale qui construit sur le positif présent chez l'enfant.

Le défi ou plutôt l'art pour le parent consiste à accorder au moment opportun une attention positive à son enfant, c'est-à-dire à capter au vol les manifestations des comportements qu'il souhaite encourager. Voici une expression pertinente utilisée par R. A. Barkley pour illustrer cette habileté: «*Surprenez-les à bien faire!*[1]» Celui qui fait l'observation des oiseaux (ou qui cueille des champignons sauvages ou des fraises des champs) sait qu'il semble parfois magique de découvrir tout à coup autour de sa maison combien les mésanges ou les geais bleus sont nombreux, et ce, à partir du moment décisif où il a pu observer le premier de ces oiseaux près de chez lui. Ces oiseaux ne sont pas migrateurs et n'ont pas soudainement emménagé dans sa cour, mais le simple fait d'avoir réussi à en observer un *premier* fait la différence; cette première découverte permet à l'œil, devenu plus attentif et plus confiant, de percevoir tous les autres oiseaux qui, jusqu'à ce moment, demeuraient invisibles.

Ainsi en est-il de l'observation du comportement souhaité et recherché chez l'enfant. Il s'agit pour le parent d'ouvrir l'œil (et, au besoin, de prendre sa lunette d'approche!) pour saisir au passage les premiers signes ou les manifestations du comportement souhaité. D'une part, en observant ce comportement, il y a de bonnes chances qu'il en remarque d'autres semblables autour de lui; d'autre part, en communiquant son observation à l'enfant, il le rendra lui aussi plus sensible à la présence de ce comportement positif, dont il se découvre capable et qui lui vaut l'attention de son parent.

C'est étrange comme nous avons tendance à sous-estimer le pouvoir important de l'attention du parent comme facteur de motivation en regard des comportements positifs; pourtant, quand il s'agit de comportements et d'attention négatifs, nous concluons facilement que «*l'enfant*

---

1. R. A. Barkley, *op. cit.*

fait cela uniquement pour attirer l'attention», mais nous exploitons peu ce potentiel pour encourager les comportements souhaités. En effet, l'attention positive du parent peut grandement contribuer à encourager la répétition d'un comportement souhaité (par exemple, lorsque Monique avait remarqué et souligné positivement à Pierrot le respect de l'entente établie avec Maude, le samedi matin suivant: «*Wow! Pierrot, tu l'as fait![2]*»).

L'attention positive peut aussi contribuer à «modeler», c'est-à-dire à donner forme et à développer un comportement qui n'en est qu'à ses débuts; par exemple, le cas du parent d'un jeune enfant hyperactif qui tente de développer chez son enfant un comportement d'attention soutenue à une tâche. Il évalue d'abord combien de temps l'enfant peut s'occuper seul, sans difficulté, à une activité tranquille, comme faire un casse-tête ou regarder un livre (ce peut être aussi peu que de une à cinq minutes au début). À un moment fixe pendant la journée, le parent s'entend avec l'enfant pour que ce dernier relève le défi d'allonger progressivement son temps d'attention, à l'aide d'une minuterie (que l'enfant réussit à battre s'il dépasse le temps prévu). Nous pouvons penser au même genre d'approche pour modeler, par exemple, un comportement à table: avec la complicité de l'enfant, nous allongeons le temps où il réussit à rester assis ou à ne pas interrompre quand quelqu'un parle, etc.

Encourager, féliciter, donner une rétroaction positive

Dans la même veine que l'attention positive, ces réactions de renforcement du parent face à un comportement positif de l'enfant (encourager, féliciter, donner une rétroaction positive) nous ramènent au rôle capital de l'estime de soi chez l'enfant et à l'importance de trouver des moyens pour l'aider à mieux voir et à enregistrer ses bons coups, de façon à recharger sa pile intérieure et à continuer de croire en lui-même[3]. Ces deux objectifs sont à la fois parallèles et complémentaires; ainsi, le fait de souligner concrètement à l'enfant les bons coups qu'il réalise est stimulant et valorisant, mais c'est aussi une excellente stratégie éducative pour favoriser la répétition de ce même bon coup.

C'est lorsque Louise avait compris que Philippe ne voyait que la joie manifeste de Rex à son égard ou qu'il n'enregistrait ses succès scolaires

---

2. Voir à la page 118.
3. Voir aux pages 92 à 99.

que si ceux-ci étaient explicitement reconnus (une bonne note) qu'elle s'était bien promis de lui souligner davantage ses bons coups à mesure qu'il les vivait (par exemple, l'entraînement de sa sœur au Nintendo, l'aide apportée à leur voisine âgée, ses progrès en karaté ou ses prouesses en skis, etc.). Le parent construit avec l'enfant sur ses comportements positifs, de différentes façons, que ce soit pour promouvoir son estime de soi, pour motiver la poursuite de l'effort ou pour encourager la répétition de ses bons coups: encourager, féliciter, donner de la rétroaction positive, récompenser.

Encourager

Encourager fait référence au soutien donné à l'enfant pendant qu'il est en action pour l'aider à poursuivre son élan: «*Lâche pas!*» «*Tu en as déjà un bon bout de fait!*» «*Ça s'en vient, tu vas l'avoir!*»

Encourager nous ramène à l'atmosphère d'une estrade pendant une joute sportive. «*Vas-y! T'es capable! On va les avoir!*» Un peu de musique et on fait la vague! C'est d'ailleurs cette force d'encouragement qui fait la différence quand une équipe joue chez elle ou à l'étranger! Que ce soit dans les compétitions sportives ou dans des activités moins spontanées comme les devoirs ou une tâche domestique, ou encore dans une autre situation qui demande un effort, encourager signifie être là pour soutenir: «*Continue, ça va bien!*» «*Ça avance! Tu vas être content!*» Sachant que la motivation est fragile chez l'enfant hyperactif et qu'il est porté à décrocher facilement, ce genre de soutien lui est très précieux pour se rendre jusqu'au bout de la tâche.

Féliciter

Féliciter, c'est quand la foule réagit aux bons coups, c'est l'applaudissement à la fin d'un spectacle. Plus modestement, dans la vie familiale quotidienne, féliciter, c'est aussi quand le parent reconnaît de façon explicite un comportement, un effort, une réussite de l'enfant, quand il en est fier et qu'il l'exprime ouvertement. M. C. Fowler[4] demande au parent d'essayer de trouver cinquante-deux façons différentes de dire bravo! à l'enfant hyperactif.

Essayons ensemble: pour chaque formule donnée, vous en trouvez deux autres qui vous conviennent encore mieux.

---

4. M. C. Fowler, *Maybe you know my kid. A parent's guide to identifying, understanding and helping your child with attention-deficit hyperactivity disorder*, New York, Birch Lane Press, 1990.

Capsule d'information

Cinquante-deux façons de dire bravo!

De façon brève: *Chapeau! Wow! Super! Extra! Tu m'impressionnes! Tu m'épates! C'est bon ça! Tu l'as eu! Beau travail! C'est beau! T'as pas lâché! Tu es pas mal tenace! Tu y as mis du tien! Tu t'es drôlement appliqué! Je le savais que tu étais capable! Parle-moi de quelqu'un qui essaie! Attends, laisse-moi admirer!*

De façon plus explicite:
J'ai bien apprécié ton coup de pouce. Merci!
Wow! T'as nettoyé ça comme M. Net!
C'est intéressant ton idée!
Eh! Sais-tu que, finalement, tu l'as eu, puis tu ne l'as vraiment pas volé!
Moi, je trouve que tu as vraiment pris ton temps et essayé d'écrire avec ton écriture du dimanche.
Tu dois être content de toi parce que c'est du beau travail!
J'aime bien ça quand tu me parles tout doucement comme ça.
C'était agréable pour moi de pouvoir parler comme ça tout doucement au téléphone avec Mamie, sans me faire déranger une seule fois!
Eh! Vois-tu comme tu as fait du chemin depuis le début de l'année?
En tout cas, on ne pourra pas dire que tu n'as pas essayé pour vrai! J'ai hâte que ton père voie ça!

De la façon dont Louise s'adresse à Philippe:
- Après une longue séance d'initiation au Nintendo: «*Nathalie, as-tu pensé de dire merci à ton frère pour sa patience?*»

- Au retour d'un travail de Philippe auprès de leur voisine âgée: «*Je ne sais pas ce que madame Lafontaine t'a dit, mais je sais que quand j'aurai son âge, moi j'aimerais bien avoir un petit voisin dans ton genre qui viendrait couper mon gazon comme tu le fais...*»

Alors, inventons toutes les façons de féliciter qui conviennent à la situation, avec lesquelles nous sommes à l'aise et auxquelles l'enfant semble être sensible. Nous pouvons aussi imaginer *certaines formes spéciales de félicitations*: permettre à l'enfant d'appeler tout de suite sa grand-mère pour lui dire sa bonne note, l'aider à écrire une bonne nouvelle à son parrain; souligner au téléphone un progrès précis fait par l'enfant alors que, par hasard, l'enfant est assez proche pour entendre la conversation, etc.

Au fait, y a-t-il longtemps que vous avez reçu des félicitations? Peut-être que ce mot existe rarement chez vous aussi... En réalité, nous sommes un peu trop avares de félicitations dans notre culture. Essayez, si le cœur vous en dit, de féliciter une vendeuse ou un commis lorsque vous hésitez longtemps à choisir un article en magasin et qu'il vous aide à faire un choix judicieux. Souvent, ce genre de commentaire est reçu soit avec plaisir, soit avec surprise. Cela vous fera peut-être oublier les fameuses taxes de vente!

Donner une rétroaction positive

Il a déjà été question des règles d'une bonne rétroaction[5]; alors, pourquoi revenir sur le sujet? Tout simplement parce que l'art de donner une bonne rétroaction nous apparaît être un des meilleurs moyens dont dispose le parent pour encourager la répétition d'un comportement positif de la part de l'enfant, un moyen pour construire sur le positif et pour favoriser la réflexion de l'enfant autour de cette heureuse situation qu'il vient de vivre.

Quelle différence peut-on faire entre «féliciter» et «donner une rétroaction positive»? La distinction est parfois assez mince, mais généralement, féliciter met davantage l'accent sur le jugement que porte le parent lui-même sur un comportement, un effort ou une réussite de l'enfant, alors qu'une rétroaction implique un élément de réflexion de la part de l'enfant, un retour à deux sur la situation vécue. Nous insistons sur l'élément positif du comportement sur lequel nous revenons, nous le décrivons ou nous soulignons un de ses effets; dans la mesure du possible, nous laissons au jeune le soin de retracer lui-même l'événement ou le comportement sur lequel porte la rétroaction. Ainsi, nous amenons le jeune à porter lui-même un jugement sur la situation positive qu'il vient de vivre pour qu'il revoie ce qui s'est passé, comment il s'y est pris, quel en est l'impact sur lui-même ou sur ceux qui l'entourent, et s'il y a des leçons à en tirer pour la prochaine fois.

Comme pour les félicitations, la rétroaction ne devrait pas porter sur l'enfant lui-même, mais bien sur un *comportement* sur lequel il a un certain contrôle sur son *effort, sur la façon dont il s'y est pris* pour arriver au but visé ou sur les *heureuses conséquences*: la satisfaction qu'il en ressent, la réaction positive suscitée chez les autres, ou encore sur l'*évaluation qu'il en*

_____

5. Voir aux pages 98 et 99.

fait: ce qu'il en pense, le progrès que ce comportement représente pour lui, les situations semblables où il pourra répéter ce genre de comportement.

Regardons maintenant une série de petits exemples, afin de bien illustrer les différentes facettes de cette approche et, surtout, de développer le réflexe d'en faire davantage.

 *Exemple*

Exemples de rétroactions qui construisent sur le positif

Au coucher, après une bonne ou même une moyenne journée:

• *«Veux-tu bien me dire comment ça se fait qu'on est autant de bonne humeur ce soir, toi et moi?»*
Et l'enfant reprend les éléments les plus significatifs pour lui de cette journée qui finit. Le parent écoute, en ajoutant ici et là quelques détails pour l'aider à retracer certains comportements positifs de la journée, ce qui les a encouragés, les conséquences qu'ils ont eues, etc.

Après un bel effort pour ramasser ce qui traîne:

• *«Pour quelqu'un qui n'avait pas le goût de ramasser, tu as vraiment mis chacun des jouets et chacun de tes vêtements bien à leur place.»*

Après un devoir particulièrement bien fait:

• *«Comment te sens-tu? Es-tu content de toi? Comment t'as fait pour y arriver? Qu'est-ce que t'as trouvé de plus difficile à faire? de plus facile à faire? Le lendemain, au retour de l'école: «Qu'est-ce que ton enseignant a dit en voyant ton travail?»*

Après la visite du copain où l'atmosphère est demeurée positive et sans chicane:

• *«As-tu trouvé ça difficile d'attendre ton tour? Est-ce qu'il y a quelque chose qui t'a aidé pour que ça aille si bien, pour que ce soit amusant tout au long?»*

Après que l'enfant a réussi à intégrer une tâche qui posait problème:

• *«Comment as-tu fait pour penser chaque jour de faire ton lit? Te souviens-tu comment tu trouvais ça difficile il n'y a pas si longtemps?»*

C'est à votre tour maintenant: essayez de retracer deux rétroactions positives que vous auriez pu faire depuis hier matin. Imaginez ensuite la façon de les faire pour qu'elles soient les plus valorisantes possible, mais aussi les plus efficaces possible pour encourager l'enfant à répéter son bon comportement.

Si vous vous surprenez à penser à des comportements que votre enfant ne fera pas, prenez patience, nous reviendrons plus loin à cette situation moins réjouissante. Rappelez-vous pour l'instant le conseil du départ: la meilleure façon d'encourager un comportement, c'est de l'attraper au vol la première fois qu'il se manifeste de façon positive. Grâce à une bonne rétroaction, vous pouvez aider l'enfant à voir lui aussi son comportement et lui faire sentir que vous appréciez vraiment que, cette fois-ci, il ait si bien agi.

Donner des récompenses concrètes

Abordons maintenant les encouragements et les félicitations qui sont une forme plus concrète et plus palpable de réactions positives que nous appelons «récompense». Quand nous avons fait un effort et que nous avons fini une tâche dont nous sommes satisfaits, nous pouvons nous dire que c'est du bon travail, nous pouvons aussi le montrer à quelqu'un (en espérant recevoir une deuxième forme de félicitations) et nous pouvons également nous payer une petite récompense; par exemple, aller magasiner ou aller souper au restaurant. Chacun a ses préférences, mais se promettre une récompense représente une façon de s'encourager à tenir le coup et se récompenser représente une façon de reconnaître qu'on est content de soi, de son effort ou de sa réalisation, une façon de souligner et de fêter sa propre satisfaction.

Récompenser un enfant, c'est un peu la même chose; c'est *fêter à deux* l'effort ou la réussite de l'enfant et reconnaître d'une façon tangible les bons coups qu'il fait. Puisque l'enfant hyperactif est un peu myope face aux conséquences lointaines de son comportement, cette forme de *motivation supplémentaire* devient plus importante et plus décisive pour lui que pour un autre enfant. Apprendre à se récompenser lui-même pour compenser son déficit motivationnel est une stratégie qui lui sera utile pour toute la vie!

Même s'il existe des principes de base dans la façon de gérer les récompenses, le premier message à retenir, c'est que chaque parent peut imaginer et inventer une variété de systèmes de récompenses. Les programmes faits d'avance (système de jetons, tableau de renforcement, etc.) ne sont pas nécessairement pertinents dans telle famille et pour tel enfant. Les exemples qui suivent suggèrent des principes sur lesquels nous reviendrons par la suite, mais ils visent surtout à illustrer des tendances ou des modèles de systèmes de récompenses, afin de refléter comment le meilleur système est celui qui répond aux besoins et aux goûts de chacun. Les deux premiers exemples (celui de Lee et de Mme Gervais) viennent de parents qui les avaient mis au point eux-mêmes et qui nous en ont parlé avec une grande fierté et un grand enthousiasme.

Différents modèles de systèmes de récompenses
Le coffre à pêche de Lee

Lee a dix ans, il présente un trouble assez sévère de DAH et des difficultés d'apprentissage. Son père et lui partagent le même amour de la pêche. Cette passion commune a inspiré un système de récompenses entièrement composé de leurres pour la pêche. Après nous avoir expliqué ses principes de cumul de points, le rituel du magasinage du samedi matin, le père nous dit avec enthousiasme et en guise de conclusion: «*Veux-tu voir son coffre à pêche?*» Même si cette activité nous laisse indifférent, l'émotion et la fierté qui se lisaient chez ce pêcheur averti nous a ému. Lee avait progressivement mérité tous ces précieux accessoires; ce coffre annonçait des heures de complicité qu'ils vivraient côté à côte dans la chaloupe à déjouer la méfiance des poissons... Voilà un système de récompenses qui, visiblement, motivait plusieurs efforts de la part de Lee, tout en nourrissant de façon parallèle une solide relation père-fils, sans pour autant représenter une surcharge exigeante pour le parent.

La «frigo-loto» de Mme Gervais

Une mère nous a expliqué le système de récompenses qu'elle avait inventé pour son fils hyperactif âgé de sept ans, mais auquel participait également sa sœur âgée de neuf ans. De façon intuitive, et reflétant sans doute son propre penchant pour les surprises, cette mère avait mis au point un système de distribution de pièces de monnaie surprises, qui s'inspire du système des «gratteux»: des pièces de cinq cents, de dix cents et de vingt-cinq cents étaient enveloppées individuellement dans un papier formant des carrés identiques, qui étaient ensuite collés sur la porte du réfrigérateur. Au fil des événements de la journée, pour souligner un bon coup de la part de l'un des enfants, la mère le félicitait en ajoutant: «*C'est beau! Va te choisir un petit carré!*» Un système original, non? Il est sûr que cette recette ne s'applique pas à toutes les familles, mais à écouter cette mère, le plaisir semblait l'élément dominant de ce petit système de «gratteux maison», fait de petites récompenses cachées qui attendaient sur la porte du frigo d'être méritées... Pour cette mère et ses deux enfants, ce système représentait visiblement une source mutuelle d'encouragement et d'amusement partagée.

Un système de tableau et de jetons chez les Kennedy

P. Kennedy [6] présente le système de tableau qui permettait à son fils Maxime de visualiser, chaque jour de la semaine, son niveau de réussite relativement aux tâches et aux comportements cibles. Ce genre de tableau ressemble davantage à ceux qui sont parfois utilisés en milieu scolaire et il peut quelquefois présenter certaines difficultés (sur lesquelles nous reviendrons) lorsque nous le transposons dans le milieu familial. Nous vous le présentons afin d'enrichir la réflexion et d'illustrer ce type de modèle assez classique de tableau de comportements souvent proposé aux parents et dont nous trouvons certaines versions sur le marché.

Mes objectifs	Lundi	Mardi	Mercredi	Jeudi	Vendredi	Samedi	Dimanche	Bravo!
Respecter la propriété des autres								
Laver mes mains								
Nourrir mon chien								
Être gentil avec ma sœur ou mon frère								
Jouer sans se chicaner								
Ramasser mes traîneries								
Ranger ma chambre								
Me coucher à l'heure								

Les réussites sont, par exemple, marquées par une étoile, tandis qu'un collant spécial indique que le comportement a été fait sans avoir dû rappeler à l'enfant de le faire et un supercollant vient saluer dans la colonne de droite une bonne semaine en regard de l'un ou l'autre des objectifs. Il est possible aussi de nuancer les appréciations selon la couleur des étoiles: une étoile rouge (point à travailler), bleue (j'essaie fort!) et dorée (un succès!). Il peut également être intéressant de faire participer les frères et les sœurs dans un système semblable, puisque tout enfant a des points à

---

6. P. Kennedy, L. Terdal et L. Fusetti, *op. cit.* p. 99.

améliorer et un niveau d'autonomie à développer (par exemple, ne plus se ronger les ongles, demander clairement ce qu'on désire, s'organiser seul le matin, rendre service, etc.).

Un système de jetons peut accompagner un tableau de comportements où nous pouvons indiquer par un crochet sur le tableau les jetons accumulés. Notons l'intérêt de porter une attention spéciale au choix du type de jetons utilisés afin d'éviter la routine et de garder l'impact stimulant de ces petites récompenses-jetons qui viennent souligner les efforts de façon immédiate et concrète. Nous suggérons de varier ceux-ci et d'établir une rotation, sur une dizaine de semaines, de différentes sortes de jetons attrayants: par exemple, des billes, des collants, des cents, des gommes à effacer, des morceaux de casse-tête, des morceaux de Lego, de petits savons, des macarons, des cartes, des timbres, etc. Ces petits objets qu'il est possible de voir, de toucher, de compter et d'accumuler s'inscrivent bien dans la dynamique de la minute présente de l'enfant hyperactif, même s'ils ne seront monnayés que plus tard pour une récompense plus substantielle (qui pourra exiger dix, vingt ou trente de ces petits objets selon l'importance de la récompense). Ainsi, l'enfant n'attend pas une récompense qui tarderait trop à venir, mais il amasse celle-ci au jour le jour et de façon amusante.

Le menu de récompenses de Josiane et son système de récompenses élastique

L'exemple suivant illustre l'utilisation d'un menu de récompenses élaboré avec l'aide de l'enfant lui-même. Un second élément mérite d'être mentionné ici: le choix d'une récompense viendra souligner l'atteinte d'un objectif dont l'étendue augmente de façon progressive. C'est ce que nous appelons un SYSTÈME DE RÉCOMPENSES ÉLASTIQUE.

Imaginons que parent et enfant ont choisi comme objectif UN des comportements parmi les quatre suivants:

√ avoir terminé mes devoirs dans un temps maximum de quarante-cinq minutes, avec une qualité acceptable;

√ avoir réussi un bon départ pour l'école (avoir choisi mes vêtements la veille, pris le temps nécessaire pour bien déjeuner et faire mon lit, être à l'heure pour prendre l'autobus);

√ avoir ramassé toutes mes traîneries et mis mes jouets et mes vêtements à la place prévue;

√ avoir gardé une bonne entente avec Nathalie (petite sœur), avoir respecté ce qui est à elle et le caractère privé de sa chambre.

La règle est la suivante: pour chaque journée où l'objectif (défini de façon très précise et vérifiable pour le parent et l'enfant) a été atteint, l'enfant choisit deux éléments parmi un menu de récompenses possibles (voir l'exemple ci-dessous). Puis, à la manière d'un athlète qui s'entraîne, l'étendue du défi augmente progressivement, à la mesure des capacités grandissantes de l'enfant: vous étendez à deux jours de réussite, puis à une, deux ou trois semaines, l'intervalle qui donnera droit au menu des récompenses. Si la récompense ne devient plus nécessaire pour appuyer le comportement, proposez alors à l'enfant un nouveau défi, tout en lui soulignant combien ses efforts ont porté fruit et ont su venir à bout de ce premier objectif. *«Tu es rendu presque trop bon face au défi "Un bon départ le matin". Qu'est-ce que tu en penses si on s'attaquait maintenant au défi "Je me ramasse"?»*

Dans une atmosphère de complicité, mettez à jour le menu des récompenses, étudiez ensemble les récompenses qui ont eu une meilleure cote, et imaginez-en de nouvelles. Puis, repartez vers un nouveau défi avec un intervalle de temps d'abord très réduit et qui ira en s'étendant. Il est important de continuer à encourager par une attention positive le maintien des «bons départs du matin», une situation qui servira éventuellement d'exemple pour rappeler à l'enfant qu'*il est capable d'atteindre un objectif.*

 **E x e m p l e**

Le menu de récompenses de Josiane (huit ans) pour «un bon départ le matin»

Je choisis deux récompenses parmi celles proposées ici.

- Trente minutes de bicyclette avec maman après souper.
- Deux collants brillants.
- Un téléphone de cinq minutes à Mamie.
- Inviter Nadine pour coucher.
- Maman fait sa merveilleuse recette de spaghettis et pain à l'ail pour toute la famille.
- Je fais avec papa sa recette de biscuits au chocolat pour tout le monde.
- Un boni de trente minutes de télévision.
- Cinquante cents.
- Papa ou maman me raconte une histoire au coucher.
- Papa ou maman m'aide à écrire à ma tante Huguette (ma marraine).

- Congé de vaisselle un soir de mon choix.
- Je sers un superdessert crème glacée, sauce et noix à ceux qui en veulent.
- Une gomme à effacer pour ma collection.
- Alex (mon grand frère) m'amène faire sa tournée de journaux avec lui.
- Alex me montre un nouveau truc de magie.
- Je pige une surprise dans le sac mystère de maman.
- Maman glisse une petite surprise dans ma boîte à lunch.
- Maman invente un nouveau costume dans le sac pour déguisements.
- Un déjeuner de pain doré pour tout le monde.
- Je me couche trente minutes plus tard le soir de mon choix.
- Vingt minutes de jeu ou d'Internet avec papa au retour de son travail.

Attention! 1. Ayez l'accord de papa, de maman, du grand frère ou de la grande sœur. 2. Choisissez des récompenses que vous pouvez, d'une part, donner facilement et de façon répétée et, d'autre part, des récompenses avec lesquelles vous vous sentirez à l'aise de n'accorder que dans le contexte exclusif du comportement qui le mérite (par exemple, n'incluez pas «aller à la piscine samedi ou dimanche» s'il est possible qu'on veuille y amener l'enfant qui l'ait mérité ou non).

Un système de récompenses location qui instaure un nouveau comportement

Pour plusieurs parents, un système fixe de jetons peut apparaître trop exigeant à maintenir dans le cadre de leur routine quotidienne; le système risque de devenir trop lourd pour en assurer le bon fonctionnement ou pour le maintenir pendant une longue période de temps. Une formule intéressante consiste à ne recourir à un système de récompenses planifiées et systématiques que pour *instaurer* un nouveau comportement, à un moment stratégique, par exemple, pour bien établir la routine des devoirs en septembre ou pour instaurer une routine satisfaisante pour toute la famille au début des vacances.

Voici un exemple de système qui, d'une part, utilise une *approche limitée dans le temps* (avec le début de l'année scolaire, nous voulons que Youri ait une attitude positive face à ses devoirs); pour y arriver, nous mettons à profit *un système de location* qui motive ses efforts et souligne son succès.

Exemple

Une rencontre en début d'année scolaire a permis d'établir une atmosphère de concertation avec l'enseignante de Youri, qui entreprend sa cinquième année. Tout le monde s'est entendu pour limiter la somme de devoirs exigés, qui devraient être terminés, de façon réaliste, au maximum en quarante-cinq minutes de travail sérieux. Un des parents notera ses observations sur la façon dont ceux-ci ont été réalisés et, à la suite de ces commentaires, l'enseignante notera de son côté si la qualité était acceptable. Parents et enseignante pourront ainsi s'ajuster de part et d'autre et, surtout, il sera facile d'indiquer à Youri s'il a obtenu son crédit quotidien de «devoirs satisfaisants».

Les parents de Youri ont d'abord envisagé de récompenser un ou deux mois de travail sérieux de la part de Youri par l'achat d'une planche à roulettes dont il rêve depuis longtemps. Notons qu'il s'agit là d'une activité à la mesure des habiletés naturelles de Youri, une activité qui lui permet aussi une décharge d'énergie des plus salutaires pour tout le monde... À ce jour, Youri n'avait pourtant pu exercer son art sur roulettes qu'en empruntant la planche de ses copains, ce qui avait parfois occasionné quelques petites tensions. Bref, tout le monde souhaite de tout cœur que Youri ait sa planche de rêve, tout comme on souhaite aussi qu'il débute sur un bon pied cette nouvelle année scolaire.

Pour éviter d'accumuler les achats-récompenses et aussi pour permettre à Youri de profiter concrètement et dès maintenant des efforts qu'il est bien motivé à faire en ce début d'année, les parents ont privilégié le système de récompenses location suivant. Ils ont acheté la planche en question, qui demeure la propriété des parents de Youri; chaque soir où il fait ses devoirs de façon satisfaisante, cela lui permet de *louer* cette précieuse planche à roulettes pendant une heure le soir même. De plus, chaque soir de devoirs satisfaisants lui donne droit à une demi-journée de location la fin de semaine suivante. Ainsi, pas de tout ou rien ni de délai qui dépasse la capacité d'attente de Youri.

Il est bien sûr possible d'imaginer toutes sortes d'adaptations à un système de location de ce genre. Le principal avantage d'un système de location est de permettre l'utilisation immédiate par l'enfant d'un objet ayant une bonne valeur de motivation complémentaire, sans pour autant grever le budget familial et sans que l'enfant doive attendre trop longtemps pour mériter l'objet dont il rêve.

Les récompenses concrètes dans une situation particulière

Nous avons déjà parlé d'un système de récompenses dont l'intervalle de réussite s'ajuste selon l'acquisition progressive d'un comportement (le modèle élastique de Josiane) et d'un modèle mis en place temporairement pour instaurer un nouveau comportement (une bonne routine pour les devoirs de Youri). Voici un troisième modèle de système mobile de récompenses. Il s'agit, cette fois, de planifier une forme de récompense concrète qui correspond à une situation bien précise, qui pose un défi particulier pour l'enfant (c'est, par exemple, le cas lorsque Monique décide que la bonne entente entre Maude et Pierrot le samedi matin sera récompensée le lendemain par la possibilité de regarder ensemble l'émission enregistrée[7]). C'est également l'exemple de Claudette qui prévoit avec Sandra qu'elles se feront toutes deux un grand sourire au comptoir-caisse, avant de s'offrir un fruit choisi par Sandra pour souligner son bon comportement à l'épicerie[8]. Voici un autre exemple qui illustre particulièrement bien la dynamique de ce modèle situationnel de récompense, alors que Maude et Pierrot partent maintenant en vacances avec leurs parents faire le tour de la Gaspésie.

Exemple

Comme Monique est passée maître dans l'art d'agir plutôt que réagir, la voici qui prévoit les risques de tornades sur la banquette arrière de la voiture et qui planifie en conséquence ce long séjour en voiture. L'esprit de détente aidant, Monique a une idée géniale: elle établit quelques règles simples et claires d'un code de route pour l'intérieur de la voiture (par exemple, je reste attaché, je contribue à maintenir un climat de bonne-humeur-vive-les-vacances, je suis doux et poli envers les autres). Elle prépare ensuite un sac de surprises pour le voyage, dans lequel Maude et Pierrot reçoivent le privilège de piger à tour de rôle, tous les 100 kilomètres de *bonne* route. Les surprises pigées vont des crayons de cire à un petit papier qui décrit un jeu impliquant les quatre voyageurs, en passant par un indice sur un coin de pays qu'ils vont découvrir... Quel voyage! Les enfants ont eu presque autant de plaisir en voiture qu'une fois rendus à la mer, tandis qu'ils se sont mis à inventer leurs propres jeux et sacs à surprises pour le voyage de retour. Les enfants sont parfois étonnants!

---

7. Voir aux pages 114 à 116.
8. Voir à la page 150.

Les caractéristiques d'un bon système de récompenses

Voici quelques conseils à garder en tête dans la mise sur pied d'un système de récompenses taillé sur mesure.

√ *Un système amusant et facile à gérer*

Il est important d'éviter que l'organisation et la gestion d'un système de récompenses ne deviennent une pression supplémentaire pour des parents qui en ont déjà pleins les bras, ou une source additionnelle de tension et de négociation dans la relation parent-enfant... Dans les exemples décrits précédemment, le système «frigo-loto», le menu de récompenses qui ne cible qu'un seul comportement à la fois, ou encore le système de location pour instaurer un bon comportement représentent trois types de systèmes simples et faciles à gérer. Les parents peuvent facilement en garder le contrôle tout en y investissant un minimum d'énergie, dans un contexte qui peut être amusant.

Par contre, gérer un système plus élaboré de jetons et un tableau de comportements comme celui utilisé par la famille Kennedy risque de devenir un poids ou une source de conflits, sinon d'être abandonné ou à demi respecté après quelques jours ou quelques semaines d'effort honnête. Une telle approche systématique peut malgré tout être bien ajustée au mode de vie et à la personnalité de la famille et peut correspondre à une forme d'encadrement plus serré dont aurait besoin tel enfant, surtout si nous bénéficions du soutien d'un professionnel pour ajuster le système. De façon générale, plus le système s'intègre naturellement au rythme et au style de la famille, plus les objectifs sont précis, limités et faciles à évaluer, plus les récompenses sont immédiates et simples, plus le rapport énergie-efficacité du système devient avantageux pour toute la famille.

√ *Limiter les délais et le nombre de comportements qui seront renforcés*

Nous rejoignons ici un des conseils mis de l'avant précédemment au sujet de l'importance de limiter et de bien choisir les demandes que nous faisons à l'enfant[9]. Le défi demeure d'accepter d'établir des priorités et de limiter les combats: celui d'aujourd'hui, ceux pour demain et ceux à oublier! Comme dans l'exemple du système de récompenses élastique de Josiane et les devoirs de Youri, il faut éviter le tout ou rien, définir des objectifs gradués et encourager chaque petit pas dans un délai limité. C'est là le secret et l'art de construire sur le positif.

---

9. Voir aux pages 139 à 141.

Illustrons l'inverse par un exemple extrême chez un adulte. Imaginons que nous mettons sur pied un système de récompenses visant à encourager des comportements santé et que nous devions travailler à: 1. perdre cinq kilos; 2. arrêter de fumer; 3. diminuer notre consommation de café; 4. nous coucher tôt; et 5. courir bravement notre kilomètre chaque matin avant de prendre un petit déjeuner de céréales de son... Chacun de ces comportements serait coté sur un graphique et, après avoir réussi quatre mois de ce régime santé, nous mériterions deux semaines de vacances de rêve au soleil!

Or même si *chacun* de ces comportements représente en lui-même un défi bien raisonnable et justifiable pour son plus grand bien-être, cette personne dirait à son brave entraîneur de se calmer un peu les nerfs et lui suggérerait de prendre lui-même tout de suite une semaine de vacances... Il serait plutôt sage de s'entendre à améliorer UN de ses comportements et lorsqu'il aurait atteint ce premier objectif réaliste, sans doute aurait-t-il alors le courage et l'enthousiasme nécessaires pour atteindre un deuxième objectif tout en conservant ses acquis. Sinon, quel stress que de se mettre sur le dos un programme qui cumule trop d'objectifs et chambarde toutes les douces habitudes! Quelle tâche frustrante et exigeante pour l'entraîneur plein de bonne volonté qui essaierait de l'y contraindre!

√ *Privilégier des récompenses valorisantes et économiques*

Les principes qui doivent guider le *choix* des récompenses à privilégier sont importants à souligner dans une société comme la nôtre, où la publicité ne ménage en rien l'appel à la consommation, y compris chez les jeunes. Le terme de «récompenses concrètes» a remplacé ici celui des «récompenses matérielles» pour contraster avec une certaine tradition en psychologie animale ou éducative relativement à la modification du comportement, où récompense égale banane pour le singe, carré de sucre pour le cheval, bonbons et promesse de jouet pour l'enfant... Il s'agit de briser cette mentalité du modèle de l'enfant «consommateur passif de gâteries matérielles» et d'imaginer des formes de récompenses qui sont plus valorisantes.

Plusieurs des formes de récompenses évoquées remplissent une double fonction: tout en ménageant le budget familial, certaines récompenses rejoignent en effet d'autres objectifs, comme celui de consolider les relations au sein de la famille par des activités de plaisir partagé, ou comme celui de soutenir l'estime de soi de l'enfant (grâce à une récompense qui renforce une compétence ou qui contribue à l'atmosphère familiale).

Rappelons certains exemples: la promotion des activités de pêche de Lee avec son père; le plaisir de la «frigo-loto» chez la famille Gervais; les moments d'activités privilégiées avec papa, maman ou le grand frère choisies par Josiane dans son menu de récompenses; les jeux en voiture de Pierrot ou Maude qui impliquent les quatre voyageurs. Ce sont autant de formes de récompenses qui ont l'immense avantage de nourrir la qualité des relations familiales plutôt que de stimuler l'instinct de consommation de l'enfant. Rendre possibles par ses efforts et ses succès certaines récompenses dont peuvent bénéficier les autres membres de la famille (par exemple, dans le menu de Josiane: le spaghetti de maman, les biscuits de papa, le superdessert à la crème glacée) est à la fois valorisant pour l'enfant et intéressant pour le climat familial.

Soulignons finalement comment le système de récompenses établi pour Youri pour l'aider dans ses devoirs favorisait doublement la promotion de son estime de soi: en plus d'améliorer son rendement sur le plan scolaire, le fait de pouvoir pratiquer et exceller en rouli-roulant était une activité valorisante pour lui. Notons aussi que le système de location permet une récompense immédiate, tout en protégeant les parents du piège de devoir acheter toujours plus pour récompenser encore.

√ *Maintenir le système en évolution, faire participer l'enfant et respecter ses efforts*

Rappelons que l'enfant hyperactif épuise rapidement son intérêt pour une activité et qu'il décroche de façon spontanée; le même danger menace aussi son système de récompenses. Pour demeurer stimulant, tout système doit conserver un certain caractère de nouveauté et être remis à jour et rafraîchi. La rotation établie par les Kennedy dans les sortes de jetons utilisés illustre bien cette exigence de changement stimulant. Le système de récompenses élastique qui s'ajuste selon le niveau de performance maintient le système en évolution. Revoir et rafraîchir les objectifs et le menu des récompenses sont les caractéristiques de base d'un système pour qu'il demeure motivant.

Est-il nécessaire de souligner ici encore le rôle pivot que doit jouer l'enfant dans l'élaboration et la mise à jour de «son» système de récompenses, que ce soit dans la façon de définir un objectif ou dans le choix des récompenses. Le parent, bien sûr, définit certaines balises (idéalement à partir de tous les conseils qui précèdent!), mais c'est dans une atmosphère de joyeuse complicité qu'il met au point les moyens qui permettront de souligner et de célébrer ensemble les efforts et les réussites de l'enfant. Le même message clair est donné à l'enfant: ce sont ses efforts qui font la différence, les récompenses sont là pour les encourager, mais elles ne peuvent les remplacer. Ses succès ne s'achètent pas, parce que c'est lui, en bout de ligne, qui décide ou non de travailler à l'atteinte de son objectif. Cette attitude du parent est fondamentale et est facilement perçue par l'enfant: LE CRÉDIT DES PROGRÈS REVIENT À L'ENFANT, ET NON AUX RÉCOMPENSES.

√ *Deux petites nuances*

Certains parents s'inquiètent de la mise sur pied d'un système de récompenses, en exprimant la réserve suivante: «*Oui, mais dans la vie, on doit apprendre à faire des choses pour soi et pour les autres, sans qu'il y ait toujours une récompense au bout.*» Nous partageons cette opinion; et loin de nous l'idée de suggérer qu'il doit toujours y avoir des récompenses concrètes au bout de chaque effort... Un système de récompenses doit éviter d'alimenter cette dépendance chez l'enfant; par exemple, «*Et si je le fais, qu'est-ce que tu vas me donner?*» L'enfant avec un DAH est moins motivé par ce qui motive habituellement et naturellement les autres enfants, et il a besoin d'un petit coup de pouce supplémentaire à ce niveau, mais il est néanmoins capable de gestes gratuits et d'apprendre à devenir progressivement plus responsable.

Un dernier conseil au sujet des récompenses: même avec le meilleur système en place, rappelons-nous de prendre bien soin de garder toujours une place privilégiée pour des récompenses imprévues, pour des activités de plaisir partagé qui arrivent tout à fait gratuitement, sans être méritées, mais simplement parce que cette générosité spontanée des parents s'inscrit au cœur de la magie des relations parent-enfant dont nous avons déjà amplement souligné l'importance! Qui n'a pas encore en tête et, surtout, dans le cœur certains de ces moments magiques de son enfance, où nos parents jouaient spontanément avec nous (par exemple, un jeu de cachette organisé dehors les soirs d'été) ou encore lorsque, sans savoir pourquoi et de façon imprévue, ils nous offraient une merveilleuse surprise (comme l'annonce inattendue de «*On part en voyage!*» pour les vacances de Noël, nos valises ayant été préparées à notre insu).

Apprendre à l'enfant le sens de l'effort, c'est important, mais lui apprendre la magie de la gratuité l'est également; il serait dommage d'opposer injustement ces deux facettes du rôle des parents! C'est un des messages de départ énoncés dans ce guide: les stratégies éducatives des parents s'appuient sur une complicité de base, une relation positive, qui ensoleille toute la vie familiale.

Réflexion 8

Être positif: c'est plus agréable et plus rentable

Féliciter
- Quelle est ma manière habituelle de féliciter? Quelles expressions me viennent spontanément?

(Voir «Cinquante-deux façons de dire bravo!», à la page 161.)

Donner une rétroaction positive
- Est-ce que je donne des rétroactions positives à mon enfant quand il a eu un comportement que je veux encourager?
- Comment puis-je améliorer les rétroactions que je lui donne (plus immédiates, plus concrètes, centrées sur le comportement et non sur l'enfant, laisser parler davantage l'enfant)?

Les récompenses concrètes
a) Des objectifs limités
- Quels comportements cibles (en choisir un ou deux au maximum) pourraient faire l'objet d'un système de récompenses (pour les instaurer ou pour les maintenir):
    - Comportements ciblés AUJOURD'HUI?
    - Comportements ciblés DEMAIN, le mois prochain ou l'année prochaine?
    - Comportements ciblés... À OUBLIER?

b) Une organisation facile
- Quel système de récompenses pourrait convenir à notre style de vie familiale et s'y intégrer facilement?
- Pourrait-on utiliser un objet (jetons, tableau, collants, objets à collectionner)?
- Quand les comportements qui ont été faits seraient-ils évalués (au fur et à mesure, chaque jour, chaque semaine)?

- Comment partager les rôles de chacun dans la gestion du système (l'autre parent, l'enfant lui-même, les frères et les sœurs)?

- Comment pourrait évoluer ce système de récompenses (serait-il transitoire, comme au début de l'année scolaire ou des vacances, ou relié à une nouvelle habitude à instaurer)?

- Quel système de récompenses plus occasionnel pourrait également être utile (uniquement associé à certaines situations particulières, comme un voyage ou une sortie)?

c) Des récompenses bien choisies

- Quelles activités partagées avec l'enfant pourraient devenir des moyens de récompenses (jouer quinze minutes avant le coucher, aller à la pêche le samedi suivant, etc.)?

- Qu'est-ce qui pourrait devenir des moyens de récompenses pour toute la famille (l'enfant fait des biscuits pour le dessert, une sortie tous ensemble le vendredi soir, etc.)?

- Quelles activités pourraient devenir des moyens de récompenses pour l'enfant (avoir droit à trente minutes d'Internet supplémentaires, téléphoner à Mamie, etc.)?

- Quel système de location pourrait devenir des moyens de récompenses (louer le rouli-roulant ou le baladeur familial)?

- Quels objets ou quelle collection pourraient devenir des moyens de récompenses (timbres, gommes à effacer, etc.)?

d) Un système qui fait l'objet d'un consensus

- Après discussion avec l'enfant et les autres personnes impliquées (conjoint, gardienne, enseignante, etc.), quelles modifications ressortent des échanges quant au système de récompenses?

- Un consensus se dégage-t-il sur le choix des comportements à privilégier?

- Quelles suggestions ressortent quant au choix des récompenses?

e) Un système particulièrement simple et amusant

- Y aurait-il encore moyen de rendre le projet de système de récompenses encore plus simple et plus amusant pour tout le monde?

Chapitre X

Quatrième C: Contrecarrer l'inacceptable

Quand assez, c'est assez!

 *Témoignage*

Le comportement des enfants est parfois difficile à accepter

«Maman! Achète-moi du chocolat!» «Non, Sandra! Pas aujourd'hui» «J'en veux, bon! Tu ne veux jamais rien!» «J'ai dit non, ça suffit! Va porter ça où tu l'as pris!» – Papa, lui, il voudrait! Toi, T'ES MÊME PAS FINE!» Suivent des cris d'une intensité telle que les clients de l'épicerie se retournent avec plus ou moins de discrétion...

❋ ❋ ❋

Sans signe avant-coureur, voici qu'une chicane intense éclate entre Pierrot et Maude. Maude donne un coup de pied sur le ballon de Pierrot, qui se lève en furie et lui donne un coup de poing sur l'épaule; Maude hurle et lui donne une poussée qui le jette par terre.

❋ ❋ ❋

Malgré la mise en place d'un système merveilleusement facile et accueillant pour recevoir manteaux, tuques et mitaines, Anouk continue de laisser traîner ceux-ci sur la première chaise qu'elle voit en rentrant.

❋ ❋ ❋

«*Alex! Ça fait* TROIS FOIS *que je te dis de ramasser tes choses et de te préparer pour te coucher.* ÇA VA FAIRE LÀ!*»* Mais Alexandre continue un peu plus rapidement, fasciné par le jeu de construction qu'il a visiblement décidé de terminer.

* * *

Après le souper et les devoirs finis, Samuel aime aller jouer au parc. L'heure de rentrée est fixée à 19 h 30. Une fois sur deux, il est presque 20 heures lorsqu'il fait son apparition, malgré l'accueil agressif et les réprimandes que lui réservent ses parents.

* * *

Vendredi après-midi, l'aimable propriétaire du dépanneur du coin, M. Legris, téléphone aux parents de Stéphane, âgé de dix ans, pour les informer qu'il vient de surprendre leur fils qui sortait avec quatre tablettes de chocolat dissimulées sous son manteau, tandis que ses petits copains l'attendaient à l'extérieur. M. Legris a repris sa marchandise et a dit à Stéphane qu'il informerait lui-même ses parents.

Phelan résume avec humour la frustration des parents placés dans les situations évoquées précédemment. «*Il y a de ces journées où l'on se sent comme si la moitié du temps, les enfants ne font pas ce qu'on voudrait qu'ils fassent... et l'autre moitié du temps, ils font ce qu'on ne voudrait pas qu'ils fassent!*[1]»

Le présent chapitre présente des moyens qui permettent au parent de contrecarrer les comportements inacceptables de l'enfant de façon efficace et non abusive, des moyens qui permettent d'établir des limites claires et de les faire respecter, des moyens qui permettent d'agir plutôt que de réagir. Pensons ici au tristement célèbre: «*Va-t'en dans ta chambre!*» et à la liste des punitions plus ou moins sévères décrétées impulsivement par un parent dominé par la colère et la frustration. L'expérience de plusieurs parents à bout de souffle confirme qu'ils ont besoin de moyens éducatifs plus efficaces pour que l'enfant comprenne que «*Assez, c'est assez!*», sans qu'ils soient obligés de se fâcher et de punir.

Les parents savent d'expérience qu'ils ne pourront jamais suffisamment compenser les déficits, clarifier les demandes ou construire sur le positif pour faire disparaître les comportements inacceptables chez leur

---

1. T. W. Phelan, *1-2-3 Magic. Effective discipline for children 2-12*, Glen Ellyn, Illinois, Child Management Inc., 1995, p. 2.

enfant. D'ailleurs, ces comportements plus difficiles ne sont-ils pas une partie nécessaire de l'apprentissage d'un enfant, qui n'apprend que progressivement à s'ajuster aux limites et aux exigences de la réalité? Qui pourrait espérer apprendre à marcher sans tomber, apprendre à écrire sans faire de ratures ou à chanter sans échapper de fausses notes? Le défi éducatif du parent de l'enfant hyperactif consiste à garder ces «ratures» ou ces «fausses notes» suffisamment sous contrôle pour maintenir l'équilibre du côté positif et pour éviter qu'elles n'empoisonnent le climat familial. Et pour y parvenir, être capable de contrecarrer l'inacceptable, être capable de désamorcer les tempêtes et de diminuer les irritants, devient indispensable si nous voulons maintenir une relation positive avec l'enfant, favoriser le développement de son estime de soi et construire sur du positif.

Dans ce chapitre, nous abordons deux moyens complémentaires qui permettent de contrecarrer l'inacceptable et de faire respecter les limites clairement établies à l'enfant: 1. exiger un temps d'arrêt; 2. prévoir une conséquence négative.

Désamorcer les escalades agressives

Exiger une pause, un temps d'arrêt

Les escalades agressives qui s'installent entre le parent et l'enfant font partie des dangers qui menacent l'équilibre de la famille; cette forme d'attaque et de contre-attaque monte en escalier, menace la relation parent-enfant, confirme un sentiment d'échec réciproque et ne fait que des perdants.

Le psychologue Thomas Phelan dit que l'escalade agressive est le résultat d'une chaîne de comportements chez les parents qui sont portés à parler, puis à convaincre, puis à menacer, puis à crier, puis à frapper (*Talk-Persuade-Argue-Yell-Hit Syndrome*[2]). Convaincu de l'importance de ce phénomène qui tend à empoisonner la vie familiale, Thomas Phelan a élaboré une approche éducative qui vise essentiellement à offrir au parent un autre moyen d'imposer à son enfant certaines limites nécessaires, tout en évitant systématiquement ce genre de guerres stériles. Nous nous inspirons largement des précisions et des exemples apportés par cet auteur dans la présentation qu'il fait de son approche, le programme *1-2-3 MAGIC*. Il s'agit en fait d'une version adaptée de la stratégie classique,

---

2. T. W. Phelan, *op. cit.*

connue sous le nom de *Time-out* (que nous traduisons par temps d'arrêt), une stratégie éducative que nous trouvons dans les programmes de modification de comportement ou dans les ateliers de formation béhavioriste à l'intention des parents.

L'objectif du temps d'arrêt ou de l'approche 1-2-3 consiste essentiellement à «débrancher» le courant d'impulsivité dans une escalade qui s'amorce. Le parent arrête le courant, évite que ça ne surchauffe et que le fusible ne saute. Il désamorce ainsi rapidement la tension et l'escalade qui commence.

Le 1-2-3 en action

Un jour, lors d'une entrevue, nous avons demandé à un père qui a deux enfants hyperactifs de nous raconter un des bons souvenirs qu'il avait avec l'un de ses fils. À notre surprise, il a répondu: «*C'est le jour où j'ai compris que je n'aurais plus jamais besoin de crier après mon plus jeune.*» Il nous a expliqué qu'il avait alors appris à utiliser la technique du 1-2-3 et que son enfant s'y était ajusté facilement, presque en même temps que lui. Voici en quoi consiste cette approche.

Pour bien utiliser l'approche, nous devons d'abord établir une distinction au point de départ: s'agit-il d'un comportement *à arrêter* ou d'un comportement *à faire*? Le 1-2-3 s'applique aux comportements que nous désirons arrêter chez l'enfant, par exemple s'obstiner, crier, faire une crise, frapper, agacer, insulter, harceler, provoquer, etc., et non pour les comportements à faire, comme faire son lit, ses devoirs, ramasser ses traîneries, manger, se lever ou partir à temps, etc. Les comportements à faire ne font pas partie, pour l'instant, de nos préoccupations; ces comportements positifs, que nous souhaitons que l'enfant fasse, doivent être gérés par des stratégies reliées soit à compenser les déficits, soit à capitaliser sur le positif, dont nous avons déjà beaucoup parlé, soit encore par le retrait de privilèges ou par les conséquences logiques (il en sera question à la fin du chapitre).

Compter jusqu'à 3: de quoi s'agit-il?

Maryse a six ans; elle est présentement frustrée et elle réagit violemment au refus de sa mère Chantal de lui donner un biscuit juste avant l'heure du souper. Couchée sur le plancher de la cuisine, Maryse hurle, donne des coups de pied, accuse sa mère d'être méchante et sans-cœur. Chantal se demande comment réagir: son pédiatre lui dit d'ignorer les crises de

Maryse, sa mère lui conseille d'appliquer une serviette d'eau froide sur le visage de l'enfant, tandis que son conjoint lui répète qu'elle devrait être capable de s'affirmer plus fermement et que quelques petites tapes, ça n'a jamais fait mourir personne!

Exemple

La crise de Maryse selon l'approche 1-2-3

Chantal regarde calmement Maryse, lève un doigt et lui dit: «Ça, c'est 1.» Maryse continue de plus belle; Chantal attend quelques secondes, lève maintenant deux doigts et lui dit aussi calmement: «Ça, c'est 2.» Maryse continue sa crise. Après quelques autres secondes de plus, Chantal montre maintenant trois doigts en disant: «*Maryse, ça, c'est 3; tu prends une pause de cinq minutes.*»

Que s'est-il passé? Maryse a eu deux chances de s'arrêter, de se replacer, et elle a choisi de les laisser passer; alors elle va dans sa chambre faire une pause, un temps d'arrêt de cinq minutes. (Certains parents se demandent spontanément: «*Oui, mais que fait-on si Maryse n'y va pas?*» Nous y reviendrons sous peu.)

Maryse reste dans sa chambre pour ces cinq minutes de temps d'arrêt (la pause reste courte, le nombre de minutes correspondra approximativement à l'âge de l'enfant, c'est-à-dire cinq minutes à cinq ans, dix minutes à dix ans). Lorsque Maryse revient après cette période de repos et retrouve sa mère, celle-ci ne reparle plus de ce qui vient de se passer et évite surtout de dire: «*J'espère que tu as bien compris!*» Chantal laisse donc carrément tomber l'incident, de sorte que parent et enfant repartent rapidement sur un nouveau pied.

Comment commencer l'approche 1-2-3

Il faut expliquer simplement à l'enfant le nouveau système que nous avons décidé de mettre en place pour nous aider à mieux vivre ensemble. Les deux parents ont rencontré Maryse ensemble: «*Nous sommes tes parents et notre responsabilité, c'est de t'aider. Nous ne nous attendons pas à ce que tu sois parfaite. Voici comment nous allons nous y prendre quand tu te comporteras mal. Quand tu as un comportement que tu dois arrêter, nous dirons 1, c'est une sorte d'avertissement qui te dit clairement qu'il faut arrêter ce comportement maintenant! Puis, vient un 2, et si tu n'as pas réussi à t'arrêter, le 2 sera suivi d'un 3, avec un temps d'arrêt; c'est comme au sport, quand l'arbitre commande une pause, un moment où tout le monde doit récupérer.*»

*«Quand tu reviens du temps d'arrêt, c'est-à-dire de la pause de cinq mi-
nutes de calme dans ta chambre, c'est* FINI *pour tout le monde, et, à moins que
ce ne soit nécessaire, nous ne t'en reparlons plus et nous en profitons pour partir
à neuf! Si ton comportement est plus grave, disons que tu frappes quelqu'un ou
que tu cries une injure, alors nous sauterons par-dessus les deux avertissements
et ce sera tout de suite 3, avec le temps d'arrêt. Mais après, là encore, quand
c'est fini, c'est fini. Nous tournons la page, et c'est tout!»*

Après avoir utilisé et éprouvé l'approche pendant un certain temps
(ce qui peut varier de un à quinze jours), de façon presque étonnante,
l'enfant choisira presque toujours de s'arrêter à «1» ou à «2». Par contre,
certains parents disent qu'ils ont essayé ce système et qu'il ne fonctionne
tout simplement pas. Dans 90 % des cas, le problème est facile à déterminer: ces parents n'utilisent pas vraiment la méthode, puisqu'ils violent la
règle de base numéro un de l'approche: PAS DE DISCUSSION, PAS D'ÉMO-
TIONS!

Considérons ce double piège à l'aide de la même situation entre Chantal
et Maryse.

Exemple

Chantal ne respecte pas la règle numéro un de l'approche

*«Maryse, ça, c'est 1! Je suis vraiment fatiguée de tes petites crises, Maryse. J'en
ai jusque-là! M'entends-tu?* REGARDE-MOI QUAND JE TE PARLE! *Tu ne pourrais pas
faire juste un petit effort, avec tout ce qu'on fait pour toi!»* (Maryse continue sa
crise de plus belle.)

*«O.K., là, c'est 2! Un autre et tu t'en vas dans ta chambre, m'entends-tu?
Aimes-tu ça aller dans ta chambre ou bien aimes-tu ça me faire fâcher? Ça suffit!»* (Une pause pour que Chantal puisse reprendre son souffle; la crise se poursuit toujours.)

*«O.K. Maryse, débarrasse! Ça fait 3! Dans ta chambre et vite! Quand vas-
tu finir par comprendre?* T'ES VRAIMENT PAS DU MONDE!*»*

La règle de base: pas de discussion, pas d'émotions

Quand le parent ne résiste pas à la forte tentation de parler, d'expliquer, de justifier, de se défouler et d'en mettre davantage, trois choses se produisent qui contreviennent directement à l'efficacité de l'approche du 1-2-3.

1. Le fait de parler et d'être émotif ramène la balle dans le camp du parent. Quand nous ne faisons que dire «Ça, c'est 1», la responsabilité du comportement à changer revient à l'enfant, qui peut profiter ou non de l'avertissement qui lui est fait et décider de s'arrêter. Mais quand le parent s'engage et continue d'en ajouter, une chose étrange se passe, la balle change immédiatement de camp: le parent se trouve maintenant avec le fardeau de la preuve, comme si l'enfant ne devait s'arrêter que si le parent réussit à le convaincre que c'est une bonne idée de le faire!

2. Le fait de parler et d'être émotif embrouille le message du «Ça, c'est 1». Nous trouvons ici les caractéristiques d'une bonne demande présentées au chapitre VIII. Lorsque le message «Ça, c'est 1» est tout à fait dépouillé, l'enfant perçoit facilement qu'il s'agit là d'un avertissement clair et incontournable, qui exige de sa part un arrêt immédiat.

3. Le fait de parler et d'être émotif stimule chez l'enfant le sens du défi et le goût d'une bonne chicane. L'implication émotive du parent déplace le point d'attention. L'enfant ne demande pas mieux: si Maryse n'a pas son biscuit, comme compensation, elle aura au moins réussi à faire fâcher sa mère. Plutôt que de devoir contrôler son propre comportement impulsif, l'enfant voit la possibilité d'accumuler des points dans une confrontation avec un parent qui se montre déjà relativement vulnérable au combat. Il n'en faut pas plus pour encourager l'escalade.

Une application plus ou moins réussie du modèle

Pour bien illustrer l'utilisation adéquate du 1-2-3, qui semble presque trop simple, les différences seront soulignées grâce à trois exemples d'une même situation.

Exemple

Scène I: Chantal explique

«Maman, est-ce que je peux avoir un biscuit?» «Non, mon chou!» «Ah! pourquoi?» «Parce qu'on va souper à six heures.» «Oui, mais j'en veux un quand même, j'ai faim!» «Je viens juste de te dire non.» «Tu ne veux jamais rien me donner!» «Je vais t'en faire, moi, je ne te donne jamais rien! À ce que je sache, t'as des vêtement sur le dos, plein de jouets, et je te prépare un bon repas dans quelques minutes. T'es pas gênée, toi!» «T'en as bien donné un à Pierrot tantôt!» «Écoute, t'es pas ton frère. À part de ça, ton frère, lui, il mange aux repas!» «Je te promets que je vais manger quand même tantôt!» «Arrête de me faire plein de promesses que tu ne tiens même pas! Hier, tu as mangé un biscuit à 16 h 30 et t'as presque rien mangé au souper!» «Si tu ne veux pas, j'te déteste et je te parlerai plus JAMAIS!» «GÊNE-TOI PAS, MA BELLE! JE COMMENCE À ÊTRE PAS MAL TANNÉ DE T'ENTENDRE TE PLAINDRE TOUT LE TEMPS!»

Visiblement, nous assistons ici à un échec éducatif, mais une vraie réussite en matière d'escalade! Chantal a d'abord tenté de raisonner et d'expliquer sa position, alors que ce n'était visiblement pas le temps de le faire, puisqu'il n'y avait aucune ouverture chez Maryse. À défaut d'obtenir un biscuit, nous avons plutôt l'impression que cette dernière en a profité pour grignoter l'humeur de sa mère...

 *E x e m p l e*

Scène II: Maryse s'habitue à la nouvelle approche de Chantal

«Maman, est-ce que je peux avoir un biscuit?» «Non, mon chou!» «Ah! pourquoi?» «Parce qu'on va souper à six heures.» «Oui, mais j'en veux un quand même, j'ai faim!» «Ça, c'est 1.» «Tu ne veux jamais rien!» «Ça, c'est 2.» «Ça, c'est stupide. Si tu ne veux pas, j'te déteste et je te parlerai plus JAMAIS!» «Ça, c'est 3, tu prends un cinq minutes.»

Et Maryse s'en va dans sa chambre pour cinq minutes. Voici une excellente application du 1-2-3 de la part de Chantal, tandis que Maryse apprend progressivement à s'y faire.

Voici comment les choses risquent de se passer une fois que Maryse sera habituée au système et qu'elle aura appris que ça ne donne rien d'essayer de pousser plus loin: pas de biscuit et pas de maman prête à se fâcher.

Exemple

Scène III: après quelques jours d'utilisation du 1-2-3

«Maman, est-ce que je peux avoir un biscuit?» «Non, mon chou!» «Ah! pour-quoi?» «Parce qu'on va souper à six heures.» «Oui, mais j'en veux un quand même, j'ai faim!» «Ça, c'est 1.» «O.K. d'abord!» (Maryse sort de la cuisine en maugréant.)

C'est parfait, et Chantal ne compte pas la réaction de frustration de Maryse, puisque celle-ci est partie et que l'escalade s'est arrêtée. Par contre, si Maryse avait lancé une injure telle que: *«O.K. d'abord! Espèce de grande nonotte!»*, Chantal aurait dit immédiatement: *«Ça, c'est un 3, Maryse, tu prends cinq minutes dans ta chambre.»*

Exemple

Un autre exemple d'une utilisation réussie du 1-2-3

Luc, huit ans, fouille dans le coffre de crayons de sa sœur. *«Non, Luc, tu laisses le coffre de Nathalie à Nathalie.»* Luc continue. *«Luc, ça, c'est 1.»* Luc sort le crayon qu'il cherchait dans le coffre. *«Ça, c'est 2.»* Luc resserre rapidement le contenu et passe à autre chose.

Beau travail! Ce parent a évité tout le bla-bla: *«Tu le sais, les affaires de Nathalie sont à Nathalie...»*, ce qui aurait risqué que Luc fasse un discours sur la justice familiale et aurait embrouillé le message clair et unique: *«Tu dois laisser ce coffre tranquille.»*

Certaines questions reliées à l'utilisation du 1-2-3

En s'appuyant sur son expérience d'intervention auprès des nombreux parents qui ont expérimenté son approche, Phelan précise certaines ques-tions reliées à une bonne utilisation du 1-2-3.

• *Quels comportements négatifs doit-on compter avec le 1-2-3?*

Nous comptons tous les comportements irritants de l'enfant qui ont ten-dance à se répéter et qui entretiennent les escalades agressives. Nous faisons, au préalable, la liste de ces comportements, une liste sur laquelle les deux parents et l'enfant s'entendent clairement. Si l'enfant recommence (ou plutôt continue) l'escalade en sortant du temps d'arrêt, le parent compte à nouveau ces comportements à arrêter, tout aussi calmement que la fois précédente et sans ajouter de commentaire. Après un certain temps, l'enfant n'aura que rarement besoin du 1-2-3 parce qu'il aura développé le réflexe de s'arrêter par lui-même. Par contre, après un certain temps d'usure ou dans un contexte plus difficile ou nouveau, il sera parfois nécessaire de revenir temporairement au système du 1-2-3 qui était devenu inutile, jusqu'à ce que le beau temps revienne!

• *Quel intervalle de temps doit-on laisser entre le 1, le 2 et le 3?*

Si nous sommes en présence d'un comportement continu (comme une crise de colère) ou d'une escalade qui s'engage, nous laissons à l'enfant le temps nécessaire pour lui permettre de se reprendre en main, c'est-à-dire un intervalle de trois à cinq secondes entre chaque avertissement. Il faut éviter systématiquement la tentation du «1», «2», «2 et demi», «2 et trois-quarts»...

Supposons, par contre, que les comportements à arrêter sont non continus ou différents les uns des autres. Nous compterons alors de 1 à 3 à l'intérieur d'un même bloc de vingt minutes, puis nous repartons à 1. Par exemple, Pierrot pousse sa sœur, *«C'est 1»,* puis il lance un bloc cinq minutes plus tard, *«C'est 2»* et, finalement, cinq minutes après, le voici qui crie après sa mère, *«Ça fait 3, prends une pause de cinq minutes».* Nous allouons ainsi un intervalle de vingt minutes avant de recommencer à 1, parce que cet intervalle correspond adéquatement à la perspective de temps qui est utile pour un enfant de cinq à douze ans. Ainsi, dans l'exemple précédent, si Pierrot avait crié après sa mère une heure après avoir lancé son bloc, on aurait recommencé à «1». Notons que l'intervention peut d'ailleurs être partagée par le père et la mère, ce qui, selon le contexte, aura l'avantage de rendre le message encore plus clair.

• *Que faire si l'enfant ne va pas dans sa chambre?*

Il est nécessaire de prévoir comment nous réglerons une possible opposition de la part de l'enfant, soit qu'il ne se rende pas à sa chambre, soit qu'il en ressorte avant la fin, soit que, fâché, il crée quelque désordre dans sa chambre. Notons d'abord que non seulement cette opposition ne dure pas lorsqu'elle est bien gérée, mais qu'il est beaucoup plus facile pour le parent de rester calme et non émotif (donc d'appliquer correctement le

1-2-3) s'il a prévu et réglé à l'avance comment il réagira en cas de difficulté. Dans tous les cas, il faut se rappeler la règle numéro un: pas de discussion, pas d'émotion, éviter d'en ajouter davantage, d'expliquer ou de justifier le temps d'arrêt.

Selon l'âge (et le poids) de l'enfant, le parent l'amène à sa chambre par la main ou en le portant si nécessaire. Si l'enfant est trop lourd, il est important d'éviter toute forme de lutte; il faut offrir alors à l'enfant un choix: soit prendre son dix minutes de temps d'arrêt, soit payer une amende ou perdre un privilège (le temps passé à écouter la télévision ou l'heure du coucher, par exemple).

Dans le cas où l'enfant *choisit* de ne pas prendre le temps d'arrêt, le parent peut décider d'en prendre un pour lui-même (il choisira, par exemple, de se retirer à la salle de bains ou dans sa chambre où l'attendent livres, magazines, baladeur ou album de photos soleil, ou encore il ira marcher dehors, etc.). Ce temps d'arrêt pris par le parent lui-même (quand le jeune choisit le retrait de privilèges) est souvent nécessaire pour rejoindre l'objectif visé: s'assurer de débrancher le courant d'impulsivité, couper le contact visuel et se redonner un souffle nouveau. MIEUX VAUT L'ESCAPADE QUE L'ESCALADE!

• *Que faire si l'enfant ne reste pas dans sa chambre?*

Le parent ajoute alors des minutes au temps d'arrêt puisque l'enfant sait que sortir ne fait pas partie de l'entente. Si l'enfant a tendance à provoquer de façon que le parent continue d'ajouter inutilement des minutes, selon l'âge de l'enfant, il pourra choisir de fermer la porte ou, de façon exceptionnelle, de barrer la porte de la chambre de l'extérieur. Quel que soit le moyen utilisé, l'enfant doit percevoir rapidement que la porte est une barrière psychologique, même si celle-ci reste ouverte dans la mesure où il respecte cette limite. L'élément important à garder en tête ici est de réussir à imposer la limite, sans continuer ou alimenter une interaction provocante. Après une période d'essai, l'enfant comprend vite que le parent est sérieux et qu'il a décidé de faire respecter les limites demandées sans se laisser entraîner dans une lutte émotive.

• *Que faire si, au contraire, l'enfant ne sort pas de sa chambre après les cinq minutes?*

Pas de problème! Il faut toujours prendre soin d'informer l'enfant que la période de temps est bien finie, mais il est libre de revenir quand il le veut. Après la courte période imposée, pour le parent, c'est fini, on n'en parle plus et on passe à autre chose. Si l'enfant décide de s'amuser dans sa chambre, de dormir ou de bouder, c'est son affaire.

• *Que faire si l'enfant brise des choses dans sa colère?*

Cette situation demeure assez exceptionnelle et ne touche qu'un très petit pourcentage d'enfants. Par contre, «être prêt au pire» aide le parent à conserver le calme nécessaire et à transmettre à l'enfant que les limites seront maintenues. Voici l'exemple vécu d'une famille où l'enfant avait toujours été plus ou moins le maître à bord et pour qui l'introduction du système 1-2-3 représentait une révolution à tout le moins étonnante à ses yeux... Après que l'enfant a fait un premier ravage dans sa chambre à la suite du premier 1-2-3 (tiroirs et garde-robe vidés, rideaux arrachés, etc.), les parents ont simplement laissé les choses dans cet état pitoyable pendant les dix premiers jours où l'application assidue du 1-2-3 a continué de susciter une réaction très agressive de la part de l'enfant (mais où il ne pouvait plus saccager ce qui l'était déjà). À cette tempête, ont finalement (!) succédé trois autres jours où les temps d'arrêt sont devenus plus calmes, et les parents en ont profité pour aider l'enfant à replacer sa chambre. Le système était enfin en place!

Notons que si nous craignons ce genre de réaction destructrice, nous avons avantage à retirer systématiquement tout objet qui a une certaine valeur ou qui risque d'être dangereux pour l'enfant. Le parent doit pouvoir décrocher en ayant l'esprit en paix, tout en laissant à l'enfant le temps dont il a besoin pour s'ajuster au fonctionnement d'un système qui éventuellement rendra la vie plus facile à chacun.

• *L'environnement où l'enfant est retiré ne devrait-il pas être un endroit ennuyeux, dépourvu de stimulations intéressantes?*

Non. Ces cinq minutes de temps d'arrêt ne sont pas cinq minutes de temps de punition où il devrait être misérable. L'efficacité de l'intervention vient moins du temps de retrait comme tel que du fait d'interrompre l'activité de l'enfant. C'est pourquoi il est préférable d'utiliser l'expression «temps d'arrêt» à «temps de réflexion». Nous devons par contre exclure la télévision, le Nintendo, la présence des amis et le téléphone de la pièce où l'enfant se retire; à part ces quelques réserves, l'enfant peut bien s'occuper comme il le désire pendant la pause. Rappelons que nous cherchons moins à punir qu'à court-circuiter un comportement indésirable et éviter l'escalade.

Plusieurs auteurs préconisent que l'enfant passe ce temps d'arrêt assis sur une chaise qui serait, par exemple, placée contre un mur. Cette solution peut être adéquate pour certains enfants, mais souvent l'enfant en profite pour «jouer» sur le fait de rester «plus ou moins assis» tout en observant la réaction du parent. Or ce type de jeu ou de provocation devient nettement contre-indiqué dans la mesure où il appelle une réaction de la part du parent. Il est souvent plus facile et plus efficace, pour couper l'escalade, de couper également le contact visuel entre le parent et l'enfant (en utilisant les moyens décrits précédemment).

• *Ce système de retrait amène-t-il l'enfant à détester sa chambre?*

Rappelons que le retrait se passe sans cris et sans remarque humiliante de la part du parent, de sorte que ce temps d'arrêt demeure relativement bref et de type plutôt factuel (nous faisons tous des erreurs et nous avons avantage à apprendre à nous arrêter). Dans l'approche traditionnelle, c'est davantage l'escalade émotive et la charge très négative associée à la punition: *«Va-t'en dans ta chambre pour réfléchir à ce que tu as fait!»* qui ajoutent la culpabilité ou la rancœur à un séjour qui dure d'ailleurs habituellement plus longtemps que cinq ou dix minutes.

• *Le fait que certains des comportements de l'enfant soient comptés affecte-t-il son estime de soi?*

Contrecarrer l'inacceptable et imposer certaines limites sont au contraire indispensables pour aider l'enfant à préserver une image positive et réaliste de lui-même. Le fait d'être irritant pour son entourage, qu'on le veuille ou non, devient à la longue une menace bien plus importante à l'estime de soi que le fait de prendre un bref temps d'arrêt, surtout s'il est dépourvu de toute charge émotive venant du parent! Cette intervention représente donc une sorte de retrait nécessaire, puisé dans un solide «compte en banque» d'émotions généralement positives. Après un certain temps d'utilisation du 1-2-3, ces interventions deviennent plus rares et relativement marginales, comparativement aux autres formes d'interventions éducatives (compenser les déficits ou construire sur le positif) et aux expériences de réussite et d'interactions positives vécues par l'enfant.

• *Peut-on utiliser le 1-2-3 quand on est dans un lieu public (magasin, église, salle d'attente, etc.)?*

Oui, mais dans ce genre de situation, le parent doit évaluer si, dans l'éventualité où il se rend jusqu'à 3, il est plus propice d'utiliser un retrait de privilèges (par exemple, la perte d'une petite gâterie prévue à la fin de la sortie) ou d'adapter une forme de temps d'arrêt en fonction des lieux (par exemple, accompagner l'enfant pour une pause dans la voiture, dans la salle de bains ou à l'extérieur de l'édifice). Notons que tout ceci n'a pas l'avantage de couper le contact visuel, bien que cela permette de mettre à profit les autres avantages du 1-2-3 à l'extérieur de la maison. Le contexte et les caractéristiques de l'enfant permettent au parent de choisir le moyen d'intervention le plus adéquat, mais il est important de prévoir la situation: quand ce qui adviendra est clair à la fois pour le parent et pour l'enfant, les chances de se rendre à 3 diminuent d'autant!

• *Le 1-2-3 dans quelques situations particulières*

– Dans un contexte de chicane entre frère et sœur:
Il peut être avantageux d'exiger un temps d'arrêt pour les deux enfants de façon indistincte, puisqu'il est souvent nuisible, sinon illusoire, de tenter de trouver un responsable unique. Le moment d'arrêt se tiendra dans deux endroits séparés, sans contact visuel entre eux. S'ils reprennent la chicane après la fin de la pause, ils seront simplement comptés à nouveau, calmement et sans autre commentaire.

– Dans une situation où l'enfant fait une crise de colère:
Le parent commence à compter les minutes lorsque la crise est arrêtée, puisque la règle demande cinq minutes de *temps d'arrêt*.

– Si l'enfant cherche à poursuivre l'escalade au retour de la pause:
Si, dès qu'il revient de sa pause, l'enfant continue les mêmes comportements négatifs, ces derniers seront alors comptés à nouveau, comme si de rien n'était.

– Si l'enfant boude:
Il n'est généralement pas nécessaire de compter pour éviter l'escalade, à moins que l'enfant ne harcèle le parent en le suivant partout pour l'agresser avec son humeur. Dans ce cas, le parent pourra se donner à lui-même un temps d'arrêt en quittant la pièce pour quelques instants, question de couper avec cette invitation à l'escalade.

N. B. Le parent a d'ailleurs souvent avantage à prendre pour lui-même des temps d'arrêt, parce qu'il en a besoin pour reprendre son souffle, pour retrouver sa patience ou se détendre. Comme nous l'avons déjà mentionné, ce retrait est particulièrement nécessaire dans le cas où un retrait de privilèges a été utilisé comme mesure de rechange face à l'opposition de l'enfant de se retirer dans sa chambre. L'enfant comprendra que ce parent choisit de prendre une pause comme moyen de mieux contrôler ses humeurs et ses émotions.

Voici finalement une application particulière du 1-2-3, qui ne s'utilise généralement qu'aux comportements «à arrêter». À l'occasion, il est possible de s'en servir avantageusement pour un comportement «à faire», si ce dernier ne prend pas plus de deux minutes à l'enfant pour l'exécuter; par exemple, ramasser un manteau qui traîne par terre, mais certainement pas pour les devoirs à faire!

Reconnaître et gérer les réactions de frustration de l'enfant
Six stratégies utilisées par un enfant frustré

Avant d'être complètement outillé et prêt à utiliser le 1-2-3, il importe pour le parent d'apprendre à reconnaître et à bien réagir aux stratégies typiques d'un enfant frustré par la limite qui vient de lui être imposée. *«Merci beaucoup!», «Je n'avais jamais vu cela sous cet angle-là!», «Je comprends tout à fait tes réserves!»* ne font pas partie des réactions habituelles... Typiquement, un enfant frustré tente d'abord de gagner, c'est-à-dire d'obtenir ce qu'il voulait et qu'on lui refuse; à défaut de quoi, il tentera spontanément d'obtenir en compensation une certaine forme de revanche émotive, plus ou moins claire, à l'égard de la personne qui lui impose cette frustration.

À l'instar de Thomas Phelan, nous retenons six catégories de stratégies avec lesquelles l'enfant (comme tout adulte d'ailleurs) essaie de tester et de manipuler lorsqu'il se trouve confronté à certaines limites: harceler, intimider, menacer, jouer le martyr, séduire et réagir physiquement. Le parent peut habituellement reconnaître, à l'intérieur de cette liste, les réactions auxquelles son enfant (ou lui-même) a plus spontanément recours.

HARCELER, c'est talonner, supplier, multiplier les demandes pour gagner par l'usure: *«Envoie donc, pourquoi tu veux pas?...»* INTIMIDER peut prendre la forme d'une crise de colère, des injures, ou encore, de façon moins agressive mais plus culpabilisante, les accusations d'être un mauvais parent (*«T'es pas fine!»*, etc.). MENACER annonce le danger que court le parent s'il ne cède pas; le malheur annoncé varie: *«Je ne te parlerai plus jamais», «Je vais aller vivre chez papa!», «Je ne les ferai plus, mes devoirs!»*, etc. JOUER LE MARTYR, c'est bouder, ne pas manger, rester enfermé, pleurer, afficher un visage triste et malheureux; l'enfant veut amener le parent à se sentir coupable des limites qu'il lui impose. Ce moyen semble rejoindre une corde particulièrement sensible chez plusieurs parents, puisque, selon un sondage auprès d'un groupe de parents et d'enseignants, cette stratégie serait la plus utilisée par les enfants, suivie du harcèlement et de l'intimidation...

Ces quatre premières stratégies ont une dynamique en commun: rendre le parent mal à l'aise, et l'enfant frustré espère ainsi pouvoir négocier une entente à l'amiable où chacun arrêtera d'être la cause du malheur de l'autre... Le problème, c'est que dans cette éventualité, le parent laisse tomber une exigence qui était nécessaire, tandis que l'enfant apprend à manipuler et à contrôler son environnement plutôt que son propre comportement! La cinquième stratégie, SÉDUIRE, est à l'inverse des stratégies précédentes: il s'agit cette fois d'en mettre et de gagner par la gentillesse, que ce soit par des compliments, des faveurs spéciales ou des tâches promises. Quant aux adultes, cette stratégie est illustrée par l'image classique du conjoint qui manifeste une gentillesse inhabituelle (fleurs ou chocolats à l'appui), à qui l'on demandera: «*Bon, qu'est-ce que tu veux, là?*»

Les RÉACTIONS PHYSIQUES font référence à des gestes comme attaquer, faire mal, briser des objets, se sauver. C'est là une réaction forte, qui peut correspondre soit à une détérioration de la situation à cause des difficultés du parent à imposer des limites à l'enfant, soit à une réaction qui manifeste une accumulation de stress chez l'enfant avec laquelle il a peine à composer.

Savoir limiter les réactions de frustration de l'enfant

Les stratégies les plus utilisées par l'enfant seront généralement celles qui fonctionnent le mieux, c'est-à-dire celles qui amènent le parent à céder ou encore celles qui l'atteignent et touchent sa corde sensible. L'exemple suivant met en scène une enfant de neuf ans à qui le parent refuse d'aller chez une amie un soir de semaine, vers 20 h 30; il illustre différentes stratégies par lesquelles l'enfant essaie de tester le parent et de manipuler la situation.

Exemple

Suite de stratégies utilisées pour tester et pour manipuler une situation

- «Ah! Maman! Pourquoi tu veux pas? Juste pour une fois... Allez!» (Harcèlement).
- «Non, c'est pas possible.» «Tu ne veux jamais rien.» (Martyr)
- «Non, vraiment, je ne pense pas que tu fasses pitié ma chouette.» «Je te promets que je vais faire le ménage de l'armoire à jouets.» (Séduction)
- «L'armoire est bien correcte comme ça.» «Je te hais! Je suis tannée de vivre avec toi!» (Intimidation)
- «C'est dommage.»

L'enfant essaie de frapper le bras de sa mère (réaction physique).

- «Arrête ça, Nathalie.»
- «Ah! S'il te plaît, maman, dis oui, je t'en supplie!» (Harcèlement)
- «Nathalie, il n'en est vraiment pas question.» «Si tu ne veux pas, je m'en vais d'ici pour toujours.» (Menace)

Ouf! Ce n'est pas très agréable! Ce que nous observons ici, c'est une enfant qui se promène d'une stratégie à l'autre et essaie de trouver le point sensible chez sa mère. La mère tient calmement son bout, avec une patience d'ange, sans alimenter l'escalade. La seule erreur dans son intervention, c'est d'avoir laissé Nathalie utiliser trop longtemps l'une ou l'autre des stratégies. De fait, sauf pour la séduction, les cinq autres stratégies représentent des comportements à arrêter et peuvent être comptés, lorsque l'enfant les utilise systématiquement pour alimenter une escalade.

Rappelons l'exemple des biscuits.

Exemple

Compter les comportements de manipulation

- «Oui, mais j'en veux un quand même, j'ai faim.» (Harcèlement)
- «Ça, c'est 1.» «Tu ne veux jamais rien.» (Martyr)
- «Ça, c'est 2.» «Ça, c'est stupide. Si tu ne veux pas, j'te déteste et je te parlerai plus JAMAIS!» (Intimidation et menace)
- «Ça, c'est 3, prends cinq minutes de pause.»

Patrice, dix ans, VEUT utiliser la scie de son père. «*Je ne pense pas, Patrice; attends pour le demander à ton père.*» «*Allez, maman. Je sais comment m'en servir!*» «*Non, ça me semble trop dangereux.*» «*Mais il n'y a rien d'autre que je peux faire!*» (Harcèlement et joue les martyrs).

– «*Patrice, je t'ai dit non. Ça, c'est 1.*» «*Ça, c'est 1! Ça, c'est 2! Ça, c'est 3! Ça, c'est 10! Change de chanson!*» (Intimidation)

– «*Ça, c'est 2!*» «*Tu vas voir, quand tu vas me demander quelque chose...*» (Menace).

– «*Ça, c'est 3, prends une pause de dix minutes.*» «*Tu m'en diras tant!*» La mère s'approche calmement pour accompagner Patrice vers sa chambre, mais celui-ci s'y rend de lui-même, de mauvaise humeur.

Cette mère a réussi à ne pas répondre à la provocation et à ne pas accepter les réactions de frustration de son fils. Elle se concentre sur la limite à imposer et l'escalade à éviter. Chapeau!

À quelles réactions s'attendre quand on met le système en place?

Les enfants ont généralement l'une ou l'autre des réactions suivantes. Première réaction, l'enfant coopère tout de suite (dans ce cas, nous en profitons tous pour le mieux). Deuxième réaction, l'enfant vérifie la solidité de ce nouveau système (un peu comme lorsque nous secouons une machine distributrice qui ne laisse pas tomber l'objet attendu). En réaction au changement d'attitude du parent, l'enfant intensifie alors ses stratégies habituelles à la frustration et en essaie des nouvelles parmi les six présentées: dans ce cas, le parent compte systématiquement ces différentes attaques, en prenant grand soin de ne pas parler et de ne pas être émotif. Puis, après quelques jours, les choses se tassent et le système devient plus facile à maintenir.

Un troisième type de réaction chez l'enfant consiste à tester le système du 1-2-3, mais à retardement. Alors que le 1-2-3 allait presque trop bien, les stratégies de réaction à la frustration apparaissent ou s'intensifient, après que l'effet de nouveauté est passé ou lorsqu'un événement ou un stress vient changer ou perturber la routine de l'enfant. C'est le temps pour les parents de relire ce chapitre, puis d'écouter et d'essayer de décoder ce que l'enfant vit. Il s'agit ensuite de compter patiemment ces nouvelles attaques, sans oublier de miser en même temps sur les autres stratégies éducatives, jusqu'à ce que tout fonctionne à nouveau en douceur.

Les avantages de l'approche 1-2-3 avec le DAH

1. Elle limite l'impulsivité de l'enfant ET du parent.

Il est facile de comprendre que la règle «pas de discussion, pas d'émotion» permet de contrecarrer la séquence «parler-convaincre-menacer-crier-frapper» et de limiter systématiquement l'escalade des émotions négatives. En ce sens, si l'approche discipline l'enfant, elle discipline aussi le parent et elle encadre les réactions impulsives des deux parties. Elle limite l'agressivité verbale et même physique chez le parent, tandis qu'elle limite le pouvoir de l'enfant de jouer sur les émotions de culpabilité ou de colère de ses parents.

2. Elle clarifie le rôle de l'autorité parentale.

L'approche clarifie le fait que l'autorité d'un parent qui impose une limite à l'enfant n'est pas à négocier, puisque son mandat éducatif implique malheureusement mais nécessairement de devoir frustrer l'enfant à plusieurs reprises. Tout en clarifiant que le parent ne doit pas s'attendre à ce que l'enfant lui dise spontanément «*Merci!*» ou «*Quelle bonne idée!*» face aux limites imposées, l'approche indique au parent comment composer avec les fréquentes réactions de frustration de l'enfant.

3. Elle sollicite la capacité d'autocontrôle de l'enfant.

Le fait de compter à voix haute fait appel au contrôle que l'enfant peut exercer sur son comportement. Souvent, le parent ou l'enseignant font ce qui correspondrait à un 1-2-3 silencieux, c'est-à-dire qu'ils laissent un certain nombre de chances à l'enfant, mais sans les nommer à voix haute, de sorte qu'ils arrivent à 3 d'un coup sec. C'est alors l'adulte qui porte le poids de la punition, puisque l'enfant n'a pas été impliqué dans la décision de continuer ou d'arrêter son comportement.

4. Elle donne un message clair.

La clarté de l'avertissement associée au simple 1 et 2 correspond bien aux critères d'une bonne demande qui est à la fois extrêmement claire, brève, non négociable et qui exige une réponse immédiate. Le message est «*Arrête!*», et rien d'autre.

5. Elle rend la conséquence du comportement claire.

La conséquence négative associée au fait de ne pas arrêter son comportement est à ce point claire et immédiate qu'elle compense pour la myopie de l'enfant face aux conséquences de ses actes. Ce résultat clair et immédiat l'aide à freiner sa tendance à l'impulsivité et lui permet «d'appliquer les freins ou de mettre la pédale douce[3]».

---

3. P. O. Quinn et J. M. Stern, *Putting on the brakes. Young people's guide to understanding attention deficit hyperactivity disorder* (ADHD), New York, Magination Press, 1991.

6. *Elle limite la rancune.*

Par contre, la conséquence liée au comportement inacceptable est courte (c'est-à-dire approximativement le nombre de minutes correspondant à l'âge de l'enfant), relativement facile, sans dénigrement, de sorte que l'enfant n'a ni le temps ni l'occasion d'accumuler de la rancune qui donne le goût de poursuivre une bataille. Et ceci d'autant plus que, lorsque l'enfant revient après le temps d'arrêt, on repart à neuf sans reparler de ce qui a entraîné l'arrêt.

7. *Elle est facile à apprendre.*

L'approche est en elle-même simple à comprendre et nous pouvons facilement l'enseigner à la gardienne, aux grands-parents, à son enseignante; l'enfant peut ainsi recevoir le même message et bénéficier du même encadrement de la part des adultes qui l'entourent.

8. *Elle offre un équilibre au parent plus agressif ou plus permissif.*

L'approche permet d'équilibrer les différents styles de discipline des parents. Pour les parents qui ont tendance à se fâcher rapidement ou pour d'autres qui, au contraire, ont tendance à tout laisser faire, l'approche du 1-2-3 pourra exiger plus d'efforts pour réussir à bien l'utiliser. Mais les deux types de parents seront gagnants: pour le parent plus agressif, la règle numéro un, «pas de discussion, pas d'émotion», permettra d'encadrer ses réactions impulsives et parfois abusives, et l'aidera à garder sous contrôle sa tendance à intimider l'enfant[4]. Pour celui qui trouve difficile d'imposer certaines frustrations à l'enfant, l'approche lui fournira une façon concrète d'affirmer certaines limites tout en réduisant les interactions négatives qu'il redoute.

---

4. Voir «Éviter de taper un enfant» aux pages 208 à 211.

Réflexion 9

Désamorcer
les escalades: 1-2-3... go!

Les escalades agressives entre mon enfant et moi

- Les escalades agressives entre mon enfant et moi sont-elles plutôt fréquentes ou plutôt rares?
- Dans quelles situations ont-elles tendance à survenir?
- Quels sont certains effets immédiats ou à plus long terme de nos escalades?

Les stratégies pour tester et pour manipuler

- Quelles stratégies mon enfant utilise-t-il davantage quand je lui impose une limite ou une frustration (harcèlement, intimidation, menace, jouer le martyr, séduction, réaction physique)?
- Comment ai-je tendance à réagir face à ces différentes stratégies de sa part?

Utiliser le 1-2-3

- Quels sont les comportements (irritants ou fréquents) chez mon enfant qu'il serait souhaitable d'arrêter et de compter de façon systématique?
- Où se ferait le temps d'arrêt?
- Y a-t-il des modifications à apporter ou certains objets à retirer de cet endroit (télévision, ordinateur, téléphone, objet de valeur ou potentiellement dangereux)?
- Quel truc pourrait m'aider à respecter la règle numéro un du 1-2-3: «pas de discussion, pas d'émotion» (quitter immédiatement la pièce, noter ou dire à quelqu'un les fois où j'ai réussi et ce que j'aurais dû faire concrètement les fois où je n'ai pas réussi, demander la rétroaction de mon conjoint qui me voit faire)?
- Comment pourrais-je intervenir face à différentes formes possibles d'opposition de sa part (s'il ne se rend pas de lui-même dans sa chambre, s'il en ressort avant la fin, s'il crée quelque désordre ou s'il brise des choses dans sa chambre)?
- Quelle forme pourraient prendre les temps d'arrêt que je déciderais de me donner à moi-même (me retirer dans ma chambre, avec un baladeur, un livre ou un magazine, sortir et marcher pour quelques minutes, téléphoner à quelqu'un, demander à mon conjoint de s'occuper de l'enfant, etc.)?

Associer une conséquence négative à un comportement indésirable

Le système de retrait de privilèges

Le retrait de privilèges est une intervention qui ressemble au système de récompenses, sauf que les comportements inadéquats sont accompagnés d'une conséquence négative: la perte d'un privilège auquel l'enfant aurait autrement eu accès. Ainsi, les deux approches, récompenses ou retrait de privilèges, visent-elles à rendre plus apparentes pour l'enfant les conséquences des gestes qu'il fait, conséquences positives dans le cas des récompenses (qui encouragent la répétition du comportement), conséquences négatives dans le cas d'un retrait de privilèges (qui vise à décourager les comportements inadéquats ou à renforcer le respect d'une attente). Les deux systèmes tentent de compenser pour le manque de motivation intrinsèque de l'enfant et pour son aveuglement face aux conséquences à plus long terme, en associant au comportement une conséquence qui est immédiate, concrète et prévisible.

Voici un exemple personnel d'un retrait de privilèges. Il y a quelques années, je voulais arrêter de fumer parce que je jugeais ce comportement dommageable pour ma santé. Notons que certaines personnes réussissent à arrêter de fumer avec le soutien d'un système de récompenses en utilisant, par exemple, l'argent économisé pour s'offrir une vacance. Mais, dans mon cas, ce genre de système de récompenses s'était avéré insuffisant, j'avais déjà arrêté cinq ou six fois... Pour réussir à décourager mon comportement, il m'a fallu recourir avec deux amis au système de retrait de privilèges suivant: celui des trois qui flanchait s'engageait à en avertir les deux autres et à leur payer une amende. J'avoue que le fait de devoir avouer l'échec était un retrait plus difficile pour l'amour-propre que l'amende elle-même... Il m'a fallu expérimenter au moins une fois notre système, c'est-à-dire céder au plaisir immédiat d'une bonne cigarette en sachant que je devrais payer plus tard. Puis, la stratégie a porté fruit et j'ai réussi à contrecarrer mon habitude de fumer. Voici un autre exemple d'un retrait de privilèges efficace pour plusieurs personnes: la menace de perdre le permis de conduire semble avoir été un facteur qui a contribué de façon significative à changer les comportements reliés à l'alcool au volant.

Que ce soit le système de récompenses ou de retrait de privilèges, le principe est donc assez semblable, puisqu'il s'agit dans les deux cas de rendre la conséquence (positive ou négative) plus immédiate, plus concrète. Quelle approche privilégier? Tout dépend de l'individu et du comportement en cause. Il faut parfois faire quelques essais avant de trouver comment nous pouvons nous aider à faire face à l'effort exigé pour atteindre notre objectif. Dans l'exemple précédent, le fait d'encourager ou de récompenser des comportements de non-fumeur n'était pas suffisant, pas plus que de connaître les conséquences naturelles associées au tabagisme (par exemple, l'odeur déplaisante ou les dommages pour la santé). Il aurait bien sûr été préférable d'arrêter sans recourir à ce système de motivation par la négative, mais le plus important, c'est sans doute d'avoir finalement réussi à changer le comportement!

Le retrait de privilèges pour aider les enfants hyperactifs

L'utilisation d'un système de sanctions, combiné ou non avec un système de récompenses ou de jetons, peut être un bon moyen pour soutenir la motivation de l'enfant hyperactif à respecter certaines limites que nous lui imposons et pour renforcer le respect d'un règlement clairement établi. Nous avons aussi déjà souligné que le retrait de privilèges peut être utile comme mesure de rechange au 1-2-3 lorsque l'enfant s'oppose et tarde à se retirer comme nous le lui avons demandé[5]. Les mêmes réserves s'appliquent à un système de récompenses: le système doit être fait sur mesure pour l'enfant et être facile à gérer. De plus, l'utilisation de ce genre de système doit s'inscrire dans une approche globale qui construit d'abord sur le positif.

Voici deux exemples de systèmes de retrait de privilèges pour aider l'enfant hyperactif racontés par les jeunes eux-mêmes. Ceux-ci illustrent deux adaptations intéressantes de cette approche en fonction de l'âge de l'enfant.

Exemple

Le système de Jumpin' Johnny (sept ou huit ans)[6]

Jumpin' Johnny explique que ses parents ont défini avec lui une sorte de nouveau contrat d'affaires, dans lequel il se sent gagnant. Avant l'entente, il n'avait droit qu'à trente minutes de télévision chaque soir; maintenant, il peut mériter jusqu'à une heure dans la mesure où il respecte les trois règles suivantes:

1. Je fais sans attendre ce qu'on m'a demandé de faire.
2. J'ai des comportements doux avec les autres.
3. Je ne dis que des choses vraies.

---

5. Voir à la page 189.
6. M. Gordon, *Jumpin' Johnny get back to work. A child's guide to ADHD/hyperactivity*, New York, GSI Publications, 1991.

Johnny commence chaque journée avec une petite réserve de six jetons, qui représentent dix minutes de télévision chacun; il perd automatiquement un de ceux-ci aussitôt qu'une des trois règles énoncées est brisée. De plus, le simple fait d'argumenter face aux jetons perdus ou non lui coûte un jeton.

À l'école, Johnny a également une version parallèle de son système de retrait de privilèges. Chaque matin, il a sur son pupitre un pot de huit billes magiques, qui valent chacune trois minutes à l'ordinateur. Sur le pot, trois règles sont inscrites:

1. Je reste assis et silencieux.
2. Je finis le travail désigné.
3. Je fais un travail soigné.

L'enseignante de Johnny retire discrètement et sans commentaire une bille magique chaque fois qu'une des trois règles n'est pas respectée. Johnny confie que, parce qu'il aime vraiment beaucoup l'ordinateur, ça le stimule à faire plus attention et que son système était tellement une bonne idée que deux autres enfants de la classe ont également un pot de billes magiques sur leur pupitre!

 ***Exemple***

Le système de Sam (onze ou douze ans) [7]

Sam raconte que son système de règlements/privilèges et conséquences a été négocié entre ses parents et lui dans le cadre de rencontres avec un professionnel. L'heure de rentrée le soir à la maison a fait l'objet du contrat selon les termes de l'entente suivante: on a d'abord offert à Sam une montre munie d'une sonnerie. Si Sam revient à l'heure prévue (ou avant), il mérite une heure supplémentaire le lendemain soir.

Comme Jumpin' Johnny, Sam confie au lecteur qu'il fait un effort important pour être à l'heure parce qu'il aime beaucoup cette heure supplémentaire, calculée à partir de son heure d'entrée avant l'entente. Si Sam ne revient pas à l'heure fixée, non seulement il perd le privilège de l'heure supplémentaire du lendemain, mais il mérite également un tour additionnel dans la rotation familiale pour laver la vaisselle du souper du lendemain. Par contre, si Sam téléphone pour informer de son retard, il évite l'ajout de cette tâche à sa conséquence.

7. M. Gordon, *I would if I could. A teenager's guide to ADHD/hyperactivity*, New York, GSI Publications, 1991.

Les caractéristiques d'un bon système de retrait de privilèges

Relevons certains éléments illustrés dans les systèmes de Johnny ou de Sam qui en font une approche intéressante.

1. *Elle limite l'impulsivité de l'enfant et du parent.*

Comme pour le 1-2-3, ce genre de contrat protège les deux parties des réactions impulsives de l'autre. L'enfant sait exactement à quoi s'attendre; la balle est dans son camp et il se sent responsable face à la possibilité de mériter ou de perdre un privilège additionnel. Le parent s'en tient quant à lui à l'entente établie, tandis qu'il évite systématiquement toute parole, toute explication, toute justification, tout blâme ou toute émotion négative.

2. *Elle contribue à motiver le respect des règlements.*

Le fait de préciser avec l'enfant quelques règlements qui sont clairs et renforcés (comme toute bonne demande) l'aide à freiner son impulsivité. Comme les récompenses, le privilège à ne pas perdre ajoute une motivation supplémentaire à l'effort que nous lui demandons de faire et compense partiellement pour sa myopie face aux conséquences moins immédiates.

3. *Elle rend la conséquence du comportement claire et immédiate.*

Les conséquences négatives qu'entraînent les quelques comportements ciblés par le système sont claires, prévisibles et immédiates (encore plus immédiates et tangibles dans le cas de Johnny qui est plus jeune que Sam); elles sont courtes, significatives pour l'enfant et ont été discutés avec lui au préalable.

4. *Le choix des privilèges perdus est éducatif et facile à appliquer.*

Les pertes de privilèges sont faciles à appliquer et n'impliquent pas de désavantages sur le plan éducatif. Les privilèges dans les exemples de Johnny et de Sam font référence à des activités de loisirs comme la télévision ou l'heure de rentrée, de sorte que les parents sont à l'aise avec le fait que l'enfant en soit privé. Ce serait différent si l'enfant était, par exemple, privé de participer à son entraînement sportif ou à une des rares fêtes d'amis à laquelle il est enfin invité, ou encore s'il est privé de souper ou qu'il est confiné dans sa chambre pour une longue période de temps.

5. *Les conséquences se règlent à court terme.*

Les conséquences demeurent à court terme et permettent d'éviter le piège des punitions qui s'accumulent ou s'étirent dans le temps, selon le niveau d'exaspération où est rendu le parent (par exemple, l'enfant qui accumule de plus en plus d'heures à passer dans la chambre, de plus en plus de jours sans sortie ou sans pouvoir utiliser sa bicyclette). Comme pour les récompenses, le système de retrait de privilèges a avantage à profiter de la dynamique d'immédiateté de l'enfant pour agir sur le contrôle de son comportement. Il faut bien se rappeler que le principal effet des conséquences négatives qui s'étirent dans le temps est de nourrir la frustration, le ressentiment ou le sentiment d'échec.

L'exemple suivant nous a été rapporté par des parents dont le fils, comme Sam, ne respectait pas l'heure de rentrée les soirs de semaine. Dans leur première tentative d'intervention, un retard était sanctionné par le fait de priver le jeune de sa bicyclette pendant trois jours. Mais les retards continuaient toujours pendant que s'accumulaient les jours privés de bicyclette (il en était rendu à deux semaines). Un retrait de privilèges plus direct, plus immédiat et très facile à appliquer a rapidement réglé la difficulté: si le jeune entrait en retard, il se privait automatiquement de sa sortie du lendemain soir; libre à lui de ne sortir que les lundi, mercredi et vendredi soir...

Les conséquences logiques et les conséquences naturelles

Les conséquences logiques

Tous les comportements indésirables d'un enfant (ou d'un adulte) ne sont pas nécessairement prévisibles et ne font pas partie des quelques comportements cibles sur lesquels porte à tel moment le système de récompenses ou de retrait de privilèges de l'enfant. Les ratures et les fausses notes, qui font partie intégrante du processus par lequel l'enfant apprend progressivement à s'ajuster, incluent plusieurs «variétés de mauvais coups», comme voler, tricher à l'examen, se battre, emprunter sans permission la nouvelle bicyclette du voisin, louer en cachette le film vidéo défendu, etc.

Mais attention! Si ces comportements sont fréquents et qu'ils ont un certain niveau de sévérité, nous sommes convaincus qu'il est très important que parents et enfants puissent compter sur le soutien d'un professionnel compétent. Les interventions dont nous faisons mention ici visent à contrecarrer les comportements inacceptables, les fausses notes et les ratures de l'enfant, dont la sévérité est telle qu'ils demeurent des incidents relativement mineurs, suffisamment faciles à régler pour que l'atmosphère de la vie familiale n'en soit pas trop perturbée. Nous en reparlerons au chapitre XXI.

Que faire en cas de mauvais coup?

Avant d'établir les principaux points de repère à garder en tête relativement aux conséquences logiques, l'intervention faite par les parents de Stéphane permettra d'illustrer notre propos. Tel que présenté dans la vignette en début de chapitre, ce dernier a été pris en flagrant délit de vol de chocolat chez le dépanneur pendant que ses copains l'attendaient à la sortie.

 *T é m o i g n a g e*

Comment réagir au vol de Stéphane

C'est la mère de Stéphane, Lyse, qui reçoit l'appel téléphonique de M. Legris, le propriétaire du dépanneur. Elle raccroche, prend une grande respiration, se rappelle qu'ils ont déjà connu de pires catastrophes. Elle revoit certaines de leurs escalades de punitions qui n'en finissaient plus de durer et qui devenaient un poids pour les maintenir jusqu'à la fin (par exemple, la fois où Stéphane devait passer deux semaines sans sortie); les dix derniers jours n'avaient rien appris de plus à Stéphane, sinon un certain mélange de dévalorisation et de rancune.

Lyse décide résolument d'attendre d'être moins émotive pour essayer de régler la situation. Aussi, lorsque Stéphane revient, elle lui dit simplement qu'elle est au courant des événements, mais qu'elle attendra d'être moins fâchée pour en reparler et pour décider de la conséquence. Il doit lui aussi y penser de son côté, car son père et sa mère le rencontreront avant le souper. La rencontre est surtout centrée sur la conséquence à définir. Ils demandent à Stéphane d'imaginer qu'il est le parent ayant reçu l'appel de M. Legris. Quel serait selon lui une juste conséquence? Stéphane, son père et Lyse discutent de la conséquence possible, allant de «se priver de chocolat pour un mois» à s'excuser par écrit à M. Legris, pour conclure avec la décision suivante: comme c'est M. Legris qui a été lésé et qui aurait été perdant n'eût été des copains bruyants qui ont attiré son attention, Stéphane réparera son geste en lui offrant quelques heures de travail dès demain matin. Stéphane téléphone donc sur-le-champ au dépanneur et, après quelques bafouillages, réussit à s'entendre avec M. Legris pour ranger les bouteilles vides demain matin dès l'ouverture de son magasin.

Après que la conséquence a été bien exécutée, le dimanche au déjeuner, ils reparlent une dernière fois de l'événement avec Stéphane pour voir avec lui ce qu'il pourrait faire pour que ce genre d'événement ne se reproduise plus. Les parents écoutent attentivement tout ce que Stéphane réussit maladroitement à dire et ils finissent mieux par comprendre. À cause de son impulsivité, Stéphane a de la difficulté à garder ses amis; certains en profitent, comme lorsqu'il a voulu leur prouver qu'il était capable d'aller voler du chocolat pour tout le monde... En parlant, Stéphane perçoit un peu plus clairement son besoin d'être accepté par les copains, un besoin important pour lui sur lequel ses parents auront plusieurs autres occasions de revenir avec lui.

Essayons maintenant de faire ressortir certains points de repère que cette intervention met en lumière, au sujet de la réaction des parents confrontés à la surprise de quelques mauvais coups. Nous parlons ici d'une réaction idéale comme dans le livre! Et Dieu sait si les parents ont, eux aussi, le droit d'accumuler certaines ratures et fausses notes, avant de réussir à faire mieux la prochaine fois! D'autant plus que les mauvais coups de l'enfant arrivent souvent comme la goutte qui fait déborder le verre, dans une période déjà un peu orageuse. Voici certains conseils qui permettent de bien réagir aux mauvais coups et aident à réussir à faire mieux la prochaine fois.

1. *Prendre un temps d'arrêt.*
Se donner d'abord un temps d'arrêt à soi-même jusqu'à ce que l'émotion soit suffisamment dissipée, pour éviter de trop réagir. Se rappeler comment «discussion et émotion» dans l'application du 1-2-3 remet automatiquement la balle dans le camp du parent, alors qu'il tente généralement sans succès de convaincre son enfant que son comportement est inacceptable...

2. *Privilégier une conséquence réparatrice.*
Trouver une conséquence qui est, si possible, logique avec l'événement en cause, mais privilégier surtout une conséquence de nature plus éducative que punitive. Celle-ci pourra impliquer un autre comportement au geste fait par l'enfant; elle devrait l'aider à ne plus recommencer et permettre de réparer quelque tort que l'incident ait pu entraîner.

3. *Choisir une conséquence facile à appliquer.*

Choisir une conséquence relativement facile à appliquer, immédiate, claire et significative pour le jeune; une conséquence qui n'implique aucun désavantage sur le plan éducatif et qui ne s'étire pas inutilement dans le temps (comme pour le retrait de privilèges).

4. *Si possible, faire participer l'enfant.*

Faire participer l'enfant dans la recherche de cette conséquence dans la mesure où son état émotif (et celui du parent) rend cette démarche possible et éducative.

5. *Revoir l'événement avec l'enfant au moment opportun.*

Choisir un moment propice pour en reparler avec l'enfant, une fois que la situation est réglée, que la conséquence est finie et que les émotions se sont dissipées; prendre alors soin de respecter les règles d'une bonne rétroaction[8]. Dans une atmosphère de résolution de problèmes, écouter ce que l'enfant en pense, explorer si possible avec lui comment il peut éviter qu'une situation semblable ne se reproduise et ce que cet événement lui a permis d'apprendre.

Les conséquences naturelles

Notre dernier commentaire au sujet des interventions face aux comportements indésirables portera sur le rôle des conséquences naturelles pour permettre à l'enfant d'apprendre à partir de ses erreurs. Plusieurs auteurs estiment qu'il est utile et éducatif de laisser à l'enfant assumer une partie des conséquences négatives qui sont naturellement associées à ses comportements irresponsables (par exemple, que le jeune ait un peu froid s'il refuse de se vêtir convenablement en hiver, qu'il ait un peu faim s'il néglige de faire son lunch, qu'il expérimente un premier échec scolaire après ne pas avoir assez étudié, que ses amis le délaissent un peu s'il ne sait pas respecter les règles du jeu ou se montre peu conciliant, etc.). En langage populaire, nous appelons cela «apprendre par la manière forte», ou en se «frappant le nez» sur la dure réalité. Le parent reste calme à ce moment et évite de s'engager, il ne porte pas le poids de convaincre ou l'odieux des punitions; il laisse aller le cours des événements, puisque la vie se charge elle-même de sanctionner les comportements inadéquats ou irresponsables.

---

8. Voir la capsule d'information aux pages 98 et 99.

La stratégie qui mise sur l'effet des conséquences naturelles a certaines limites en ce qui concerne les enfants hyperactifs. Voici pourquoi: comme nous l'avons souligné souvent, ces derniers demeurent plus impulsifs, plus myopes face aux conséquences, et ils apprennent moins que les autres enfants à partir de leurs erreurs.

L'exemple d'Éric et de sa boîte «Bon départ pour l'école[9]» illustre bien que les conséquences naturelles demeurent souvent inefficaces pour modifier le comportement des enfants hyperactifs. Presque chaque matin, Éric continuait d'oublier un article scolaire, un billet à faire signer, son lunch ou un vêtement, malgré toutes les conséquences naturelles négatives qu'entraînaient ses oublis répétés qui lui rendaient la vie souvent plus misérable à l'école. Accepter d'organiser l'environnement pour compenser ses déficits représentait pour Éric une intervention plus adaptée à ses besoins éducatifs, du moins à ce stade-ci de son évolution. Sa façon de vivre davantage dans le moment présent combinée à son inattention faisaient que les conséquences négatives de ses oublis de la veille demeuraient sans grand effet sur l'oubli du matin.

Les conséquences naturelles ont sans doute plus d'influence sur le contrôle des comportements de ces enfants si elles sont particulièrement immédiates et concrètes. Mais, comme ce n'est pas souvent le cas, elles contribuent plus souvent qu'autrement à multiplier les situations d'échec, tout en ayant peu d'influence éducative. C'est pourquoi, pour les enfants hyperactifs, il est préférable de miser sur les autres stratégies éducatives abordées dans la troisième partie (organiser l'environnement, prévoir les situations difficiles, encourager les comportements positifs, arrêter les escalades impulsives et recourir, au besoin, au retrait de privilèges). Ces approches plus interventionnistes ont l'avantage de multiplier les expériences de succès de ces enfants ou de contrôler immédiatement leur tendance à l'impulsivité.

Éviter de taper un enfant

Les conséquences de taper un enfant qui n'écoute pas

Avant de conclure ce chapitre sur les moyens dont disposent les parents pour contrecarrer les comportements inacceptables de l'enfant, il nous apparaît important de parler de l'approche des parents qui tapent ou donnent une fessée à l'enfant qui ne les écoute pas.

---

9. Voir à la page 127.

Carolyn Webster-Stratton[10] travaille depuis plus de douze ans auprès de quelque mille familles qui ont un enfant de trois à huit ans qui présente des comportements difficiles d'opposition. À l'instar de celle-ci, nous retenons que certains parents, après s'être emportés, avoir tapé et humilié leur enfant, s'en trouvent malheureux et reconnaissent franchement la manifestation d'une réaction impulsive et d'une perte de contrôle de leur part. Certains autres, qui sont peu nombreux et qui, généralement, ont eux-mêmes subi une forme de violence lorsqu'ils étaient enfants, soutiennent qu'une bonne petite volée peut être utile comme intervention de dernier recours, puisque ça a marché: l'enfant a enfin cessé sa crise ou est resté dans sa chambre. Aussi, il est utile de réfléchir aux avantages et aux désavantages, à court et à long terme, associés au fait de taper ou non l'enfant qui a un comportement difficile.

Les arguments «pour»

1. Une solution rapide

   Cette solution est rapide: ça marche sur le coup! C'est le seul avantage. Taper peut susciter chez l'enfant des larmes et des excuses qui donnent au parent l'illusion que l'enfant a compris et qu'il regrette son geste. Mais il faut comprendre (à partir des désavantages qui suivent) combien ce changement d'attitude de l'enfant correspond plus au besoin immédiat du parent qu'à un apprentissage d'une forme auto-contrôle chez l'enfant.

Les arguments «contre»

1. Un exemple de comportement agressif

   Taper ou humilier donne à l'enfant un modèle de comportement agressif, un exemple d'une réponse explosive face à la frustration et d'un manque de contrôle dans une escalade émotive. Quand nous savons combien les enfants subissent l'influence des comportements qu'ils observent chez leurs parents, ce type de réaction agressive à leur égard alimente chez eux les mêmes comportements de violence à l'égard de celui qui est plus faible que soi et qui ne fait pas ce que nous désirons.

2. Un parent coupable

   Si le parent perd le contrôle, le comportement répréhensible vient immédiatement de changer de camp. Pour l'enfant, son compte est réglé, il n'a plus à se sentir inconfortable face à son propre comportement qui avait provoqué la colère de son parent.

---

10. C. Webster-Stratton, *op. cit.*

3. Une accumulation de rancune

À long terme, la punition physique ou l'humiliation psychologique se transforment, chez l'enfant, en un mélange d'émotions où se trouvent la peur, l'insécurité, la rage, la méfiance, l'apitoiement sur soi-même, la dévalorisation, un goût de revanche... Une sorte de rancune refoulée, qui demeure prête à resurgir et à jouer de mauvais tours tant à l'enfant qu'à ceux qui l'entourent.

4. Une distorsion dans la relation éducative

La perte de contrôle et l'expression de l'agressivité entraînent chez le parent un sentiment de culpabilité face à l'enfant, qui introduit une distorsion dans son approche éducative: il est tenté de compenser par une gentillesse excessive, des cadeaux, un certain laisser-faire, qui sont une source d'incohérence nuisible à l'éducation de l'enfant et à la sécurité de leur relation.

5. Une perte de sécurité émotive

La sécurité émotive de la relation parent-enfant en prend un coup; l'enfant perd cette oasis de confiance et de respect associés à cette relation privilégiée.

Quoi faire

Même si la balance penche sans équivoque du côté des contre et que les bonnes raisons de se contrôler ne manquent pas, l'expérience montre que pour ne plus taper ni humilier l'enfant qui s'oppose, il faut d'abord en être fortement convaincu, mais surtout, le parent doit avoir d'autres moyens et bénéficier d'un solide soutien de ceux qui l'entourent.

Remplacer la violence physique ou verbale par d'autres moyens

L'avantage de la stratégie du temps d'arrêt et du retrait de privilèges, c'est d'offrir au parent impulsif des moyens concrets:

√ pour arrêter les escalades agressives et contrôler ses propres réactions (pas de discussion, pas d'émotions déchargées sur l'enfant);

√ pour régler sans violence les réactions de l'enfant qui refuse d'aller dans sa chambre, qui en ressort ou y crée le désordre;

√ pour reconnaître et pour limiter les réactions de frustration de l'enfant qui se voit imposer certaines limites;

√ pour offrir à l'enfant un modèle concret de contrôle sur sa colère et ses émotions, et l'exemple d'une résolution de conflit dépourvue de violence;

√ pour maintenir une atmosphère de respect envers l'enfant et pour passer le plus rapidement possible à autre chose de plus positif.

Bénéficier du soutien de la part de l'entourage

Comment aider le parent qui, bien malgré lui, est entraîné par ses émotions et parvient difficilement à appliquer calmement l'approche du temps d'arrêt ou du retrait de privilèges? Que l'on soit le conjoint, l'ex-conjoint, un parent, un ami, un professionnel, il faut voir la difficulté, mais éviter de juger!

Cela ne veut pas dire être d'accord avec la violence physique ou verbale, ne rien dire, ou faire comme si nous ne le savions pas. Cela veut tout simplement dire ne pas humilier davantage le parent, en se répétant que nous ne savons pas ce que nous-mêmes nous serions capables de faire si nous étions dans ses souliers, avec son tempérament, son passé ou ses sources de stress. Il ne faut pas oublier de demander à la personne elle-même comment elle voudrait que nous essayions de l'aider ou, à tout le moins, comment ne pas lui nuire dans ses efforts...

Offrir une aide concrète dans l'apprentissage du 1-2-3 et du retrait de privilèges; donner une rétroaction positive ou négative qui respecte les règles de l'art. Soulignons que, lorsque l'un des deux parents réussit à bien utiliser ces approches, il devient plus facile pour l'autre non seulement de se convaincre que cela fonctionne aussi bien, sinon mieux, que de taper. Il est plus facile pour ce dernier d'embarquer dans le train qui roule et de profiter d'un départ réussi! L'exemple du conjoint vaut bien des mots dans ce contexte.

Dans le chapitre XX, vous trouverez plusieurs suggestions sur la façon de vous aider et de vous épauler entre conjoints[11], tandis que le chapitre XXI souligne l'importance pour les parents de pouvoir compter sur des ressources extérieures à la famille.

---

11. Voir aux pages 332 et 333.

Réflexion 10

Rester calme quand survient tout à coup une fausse note

- Quels comportements inacceptables, mais relativement imprévisibles de mon enfant, ont déjà suscité chez moi des punitions dictées sous le coup de l'émotion?

- Quelles émotions ces comportements inacceptables avaient-ils suscitées chez moi (découragement, colère, frustration, peur)?

- Quels furent les effets des punitions qui ont suivi? sur mon enfant? sur moi?

- En repensant à l'exemple des parents de Stéphane, comment puis-je imaginer un scénario plus éducatif pour *préparer* certaines situations semblables qui risquent de se présenter encore?

- Quelles conséquences auraient été plus logiques et plus utiles?

- Un délai de temps d'arrêt pour moi-même aurait-il été possible et bénéfique?

- Aurait-il été possible de faire participer davantage l'enfant dans la recherche d'une conséquence pour l'aider et réparer un tort causé?

- Une fois la situation réglée, aurait-il été possible de faire participer davantage l'enfant dans un retour sur la situation, pour l'aider à mieux comprendre et prévenir la prochaine fois?

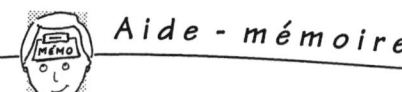

Troisième partie:
Quoi faire: principes et moyens d'action

Chapitre VI: Quoi faire: agir et non réagir

Avoir un plan d'action pensé d'avance permet au parent d'aborder plus positivement les questions de la discipline: il peut agir plutôt que simplement réagir, puisqu'il est guidé par un choix de priorités et par des moyens déjà prévus, plutôt que par son impulsivité et l'émotion du moment.

Chapitre VII: Premier C: Compenser les déficits

1. Compenser les déficits de l'enfant hyperactif et favoriser ses réussites impliquent d'organiser un environnement adapté à ses besoins particuliers, c'est-à-dire lui offrir un environnement:

a) qui lui permet de bouger et de brûler de l'énergie sans trop déranger les autres;

b) qui facilite l'organisation:
   – des objets (rangement facile, prévention des objets oubliés ou perdus),
   – des idées (organisation du matériel scolaire, tâches clairement définies et réparties en étapes, rappels visuels),
   – dans le temps (moments de routine clairs et stables).

2. Compenser les déficits de l'enfant hyperactif et favoriser ses réussites impliquent aussi de prévoir les situations qui s'annoncent difficiles pour:

a) préparer le terrain et agir avant les difficultés;

b) demeurer en état d'alerte, profiter de sa connaissance des signes avant-coureurs et agir tôt, c'est-à-dire dès le début d'un scénario qui s'annonce difficile, pour offrir à l'enfant le soutien dont il a besoin;

c) utiliser avec l'enfant certains messages codés pour lui communiquer, dans le feu de l'action, quel est l'état de la situation et l'aider à ajuster son comportement en conséquence (comme le fait l'entraîneur pendant une joute sportive);

d) prévoir à deux: que ce soit pour préparer avec l'enfant une situation qui s'annonce difficile ou que ce soit pour revenir sur une situation vécue et voir avec lui comment répéter cette situation si elle est heureuse ou, à l'inverse, comment éviter la difficulté si la situation a été pénible.

Chapitre VIII: Deuxième C: Clarifier les demandes

1. Le premier pas à faire pour améliorer la «cote d'écoute» des demandes que nous adressons à l'enfant consiste d'abord à améliorer la qualité de ces demandes.

a) Bien choisir ses demandes.
   Avant de faire une demande, vérifier si elle est:
   - en nombre limité (éviter les demandes faites à la chaîne);
   - réaliste (correspondance avec ce qu'il est capable de faire);
   - au moment opportun (l'enfant est disponible ou il y a préparation préalable);
   - appuyée par les autres (concertation entre les parents ou autres éducateurs).

b) Faire des bonnes demandes.
   Une bonne demande est comme une bonne recette, elle est:
   - brève (les justifications viennent après),
   - claire et concrète (chacun peut dire si oui ou non la demande est respectée);
   - positive (la formulation décrit le comportement désiré ou suggère un autre choix);
   - affirmative (et non une option, une question ou une suggestion);
   - précise dans le temps (le moment et le temps requis sont précisés)
   - respectueuse (dépourvue de critique ou de frustration de la part du parent).

c) Assurer le suivi des demandes qui sont faites.
   - Souligner et encourager les réponses positives de l'enfant;
   - Utiliser, au besoin, un temps d'arrêt, un système de récompenses ou de retrait de privilèges pour appuyer la demande qui est faite.

Chapitre IX: Troisième C: Construire sur le positif

1. Il est essentiel d'encourager par une réaction positive les comportements souhaités quand ceux-ci surviennent pour les deux raisons suivantes:

a) Pour toute personne, un effort a plus de chance d'être maintenu s'il entraîne une conséquence positive.

b) Parce que les enfants hyperactifs sont davantage centrés sur le moment présent et qu'ils sont plus myopes face aux conséquences de leurs comportements, leurs efforts doivent être soutenus par une réaction positive plus évidente venant de leur environnement.

2. Le parent construit sur les comportements positifs de l'enfant, en utilisant judicieusement l'attention positive, les encouragements, les félicitations, les rétroactions et les récompenses. Il peut ainsi favoriser son estime de soi, motiver la poursuite de l'effort ainsi qu'encourager la répétition de ses bons coups.

3. Parmi les réactions positives de l'environnement qui construisent sur le positif, nous trouvons:

a) l'attention positive: c'est l'habileté du parent qui réussit à capter au passage les premiers signes ou la manifestation progressive du comportement souhaité, c'est l'art de surprendre l'enfant à bien faire;

b) l'encouragement: encourager vise la poursuite de l'effort fait par l'enfant («*Continue! Ça avance!*») et joue un rôle important en raison de la fragilité de la motivation de l'enfant hyperactif, qui est plus porté à décrocher d'une tâche qu'à persévérer jusqu'au bout;

c) les félicitations: féliciter, c'est imaginer toutes sortes de façons auxquelles l'enfant est sensible pour «applaudir» un comportement, un effort, une réussite dont on est fier.

4. La rétroaction positive: c'est un retour sur l'action passée qui permet de réfléchir avec l'enfant sur une situation heureuse (une grande ou une toute petite réussite) qu'il vient de vivre. Parents et enfant revoient ensemble le comportement de ce dernier, son effort, sa satisfaction ou la réaction positive des autres, ce qu'il en pense, comment le répéter.

5. Offrir à l'enfant une récompense concrète est une façon concrète de souligner et de fêter avec lui un effort, un bon coup, une réussite; cette forme de motivation supplémentaire est souvent nécessaire pour soutenir les efforts de l'enfant hyperactif.

a) Les systèmes de récompenses sont très variés parce qu'ils doivent s'ajuster aux besoins particuliers de l'enfant et du contexte familial.

Par exemple:
- un tableau de comportements;
- un système de jetons (qui changent et prennent des formes aussi inusitées qu'amusantes);
- un menu de récompenses au choix (c'est-à-dire un menu à la carte élaboré avec l'enfant);
- un système de récompenses par location d'un objet;
- un système en élastique (c'est-à-dire dont le défi augmente progressivement);
- un système bref qui ne fait qu'instaurer un nouveau comportement;
- un système lié à une situation spéciale, etc.

b) Certains conseils sont utiles pour bien gérer les récompenses:
- imaginer un système amusant et facile à gérer qui évolue, qui donne le maximum de place à l'enfant et qui reconnaît l'importance de ses propres efforts;
- limiter le nombre de comportements à travailler et les délais trop longs;
- remplacer les récompenses «bonbons-jouets» par des récompenses valorisantes (offrir une activité de plaisir partagé avec l'enfant, permettre une activité où l'enfant excelle, donner un avantage dont bénéficie l'ensemble de la famille).

c) Ne pas oublier de continuer à valoriser les gestes gratuits qui se situent en dehors du circuit des récompenses, tant pour l'enfant (apprendre à faire sans toujours avoir une récompense concrète au bout) que pour les parents (multiplier la magie du plaisir partagé et les petites surprises qui ne sont pas nécessairement méritées).

Chapitre X: Quatrième C: Contrecarrer l'inacceptable

1. *«Quand assez, c'est assez!»*, le parent a besoin de moyens éducatifs efficaces pour imposer à l'enfant certaines limites nécessaires sans être obligé de se fâcher et de punir. Pour contrecarrer des comportements inacceptables, il peut exiger un temps d'arrêt, utiliser un retrait de privilèges, décider de conséquences logiques, ou encore laisser agir les conséquences naturelles.

2. En exigeant un temps d'arrêt selon l'approche du 1-2-3, le parent arrête le courant, en ce sens qu'il arrête les réactions impulsives et désamorce les escalades d'agressivité entre lui et l'enfant.

a) L'approche s'applique aux comportements que nous demandons à l'enfant d'arrêter (comme harceler, insulter, crier, frapper) et non les comportements à faire (comme faire ses devoirs ou respecter une entente).

b) Le parent compte jusqu'à 3 à voix haute avant d'exiger un temps d'arrêt de quelques minutes, et il se garde bien d'ajouter tout autre commentaire. Le respect de la règle «pas de discussion, pas d'émotion» est capital pour l'efficacité de l'approche.

c) L'enfant reçoit ainsi un message tout à fait clair, qui lui donne deux chances de décider de s'arrêter et d'éviter le temps d'arrêt.

d) Si l'enfant refuse de collaborer au temps d'arrêt, selon l'âge de l'enfant, le parent pourra soit l'amener lui-même à sa chambre, soit utiliser le retrait de privilèges comme solution de rechange.

e) Le parent a souvent avantage à prendre pour lui-même un bon temps d'arrêt, selon le moyen qui lui permet le mieux de couper une escalade émotive et se détendre (comme aller marcher, téléphoner, s'isoler dans sa chambre).

f) Les réactions typiques de frustration d'un enfant, lorsqu'il est confronté à certaines limites, peuvent contribuer soit à alimenter les escalades agressives, soit à amener le parent à céder. Ces réactions de frustration doivent donc être perçues comme telles par le parent et, au besoin, seront arrêtées selon les règles du 1-2-3.

3. Le retrait de privilèges permet une motivation par la négative. Cette conséquence négative peut aider à décourager certains comportements inadéquats clairement ciblés, à renforcer le respect d'un règlement, ou encore à servir de solution de rechange au temps d'arrêt.

a) Comme pour le temps d'arrêt, l'entente établie entre le parent et le jeune est claire:
   • elle protège le parent de ses propres réactions impulsives;
   • elle maintient la balle dans le camp du jeune, qui est responsable par son comportement de mériter ou de perdre le privilège.

b) Comme les récompenses, le retrait de privilèges ajoute une motivation supplémentaire à l'effort de l'enfant en associant à ses comportements une conséquence claire, prévisible et immédiate.

c) Le système doit être facile à appliquer, et les conséquences doivent se régler à court terme.

4. Les conséquences logiques visent les conséquences négatives qui sont associées à quelque mauvais coup ou comportement irresponsable de l'enfant. Utilisée de façon exceptionnelle, cette mesure touche des comportements plus imprévus, qui ne sont pas déjà ciblés par un système de récompenses ou de retrait de privilèges, mais auxquels il est néanmoins important de réagir.

Quelques conseils pour bien gérer cette mesure:
a) Se donner un temps d'arrêt comme parent et attendre que les émotions se soient suffisamment dissipées pour agir et non réagir.

b) Privilégier une conséquence facile à appliquer, immédiate, claire et significative pour le jeune, de nature plus éducative que punitive. Si possible, faire participer l'enfant pour décider de celle-ci.

c) Une fois la situation réglée, évaluer s'il est opportun de revenir avec l'enfant sur l'événement pour apprendre de l'expérience et prévenir les situations semblables.

5. Les conséquences naturelles visent les effets négatifs qu'entraînent souvent les comportements irresponsables de l'enfant lorsque le parent évite d'intervenir. Ces conséquences naturelles permettent à plusieurs enfants d'apprendre et de devenir plus responsables en se frappant eux-mêmes le nez sur la réalité.

Cette approche connaît certaines limites avec les enfants hyperactifs qui, en raison de leur fixation sur l'immédiat, apprennent plus difficilement à partir de leurs propres erreurs. Il est souvent préférable de multiplier leurs expériences de succès ou de contrôler de façon plus immédiate leur tendance à l'impulsivité grâce aux autres stratégies éducatives (organiser l'environnement, prévoir les situations difficiles, encourager les comportements positifs, arrêter les escalades impulsives et recourir, au besoin, au retrait de privilèges).

Quatrième partie

Des situations à prévoir
et des solutions à inventer

Pour faciliter la synthèse et l'application de la partie précédente (quoi faire), celle-ci sera centrée sur des moyens susceptibles d'aider l'enfant dans les situations qui sont particulièrement difficiles pour lui. Rappelons, par exemple, que dans son bilan de départ, Louise trouvait que les devoirs et les traîneries étaient les deux bêtes noires de Philippe[1]. Nous avons retenu ici des situations qui présentent souvent un défi particulier pour les enfants hyperactifs: le départ pour l'école, le coucher, le partage des tâches familiales, les repas, les devoirs, les temps libres, les amis et les événements spéciaux.

Rappelons que, pour trouver et pour appliquer des solutions nouvelles à des situations qui posent problème, parent et enfant doivent s'appuyer sur une base solide: 1. une bonne compréhension de la nature des difficultés; 2. une complicité qui guide et soutient leurs efforts combinés; et 3. les quatre grandes stratégies éducatives déjà présentées (la règle des quatre C).

La compréhension du problème, la complicité avec l'enfant et les stratégies éducatives seront les outils de base qui permettront de bâtir sur mesure des solutions nouvelles. À défaut de s'appuyer sur de tels outils, parent et enfant s'essoufflent rapidement dans l'approche d'un problème et la tentation est forte de rebrousser chemin au premier, au deuxième ou au troisième obstacle auquel ils font face.

Mise en garde

Malgré la liste des moyens que vous trouverez ici, prenez garde: ce chapitre n'offre pas de recettes toutes faites, et encore moins de recettes magiques! Vous êtes invités à utiliser les outils suggérés d'une façon personnelle et à bâtir sur mesure un petit plan d'action adapté à votre contexte familial et aux capacités de votre enfant.

---

1. Voir à la page 35.

Chapitre XI

Le lever et le coucher

Le défi des routines du matin et du soir

Des moments de routine comme le lever et le coucher posent souvent problème à certains enfants avec un DAH. Comment comprendre cette difficulté? Nous le savons, les pensées de l'enfant hyperactif se promènent et il a plus de difficulté qu'un autre à organiser ses idées et à planifier son temps; de plus, son impulsivité le rend plus vulnérable aux distractions et aux stimulations du moment[2]. Ces caractéristiques expliquent pourquoi «pousser dans le dos de l'enfant» devient une frustration presque quotidienne pour certains parents, tandis que leurs interventions répétées (souvent peu efficaces) deviennent tantôt une forme d'attention à laquelle l'enfant s'attend, tantôt un bruit de fond auquel il s'est habitué et qu'il n'entend presque plus, comme certains messages publicitaires.

Les moyens d'action présentés ici visent d'abord à organiser la désorganisation et à encadrer l'impulsivité, puis à construire systématiquement sur les comportements de réussite. Comme pour une bonne demande, nous présentons à l'enfant une séquence claire des comportements à faire, nous précisons le temps requis et nous l'encourageons quand il réussit à bien le faire. Pour illustrer l'approche générale proposée pour faire face aux routines, imaginons l'intervention suivante: 1. de connivence avec l'enfant qui sert de modèle, le parent photographie (ou illustre à l'aide de

---

2. Voir à ce sujet le chapitre III.

dessins ou d'un collage — parce qu'une image vaut mille mots) les principaux comportements à faire au cours des moments critiques dans la routine qui pose problème; 2. cette série de photos, de dessins ou d'images, est affichée bien à la vue de l'enfant, pour l'aider à se représenter la séquence des comportements souhaités; 3. quand l'enfant reproduit dans la vraie vie le scénario illustré sur les photos, nous reconnaissons et nous encourageons systématiquement sa réussite. Avec cette idée en tête, nous abordons maintenant des moyens pour faciliter ces moments de routine[3].

Être prêt pour l'école

La course du matin, quel défi pour plusieurs familles!

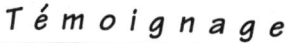

T é m o i g n a g e

7 h 10. «Yan! Laisse le hamster! Il est temps que tu finisses de t'habiller. DÉPÊCHE-TOI! Le déjeuner est prêt et dans vingt minutes, ton autobus va passer! Il n'est pas question d'aller te conduire à l'école: ton père est parti, et moi, je n'ai pas le temps! VITE!»

Voici quelques trucs parmi lesquels Yan et ses parents pourraient piger pour réussir à être prêt pour l'école. L'enfant peut inventer lui-même son propre modèle de routine, avec l'aide de ses parents et en utilisant les idées qui conviennent le mieux.

Préparatifs de la veille

√ Yan prépare ses vêtements pour le lendemain matin en petite pile et les dépose sur une chaise.

À un moment qui convient (peut-être une fois par mois), le parent prend trente minutes et revoit avec l'enfant sa garde-robe scolaire pour associer différents ensembles dans les vêtements (tel pantalon avec tel ou tel chandail, etc.).

√ Yan prend son bain ou sa douche le soir plutôt que le matin.

√ Aussitôt qu'un travail scolaire est fini, Yan le met au fur et à mesure dans une boîte «Bon départ pour l'école» comme celle d'Éric[4] ou dans son sac à dos.

---

3. **Attention!** *N'abordez surtout pas toutes les situations en même temps et ne suivez pas trop de suggestions à la fois: il faut choisir UNE PRIORITÉ et choisir QUELQUES MOYENS que votre enfant et vous avez le goût d'essayer.*

4. Voir à la page 127.

Organiser la routine du matin

√ Yan a son propre réveille-matin (si possible, le modèle qui donne un deuxième rappel, quelques minutes après la première sonnerie).

√ Au besoin, le parent utilise une minuterie pour diviser la routine du matin en petits segments faciles à faire. Cet encadrement aide certains enfants qui y voient comme un défi ou un jeu, une course contre le temps.

√ On prévoit ensemble une séquence qui correspond aux besoins de Yan.

À titre d'exemple, la séquence suivante représente une routine de soixante minutes:
1. Première sonnerie de réveille-matin: l'enfant bénéficie de quelques minutes pour s'éveiller lentement.
2. Dix minutes plus tard, deuxième sonnerie: lever, toilette, habillage (dix minutes).
3. Ramasser le pyjama, faire le lit (cinq minutes).
4. Déjeuner (vingt minutes).
5. Yan prend sa médication (si tel est le cas).
6. Yan se brosse les dents et se peigne (dix minutes).
7. Yan vérifie si toutes ses affaires sont bien prêtes pour partir (cinq minutes).
8. Yan vient faire vérifier qu'il a bien réussi sa routine.

Accompagner la séquence des activités

√ Le parent colle la liste, le dessin ou la photo de chacune des étapes du matin sur la porte de chambre de l'enfant, qui les coche au fur et à mesure qu'il avance dans la séquence à suivre.

√ En inventant une sorte de comptine ou en imitant la description enjouée d'un match sportif, l'enfant enregistre la séquence des comportements «Être prêt pour l'école» sur une cassette; il écoute son enregistrement au réveil, question de partir sur un bon pied.

√ L'enfant choisit une petite musique de fond entraînante qui accompagne l'exécution des étapes du matin.

√ Quand toutes les étapes prévues sont terminées, l'enfant se récompense en utilisant les minutes qui lui restent pour une petite activité agréable, qu'il a choisie la veille en même temps que ses vêtements (livre, jeu calme, appel téléphonique à Mamie, etc.).

Offrir différentes récompenses

Mentionnons, à titre d'exemple, certaines récompenses qui s'ajustent bien à la routine du matin: un collant sur le tableau de comportements, un jeton amusant, une petite surprise glissée dans la boîte à lunch. Notons aussi qu'un menu de récompenses associées à un système en élastique[5] convient bien à ce genre de situation, puisque le nombre de jours nécessaires pour mériter un choix au menu des récompenses peut s'allonger à mesure que le défi du matin devient plus facile.

Recourir au retrait de privilèges

Si c'est nécessaire, c'est-à-dire si les moyens déjà suggérés sont insuffisants, il est possible d'ajouter un retrait de privilèges les jours où l'enfant rate son autobus. Par exemple, selon le contexte, l'enfant marche jusqu'à l'école et le parent avertit la direction du retard à venir; le parent conduit l'enfant qui devra remettre le temps et le service rendu par une tâche déjà prévue; ou encore, si l'enfant doit prendre un taxi, il contribuera à défrayer le coût, etc.

Se coucher en douceur

Les enfants qui n'ont pas sommeil, ou ceux qui trouvent difficile de s'isoler et de couper avec les activités du reste de la famille, trouvent plusieurs prétextes pour étirer le moment du coucher.

T é m o i g n a g e

Il est pourtant bien entendu que Vicky doit être couchée à 20 h 15 les soirs d'école. Mais avec Vicky, le coucher, ça ne finit plus de finir. Tout est prétexte pour étirer le temps, depuis le pyjama jusqu'au bec «*Bonsoir, bonne nuit!*» Ce soir-là, il est 21 heures lors de sa deuxième apparition dans la salle familiale: «*Maman! Je ne m'endors pas, bon!... Est-ce que je peux regarder juste un petit peu la télévision avec toi?*» «Ah! misère, se dit maman, *pas encore une autre chicane ce soir...*»

Des études[6] indiquent que chez 30 à 40 % des enfants, le sommeil ne vient pas facilement et ceux-ci développent différentes façons de retarder le moment du coucher. De plus, nous savons que chez certains enfants

---

5. Voir aux pages 167 à 169.
6. C. Webster-Stratton, *op. cit.*

hyperactifs, la médication fait qu'ils ont plus de difficulté à s'endormir. Certains parents n'ont d'autre choix que crier et chicaner pour venir à bout de la résistance de l'enfant ou pour «arrêter son moteur» qui n'en finit plus de tourner. Les journées de l'enfant (et du parent) s'achèvent alors sur une bien triste note...

Plusieurs des moyens proposés ici ressemblent à ceux suggérés pour faciliter la routine du lever. De plus, il s'agira pour le coucher: 1. de prévoir une séquence d'activités qui favorisent un ralentissement progressif; 2. si le contexte s'y prête, de profiter du moment d'intimité du «*Bonsoir, bonne nuit*» pour faire avec l'enfant un retour sur des événements de la journée; 3. de continuer de construire sur le positif en encourageant systématiquement les couchers réussis.

Allons-y de quelques suggestions concrètes parmi lesquelles Vicky et ses parents choisiront celles qui leur conviennent le mieux.

Être au lit à l'heure fixée

√ Fixer avec Vicky l'heure du coucher les soirs de semaine et de fin de semaine (considérer l'âge de l'enfant, son besoin individuel de sommeil ainsi que le temps qu'elle met à s'endormir).

√ Avertir Vicky quelques minutes à l'avance que, bientôt, ce sera le moment de se préparer pour le coucher.

√ Prévoir avec Vicky une séquence de comportements qui lui convient bien (et, au besoin, prévoir le temps dont elle a besoin pour faire chacune de ces étapes).

À titre d'exemple, voici un «rituel pré-dodo» d'un soir de semaine qui pourrait convenir à Vicky:

1. Préparer sa pile de vêtements pour le lendemain matin.
2. Prendre un bon bain chaud (remplacer l'arsenal des jouets aquatiques par une mousse de son choix) et mettre son pyjama.
3. Prendre une collation de type chocolat chaud en hiver ou un yogourt glacé en été.
4. Se brosser les dents, faire un dernier pipi, apporter un verre d'eau dans sa chambre, etc. (en fait, faire la liste des différents prétextes utilisés...).

√ Vicky choisit une musique de fond douce pour accompagner le déroulement de telle ou telle étape.

√ Vicky se rapporte fin prête à l'un de ses parents, par exemple à 20 heures si le coucher est fixé à 20 h 15.

Ce délai (rendu possible par l'efficacité de l'enfant) lui donne un boni possible de quinze minutes additionnelles de temps de communication agréable et calme avec le parent. Tous les deux assis sur le lit, ils en profiteront pour raconter une histoire, pour continuer ensemble la lecture d'un roman jeunesse, pour s'inventer ensemble une histoire, etc., selon les goûts de Vicky.

√ Indépendamment du boni, le parent de Vicky réserve au moins cinq minutes d'échange privilégié, pour faire ensemble un retour sur la journée, ou encore pour discuter d'un événement à venir.

L'idée générale de ce temps d'échange consiste à maintenir la qualité de la relation, à aider l'enfant à prendre du recul et à intérioriser ce qu'elle a vécu, à renforcer l'estime de soi et à préparer Vicky à une nuit réparatrice tant sur le plan émotif que physique[7].

√ Le parent quitte la chambre immédiatement après ce moment d'échange dont le temps demeure relativement fixe (il évite de se coucher à côté de l'enfant: cette habitude est trop attrayante pour l'enfant).

Aider le sommeil qui tarde à venir

Les deux moyens suivants touchent certains enfants comme Yoakim chez qui, malgré eux, le sommeil tarde à venir. Ces moyens respectent les deux principes suivants: 1. ils favorisent l'autonomie et évitent toute forme inutile de confrontation; 2. ils permettent d'éviter toute interaction ou toute stimulation qui risqueraient de retarder davantage le sommeil.

√ Les parents de Yoakim lui préciseront que l'exigence du coucher se résume à deux règles:

1. il doit rester assis ou couché sur son lit; et 2. s'il doit quitter la chambre (pipi, l'eau, etc.), il le fait discrètement pour que personne ne l'entende.

√ Ses parents ménageront un espace à la tête du lit de Yoakim, ce qui lui permet d'attendre le sommeil d'une façon agréable, mais calme et détendue.

---

7. Voir à ce sujet «Développer la capacité d'écouter les émotions et le point de vue de l'enfant» aux pages 79 à 84 et «Donner une rétroaction positive» aux pages 162 et 163.

Pensons ici à une petite table de chevet munie d'une bonne lampe (le plafonnier est éteint), pouvant accueillir un choix de livres et de cahiers d'activités, un baladeur et des cassettes «pré-dodo», un verre d'eau et un réveille-matin, etc. Cette installation ressemble à celle que nous trouvons à la tête de lit d'un enfant alité, sauf que l'ordinateur, le téléviseur et le téléphone sont systématiquement exclus de la chambre (c'est d'ailleurs nécessaire si la chambre est utilisée pour les temps d'arrêt).

√ Un bruit de fond égal et monotone, par exemple celui d'un éventail, a un effet calmant pour certains enfants et les aide à s'endormir parce qu'il couvre les autres bruits ambiants, plus soudains et plus distrayants.

Récompenser un coucher réussi

Récompenser systématiquement, ce qui correspond à la définition que parent et enfant se sont donnée d'un coucher réussi (par exemple, lorsque Yoakim est installé dans le lit à l'heure prévue, qu'il ne fait aucun bruit par la suite, même s'il doit exceptionnellement se lever). Comme les matins réussis, les couchers réussis conviennent bien à un système de récompenses élastique[8], où le nombre de soirs nécessaires pour une récompense augmente progressivement.

Qu'il s'agisse de recevoir un jeton amusant, de mériter un collant sur le tableau de comportements ou d'avoir droit à une brioche à la cannelle pour déjeuner, nous comprenons que, dans le contexte du coucher, la récompense (qui devrait toujours être la plus immédiate possible) doit nécessairement comporter un délai d'au moins douze heures... S'il le juge opportun, le parent pourrait avertir Yoakim qu'il passera lui donner tout doucement un bec en allant lui-même se coucher et il pourrait alors indiquer (par exemple, sur sa table de chevet ou sur le tableau de comportements) la réussite du coucher en douceur.

Après avoir essayé et ajusté différentes approches positives, le parent évaluera si l'utilisation d'un retrait de privilèges est opportun (par exemple, le fait d'amputer l'heure du coucher du lendemain soir du double du retard enregistré).

Attention! Il ne faut pas travailler le défi du matin et du soir en même temps: améliorer le déroulement d'une routine à la fois est amplement suffisant...

---

8. Voir aux pages 167 à 169.

Chapitre XII

Les tâches

Le défi de partager certaines tâches familiales

Témoignage

Nous sommes samedi après-midi. «Marco! C'est la DERNIÈRE fois que je te le dis! Viens faire le ménage de ta chambre. Ça fait LONGTEMPS que cela aurait dû être fait!»
- «Comment ça? Mais je l'ai fait mon ménage!»
- «Non, mais t'es pas sérieux... Viens voir! Mais pour l'amour, Marco, c'était comment AVANT que tu fasses le ménage?»

Dans presque toutes les familles, les parents confient à chacun de leurs enfants certaines tâches domestiques; le contenu et l'importance de ces responsabilités varient évidemment beaucoup selon l'âge et les caractéristiques de l'enfant, et selon le contexte de la famille (milieu urbain ou rural, nombre et âge des enfants, le type de famille — traditionnelle, monoparentale ou reconstituée —, les ressources des parents, etc.). Souvent, nous commençons d'abord par demander au jeune enfant de ramasser ses jouets, puis de ranger ses effets personnels et, finalement, s'ajoutent différentes tâches quotidiennes, hebdomadaires ou ponctuelles qui lui permettent de participer davantage aux exigences de la vie familiale.

Certains exemples classiques de responsabilités peuvent être confiées à un jeune: ranger sa chambre et faire son lit, s'occuper d'un animal domestique, arroser les plantes, mettre la table, aider à laver la vaisselle, faire son lunch pour l'école, couper le gazon, mettre les déchets à l'extérieur, trier le recyclage, passer l'aspirateur, plier les vêtements fraîchement séchés, participer à la journée de nettoyage à l'extérieur, pelleter la neige, corder le bois, recevoir des visiteurs, etc.

Chaque famille a ses propres besoins, mais il est intéressant de prendre le temps de trouver une tâche qui peut être plus innovatrice et moins classique que celles mentionnées précédemment. Il s'agit de trouver une tâche qui serait valorisante et conviendrait particulièrement bien à la personnalité de l'enfant; par exemple, l'enfant est responsable de choisir l'émission vedette de la semaine à la télévision que la famille ne devrait pas manquer, ou encore il doit préparer un dessert spécial pour fêter l'arrivée du vendredi soir et de la fin de semaine.

Ces responsabilités sont souvent contestées ou entraînent certaines frictions au sein de la famille, mais la majorité des parents tiennent néanmoins à ce partage des tâches, souvent pour des motifs plus éducatifs qu'utilitaires. Même si ces responsabilités partagées leur demandent parfois plus d'énergie que de tout faire par eux-mêmes, ces parents veulent que l'enfant «apprenne qu'il fait partie d'une famille où l'on s'entraide, où chacun doit apprendre à faire sa part et à être responsable face aux autres...»

Ainsi, pour tout enfant, le partage des tâches s'apprend et exige des efforts et une certaine constance de sa part; nous pourrions dire à peu près la même chose des parents: partager les responsabilités familiales avec les enfants s'apprend et exige des efforts et de la constance... Une tâche, c'est comme une demande répétée que la famille fait à l'enfant. C'est pourquoi les conseils qui suivent appliquent les mêmes règles qui permettent d'améliorer la qualité des demandes: bien choisir ses demandes, les formuler de façon claire et précise, encourager les réponses positives de l'enfant[1].

Le défi de partager certaines responsabilités familiales est souvent encore plus difficile pour l'enfant hyperactif que pour un autre (et plus difficile aussi pour le parent). Les tâches, comme les routines du matin ou du coucher, représentent une séquence de comportements à faire. Les moyens pour l'aider s'inscriront dans la même logique de soutien qui

---

1. Voir à ce sujet le chapitre VIII.

cherche à compenser les déficits de l'enfant hyperactif: 1. faciliter la planification de la tâche et l'organisation dans le temps et l'espace; 2. encadrer l'impulsivité et limiter les distractions; et, surtout, 3. soutenir la motivation à faire fidèlement une tâche qui n'est pas spontanément gratifiante. Voici une liste de moyens qui reflètent ces orientations relativement à une tâche particulière confiée à l'enfant ou à l'exigence plus générale de ramasser ses effets personnels.

Des moyens pour aider à partager les tâches

Préciser la tâche à faire et les conséquences associées

Choisir la tâche à faire

Bien sélectionner et limiter la tâche ou les tâches quotidiennes ou hebdomadaires que nous demandons à l'enfant de faire.

Définir clairement la tâche à faire

Bien décrire à l'enfant ce qu'on lui demande de faire. La tâche à faire doit être suffisamment claire pour que le parent et l'enfant sachent facilement si oui ou non la tâche est faite telle que demandée (ce qui n'était visiblement pas évident pour le ménage de la chambre de Marco).

Fragmenter la tâche à faire

Établir la séquence des étapes successives et préciser en quoi consiste chacune d'elles (qu'il s'agisse du lunch à faire, du ménage de la chambre ou d'un autre travail). Au besoin, illustrer de façon amusante ces différentes étapes. Rappelons que faire une bonne demande à l'enfant, c'est lui donner la recette à suivre.

Afficher les tâches de chacun

Faire un tableau où sont illustrées les tâches quotidiennes et hebdomadaires de chaque membre de la famille (l'humour aide à créer une atmosphère de groupe).

Récompenser les tâches bien faites

Les tâches quotidiennes ou hebdomadaires se prêtent bien à un système de récompenses associé à des jetons ou à un système d'allocation. Des récompenses concrètes et immédiates soutiennent la motivation et facilitent l'apprentissage (ce qui ne signifie pas de monnayer toutes les contributions à la vie familiale[2]).

---

2. Voir les réserves énoncées au chapitre des récompenses à la page 175.

Déterminer le moment où la tâche doit être terminée

Fixer clairement avec l'enfant le moment où la tâche devrait être faite. Au moment de l'échéance prévue, si la tâche est exécutée à temps et sans besoin de rappel, remettre le jeton ou l'argent convenu dans un contenant prévu à cette fin ou indiquer au tableau des tâches que la vérification a été faite. Si la tâche n'est pas faite, ne pas remettre le jeton ou l'argent, ou l'indiquer sur le tableau, tout en se gardant bien d'ajouter quelque commentaire que ce soit.

Établir une entente de service

Établir avec l'enfant la règle suivante: sans donner d'avertissement ou faire de rappel, après que l'échéance est passée, il est convenu que le parent fera lui-même la tâche qui était confiée à l'enfant; par contre, ce parent «contractuel» se paiera alors un dédommagement pour service rendu, en retirant un jeton ou une petite somme de l'allocation hebdomadaire de l'enfant.

Éviter de talonner et de se fâcher

Éviter systématiquement de répéter, de critiquer et de risquer une escalade négative au sujet d'une tâche qui retarde ou qui n'est pas faite. Favoriser plutôt un retrait de privilèges qui est prévisible et immédiat, et où la conséquence prévue est appliquée sans ajouter de commentaires émotifs: ces discussions négatives brûlent beaucoup d'énergie tout en diminuant le sentiment de responsabilité personnelle du jeune.

Donner généreusement des bonis de récompense

Que ce soit pour souligner l'autonomie de l'enfant (l'enfant n'a plus besoin de rappel) ou pour récompenser une initiative, un effort particulier, donner généreusement des bonis de jetons ou d'allocation. Cela stimule et brise la monotonie associée aux responsabilités quotidiennes.

Faciliter le rangement et préciser les conséquences associées

Comme les enfants hyperactifs ont tendance à s'éparpiller à tout vent et comme les tornades ne manquent pas..., le fait de simplement ramasser leurs effets personnels devient facilement LA tâche familiale sur laquelle nous butons. Ce défi concerne certains moyens à utiliser pour organiser l'environnement de façon à compenser pour la désorganisation naturelle de l'enfant[3].

---

3. Voir aux pages 125 à 128.

Faciliter le rangement

Rappelons certains moyens qui rendent un système de rangement particulièrement simple et invitant pour l'enfant[4]:

√ Dépouiller la chambre des objets, des jouets ou des vêtements qui ne sont pas essentiels.

√ Multiplier les boîtes de différents formats et les tiroirs de rangement, qui porteront des indices visuels sur le contenu prévu pour chacun.

√ Organiser la garde-robe de la chambre avec des crochets et des tablettes, qui seront assortis de codes amusants pour diriger le «trafic du rangement».

√ Aménager une boîte «Bon départ pour l'école» qui recueille, après utilisation, tous les effets scolaires pour le lendemain matin.

Utiliser un système de récompenses progressif

Comme pour les routines réussies du matin ou du coucher, un système de récompenses élastique[5] convient bien pour encourager la réalisation des tâches. Si un système facile de rangement ne vient pas à bout des objets qui traînent encore, la seule tâche exigée de l'enfant sera d'avoir rangé ses objets à tel moment précis dans la journée. Au début, une seule journée pendant laquelle l'enfant a bien rangé ses effets donne accès au menu des récompenses; puis, le nombre de journées requises augmente à mesure que l'éparpillement diminue, jusqu'à ce qu'une deuxième responsabilité puisse être confiée à l'enfant quand la première tâche devient mieux intégrée.

Établir une entente de service

Afin d'éviter de répéter et de faire une escalade agressive, il faut utiliser le même système de parent «contractuel» pour le rangement que pour les autres tâches. Si ces différentes mesures ne suffisent pas, sans un mot et au moment convenu, le parent rangera lui-même les objets qui traînent indûment, tout en retenant une petite compensation pour le service rendu (jeton ou amende). Pas de discussion, pas d'émotion négative, la responsabilité reste du côté de l'enfant et le parent ménage ses sources de frustration.

---

4. Voir aux pages 125 et 126.
5. Voir aux pages 167 à 169.

Utiliser une «boîte-mangeuse-de-traîneries»

H. Blechman[6] propose un moyen un peu plus draconien, qui pourrait être adapté et aider certains enfants hyperactifs. Voici son approche: à une heure fixe dans la journée (par exemple avant le souper ou le coucher), le parent fait une cueillette des objets qui traînent encore et les range dans une «boîte-mangeuse-de-traîneries». Cette boîte est gardée sous clé jusqu'au dimanche matin suivant, alors que tous les objets perdus seront exposés dans un coin de la salle familiale afin d'être récupérés par leur propriétaire. Les objets non réclamés seront remis dans la boîte et, après deux autres dimanches sans être réclamés, ceux-ci seront donnés à un organisme quelconque ou remis, éventuellement, comme cadeau à leur propriétaire à une occasion spéciale.

---

6. E. A. Blechman, *Solving child behavior problems at home and at school*, Champaign, Illinois, Research Press, 1985.

Chapitre XIII

Les repas

Le défi des repas en famille

Pourquoi les soupers pris en famille deviennent-ils souvent des moments pénibles plutôt que des situations de détente et de partage? Au milieu des nombreuses interactions qui surviennent pendant un repas, l'impulsivité pousse l'enfant hyperactif à parler tout le temps et à écouter très peu... De plus, il a de la difficulté à attendre, il voudrait être servi tout de suite. Si un temps mort survient, son attention est distraite et son besoin de bouger l'amène à se lever pour aller faire autre chose. En ce sens, la formule du buffet convient bien à l'enfant hyperactif, puisqu'il n'a pas à attendre et se sert lui-même. Rester assis à sa place, calme et tranquille est un défi exigeant pour un enfant hyperactif.

Une autre source de tension est reliée à la diminution de l'appétit pour certains enfants, en raison de la prise de médicaments. Les parents ressentent alors la pression de l'aider à manger davantage au moment du souper. De plus, de façon générale, on a démontré qu'entre 17 et 19 heures était un moment de la journée où le stress est à son point le plus élevé dans les foyers. Pour les parents, les repas représentent un moment dans la journée où ils ont le goût de s'arrêter, de faire une pause et de partager ensemble; mais pour l'enfant, le repas, c'est un peu du temps perdu, un moment qui paralyse l'activité agréable qu'il faisait avant (télévision, Nintendo, etc.) et à laquelle il voudrait bien retourner.

Ainsi, réussir à partager en famille des repas aussi agréables que nourrissants peut devenir une entreprise périlleuse. Face à ce défi, certains parents ont décidé de limiter le nombre des repas en famille, mais d'accorder une attention particulière pour améliorer la qualité de ceux qui sont maintenus. Selon la sévérité des difficultés associées au DAH, selon le nombre de personnes qui composent la famille, selon les horaires et l'organisation propres à chaque famille, il existe différentes formules de repas. Nous pouvons, par exemple, choisir qu'à tel jour les enfants mangeront avant les parents; à un autre moment, le repas sera pris dans le cadre plus informel de la pièce de télévision, tandis qu'à un autre moment, nous privilégierons un repas familial aussi agréable que possible pour chacun. Les moyens proposés dans ce chapitre ont pour objectif de faire de ces repas un moment heureux qui favorise les interactions positives au sein de la famille et une occasion d'échange qui contribue à développer les habiletés sociales de l'enfant.

Les repas sont en effet une occasion d'apprentissage qu'il peut être intéressant d'utiliser: le contexte qui multiplie les interactions, l'exemple des autres membres de la famille et les rétroactions immédiates que permettent les repas en famille en font une situation unique pour aider l'enfant hyperactif à prendre conscience de ses comportements impulsifs et à mieux les contrôler ainsi qu'à développer des comportements d'écoute et d'échange. Par contre, face aux nombreux défis que posent les repas, le parent doit demeurer attentif, car il peut souvent tomber dans le piège de vouloir améliorer trop de comportements à la fois chez l'enfant. Le premier groupe de suggestions touchent les demandes faites par les parents à l'enfant, et le second, comment utiliser les repas pour en faire une situation où l'enfant développe les habiletés sociales dont il a besoin[1].

Mieux profiter des repas en famille

Porter une attention spéciale aux demandes faites à l'enfant

Dans le contexte particulièrement sollicitant des repas, il est utile de garder en mémoire les règles suivantes relativement à une bonne demande.

√ Limiter le nombre des demandes et ne retenir que celles qui en valent la peine et pour lesquelles nous tiendrons jusqu'au bout.

√ Formuler ces demandes de manière positive; par exemple: «*Avale d'abord et parle-nous ensuite*», plutôt que «*On ne parle pas la bouche pleine!*»

√ Faire une demande claire et concrète comme «*Verse lentement, en tenant le pot avec les deux mains*», plutôt que «*Fais attention!*»

---

1. Voir le chapitre XVI, «Les amis».

√ S'exprimer sur un ton patient qui traduit notre confiance que la demande sera entendue par l'enfant.

√ Encourager la demande faite par l'autre parent, en prolongeant son intervention ou en respectant dans son propre comportement ce qu'il a demandé de faire.

Favoriser les interactions sociales positives
Garder l'atmosphère positive
Pour favoriser les interactions positives, choisissez de régler les situations difficiles à d'autres moments que pendant le repas familial. Pour aborder une situation telle qu'une mauvaise nouvelle à l'école ou une préoccupation qui ne touche que le couple, le parent a tout avantage à prévoir une rencontre avant ou après le repas (mais pas à table...) qui n'impliquera que les personnes visées.

Favoriser la communication
Encouragez les échanges entre toutes les personnes présentes pendant les repas et fermez systématiquement la télévision et la radio. Sauf exception, utilisez le répondeur ou prenez l'habitude de répondre au téléphone par: «*On est en train de souper. Est-ce que je peux (ou est-ce qu'il peut) te rappeler tout de suite après?*»

Trouver des trucs qui encouragent la communication
Au besoin, établissez une petite routine ou une procédure pour faciliter les échanges; par exemple, chacun racontera à tour de rôle un événement de sa journée qu'il aimerait partager.

Souligner les comportements prosociaux
Multipliez les rétroactions positives à l'égard des individus qui respectent les comportements à encourager. Profitez des interactions qui surviennent et dites, par exemple, à l'enfant ou à celui qui l'a fait: «*Tu as écouté patiemment mon histoire d'un bout à l'autre. Ça me fait plaisir!*» Surprenez l'enfant à bien faire dans ses comportements sociaux et ne ménagez pas les encouragements.

Cibler un comportement vedette sur lequel toute la famille travaille
Choisissez un comportement qui correspond à la priorité choisie pour l'enfant et profitez de la présence de toute la famille pour le pratiquer,

pour s'amuser à l'exagérer, en faire un concours, etc. Par exemple, s'assurer que l'autre personne a bien fini de parler avant d'intervenir, qu'on a bien compris ce qu'un autre vient de dire, etc.

Utiliser un système de récompenses progressif

Utilisez un système de récompenses élastique pour diminuer les irritants (qui menacent la bonne humeur ou l'atmosphère de détente) pour les remplacer par d'autres. Dans ce système progressif, un seul des comportements sera d'abord ciblé, puis on ajoutera un nouveau défi quand le comportement précédent deviendra acquis. Voici quelques objectifs que vous aurez soin de ne proposer qu'un à la fois: être attentif à ce qu'un autre dit et attendre son tour sans couper la parole; quand ce premier objectif est atteint, passez à un deuxième défi, par exemple s'adresser d'une manière polie envers chacun, puis partager de façon intéressante certains éléments de sa journée; manger lentement et mastiquer; faire attention de garder la nourriture dans l'assiette ou dans la bouche; avaler avant de parler, etc.

Récompenser un repas réussi

Imaginez différents types de récompenses pour souligner qu'un repas a été réussi, en fonction de certains comportements ciblés. Voici quelques exemples de récompenses: choisir son dessert préféré, s'asseoir à la place de son choix pour le dessert, recevoir un jeton amusant relié à un système de récompenses, mériter un moment d'activité privilégié avec l'un des parents après le souper, choisir parmi trois possibilités le menu de sa boîte à lunch du lendemain, etc.[2].

Désamorcer rapidement toute escalade agressive

Utilisez l'approche 1-2-3[3] et comptez systématiquement les comportements à arrêter décelés au préalable avec l'enfant (par exemple, un état d'excitation exagérée, une parole blessante, des taquineries agaçantes pour le frère ou la sœur, etc.).

Voici quelques remarques concernant l'utilisation du 1-2-3 pendant les repas:

1. La présence des deux parents permet de bénéficier du soutien du conjoint dans l'application de l'approche, mais elle permet également à l'enfant de mettre cette solidarité à dure épreuve, en tentant de dresser les parents l'un contre l'autre.

---

2. Voir les exemples dans le menu de récompenses élaboré par Josiane aux pages 168 et 169.
3. Voir chapitre X, «Contrecarrer l'inacceptable».

2. La règle «pas de discussion, pas d'émotion» tient aussi face à l'intervention de l'autre parent.

3. Attention: ce type d'intervention (qui entraîne le fait de sortir de table) devrait demeurer relativement rare et marginal; si ce n'est pas le cas, vous devrez revoir ce qu'il advient des autres mesures d'interventions positives énumérées précédemment pour faciliter les repas.

Éviter les confrontations au sujet de la nourriture

Abordons quelques moyens qui visent à éviter certaines sources de tensions pendant les repas, qui sont reliées à des comportements de l'enfant face à son alimentation. Le manque d'appétit de l'enfant et sa difficulté à rester assis sont parfois des sources de confrontation qui ajoutent une tension supplémentaire à l'atmosphère ambiante.

Laisser l'enfant impatient aller jouer et revenir plus tard

Lorsque l'enfant finit rapidement son repas principal et qu'il s'impatiente (et impatiente aussi les autres) en gigotant sur sa chaise pendant qu'on parle beaucoup trop à son goût, pourquoi ne pas adopter le système McDonald? Laissez-le aller jouer, en lui promettant *«qu'on va le lui dire quand on sera rendu au dessert»*.

Éviter les confrontations autour de la nourriture

Évitez sagement de susciter des confrontations autour de la nourriture, qui empoisonnent souvent les repas. Pour y arriver, offrez à l'enfant des choix d'aliments qui sont tous nutritifs, mais qui ne représentent pas une tâche supplémentaire pour le parent qui prépare le repas.

Prévoir un choix face à la nouveauté

Offrez à l'enfant un choix entre deux aliments quand vous introduisez un mets nouveau ou inhabituel. De plus, n'oubliez pas d'accorder une attention positive pour encourager ceux qui optent pour la nouveauté.

Servir de petites portions

Il est beaucoup plus encourageant pour tout le monde de servir d'abord des portions relativement petites à l'enfant, tout en l'invitant à en reprendre s'il a encore faim. Il aura ainsi la satisfaction (et le parent aussi) de «finir son assiette».

CHAPITRE XIV

Les devoirs

Le défi de venir à bout des devoirs

Témoignage

Lee a dix ans et présente un DAH assez sévère ainsi que certains troubles d'apprentissage; il vient de doubler sa quatrième année scolaire. La réaction des parents de Lee aide à comprendre le défi de taille que représentaient les devoirs pour toute la famille; leur témoignage rappelle les difficultés vécues par Philippe et par Louise[1]. Le père de Lee confie: «*Pour les devoirs, c'est sa mère qui s'en occupe. Moi, je n'ai pas de patience. Avec Lee, pour deux heures de devoirs, il y a au moins une heure et demie de négociations...*» Et la mère de Lee poursuit, sur un ton très calme: «*Là, je vais être bien franche. Les devoirs, c'est l'enfer.*»

L'élément capital pour aborder la question des devoirs est que le parent et l'enseignant (ainsi que l'enfant) comprennent bien quel défi important cette tâche peut représenter pour la grande majorité des enfants qui ont un DAH. Si, en plus, les ressources intellectuelles de l'enfant sont limitées ou encore s'il présente des problèmes d'apprentissage spécifiques, tout travail scolaire devient encore plus difficile et le défi des devoirs est tout simplement écrasant. Notons à cet égard que de 20 à 25 % des enfants hyperactifs auront, à un moment ou à un autre, des difficultés dans leur apprentissage, que ce soit sur le plan de l'écriture, des mathématiques ou de la lecture[2].

---

1. Voir à la page 22.
2. C. Desjardins, *op. cit.*, p. 89.

Même avec de bonnes ressources intellectuelles et sans trouble d'apprentissage, les exigences de l'école et des devoirs s'accommodent bien mal des caractéristiques d'inattention et d'impulsivité de l'enfant hyperactif. DEVOIRS + DAH = MÉLANGE EXPLOSIF! Nous pouvons imaginer sans peine comment les deux déficits sous-jacents au DAH, la capacité de se garder motivé et la capacité de s'organiser[3], entraînent presque naturellement un troisième déficit: la capacité de faire des devoirs.

Confrontés à une situation d'ennui mais surtout de dévalorisation, certains enfants ont tendance à multiplier les excuses et à tenter d'éviter la situation affligeante, tandis que d'autres étirent cette triste période des devoirs avec le sentiment de ne jamais en venir à bout. À travers le langage coloré de l'adolescent Sam, Michael Gordon qualifie les devoirs de «dépotoir toxique» dans sa vie, son talon d'Achille, son Waterloo et son pire cauchemar réunis tous ensemble[4]...

Les devoirs, c'est une situation où «mettre toutes les forces en commun» revêt tout son sens[5]. Lorsque parent et enseignant comprennent la nature des difficultés particulières associées aux devoirs, une seule piste leur apparaît possible: travailler ensemble pour que le défi des devoirs demeure RÉALISTE et ÉDUCATIF pour l'enfant. Ainsi, la majorité des moyens proposés ici ne sont réalisables que s'il existe une bonne complicité entre la famille et l'école. Il faut de plus noter que, pour certains enfants, le soutien additionnel que leur donne la médication sera un élément clé pour bénéficier au maximum des autres moyens mis en place. La nécessaire complicité avec l'école et le rôle complémentaire de la médication sont abordés plus longuement aux chapitres XVIII et XIX. Le présent chapitre présente certaines idées qui peuvent contribuer à venir à bout des devoirs et à en faire un défi réaliste et éducatif.

Utiliser différents moyens complémentaires pour faciliter les devoirs

Si nécessaire, bénéficier de l'aide de la médication

Si l'enfant prend déjà une médication, il y a un avantage à faire les devoirs le plus tôt possible après la fin des classes, afin de profiter de la dernière demi-heure où le médicament du midi est encore efficace. Si les devoirs

---

3. Voir aux pages 67 et 68.
4. M. Gordon, *op cit.*, *p. 8.*
5. Voir la cinquième partie, et plus particulièrement le chapitre XVIII.

sont un problème très important, certains enfants bénéficient d'une petite dose additionnelle pour la période des devoirs. Donc, il faut revoir la posologie avec son médecin et ajuster l'horaire des devoirs en conséquence s'il y a lieu.

Maintenir une routine stable et bien organisée

Maintenir une routine stable permet d'encadrer et de faciliter la période des devoirs. Une bonne routine reposera sur les moyens suivants:

Trouver le bon horaire

Faites différents essais et déterminez avec l'enfant l'horaire qui lui convient pour bien travailler, et aidez ensuite l'enfant à respecter son horaire.

Considérez différents arrangements et choisissez celui qui fonctionne le mieux pour l'enfant:

√ prendre d'abord une collation et une pause au retour de l'école;

√ choisir une activité plus physique ou plus calme pour la pause;

√ prendre une collation et plonger tout de suite dans les devoirs, pour pouvoir jouer par la suite;

√ diviser la tâche, une moitié avant le souper et l'autre après;

√ intercaler de petites pauses de quelques minutes entre chacune des étapes qui divisent le travail à faire.

Trouver le bon endroit

Faites différents essais et déterminez avec l'enfant l'endroit qui l'aide le plus à bien travailler:

√ seul dans sa chambre;

√ sur une table ou un bureau de travail réservé exclusivement à cette tâche;

√ à proximité d'un adulte;

√ sur la table de la cuisine;

√ avec ou sans le frère aîné ou la sœur aînée à l'autre extrémité de la table;

√ avec ou sans un certain niveau d'activité autour de lui;

√ avec son baladeur sur les oreilles;

√ avec une musique de fond (la télévision est généralement à proscrire parce qu'elle est trop envahissante).

Créer un espace de travail
Aménagez l'endroit choisi de façon à créer un espace de travail, un coin d'étude invitant, bien éclairé et bien outillé, pourvu d'un bon siège.

Bâtir une trousse de travail
Réservez une trousse de travail qui ne servira que pour faire les devoirs. Revoyez la liste du mois de septembre et choisissez ce qui apparaît utile de se procurer en double: crayons, stylos, liquide correcteur, crayons de couleur, règles, marqueurs, taille-crayons, gommes à effacer, colle, ruban adhésif, papier brouillon, agrafeuse, trombones, dictionnaire, calculette, fiches 7 cm sur 12 cm, feuilles lignées, etc. Attention, il ne faut pas que cette trousse devienne une source de distractions; réglez tous les problèmes d'oublis et favorisez une atmosphère du type ESPACE DE TRAVAIL: S.V.P. NE PAS DÉRANGER.

Regrouper le matériel de travail
Si l'enfant travaille dans un endroit familial comme la table de la cuisine, aménagez une petite boîte ou un coffre d'outils qui contiendra tous ses instruments de travail. Si, par contre, l'enfant a un endroit exclusif pour faire ses devoirs, dépouillez son aire de travail de tout autre objet et aménagez l'espace de façon que son matériel soit à portée de la main et rangé dans un endroit fixe.

Aider l'organisation de la tâche
Doser le soutien à donner
Offrez une forme d'encadrement qui aide l'enfant à s'organiser et lui apprend à devenir le plus autonome possible dans l'exécution du travail à faire (évitez la tentation de faire à sa place).

Organiser la tâche et le matériel pour compenser la désorganisation
Revoir les moyens déjà proposés[6] au sujet de l'organisation de la tâche et du matériel scolaire de façon à compenser «l'éparpillement des idées et du temps» qui caractérise l'enfant hyperactif.

Intensifier le soutien au début des devoirs
Pour s'assurer que l'enfant puisse partir sur un bon pied, prenez soin de vérifier les dimensions suivantes:

---

6. Voir aux pages 128 et 129.

√ Comprend-il bien chacune des tâches?

√ A-t-il tout ce dont il a besoin?

√ Comment planifier ce qu'il a à faire?

Diviser la tâche à faire en petits blocs de travail et les mettre en ordre d'exécution

La séquence à suivre dans la réalisation de ces petits blocs de travail varie d'un enfant à l'autre: certains enfants trouvent plus encourageant de commencer par le travail plus difficile et d'autres par le plus facile... Vous avez donc avantage à adopter la formule qui lui convient le mieux.

Utiliser un moyen qui aide l'enfant à maintenir son rythme

Différents moyens peuvent aider l'enfant à garder l'erre d'aller et maintenir le rythme de travail entre chacun des petits blocs de travail, par exemple:

√ mettre les cahiers ou les livres dans une petite pile qui respecte la séquence du travail prévu;

√ faire une feuille de route où l'enfant coche à mesure chacune des étapes franchies;

√ entre chaque étape, faire une petite course dans le corridor ou inventer une autre forme d'exercice physique (rappelons que le fait de bouger facilite la capacité de concentration de l'enfant hyperactif)[7];

√ se réserver trois ou quatre minutes de pause récompense avant d'aborder l'étape suivante;

√ inscrire le temps prévu et le temps réalisé sur la feuille de route;

√ jouer à battre la minuterie en franchissant l'étape avant le temps prévu (tout en maintenant une qualité acceptable);

√ faire avec l'adulte qui supervise les devoirs une pause vérification après chaque étape;

√ jouer à trouver au moins une erreur ou une amélioration possible à chaque tranche de travail, avant de passer à la suivante.

---

7. Voir les exemples dans «Organiser le besoin de bouger» aux pages 123 à 125.

Maintenir une communication régulière avec l'enseignante
Mettre au point une forme de communication efficace

Pour s'assurer que le défi des devoirs demeure réaliste et éducatif pour l'enfant, il est habituellement nécessaire d'établir une forme de communication quotidienne avec l'enseignant. Par exemple, le parent inscrit dans un carnet de devoirs quelques notes qui indiquent à l'enseignant ses observations sur le temps utilisé par l'enfant, ses efforts, ses difficultés, les questions en suspens, etc., tandis que l'enseignant inscrit son évaluation du travail fait par l'enfant ou tout autre commentaire en réponse aux notes du parent.

S'assurer d'une bonne coordination avec le travail de l'enseignant

Le système de communication parent-enseignant devrait permettre d'atteindre les objectifs suivants:

√ ajuster, à partir de la réalité propre à l'enfant, la longueur de la période exigée par les devoirs;

√ définir de façon concrète la norme minimale de rendement exigée pour les devoirs et s'entendre sur une forme de vérification;

√ offrir un soutien intensif et complémentaire à l'enfant;

√ évaluer ensemble quels moyens pourraient aider davantage l'enfant à profiter de ses devoirs (le parent et l'enseignant pourraient revoir ensemble la liste des moyens suggérés ici, les ajuster ou en inventer d'autres au besoin); partager la recherche de ressources, comme l'utilisation par l'enfant d'un ordinateur ou le recours à une personne-ressource pour l'aider dans la réalisation des devoirs;

√ renforcer l'échange d'informations et la complicité entre la famille et l'école au sujet de l'ensemble des défis d'apprentissage proposés à l'enfant (donner une rétroaction immédiate sur la journée vécue à l'école, informer l'enseignant sur d'autres aspects vécus par l'enfant à la maison, partager les observations réciproques pour l'ajustement de la médication s'il y a lieu, etc.).

Exploiter les moyens interactifs

Utilisez des moyens interactifs pour accompagner la démarche d'apprentissage de l'enfant hyperactif, de façon à compenser pour son attention qui s'effrite et pour sa motivation vacillante. Voici des exemples de moyens interactifs qui, selon le témoignage des parents, aident leur enfant à poursuivre l'effort des devoirs.

Un animal domestique

Une maman racontait que sa fille Mélanie (âgée de huit ans) aime faire la lecture et réciter ses leçons à son hamster; cela l'encourage dans ses efforts. On peut penser que tout autre animal choisi par l'enfant, de la tortue au chien en passant par la perruche, pourrait également faire l'affaire...

Un magnétophone

Enregistrer sur un magnétophone une lecture ou une leçon aide certains enfants à apprendre plus facilement: ils s'écoutent ensuite eux-mêmes le nombre de fois nécessaire pour intégrer le contenu.

Un papa-élève

Un père a imaginé le programme suivant pour encourager et évaluer le travail scolaire de son fils Louis âgé de onze ans. Aussitôt après la période des devoirs, le père et le fils se réservent quinze minutes pendant lesquelles Louis fait la classe à son père en lui enseignant systématiquement le contenu de ses devoirs et de ses leçons. Si le père comprend bien, c'est que son jeune enseignant a lui-même bien intégré la matière.

Un ordinateur

Nous avons déjà parlé du potentiel de l'ordinateur qui permet à l'enfant d'obtenir une rétroaction immédiate, visuelle et non émotive sur son travail (organisation du contenu, mise en pages, utilisation du dictionnaire, minuterie et base de calcul intégrées). Il faut ajouter à ces fonctions organisantes de l'ordinateur le rôle stimulant des informations auxquelles l'enfant a accès grâce à des logiciels encyclopédiques ou à l'utilisation de l'Internet. Par contre, il faut éviter la tentation de croire à une solution miracle; l'ordinateur risque de ne pas régler toutes les difficultés de l'enfant face au défi des devoirs, et «l'interaction non virtuelle» avec un adulte significatif joue également un rôle important dans le soutien dont il a besoin.

Encourager par des rétroactions positives et par des récompenses

Parce que le défi des devoirs est difficile pour l'enfant (malgré les ajustements par exemple), parce que nous disposons de moins de latitude dans ce que nous lui demandons de faire (comparé à l'attribution des tâches familiales, par exemple), parce que l'enjeu des devoirs est néanmoins important pour l'image de soi de l'enfant et pour ses perspectives d'avenir, et parce que la motivation liée à la satisfaction de la tâche à faire n'est pas toujours évidente, bref, pour toutes ces bonnes raisons, les devoirs sont une occasion idéale pour résolument tenter de construire sur le positif. Ce n'est donc pas l'effet du hasard si une bonne partie des exemples du guide qui illustrent des interventions basées sur l'attention positive, l'encouragement, les félicitations, les rétroactions ou les récompenses concrètes font souvent référence au contexte des devoirs. Imaginez, de votre côté, différents moyens qui permettraient de construire résolument sur le positif dans le contexte des devoirs de votre enfant. Voici un bref rappel.

Accorder une attention positive

C'est l'art de surprendre l'enfant à bien faire dans le contexte difficile de ses devoirs. Renoncez à ce que tout soit parfait et portez une attention spéciale à certains comportements néanmoins positifs de la part de l'enfant, certains efforts, certaines bonnes réponses, et attirez son attention sur ces éléments stimulants.

Encourager: aider l'enfant à poursuivre son élan, à continuer son effort

Par exemple, lorsqu'il passe d'un bloc de travail au suivant: «*Tu en as un bon bout de fait.*» Ou quand vous sentez le découragement ou la lassitude qui menace, avant que l'enfant décroche: «*Ça avance! Lâche pas, tu vas être content de toi!*»

Féliciter: souligner concrètement à l'enfant le bon coup qu'il a fait

Aidez l'enfant à voir ce qu'il a fait de bon dans son travail. «*Je trouve que tu as pris ton temps et essayé d'écrire avec ton écriture du dimanche. Bravo!*» Ou utilisez le recul face à ses apprentissages: «*Vois-tu tout le progrès que tu as fait en lecture depuis le début de l'année?*»

Donner une rétroaction positive

Utilisez une soirée de devoirs mieux réussis qu'à l'habitude pour regarder cette situation positive avec l'enfant et l'aider à prendre conscience des moyens dont il a su faire preuve pour réussir. Aidez-le à discerner un comportement, un effort ou une émotion reliés à cette situation plus heureuse qu'il vient de vivre. C'est l'exemple de l'intervention très réussie de la part de Louise qui avait permis à Philippe de comprendre comment, ce soir-là, et de façon exceptionnelle, il avait réussi à se mettre rapidement à l'œuvre, motivé par le fait d'essayer un nouveau truc avec Rex après ses devoirs. Louise avait alors résumé son plongeon immédiat dans les devoirs par l'expression du «parachute»: «*Je n'y pense pas, puis je plonge.*» L'expression du parachute était par la suite devenue un mot clé qui aidait parfois Philippe à commencer plus rapidement ses devoirs[8].

Offrir une récompense

Trouvez une forme de récompense qui convient bien au style de votre enfant et au contexte de votre famille: un système amusant, facile à gérer, qui souligne l'importance de l'effort de l'enfant, indépendamment de la récompense. Voici quelques exemples.

√ Un système de jetons amusants convient bien à la situation des devoirs pour certains enfants; multiplier généreusement les bonis selon les difficultés particulières de l'enfant (savoir ce que l'enseignant a demandé de faire, commencer à l'heure et sans avertissement, avoir suivi la «feuille de route» prévue, battre la montre ou la minuterie, faire un travail qui est propre, avoir plusieurs bonnes réponses, etc.).

√ Un système élastique permet d'étendre progressivement le nombre de soirées de devoirs réussis nécessaires pour mériter une récompense ou un choix de récompenses.

√ Favoriser des récompenses dont l'enfant peut profiter le soir même (par exemple, dans le menu élaboré par Josiane, nous trouvons: «*Trente minutes de bicyclette avec maman après souper, téléphoner à Mamie, un boni de trente minutes de télévision, une histoire au coucher*[9].»

√ L'exemple du système de location de la planche à roulettes de Youri[10] illustre plusieurs principes utiles à considérer dans les récompenses associées à la situation des devoirs: établir un moyen de communication avec l'enseignant, s'entendre avec lui sur des critères clairs et réalistes pour juger les devoirs acceptables, permettre à Youri de bénéficier d'une récompense immédiate et qui devient aussi une activité valorisante pour lui, perdre ce privilège si les objectifs ne sont pas atteints, utiliser le système d'une façon transitoire (le temps d'instaurer de bonnes habitudes de travail en septembre).

---

8. Voir aux pages 99 et 100.
9. Voir aux pages 168 et 169
10. Voir aux pages 169 et 170.

√ Une récompense simple et très utilisée: instaurer une routine des devoirs qui permet à l'enfant de s'adonner librement à une activité qu'il aime aussitôt qu'il a fini de bien faire ses devoirs: voilà une bonne récompense naturelle et immédiate qui est souvent suffisante pour motiver les efforts nécessaires. La motivation qu'exerce l'attrait de certaines activités amusantes et valorisantes nous amène au thème des loisirs de l'enfant et sur lequel nous reviendrons sous peu.

Recourir à l'aide d'une personne-ressource

N'hésitez pas à explorer toutes les possibilités d'accompagnement des devoirs par une personne autre que le parent, si vous vous trouvez dans l'une des situations suivantes.

√ Vous vous sentez débordé par l'ensemble des tâches familiales que vous devez assumer les soirs de semaine.

√ Vous vous sentez mal à l'aise face au contenu des devoirs.

√ Vous avez tendance à réagir trop fortement face aux difficultés de motivation ou d'organisation de l'enfant face à ses devoirs.

√ Votre enfant réagit négativement au soutien d'encadrement que vous lui offrez.

√ Votre enfant a besoin d'une aide scolaire particulière qui dépasse l'encadrement de sa routine de travail.

√ La période des devoirs ajoute régulièrement un stress supplémentaire à la relation entre vous et votre enfant.

√ La période des devoirs entraîne des escalades négatives (comme celles vécues par Louise et Philippe).

√ Les interactions négatives liées aux devoirs ou le temps qui leur est consacré compromettent certains moments de plaisir qui pourraient être partagés avec l'enfant pendant la soirée[11].

N. B. Cette personne-ressource s'intègre alors au réseau de communication famille-école et, s'il y a lieu, dans un système de récompenses géré par les parents.

---

11. Voir «L'importance du plaisir» et «Les règles du plaisir avec l'enfant» aux pages 76 à 78.

Un article paru dans *Le Magazine Enfants Québec*[12] faisait état des différents types de ressources qui s'offrent pour accompagner l'enfant et l'aider à faire ses devoirs dans une atmosphère de bonne humeur et de complicité.

√ Des écoles de milieux défavorisés offrent un service d'aide aux devoirs financé à partir des budgets de leur commission scolaire prévus pour favoriser la réussite scolaire.

√ Des comités de parents mettent sur pied un service d'aide en faisant appel à un centre de bénévoles du quartier.

√ Différents organismes privés (par exemple, Scol-aide, SPAE) offrent maintenant un service de soutien individuel ou de groupe en utilisant des étudiants en pédagogie ou des enseignants en disponibilité.

√ *Allô prof* est un service téléphonique gratuit d'aide aux travaux scolaires, offert partout au Québec, et est assuré par des enseignants.

Différentes démarches individuelles peuvent également donner accès à d'autres ressources intéressantes.

√ Vérifier les ressources locales en vous informant à l'école, à la commission scolaire, au CLSC, aux organismes communautaires, etc.

√ Embaucher soi-même un étudiant en pédagogie, en orthopédagogie ou en psychoéducation (peut-être un stagiaire de l'école) ou, pour un soutien «plus léger», embaucher un jeune de l'école secondaire ou même de la fin du primaire (recommandé par son enseignant).

√ Faire un survol des ressources présentes dans la parenté ou le réseau d'amis.

√ Faire un échange de services entre voisins.

N.B. Il ne faut pas oublier que le conjoint, la grande sœur ou le grand frère peuvent aussi voir un défi intéressant et une source de satisfaction réciproque dans l'aide aux devoirs, en essayant une combinaison gagnante de quelques-uns des moyens suggérés précédemment. Le fait de ne pas y être contraint et d'aborder cette responsabilité avec un peu d'humour fait parfois une bonne différence. Dans le cas du conjoint, le défi est de faire des devoirs «une situation de plaisir partagé avec l'enfant»; dans le cas de la grande sœur ou du grand frère, le défi pour les parents consiste à reconnaître à juste titre la contribution apportée par ceux-ci.

---

12. Pour plus de détails au sujet de ces ressources, voir F. Paradis, «Aide aux devoirs et aux leçons», *Le Magazine Enfants Québec*, août-septembre 1997, p. 66-69.

Garder les devoirs dans une juste perspective

Un dernier conseil avant de conclure sur les devoirs. Il faut tout faire pour garder les devoirs dans une juste perspective: rappelez-vous que vous n'avez pas à cumuler les tâches d'être le parent ET l'enseignant de votre enfant ni à porter le poids des deux responsabilités. Le système scolaire a des ressources qu'il faut savoir mettre à contribution.

Et, surtout, il ne faut pas oublier que la vie (celle de l'enfant, la vôtre, celle de la famille) NE SE RÉSUME PAS AUX DEVOIRS! En cas d'hésitation, relisez régulièrement le chapitre IV, intitulé «S'appuyer sur du solide: maintenir une bonne relation», pour vous laisser convaincre à nouveau[13].

---

13. Voir à la page 73.

CHAPITRE XV

Les loisirs

Le défi d'avoir des loisirs stimulants et valorisants

Témoignage

C'est le samedi après-midi. «*Ah! C'est assez plate! Y a* RIEN *à faire ici!*» Yannick tourne autour de sa mère, occupée à cuisiner. Puis, d'un geste ennuyé, il «s'écrase» bruyamment devant l'appareil de télévision, puis il se met à «zapper» les images les unes après les autres, jusqu'à ce qu'une émission réussisse enfin à retenir vaguement son attention.

Pourquoi les loisirs de l'enfant hyperactif deviennent-ils parfois une situation à prévoir, qui fait appel à des solutions à inventer? Principalement pour trois raisons. La première, c'est qu'en raison des caractéristiques associées au DAH, l'enfant hyperactif décroche facilement et épuise plus rapidement que d'autres le potentiel stimulant de différentes activités. Ainsi, s'il n'est pas dans un contexte d'interactions qui maintient activement son intérêt (comme jouer avec des amis ou partager une activité avec un adulte), ou encore s'il n'est pas engagé dans une activité physique intense qui satisfait son besoin de bouger et de dépenser de l'énergie, l'enfant a tendance à combler rapidement le vide et à se laisser occuper par une surdose de télévision ou de jeux vidéo.

Deuxièmement, nous avons intérêt à prévoir les loisirs de l'enfant avec DAH parce que ce dernier a besoin de maximiser les possibilités de détente et de valorisation qu'offrent les moments de loisir, de façon à pouvoir compenser les nombreuses sources de stress et de dévalorisation avec lesquelles il doit composer. Comme un nageur sous l'eau a besoin d'oxygène, comme une plante exposée au soleil a besoin d'eau, l'enfant hyperactif a besoin de loisirs valorisants pour maintenir son estime de soi et recharger sa pile intérieure.

Troisièmement, prévoir les situations de loisir devient souvent un moyen indirect pour aider l'enfant hyperactif à composer avec son manque d'amis: une réalité difficile à vivre pour plusieurs d'entre eux et pour laquelle il n'existe malheureusement pas de solution facile. Ainsi, aider l'enfant à s'organiser des loisirs agréables et valorisants devient parfois un moyen qui, de façon parallèle, facilitera la question des amis[1].

L'approche

Quatre grandes stratégies permettent de multiplier les loisirs qui détendent et valorisent.

Organiser un environnement adapté aux besoins de l'enfant

Facilitez le fait que votre enfant «tout-terrain» puisse aller jouer dehors dans des espaces qui s'y prêtent bien; à l'intérieur, aménagez un espace de jeux qui permet de bouger et de s'amuser sans trop déranger les autres[2].

Favoriser le développement d'intérêts et de compétences

Trouvez des domaines et des activités qui correspondent aux goûts et aux compétences naturelles de votre enfant et qui lui permettent de vivre des situations gratifiantes et valorisantes[3].

Multiplier les situations de plaisir partagé avec l'enfant

Sachez profiter de la présence de votre enfant pour vous détendre et vous amuser joyeusement avec lui[4]. En élargissant l'éventail des activités et des moments agréables vécus ensemble, l'enfant apprendra par l'exemple comment s'aménager lui-même des moments de loisirs gratifiants. Souvent, les enfants répètent, seuls ou avec des amis, des situations semblables à celles qu'ils ont découvertes avec leurs parents (par exemple, camper dans la cour arrière avec un ami après avoir vécu l'expérience du camping en famille).

---

1. Voir le chapitre XVI, «Les amis».
2. Voir les suggestions d'aménagement aux pages 123 à 125.
3. Voir la réflexion «Multiplier les situations et les activités valorisantes pour l'enfant» à la page 106.
4. Voir la réflexion «Maintenir la magie de la relation parent-enfant» à la page 85.

Prévoir les moments creux

Bâtissez avec votre enfant une banque de ressources-loisirs à mettre en réserve (liste d'activités et de jeux, banque de livres, ressources du quartier). Au moment opportun, aidez l'enfant à s'occuper de façon intéressante, que ce soit pour prévenir la surdose de télévision et de jeux vidéo, pour «repartir» après avoir vécu une situation difficile, ou encore pour l'aider à s'ajuster plus facilement lorsqu'il est en présence de ses amis. Les jeunes ont souvent besoin d'un coup de pouce de départ et de quelques encouragements en cours de route: une fois bien partis, ils peuvent poursuivre l'activité par eux-mêmes un bon moment.

Certains moyens concrets

Dans la même veine que les quatre stratégies qui précèdent, voici certaines pistes à explorer pour alimenter et pour enrichir les temps de loisir des jeunes.

Exploiter un intérêt

Imaginez avec votre enfant des activités parallèles ou complémentaires qui exploitent des intérêts et des compétences qu'il a déjà. Par exemple, dans le cas de Philippe et de son attachement pour son chien Rex, suivre un cours de dressage de chiens, faire un travail de recherche scolaire sur un thème connexe, faire du bénévolat à la SPCA de son quartier, solliciter des contrats pour dégourdir les pattes des chiens des voisins, commencer une collection d'objets représentant des chiens, etc.

Se brancher sur des sources d'informations stimulantes

Utilisez tout intérêt spontané de l'enfant (qu'il s'agisse de planètes, d'animaux préhistoriques, de sport, de mode ou de quoi que ce soit) pour stimuler sa curiosité et lui permettre de découvrir de nouvelles ressources qui alimenteraient ses loisirs: albums documentaires et revues spécialisées accessibles au public jeunesse (ressources de la bibliothèque du quartier, documents audiovisuels du vidéoclub local, réseau d'informations et groupes d'échange sur le réseau Internet, etc.).

Découvrir un nouveau loisir, commencer une collection, avoir une passion...

Privilégiez une occupation qui rejoint un intérêt naturel de votre enfant et qui lui permet de développer une compétence particulière: planche à roulettes, patins à roues, entraînement physique, bricolage varié, jardinage, cuisine, lecture de bandes dessinées ou d'histoires d'horreur, philatélie, collections de roches, de crayons, de macarons, d'insectes, etc. Un autre avantage à collectionner des objets: les petites pièces (les gommes à effacer, les timbres, les collants) deviennent également une forme stimulante de jetons, des récompenses concrètes et immédiates, qui, en plus, peuvent être jumelées à d'autres types de récompenses.

Proposer à l'enfant des livres et des jeux faits sur mesure pour lui

Laissez-vous guider par les experts dans le domaine. Le magazine *Protégez-vous*, produit par l'Office de la protection du consommateur, publie périodiquement une sélection de jeux qui est utile pour faire un choix judicieux et rentable. Pour ce qui est des livres, il n'y a rien de tel qu'un parent qui accompagne chaque semaine son enfant à la bibliothèque municipale pour échanger tous les deux leur précieux butin de livres. En plus des conseils judicieux offerts par certains bibliothécaires, des magazines et des ouvrages peuvent aider le parent à faire découvrir à son enfant la magie des livres[5].

Exploiter la stimulation que peut offrir l'informatique

Si votre enfant a accès à un ordinateur, aidez-le à découvrir la mine de renseignements que cachent, par exemple, les encyclopédies sur disque optique, les sites Internet relatifs à un travail scolaire, à ses intérêts ou à son loisir préféré. Aidez-le à participer à un réseau d'échange avec d'autres jeunes, initiez-le aux défis stimulants qu'offrent certains logiciels (pour dessiner, par exemple).

Avoir une réserve de suggestions et de matériel d'activités

Bâtissez avec votre enfant et mettez à jour une liste d'activités amusantes à faire à l'intérieur ou à l'extérieur, des activités possibles quand vous vous trouvez à court d'idées. Aussi, remplissez une boîte de divers objets qui permettent à l'enfant de s'amuser ou de s'occuper; sortez-la au moment opportun. Favorisez aussi une certaine rotation dans le matériel de façon à éviter la dispersion et à garder l'effet stimulant de la nouveauté.

---

5. *Le Magazine Enfants Québec* suggère régulièrement des livres qui sont des valeurs sûres pour le jeune lecteur; *Lurelu* est un périodique québécois portant exclusivement sur la littérature jeunesse; les livres *La Bibliothèque des enfants: des trésors pour les 0 à 9 ans* et *La Bibliothèque des Jeunes: des trésors pour les 9 à 99 ans*, tous deux publiés en 1995 chez Québec Amérique, répertorient et évaluent systématiquement les ressources littéraires qui s'offrent aux jeunes.

Choisir une activité parascolaire structurée

Explorez l'ensemble des activités récréatives offertes aux six à douze ans par des associations provinciales, par le service des loisirs de votre municipalité ainsi que les activités offertes par votre commission scolaire. Quelle activité pourrait correspondre aux goûts et aux habiletés de votre enfant? Il est parfois plus facile pour l'enfant de s'ajuster à un contexte plus structuré de loisirs qui s'exercent sous le leadership d'un adulte et où les règles sont claires, que lorsqu'il est laissé à lui-même pour jouer ou pour pratiquer un sport avec des enfants de son âge. Il faut, par contre, trouver un bon jumelage entre les intérêts et les habiletés de l'enfant et les ressources du groupe d'activités en question (l'attitude de l'animateur adulte et des autres jeunes participants est un critère important pour l'intégration).

Voici des exemples d'activités qui ont parfois fait toute la différence dans la vie de certains enfants hyperactifs. Un laboratoire de Petits Débrouillards, les scouts, un corps de cadets; une équipe de hockey, de soccer ou de baseball; un cours d'athlétisme, de gymnastique, de karaté, de taekwondo, de natation, de tennis; un club de ski de fond ou de ski alpin; un camp de jour offert par la municipalité ou par un organisme communautaire (comme le Patro) ou par une association (comme l'Association du Québec pour enfants avec troubles d'apprentissage, AQETA).

Certains enfants hyperactifs ont plus de difficulté à s'intégrer dans des sports de groupe, comme le hockey ou le soccer, et réussiront mieux au karaté ou à la natation, par exemple. Certains autres s'intègrent sans trop de difficulté dans les scouts, mais ils y parviendraient plus difficilement sans la complicité de tel animateur ou sans l'atmosphère positive de son groupe. Quand ça fonctionne, quand l'enfant peut s'ajuster (parfois grâce au soutien de la médication), cette forme d'intégration sociale plus structurée permet à l'enfant d'être en contact avec de nouveaux amis, d'avoir un groupe d'appartenance et, surtout, de vivre l'expérience merveilleuse de se sentir comme les autres.

Solliciter des contrats de travail

Selon les capacités et l'âge de votre enfant, explorez avec lui différentes possibilités de «petits contrats» qui pourraient mettre à profit ses réserves d'énergie et lui permettre une reconnaissance sociale (en plus de développer son sens des responsabilités et d'être, à l'occasion, une source de revenu d'appoint). Certains exemples: pour un voisin, tondre la pelouse, arroser les arbres et les plantes, pelleter l'entrée, désherber les plates-bandes, faire des courses à bicyclette; pour un voisin absent, soigner les animaux domestiques, entrer le courrier, arroser les plantes, déneiger ou tondre la pelouse; ou encore aider un camelot et, éventuellement, avoir son propre circuit.

CHAPITRE XVI

Les amis

Le défi d'avoir des amis

Peu d'enfants hyperactifs parlent ouvertement de la difficulté qu'ils vivent d'être rejetés ou, du moins, d'être peu choisis comme amis. Ceci n'a rien d'étonnant puisqu'ils ont davantage tendance à agir leurs émotions plutôt qu'à exprimer verbalement ce qu'ils ressentent, d'autant plus que le fait de ne pas être populaire est vécu par tout le monde comme une situation un peu humiliante et dévalorisante.

Le parent attentif devine néanmoins la frustration et la tristesse de l'enfant qui se cachent dans les messages suivants: «*Je n'ai même pas été invité.*» Ou: «*Il n'y a personne qui m'a choisi pour être dans son équipe!*» Ou encore, après un retour précipité d'une activité entre amis: «*Ils sont tous une bande de cons!*» Ou: «*Pourquoi je peux pas jouer avec les amis de Nathalie (sa petite sœur)?*» Rappelons-nous que Philippe a confié à Louise que, ce qu'il aime tellement de son chien Rex, c'est que «*lui, il est toujours content de me voir arriver, qu'il me prend comme je suis, avec lui il n'y a pas de danger de se chicaner ou d'être rejeté*». Nous nous souvenons également que c'était pour se gagner la faveur des copains que Stéphane, qui souffre de ne pas avoir d'amis, avait relevé le défi de voler du chocolat pour le leur distribuer et montrer qu'il en était capable[1].

---

1. Voir aux pages 205 et 206.

Pourquoi est-il si difficile pour plusieurs enfants hyperactifs d'avoir des amis et d'être acceptés par leurs pairs? C'est surtout l'impulsivité qui leur joue des mauvais tours dans leurs relations avec les autres enfants et les éloigne des amis qu'ils rêveraient d'avoir. Rappelons que cette impulsivité fait référence à leur hyper-réactivité face à toutes les stimulations, à un manque de retenue qui demeure indispensable aux bonnes relations. Réagir trop vite multiplie les chicanes et rend plus difficile le fait d'attendre son tour ou de respecter les règles du jeu. Un enfant hyper-réactif écoute peu et devient facilement envahissant ou irritant pour les autres enfants. Ainsi, ce n'est ni par indifférence ni par mauvaise volonté, mais bien par impulsivité que l'enfant hyperactif se met souvent à dos ses amis potentiels.

En plus de ce manque d'inhibition, nous observons aussi chez certains enfants hyperactifs une forme d'immaturité sociale qui les rend moins conscients du rôle qu'ils jouent et moins sensibles aux réactions qu'ils suscitent chez les autres. Non seulement cette faible perception sociale contribue-t-elle à les maintenir plus jeunes que leur âge, mais elle diminue d'autant leur capacité d'ajuster leurs comportements aux attentes des autres enfants dont ils voudraient pourtant se faire aimer. Notons, finalement, une troisième source de difficultés avec les amis: nous savons que l'impulsivité et l'inattention handicapent d'autant leur niveau de performance tant scolaire que sportive; or comme ces deux domaines sont hautement valorisés par les amis de la classe, ces contre-performances n'aident pas à mousser leur cote de popularité au sein du groupe. Ainsi, l'impulsivité, la faible perception sociale et les contre-performances scolaires et sportives contribuent, à des degrés divers, à miner la popularité des enfants hyperactifs dans les groupes d'enfants de leur âge et rendent plus problématique le fait d'avoir des amis.

La situation des devoirs et celle des amis se ressemblent à certains égards. D'une part, le défi est de taille et l'enjeu est important dans les deux cas; nous savons combien bien réussir à l'école et être accepté par les autres enfants sont deux réalités qui pèsent lourd dans le développement de l'estime de soi de l'enfant d'âge scolaire. D'autre part, il n'existe malheureusement pas de solution facile ni de solution définitive pour assurer l'adaptation scolaire et sociale de l'enfant hyperactif: il est certes plus facile d'apprendre *la routine du matin ou du coucher* que d'apprendre à *être un ami*. Les solutions demeurent complexes et s'évaluent à long terme. Nous pouvons par contre affirmer que tous les pas franchis par l'enfant pendant la période de l'école primaire deviennent des ressources personnelles, des acquis sur lesquels il pourra s'appuyer pour faire face aux défis de l'adolescence. Ainsi, la meilleure façon de prévenir les difficultés scolaires ou sociales à l'école secondaire est de pouvoir miser sur des réussites passées (par exemple, avoir développé tôt une discipline face aux devoirs ou avoir déjà eu et conservé «un meilleur ami»).

Le rôle du parent face aux défis d'avoir des amis consiste surtout à accompagner l'enfant dans son processus de maturation et dans sa démarche d'apprentissage face à certaines habiletés sociales. On peut regrouper ces stratégies d'accompagnement autour de cinq thèmes: 1. offrir à l'enfant un modèle de relation sociale positive; 2. l'aider à prendre conscience de ses besoins et de ses comportements nuisibles; 3. compenser ses déficits sur le plan des habiletés sociales; 4. aider les autres à comprendre la nature des difficultés que vit l'enfant; 5. Accepter, si nécessaire, le soutien de la médication. Voyons ces différentes stratégies en action.

Offrir un modèle de relation sociale positive

Maintenir la qualité de sa propre relation avec son enfant

Le fait de maintenir une bonne relation et une complicité positive avec son enfant reste le point d'ancrage le plus solide à partir duquel l'enfant développe sa propre sensibilité relationnelle et sa maturité sociale. Le chapitre IV propose trois moyens d'entretenir cette relation positive avec l'enfant: 1. rester sensible à ce qu'on apprécie chez l'enfant; 2. vivre des situations de plaisir partagé; et 3. savoir l'écouter.

Pour chaque enfant, l'attitude de respect, d'écoute et de coopération de ses parents à son égard demeure le modèle de base d'une relation positive à partir duquel se développent progressivement ses propres habiletés sociales. Nous avons souligné que, sur le plan des loisirs, l'enfant apprend à faire des choses agréables et prend souvent modèle sur le contenu des activités plaisantes partagées avec ses parents. Ces situations de loisirs ainsi que toutes les situations d'interactions familiales lui permettent également d'apprendre à partir de l'attitude de ses parents, et de répéter par la suite avec ses amis les comportements qui permettent de vivre ensemble de bons moments. Cet apprentissage sur le plan des attitudes sociales est moins évident et s'inscrit à plus long terme que le fait de reproduire avec ses amis des activités de loisirs, mais l'apprentissage n'en est pas moins réel et important.

Arrêter les escalades d'agressivité

Comme nous l'avons mentionné précédemment, le fait de désamorcer les escalades agressives dans les interactions parent-enfant en exigeant un temps d'arrêt encadre les réactions impulsives des deux parties[2]. Le parent donne l'exemple concret d'un contrôle personnel dans une interaction difficile, tandis que l'enfant apprend lui aussi à s'arrêter et, éventuellement, à exercer ce même contrôle dans ses interactions avec les autres. Placé en situation d'interaction tendue avec un ami, il pourra mieux réfréner son impulsivité s'il a appris à reconnaître le piège des escalades agressives, à s'arrêter et à éviter la chicane.

Se donner, comme parent, des temps d'arrêt pour permettre aux émotions de se dissiper donne également à l'enfant l'exemple concret d'un moyen efficace pour contrôler ses émotions et contribue à développer ses habiletés sociales. Le fait de taper ou d'insulter l'enfant qui n'écoute pas offre au contraire un modèle de réaction impulsive et agressive en réponse à une situation de frustration. De plus, la rancune et la dévalorisation qui s'accumulent alors chez l'enfant risquent de nuire à la qualité des relations qu'il établit avec les autres[3].

Aider l'enfant à devenir plus conscient de ses besoins et de ses comportements

Écouter les émotions de l'enfant

Le parent qui est attentif aux émotions de l'enfant aide celui-ci à prendre conscience de la tristesse, de la frustration, des peurs qu'il ressent à la suite de certaines difficultés vécues avec les enfants de son âge. Plutôt que «d'agir» ses émotions difficiles à travers des comportements plus ou moins appropriés, le fait de pouvoir en parler aide l'enfant à mieux comprendre ses besoins d'amitié et à prendre des moyens concrets pour améliorer ses relations. L'exemple de Louise qui avait su écouter le désarroi de Philippe face au déménagement probable de son seul ami et celui d'écouter sa peur d'être rejeté par les autres enfants à l'école illustrent une attitude d'écoute du parent qui aide l'enfant à voir plus clair dans ses propres émotions difficiles.

---

2. Voir à la page 197.
3. Voir aux pages 209 et 210.

Donner de la rétroaction à l'enfant sur ses comportements sociaux

Un des meilleurs moyens pour aider l'enfant à augmenter sa perception sociale et à développer les habiletés dont il a besoin pour avoir des amis consiste à revenir avec lui sur des situations d'interactions qu'il vient de vivre. Il s'agit de l'aider à voir ce qui s'y passe, à voir en action quels sont ses comportements utiles et agréables (pour les répéter) et quels sont ses comportements nuisibles, c'est-à-dire les pièges qui nuisent à ses bonnes relations et sur lesquels il pourrait travailler de façon systématique. En somme, le parent retrace avec l'enfant le déroulement des interactions, comme une reprise sportive sur vidéo.

Voici certains exemples de comportements fréquents chez les enfants avec un DAH, qui provoquent des réactions chez les autres et qui demandent une surveillance: ne pas respecter les règles du jeu, ne pas attendre son tour, être mauvais perdant, être agité et énervant, être envahissant, interrompre ou ne pas écouter celui qui parle, devenir rapidement agressif, taquiner et agacer, se vanter sans voir les bons coups des autres.

Les trois situations suivantes se prêtent bien à une rétroaction quand l'occasion se présente:

√ au moment des repas (un véritable laboratoire quotidien pour développer les habiletés sociales de chacun)[4];

√ dans une activité de loisir que le parent partage avec l'enfant;

√ dans une situation d'interactions avec des jeunes de son âge (sur des comportements dont le parent pourra avoir été lui-même témoin s'il est présent, sinon que le jeune évoquera en racontant son activité).

Il est important de revoir systématiquement les règles d'une bonne rétroaction qui définissent les façons de renforcer le processus d'autoévaluation de l'enfant et de favoriser une atmosphère d'échange positif centré sur une résolution de problèmes[5]. Ne pas oublier de dépister et d'être attentif pour souligner à l'enfant tant ses comportements positifs et ses habiletés sociales que ses comportements nuisibles et les habiletés à développer.

---

4. Voir aux pages 239 et 240.
5. Voir aux pages 98 et 99.

D'autres moyens permettent également d'aider l'enfant à augmenter sa perception sociale face à un comportement nuisible: le parent peut établir avec son enfant une entente pour lui signifier un danger imminent par un code non verbal préventif; le parent peut aider l'enfant à avoir un meilleur comportement pendant les repas ou en faisant des jeux de rôle; ou encore, parent et enfant peuvent planifier ensemble la prochaine situation où ce comportement nuisible est susceptible de se produire.

Compenser les déficits sur le plan des habiletés sociales

Planifier les loisirs et encourager les activités structurées

En discutant le thème des loisirs, nous avons souligné que le fait de prévoir les situations de loisirs de l'enfant est également un moyen indirect pour faciliter ses relations avec d'autres jeunes. Investir l'énergie et les ressources nécessaires pour aménager un espace de jeux adapté et pour avoir l'équipement requis (ordinateur et équipement de sport d'occasion, jeux provenant de ventes-débarras), pour développer des habitudes d'activités de loisirs structurés et pour favoriser l'intégration dans des groupes d'activité pour les jeunes: c'est un capital en banque, sur le plan des loisirs, qui aide l'enfant à connaître et à garder des amis. Il s'agit en quelque sorte de compenser son déficit sur le plan des habiletés sociales en développant des forces parallèles sur le plan des loisirs.

Prévoir les situations d'interactions entre amis

À l'occasion et selon le contexte, invitez un ami à se joindre à une activité de loisir que vous partagez avec l'enfant, où il y aura du plaisir et où vous pourrez discrètement faciliter certaines interactions entre les jeunes (par exemple, une excursion de pêche, un soir de camping, une sortie au cinéma, etc.). Ce sont d'excellentes occasions pour partager des observations avec l'enfant après l'événement et lui donner des rétroactions pertinentes.

Il s'agit ici de sortir son radar de parent «météorologue», pour demeurer en alerte et pour capter les indices de difficultés dans les interactions, de façon à soutenir l'enfant au moment opportun et à voir passer ses bons coups. Dans une situation où, par exemple, un ami vient jouer avec l'enfant à la maison, parent et enfant peuvent prévoir ensemble comment les choses devront se dérouler pour en faire une situation réussie; si le parent est discrètement présent, il pourra intervenir dès le début (peut-être grâce à un signal codé sur lequel les deux se sont entendus), aux premiers signes avant-coureurs d'un orage, avant que l'enfant et l'ami en question soient «trempés» tous les deux. Dans les situations d'interactions avec les amis, le fait de prévoir les moments creux en constituant une banque de loisirs peut également être un moyen utile pour conserver une atmosphère de plaisir.

Développer des compétences reconnues par les autres enfants

Comme il a été suggéré au chapitre sur les loisirs, être bon dans un sport, trouver un passe-temps, maîtriser des ressources informatiques sont des compétences qui renforcent l'image de soi de l'enfant. L'autre bénéfice non négligeable, c'est que ces mêmes compétences facilitent également l'association avec d'autres jeunes qui partagent les mêmes forces ou qui veulent apprendre. Les intérêts qu'ils partagent permettent de passer plus facilement par-dessus les petites frictions que peut entraîner l'impulsivité de l'enfant hyperactif; aux yeux de son ami, ses compétences sociales plus faibles sont compensées par une compétence qui lui est particulière et qui le valorise.

Aider les autres à comprendre la nature des difficultés que vit l'enfant

Nous avons souligné au chapitre III que le fait de mieux comprendre la nature des difficultés associées au DAH contribuait à protéger la relation entre le parent et l'enfant. Nous croyons qu'il en est de même pour la relation entre l'enfant hyperactif et son entourage, y compris ses amis. En sachant combien il peut être blessant que nos gestes et nos comportements soient mal interprétés, nous comprenons qu'il est plus utile que dangereux de parler ouvertement de la question et de partager avec les amis de l'enfant une bonne information sur le DAH. Comme les parents et les enseignants, les amis peuvent alors mieux saisir la différence entre ce que leur ami hyperactif ne VEUT et ne PEUT pas faire; en sachant qu'il ne le fait pas toujours exprès, ils le jugeront moins et le comprendront mieux.

Le cousin hyperactif écrit par J. Gervais[6] est une excellente ressource pour discuter de la nature du DAH avec l'enfant lui-même et avec les jeunes de sept à douze ans qui l'entourent. L'histoire de Sébastien permet aux jeunes de partager les difficultés et les émotions que vit l'enfant hyperactif et d'être bien informés sur la nature objective des déficits qui sont associés au DAH.

---

6. J. Gervais, *op. cit.*

Évaluer l'utilité d'avoir recours à la médication

Le parent doit évaluer si le soutien de la médication est opportun pour son enfant, afin de lui permettre de vivre une intégration sociale normale, valorisante, qui favorise l'apprentissage de nouvelles habiletés sociales.

Tout comme certains enfants ont besoin de l'aide de la médication pour réussir la période des devoirs, d'autres n'ont accès à des activités de groupe que s'ils bénéficient du soutien de la médication. Des études ont montré que comparativement à d'autres types d'interventions (atelier de développement des habiletés sociales, programme de modification du comportement ou psychothérapie), la médication était le moyen le plus efficace pour réduire les comportements agressifs, l'inattention et l'impulsivité. Or ces difficultés sont précisément celles qui empêchent certains enfants hyperactifs de s'intégrer harmonieusement dans un groupe structuré d'activité de loisir. La médication ne développe pas par elle-même les habiletés sociales de l'enfant, mais elle permet à certains enfants avec un DAH assez sévère de profiter néanmoins de situations d'interactions sociales positives qui leur seraient inaccessibles autrement (scouts, Petits Débrouillards, camps d'été, etc.). Certains parents, conscients de l'effet de normalisation et de l'importance des apprentissages sociaux que cette intégration permet à leur enfant, jugent tout aussi important de lui offrir, dans ces contextes particuliers de loisir, le soutien que lui apporte la médication et dont il bénéficie déjà pour s'ajuster à son milieu scolaire.

Chapitre XVII

Les sorties, les voyages, les fêtes et les rencontres sociales

Le défi de s'ajuster à une situation qui sort de la routine

Les situations qui sortent de la routine (sorties, voyages, fêtes ou rencontres sociales) sont difficiles à vivre à la fois pour l'enfant qui a un DAH et pour le parent. Certains exemples présentés précédemment illustrent le défi auquel ces situations confrontent l'enfant. Les sorties de Claudette à l'épicerie avec Sandra tournent facilement en crise magistrale quand maman refuse d'acheter la friandise convoitée. Monique redoute un voyage en voiture qui contraindra Maude et Pierrot à passer plusieurs heures côte à côte et qui éprouvera leur capacité d'entente fraternelle. Quant à la mère de Sébastien, elle confie avoir hâte que le party de Noël soit enfin passé; elle se dit qu'il faudrait que le père Noël lui-même s'assoie sur son fils pour qu'il se tienne tranquille et arrête d'énerver la parenté...

Pourquoi ces situations posent-elles un défi particulier pour les enfants hyperactifs, qui sont par ailleurs reconnus pour aimer la nouveauté? Pour trois raisons: 1. la nouveauté et l'abondance de stimulations augmentent le niveau d'impulsivité de l'enfant qui devient rapidement survolté; 2. le contexte inusité échappe au contrôle du parent et il est plus difficile d'organiser les conditions de l'environnement pour répondre aux besoins particuliers de l'enfant (difficulté à attendre, besoin de bouger, etc.); 3. L'élément imprévisible de la situation accentue les comportements hors norme de l'enfant, de sorte que sa faible perception sociale rend l'ajustement spontané du comportement aux exigences de la situation plus hasardeux, pour ne pas dire improbable... Résultat: un enfant qui multiplie les comportements impulsifs et non appropriés, sous l'œil réprobateur des adultes, dont le regard oscille entre cet enfant *mal élevé et qui manque de contrôle* et ce parent *sans allure et qui manque d'autorité*.

Face à cette situation frustrante et dévalorisante tant pour l'enfant que pour le parent, deux solutions s'offrent à eux: 1. Éviter, si possible, les endroits qui posent problème (épicerie, magasin, église, banque, salle d'attente, etc.); 2. adopter une approche préventive et éducative dans la façon de planifier ces situations.

Éviter les endroits problèmes

À moins d'y être obligé ou si la situation ne permet pas à l'enfant d'apprendre à s'ajuster socialement, évitez de l'amener lors d'une sortie qui risque d'être longue, pénible ou ennuyante, surtout lorsque vous savez que vous ne pourrez être suffisamment disponible auprès de l'enfant. Lorsque la présence de l'enfant n'est pas obligatoire, prévoyez, si possible, une autre solution qui vous permettra de ne pas «traîner» inutilement l'enfant, et profitez-en plutôt pour faire de cette sortie une pause personnelle. Vous pouvez explorer les avenues suivantes pour éviter d'amener l'enfant: établir une rotation sortie-gardiennage avec le conjoint ou une voisine, ou prévoir une banque de petites gardiennes à court terme, etc.

Adopter une approche préventive et éducative

Il existe une autre approche face à ces situations: amenez l'enfant, mais faites de cette sortie ou de cette rencontre sociale un projet planifié à deux; utilisez alors judicieusement un mélange des quatre stratégies en C, de façon à faire de cette situation un défi d'apprentissage et une réussite parent-enfant. Cette approche préventive et éducative sera illustrée par deux exemples d'intervention que nous avons déjà mentionnés, alors que les sorties deviennent un projet éducatif planifié: lorsque Claudette prépare avec Sandra leur sortie à l'épicerie[1] et lorsque Monique prépare avec Maude et Pierrot le voyage en voiture jusqu'en Gaspésie[2].

Utiliser l'expérience passée pour prévoir et planifier la prochaine sortie semblable

L'exemple de Claudette

Pour faire de leur sortie une expérience positive et éducative, Claudette a utilisé les moyens suivants.

√ Utiliser l'expérience des difficultés passées pour prévoir et mettre au point une nouvelle stratégie de succès garanti.

√ Limiter ses attentes; les exprimer clairement et de façon positive et concrète à l'enfant.

√ Encourager de façon immédiate le respect par l'enfant des demandes qui lui ont été faites: une récompense concrète partagée avec maman et une rétroaction positive sur la situation viennent renforcer l'autocontrôle de l'enfant et encouragent la répétition de son comportement.

√ Prévoir et utiliser un retrait de privilèges dans l'éventualité du non-respect de ces demandes.

Définir des règles claires et prévoir les conséquences
L'exemple de Monique

Pour permettre à l'entente fraternelle entre Maude et Pierrot de tenir le coup tout le long du voyage, Monique a utilisé les moyens suivants.

√ Définir des règles simples et claires qui décrivent positivement les comportements exigés dans la voiture de la part des deux enfants.

√ Récompenser de façon immédiate et stimulante le respect de ces consignes et diviser le défi global et les délais en petites portions (les enfants pigent une surprise tous les cent kilomètres de bonne conduite).

√ Privilégier des récompenses qui bénéficient à tous et contribuent au plaisir de toute la famille.

√ Utiliser un retrait de privilèges automatique (ne pas piger) pour souligner le non-respect des consignes: la conséquence est claire, prévisible, immédiate, elle n'implique pas de désavantage sérieux et s'exerce à court terme, car on repart à neuf aussitôt après pour les prochains cent kilomètres.

---

1. Voir aux pages 150 et 151.
2. Voir à la page 171.

Autres suggestions de moyens pour préparer la situation

Voici certaines autres suggestions qui peuvent faciliter les sorties, les voyages, les fêtes ou les rencontres sociales.

√ Déterminer certaines priorités éducatives, limiter ce que nous demandons à l'enfant de bien faire et accepter courageusement que ce ne sera pas parfait.

√ Organiser la situation pour que les défis soient progressifs et favorisent l'apprentissage. Faire, par exemple, des sorties et des visites sociales plus courtes, dans des endroits moins difficiles ou chez des personnes plus tolérantes ou qui connaissent le DAH, afin de permettre à l'enfant de pratiquer et de s'ajuster progressivement aux exigences de ce type de situation.

√ Garder un sac de jouets exclusifs, dont l'usage est réservé pour ces occasions spéciales; certains jeux, qui conviennent particulièrement bien pour les voyages en voiture, peuvent être réservés pour cette circonstance.

√ Établir avec l'enfant une entente sur un message codé discret pour lui signifier un danger.

√ Prévoir quel moyen permettra d'arrêter un comportement inacceptable de l'enfant si cela devient nécessaire: serait-il préférable de prévoir un retrait de privilèges (et lequel?) ou un temps d'arrêt (à quel endroit?), si nous devons compter jusqu'à 3 [3]?

√ Évaluer le rôle positif que peut jouer une meilleure information chez les personnes présentes (par exemple, dans les fêtes et les rencontres sociales). Le livre *Ces enfants qui bougent trop*[4] peut être utile pour les adultes, tandis que *Le cousin hyperactif*[5] s'adresse aux sept à douze ans et fournit aussi une information succincte à certains adultes.

√ Évaluer et accepter, si nécessaire, le soutien de la médication pour faciliter l'ajustement de l'enfant à une occasion spéciale qui lui demande beaucoup d'adaptation. Penser qu'elle peut également favoriser son intégration sociale et son estime de soi (comme la participation à une fête de famille ou à une sortie exceptionnelle d'un groupe d'enfants).

---

3. Voir différentes formes pour appliquer l'approche du 1-2-3 dans un lieu public aux pages 191 et 192.
4. C. Desjardins, *op. cit.*
5. J. Gervais, *op. cit.*

Synthèse des pistes à considérer pour régler une situation difficile

Plutôt que de tenter de résumer l'ensemble des moyens présentés dans cette quatrième partie et avant de vous proposer une réflexion au sujet de la résolution d'une situation problématique pour votre enfant, voici deux conseils et un retour sur les moyens que vous avez déjà établis dans des exercices précédents.

Un premier conseil

Évitez les recettes magiques et les recettes toutes faites. Utilisez les moyens suggérés dans les chapitres XI et XVII et dans les exercices précédents pour bricoler, avec la complicité de l'enfant, une approche éducative à essayer, puis à ajuster selon l'expérience. N'essayez pas d'utiliser trop de suggestions à la fois: en accord avec l'enfant, choisissez UNE SITUATION à travailler à la fois, avec une sélection de QUELQUES MOYENS que votre enfant et vous êtes prêts à essayer.

Un second conseil

Les situations plus problématiques peuvent vous faire tomber dans le piège suivant: celui d'amplifier un sentiment négatif à la lecture de ce que vit l'enfant. Voilà une attitude qui va directement à l'encontre de la troisième stratégie éducative: construire sur le positif! Alors, aussitôt que vous aurez mis au point un petit plan d'action pour améliorer une situation difficile considérée comme prioritaire, dépêchez-vous de repenser à tous les défis que l'enfant a déjà réussi à relever. Revoyez, du même coup, toutes les situations positives qu'il vit présentement, des situations qui, non seulement, posent peu de problèmes, mais qui sont une source de gratification et d'enrichissement pour lui et pour ses parents!

Rappel des moyens déjà trouvés

Nous vous invitons ici à consulter de nouveau certains des moyens que vous avez déjà trouvés dans des réflexions précédentes et qui peuvent contribuer à améliorer certaines situations plus difficiles à vivre pour votre enfant.

√ Relever et encourager des situations et des activités valorisantes pour mon enfant (voir à la page 106).

√ Compenser par un environnement qui permet de bouger, qui facilite l'organisation des objets et des idées, qui définit des routines stables (voir aux pages 130 et 131).

√ Prévoir les situations plus difficiles: préparer le terrain, offrir le soutien nécessaire le plus vite possible, avoir des messages codés avec son enfant (voir à la page 135).

√ Faire des demandes en nombre limité, réalistes, faites au bon moment, brèves, claires et concrètes, positives, précises dans le temps, affirmatives, respectueuses, appuyées par les autres (voir à la page 154).

√ Construire sur le positif: accorder une attention, un encouragement ou une rétroaction positive quand le comportement recherché se manifeste; établir un système de récompenses face à un ou deux comportements cibles (voir aux pages 176 et 177).

√ Désamorcer les escalades et compter les comportements à arrêter (voir à la page 199).

Réflexion 11

Inventer ensemble
des solutions pour une situation
qui pose problème

Choisir certaines situations plus difficiles

- Lesquelles, parmi les situations suivantes, sont difficiles pour mon enfant et m'inquiètent davantage?

√	Être prêt pour l'école	priorité n°____
√	Vivre des couchers tout en douceur	priorité n°____
√	Apprendre à partager certaines tâches familiales	priorité n°____
√	Partager des repas aussi agréables que nourrissants	priorité n°____
√	Venir à bout des devoirs	priorité n°____
√	Occuper ses loisirs et éviter l'ennui	priorité n°____
√	Avoir des amis	priorité n°____
√	S'ajuster à des événements spéciaux (sortie, fête, etc.)	priorité n°____
√	Autre: _____	priorité n°____

Choisir une situation

- Selon moi, quelle situation est prioritaire pour l'instant?
- Qu'est-ce qui rend cette situation plus difficile?
- Qu'est-ce qui, à l'occasion, rend la situation moins difficile?

Imaginer et choisir des solutions possibles

- Quelles sont toutes les solutions possibles auxquelles je peux penser (en m'inspirant des moyens proposés dans ce chapitre, des idées qui sont ressorties à la suite de réflexions précédentes et en laissant aller mon imagination)?
- Parmi tous ces moyens, lesquels suis-je davantage porté à retenir (de préférence un moyen simple à appliquer, positif ou attirant pour l'enfant, pour moi-même et la famille, etc.)?
- Quels autres moyens pourraient être considérés comme mesures complémentaires ou mesures de rechange?

Faire une démarche en concertation

- Avec qui et comment devrais-je poursuivre cette réflexion de résolution de problèmes (avec mon enfant? mon conjoint? avec d'autres personnes engagées dans cette situation? y aller par étapes? réunir tout le monde?)?

Aide - mémoire

Quatrième partie:
Des situations à prévoir et des solutions à inventer

Chapitres XI à XVII: Le lever et le coucher; les tâches; les repas; les devoirs; les loisirs; les amis; les sorties, les voyages, les fêtes et les rencontres sociales

1. En raison des caractéristiques d'impulsivité, d'inattention et d'agitation associées au DAH, certaines situations peuvent poser un défi particulier à l'enfant avec un DAH: être prêt pour l'école, se coucher en douceur, partager certaines tâches familiales, vivre des repas agréables en famille, venir à bout des devoirs, avoir des loisirs stimulants et valorisants, avoir des amis, s'ajuster à une situation qui sort de la routine (sorties, voyages, fêtes et rencontres sociales).

2. En s'appuyant:
   a) sur une bonne compréhension de la nature des difficultés particulières que vit l'enfant;
   b) sur une solide complicité avec l'enfant; et
   c) sur un mélange judicieux des stratégies éducatives des quatre C (compenser les déficits, clarifier les demandes, construire sur le positif et contrecarrer l'inacceptable),

parents et enfants choisiront de mettre la priorité sur une seule situation difficile à la fois et s'entendront sur un petit plan d'action qui utilise quelques moyens taillés sur mesure pour venir à bout de la difficulté éprouvée.

Après avoir essayé le plan d'action, parents et enfant revoient les objectifs et ajustent au besoin les moyens à utiliser.

Cinquième partie

Mettre toutes les forces en commun

Les parties II, III et IV ont montré comment bâtir une complicité éducative entre le parent et l'enfant: écouter les émotions et le point de vue de l'enfant, accompagner son processus d'autoévaluation, mettre à profit ses intérêts et ses compétences naturelles, prévoir avec lui des situations plus difficiles, construire à partir de ses comportements positifs, bref, autant d'interventions qui mettent l'enfant dans le coup et qui misent sur sa motivation et sur ses ressources pour favoriser son ajustement.

Dans la cinquième partie, nous présentons des stratégies qui visent à solliciter et à mettre en commun d'autres ressources dont l'enfant et le parent ont tous les deux besoin pour soutenir et compléter leurs efforts: les ressources de l'école, l'aide apportée par la médication, les ressources présentes au sein de la famille (conjoint et fratrie) et les autres ressources accessibles dans leur environnement (parenté, amis, ressources communautaires et professionnelles). Nous avons souligné au chapitre I que les sources de stress ainsi que les sentiments de frustration et de dévalorisation peuvent être contagieux et se multiplier à l'intérieur ou à l'extérieur de la famille. Mais il est tout aussi important de comprendre comment la famille, l'école et l'entourage peuvent également constituer un formidable réseau de soutien, dont les forces peuvent elles aussi être contagieuses et se multiplier, et que les moyens complémentaires de chacun font boule de neige pour apporter l'aide nécessaire.

Nous avons vu que, pour tenir le coup, les stratégies éducatives du parent devaient s'appuyer sur une base solide: une bonne compréhension des déficits en cause et une relation positive avec l'enfant, deux piliers qui, comme les racines profondes d'un arbre, permettent de mieux résister aux tempêtes. Or il faut maintenant voir que, pour tenir le coup, l'équipe parent-enfant doit elle-même pouvoir s'appuyer sur l'aide des autres personnes qui les entourent. Surtout à certaines périodes critiques dans le cheminement de l'enfant, les efforts combinés de différentes ressources et une mobilisation concertée sur tous les fronts deviennent souvent l'élément clé qui permet à l'équipe parent-enfant de continuer d'avancer, en reprenant son souffle ou en lui ouvrant de nouvelles avenues. Ainsi, ces forces concertées permettent-elles à l'enfant non seulement de résister aux tempêtes, mais de grandir en plein soleil et de développer tout son potentiel...

Mettre toutes les forces en commun, c'est-à-dire en combinant les ressources de l'enfant et du parent avec celles de l'école, de la médication, de la parenté et de l'entourage, n'est-ce pas le rêve de tous les parents qui ont un enfant avec un DAH? Comment passer d'un environnement qui juge et qui ajoute aux stress de l'enfant et du parent, à un environnement qui les aide et les encourage dans leurs efforts? Qu'est-ce qui fait que l'entourage juge moins et soutient plus, plutôt que l'inverse? Comment faciliter la communication et le partage de solutions avec l'enseignant, le conjoint, la parenté et les amis? Doit-on considérer la médication comme une solution facile ou comme une ressource complémentaire aux autres formes d'interventions? Vous trouverez ici des stratégies pour susciter la collaboration et mettre en commun les forces complémentaires des ressources qui entourent l'équipe parent-enfant.

Chapitre XVIII

Collaborer avec l'école

Le défi de l'école

Dans les entrevues faites auprès de parents d'enfants avec un DAH, le thème de l'école revenait sans cesse, comme un refrain inépuisable, démontrant l'importance capitale qu'occupe l'école dans la vie de l'enfant hyperactif. Les préoccupations relatives à l'école prennent facilement toute la place dans les confidences des parents, à moins, bien sûr, de leur poser des questions sur d'autres thèmes comme la fratrie, les activités préférées de l'enfant ou leurs propres interventions éducatives.

La difficulté que représente la réalité scolaire pour l'enfant avec un DAH se trouve clairement dans le bilan de départ fait par Philippe ou par Louise[1]. Rappelons quelques réponses de Philippe. Quelles sont les activités qui, à ses yeux, sont sources d'échec ou de frustration? « *Les devoirs, les examens et les exercices en classe.*» Des situations difficiles à vivre? «*Rester assis, écouter en classe quand c'est plate.*» Les personnes qui le dévalorisent le plus ou le stressent? «*Les autres dans la classe.*» Son rêve? «*Qu'il n'y ait que l'été pendant toute l'année.*»

Voici les réponses de Louise. Une personne qui ajoute une pression supplémentaire à son rôle de parent? «*Sans hésitation, le directeur de l'école de Philippe.*» Ce qui la décourage le plus? «*Aller chercher le bulletin à l'école.*» Une personne qui juge et dévalorise Philippe? «*Son enseignant de l'an*

---

1. Voir aux pages 35 à 41.

dernier.» Quelqu'un qui aide Philippe et le comprend bien? «*Son enseignant de cette année.*» De plus, en réfléchissant à leur réalité familiale, Louise souligne avec regret «*qu'avant que Philippe commence à aller à l'école, tout était moins sérieux, on avait plus d'énergie pour rire et faire des folies! Philippe et Jacques seraient-ils en train de perdre leur merveilleux sens de l'humour?*» En lisant le bilan fait par Philippe, Louise avait d'ailleurs été frappée de constater combien tous deux semblaient partager la même allergie scolaire.

Les trois pôles de l'équipe de travail

Faisons d'abord un rapide tour de table pour présenter les trois principaux participants qui composent l'équipe de travail (l'enseignante[2], l'enfant et le parent), en soulignant certaines caractéristiques du rôle que chacun est appelé à y jouer.

Le rôle clé joué par l'enseignante

Alexis termine sa cinquième année, il a de bonnes ressources intellectuelles et ne présente aucune problème spécifique d'apprentissage. Voici un extrait du témoignage de la mère d'Alexis, qui reflète le point de vue énoncé par plusieurs des parents.

T é m o i g n a g e

Depuis qu'Alexis est en maternelle, on en a vu de toutes les couleurs, des vertes et des pas mûres. Chaque année, je me croisais les doigts, en me disant: «*J'espère qu'il va avoir un bon enseignant cette année et que ça va bien aller!*» À la fin de sa quatrième année, j'ai commencé à m'inquiéter parce qu'à son école, il y avait trois professeurs qui enseignaient en cinquième année, dont Martine. Tout le monde me disait que Martine n'était pas facile. Même que j'ai demandé à Alexis: «*Veux-tu que j'intervienne à l'école pour ne pas que tu sois avec Martine?*» Il m'a dit qu'il voulait que je laisse faire les événements et qu'on verrait bien.

Voilà qu'il se retrouve avec Martine! J'étais bien découragée! Alors, croyez-le ou non, ça a été sa plus belle année. Martine était sévère, c'est vrai, mais elle était juste, elle avait les idées claires et elle faisait le métier d'ensei-

---

2. Pour éviter d'alourdir le texte, nous utiliserons le féminin, puisque les enseignantes sont nettement plus nombreuses que les enseignants.

gnante parce qu'elle aimait ça, et les jeunes le sentaient. Elle était sévère, mais elle était aussi capable d'en laisser passer quand c'était mieux pour l'enfant. Elle a vu venir Alexis dès le début de l'année et elle a dit: «Avec lui, ce sera comme ça, comme ça»; tout était clair et ça a été comme sur des roulettes!

Deux éléments frappent dans ce témoignage: le danger des préjugés qui circulent à l'intérieur et à l'extérieur des écoles et, surtout, le rôle central que la plupart des parents attribuent à l'enseignante relativement à l'adaptation dont leur enfant saura ou ne saura pas faire preuve pendant l'année.

Ce n'est qu'après avoir écouté plusieurs enseignantes ayant travaillé avec des enfants hyperactifs que nous pouvons maintenant nuancer le point de vue des parents au sujet du rôle essentiel joué par l'enseignante. Le «genre d'année» que l'enfant passera à l'école dépend, bien sûr, des qualités de son enseignante, mais l'approche que celle-ci adoptera face à l'enfant dépend également des autres enfants qui composent son groupe, de l'attitude de la direction face à ses enseignantes, de la collaboration ou de la compétition qui existe avec ses collègues (lorsqu'ils se trouvent à la salle des professeurs ou dans la cour de récréation), de l'attitude des personnes-ressources et de la surveillante du dîner, de l'atmosphère qui prévaut dans l'autobus scolaire, des nouvelles directives du Ministère, ainsi que des coupures de la commission scolaire dans les ressources d'aide individuelle...

Bref, s'il est certain que l'enseignante joue un rôle déterminant dans le fait que l'enfant est plus ou moins motivé de se rendre à l'école chaque matin et dans la façon dont il réussira son année scolaire, plusieurs autres acteurs (les autres enfants de la classe, la direction, les collègues enseignants, les personnes-ressources, etc.) conditionnent à leur tour la façon dont l'enseignante, avec ses qualités personnelles de base, réussira à exercer son rôle auprès de l'enfant.

Les efforts consentis par l'enfant

Selon la perspective des parents et des enseignants, la réussite de l'année scolaire dépend en grande partie de l'attitude de l'enfant lui-même. Parents et enseignante discutent souvent du rôle de l'enfant à partir des mêmes questions: «*Est-il assez motivé? Fait-il les efforts nécessaires pour réussir comme il en est capable?*» Ces questions soulignent la distinction à faire entre ce que l'enfant ne VEUT pas et ce qu'il ne PEUT pas faire; elles rappel-lent l'importance du diagnostic et de bien comprendre la nature des défi-cits associés au DAH[3].

Témoignage

Pour discuter des difficultés de comportement de Michaël à l'école, on avait réuni, au mois de novembre, son enseignante, la directrice, le psychologue, la responsable du centre d'aide individuelle et la mère de Michaël. L'atmosphère générale était un peu tendue, dominée par les frustrations et les inquiétudes des uns et des autres.

La discussion de cas a soudainement changé de ton lorsque la mère a spontanément confié au groupe: «*Mais je suis certaine qu'il ne le fait pas ex-près. L'autre soir, je l'ai entendu dire dans sa prière du soir: "Mon Dieu, faites que je sois moins tannant."*» Un silence a suivi, puis le groupe d'adultes s'est remis à chercher tous ensemble différents moyens pour aider davantage Michaël.

Il est important de se rappeler que, comme tous les autres enfants à l'école, les enfants hyperactifs veulent réussir, être aimés et être aussi bons que les autres. Mais comme nous l'avons déjà vu, «école + DAH = un mariage difficile». À l'école, les embûches ne manquent pas pour eux. Quand nous y repensons, tout, dans le milieu scolaire, les pousse à l'échec ou, du moins, représente des défis importants: 1. le besoin de bouger et la nécessité de rester assis sans déranger; 2. la difficulté de soutenir leur attention et les exigences du contenu scolaire; 3. la difficulté à s'organiser et le type de tâches exigées; 4. leur motivation liée aux récompenses plus immédiates et les objectifs à long terme des apprentissages à faire. Même les récréations ne sont pas nécessai-rement reposantes, quand nous sa-vons comment l'impulsivité peut faire un mélange explosif avec la pression et le rejet des pairs... En somme, si Charlemagne a inventé l'école, il n'a sûrement pas organisé ce milieu de vie en fonction des caractéristiques des enfants qui ont un DAH!

«*Mon Dieu, faites que je sois moins tannant.*»

---

3. Voir les chapitres II et III.

Le livre *Le cousin hyperactif*[4] réussit bien à traduire l'incompréhension et le désarroi auxquels plusieurs enfants hyperactifs sont confrontés en milieu scolaire. Mieux comprendre permet à chacun d'éviter toute fausse interprétation relativement aux efforts consentis par l'enfant au sein de l'équipe de travail. Comme pour la situation des devoirs, il est essentiel que l'enseignante, le parent et les autres enfants de la classe reconnaissent l'importance du défi que l'école représente pour la majorité des enfants hyperactifs.

Le niveau des attentes du parent

Au tour du parent maintenant! Son rôle, comme membre de l'équipe de travail, est sans doute plus discret; il est tantôt porte-parole ou médiateur de l'enseignante auprès de l'enfant, tantôt porte-parole ou médiateur de l'enfant auprès de l'enseignante. Puisqu'il joue ce rôle, le parent doit se rappeler que, dans un éventuel affrontement entre lui et l'enseignante ou la direction de l'école, l'enfant est témoin de ce qui se passe et il lui sera difficile d'avoir confiance en celle que les parents auront dénigrée ou démolie lors d'une conversation au souper et de collaborer à 100 % avec elle. Il est alors plus tentant pour lui de se servir de ces critiques comme d'un nouvel alibi pour excuser ses propres difficultés ou démissions scolaires.

Un des grands défis du parent dans son rôle de médiateur au sein de l'équipe de travail consistera à ajuster son niveau d'attentes en fonction des capacités de son enfant et des ressources du milieu scolaire. Confronté aux limites de cette double réalité, le parent est amené à évaluer jusqu'où il doit se battre et jusqu'où il doit tenter de compenser pour aider son enfant à réussir à l'école. Inquiets ou frustrés par ces limites, certains parents sont parfois tentés d'essayer de convaincre l'enfant ou l'enseignante qu'ils doivent changer leur façon de voir ou de faire. Or ces interventions basées sur la confrontation ont habituellement l'effet contraire à celui recherché et les sentiments de frustration ou d'inquiétude de l'enfant ou de l'enseignante reviennent au parent, comme s'ils étaient amplifiés par l'écho. À part le fait de vouloir changer à tout prix l'enfant ou l'enseignante, l'autre piège qui guette le parent est celui de se donner le contrat impossible de «faire comme si» et d'essayer de compenser lui-même pour les limites d'apprentissage de son enfant ou des ressources scolaires.

---

4. J. Gervais, *op. cit.*

Ainsi, le rôle le plus utile que le parent peut jouer au sein de l'équipe de travail consiste généralement à ajuster ses attentes et à mettre résolument toute son énergie à bâtir un esprit de collaboration et une solide complicité entre lui, l'enseignante et l'enfant; les stratégies présentées dans le reste du chapitre visent précisément à outiller le parent pour renforcer ce triple partenariat.

Partager l'information: *quoi* dire

Chaque mois de septembre amène le défi d'une nouvelle collaboration à bâtir. Pour faire équipe comme éducateurs, parents et enseignante disposent essentiellement de deux outils: partager toutes les informations utiles dont chacun dispose et *choisir* la complicité, c'est-à-dire adopter résolument une attitude qui contribue à maintenir un climat de travail positif, malgré les embûches qui jalonneront l'année scolaire. Ces deux pôles (partager l'information et choisir la complicité) seront successivement abordés. Voici d'abord une liste de suggestions qui ont avantage à être partagées ouvertement avec l'enseignante de l'enfant, une fois qu'un minimum de confiance existe entre les nouveaux partenaires.

Partager l'information sur le DAH, le diagnostic et la médication

Informez l'enseignante sur les documents qui vous ont davantage aidé à comprendre la nature des difficultés spécifiques que vit votre enfant. Précisez comment les informations présentées dans tel ou tel document s'appliquent bien ou s'appliquent peu à la réalité particulière de votre enfant. Échangez sur les ressources d'informations dont dispose l'enseignante ou l'école concernant le DAH.

Partagez la démarche qui a été faite pour préciser un diagnostic. Précisez les caractéristiques associées au DAH telles qu'elles se trouvent chez votre enfant, compte tenu de sa personnalité, de ses ressources et de ses difficultés. Partagez également la démarche que votre enfant et vous avez faite en fonction de la médication. L'enfant prend-il actuellement des médicaments? Sous quelle forme? Quand est prévue la prochaine visite chez son médecin? Les observations de l'enseignante seraient-elles utiles pour faire un essai ou pour mieux ajuster le dosage?

Donner un portrait global de l'enfant, son cheminement à l'école et à la maison

Partagez certaines informations qui aident à mieux connaître et à comprendre qui est votre enfant: ses loisirs et ses intérêts, ses forces et ses réalisations, sa façon d'exprimer ses émotions et son point de vue, ce que vous appréciez particulièrement chez lui, etc. Partagez votre propre perception quant au cheminement scolaire de l'enfant. Quels moyens ont déjà été utiles, lesquels ont moins bien fonctionné? Retracez certains éléments que vous avez particulièrement appréciés l'an dernier ainsi que certains pièges que vous souhaitez éviter. Informez-vous sur les principaux moyens éducatifs qui sont présentement utilisés à la maison, ceux que vous avez déjà essayés et ceux qui fonctionnent le mieux.

N. B. En abordant l'expérience scolaire de l'enfant ainsi que les moyens éducatifs utilisés à la maison, prenez le temps de bien comprendre quels sont les principaux moyens éducatifs que l'enseignante aime utiliser dans sa classe et auprès des enfants qui ont des besoins particuliers.

Établir ensemble les objectifs à atteindre en priorité

Explorez et choisissez les objectifs éducatifs les plus importants à privilégier pour l'instant. Cherchez un consensus qui intègre le point de vue des trois partenaires: l'enseignante, l'enfant et le parent. Attention, ne travaillez pas sur trop d'objectifs à la fois et privilégiez, au début, un objectif qui est relativement facile à atteindre, question d'encourager toute l'équipe.

Se concerter sur la question des devoirs et d'un système de récompenses

Abordez ouvertement la question spécifique des devoirs et des moyens concrets à essayer. Discuter avec l'enseignante certains des moyens proposés dans le chapitre qui aborde cette question (par exemple, ajuster la quantité exigée, planifier et fragmenter la tâche à faire, utiliser l'aide d'un ordinateur, recourir à un tuteur, etc.)[5]. Prévoyez avec l'enseignante quand ou comment vous évaluerez et ajusterez les moyens essayés. Discutez de la pertinence d'établir un système de récompenses et des différentes formes proposées au chapitre IX. Si vous décidez d'utiliser un système de récompenses, devrait-il ou non être en lien avec la maison, avec les devoirs? Devriez-vous prévoir en plus un système de retrait de privilèges relié à certains comportements à l'école?

---

5. Voir le chapitre XIV.

Communiquer régulièrement avec l'école et construire sur le positif de chacun

Choisissez avec l'enseignante un moyen concret de communication qui répondra au besoin d'encadrement de l'enfant, tout en respectant votre disponibilité, celle de l'enseignante et l'école. N'oubliez pas de mentionner explicitement le genre de *bonnes nouvelles* dont vous avez besoin pour pouvoir vous aussi construire sur les comportements positifs que votre enfant aura eus à l'école. Prenez un soin particulier pour communiquer à l'enseignante les bons coups qu'elle a faits et dont vous avez eu vent à la suite d'un commentaire spontané de l'enfant ou de façon indirecte, par les devoirs ou les travaux. Pensez à communiquer à l'enseignante les rétroactions de l'enfant relativement à un événement heureux vécu à l'école ou à une réaction à son égard qui a su l'encourager.

Choisir la complicité: *comment* partager l'information

Choisir de collaborer

Nous parlons de «choisir» un peu comme certains couples qui se séparent «décident» (malgré certaines émotions) de poursuivre leur collaboration en regard des questions qui concernent leurs enfants, parce qu'ils sont suffisamment convaincus que leurs enfants en ont besoin. Parents et enseignante ne sont bien sûr pas nécessairement en situation de conflit personnel, comme c'est le cas dans une séparation; dans certaines circonstances, ils deviennent même spontanément de solides alliés en faveur de l'enfant dont ils partagent la responsabilité éducative pendant une année scolaire. Mais l'alliance est parfois plus difficile à vivre, et les sentiments de frustration ou de déception de l'enseignante ou du parent viennent facilement perturber cette «garde partagée».

Nous parlons donc de choisir parce qu'il faut parfois faire un choix presque conscient en faveur de la collaboration pour éviter tous les pièges reliés aux sentiments de compétition, de culpabilité ou de frustration qui menacent la relation parent-enseignante... Nous «choisissons» alors la complicité positive parce que nous sommes convaincus que cette collaboration est la base sur laquelle l'enfant prendra appui pour cheminer tout au long de l'année scolaire. Nous «choisissons» de résister à la tentation d'imposer unilatéralement notre point de vue; nous «choisissons» de faire attention de bien écouter le point de vue de l'enseignante avant de défendre le nôtre. Nous «choisissons» de ne pas prendre trop facilement partie pour ou contre l'enfant, pour ou contre l'enseignante, parce que nous savons que l'enfant a besoin d'une équipe à trois membres.

Reconnaître l'existence d'une menace réciproque

Il est utile de se rappeler qu'enseignante et parent vivent souvent des émotions parallèles qui peuvent les aider à mieux se comprendre et à s'épauler, ou qui, au contraire, peuvent exacerber leurs propres émotions négatives. Les comportements de l'enfant (qui sont souvent hors norme) risquent de mettre en doute le sentiment de compétence des adultes qui se sentent responsables de son éducation, qu'il soit parent ou enseignante (un bon éducateur n'est-il pas supposé *réussir*?). Cette menace réciproque entraîne spontanément l'exagération ou la recherche d'un coupable. Il est donc important que le parent reconnaisse et accepte ses propres émotions négatives face à l'école: colère, peur de l'échec, confirmation de son incompétence comme parent, inquiétude face à l'avenir de l'enfant, frustration, gêne, culpabilité, etc. Il n'y a rien de tel pour reconnaître et pour respecter les limites émotives de l'enseignante et de l'enfant au sein de l'équipe.

Partir sur un bon pied dès le début de l'année scolaire

Les situations hors crise, et tout particulièrement le début de l'année scolaire, sont des moments privilégiés pour «asseoir» les bases d'une collaboration positive au sein de la nouvelle équipe. Prenez l'initiative et faites dès la rentrée scolaire une offre claire de collaboration, basée sur la transparence des informations partagées, sur une attitude d'ouverture face au point de vue et aux suggestions qui viendront de l'enseignante, sur l'utilisation d'un moyen concret pour communiquer et pour s'ajuster.

Partagez l'expérience vécue par l'enfant les années passées afin de ne pas recommencer à zéro chaque année, mais demeurez attentif au point de vue de sa nouvelle enseignante et à sa propre façon de faire avec ses élèves. L'équilibre dans une concertation de départ n'est pas toujours évident à trouver et exige une attention spéciale. Pour faciliter le fait de partir sur un bon pied dès la rentrée scolaire, il peut même être utile que parent et enfant prennent tous les deux l'initiative d'écrire une petite lettre personnelle de présentation à l'enseignante. Chacun y résume à sa façon certains éléments d'information relativement aux caractéristiques de l'enfant, son cheminement passé et l'offre d'une collaboration concrète qu'ils souhaitent entretenir avec l'enseignante.

Se mettre dans la peau de l'enseignante

Imaginez régulièrement que vous êtes dans les souliers de l'enseignante, afin de bien garder en tête le défi du rôle d'une enseignante, qui est à la fois semblable et différent du rôle de parent. Voici certains éléments qui colorent la réalité quotidienne de l'enseignante: elle vit la pression d'être jugée par la direction de l'école et par ses collègues, elle vit des exigences plus ou moins grandes de la part de l'ensemble de la classe, elle a un contenu scolaire à donner, elle a ses propres allergies face à un enfant qui se montre impulsif ou peu motivé, elle a, comme vous, tendance à mal interpréter certains de ses comportements. Rappelons finalement que, comme certains parents entretiennent des préjugés face à l'école, certaines enseignantes ont également leurs propres préjugés face aux parents des enfants qui ont des troubles de comportements (par exemple, ces parents sont incompétents ou indifférents). Collaborer impliquera alors que les parents ou l'enseignante dépassent ce premier niveau de méfiance spontanée.

Maintenir une attitude positive basée sur la résolution de problèmes

Pour instaurer résolument un climat de collaboration positive, le parent a tout avantage à utiliser systématiquement avec l'enseignante les mêmes habiletés de communication qu'il a mises au point avec son enfant pour maintenir la qualité de sa relation: savoir écouter; respecter les règles d'une bonne rétroaction; construire sur le positif et souligner le chemin parcouru; se tenir loin des «blâmes» et de la recherche d'un coupable. Que ce soit avec l'enseignante ou avec l'enfant, le parent devra instaurer et travailler à maintenir une atmosphère basée sur la résolution de problèmes: comment chacun des trois partenaires (enseignante, enfant et parent) perçoivent-ils les événements? Que peut-on faire pour améliorer une situation difficile ou pour qu'une réussite se répète une prochaine fois?

Il est souvent utile que le parent ose dire explicitement à l'enseignante qu'il a besoin de savoir quand ça va *bien* et quels sont les bons coups de son enfant, afin de pouvoir construire sur ce positif. Le parent a alors avantage à rendre la pareille et à donner l'exemple en soulignant de son côté les bons coups de l'enseignante et de l'école. Quand nous comprenons la menace que l'école fait vivre à l'enfant mais aussi aux adultes impliqués, une façon de maintenir le moral de l'équipe consiste à décider ensemble du nombre et de la taille des objectifs à atteindre, et à nous encourager systématiquement à partir de petits succès.

Maintenir une cohérence entre la maison et l'école dans les stratégies d'intervention

Le témoignage du cheminement fait par le parent dans son approche éducative auprès de son jeune est extrêmement précieux pour le milieu scolaire, puisque les principes de base et les stratégies éducatives sont les mêmes dans la famille ou à l'école, bien que le contenu sur lequel portent ces interventions variera selon le contexte. Ainsi, l'application concrète des stratégies des quatre C[6] dans le milieu scolaire relève davantage de l'expertise de l'enseignante, bien que parent et enseignante aient tout avantage à partager et à harmoniser leurs solutions. Un bref survol des stratégies déjà présentées permet de comprendre que ces mêmes principes sont pertinents et éclairants en ce qui concerne l'encadrement éducatif de l'enfant hyperactif en milieu scolaire. Voici quelques exemples de l'approche éducative présentée dans ce livre et de son application dans un contexte scolaire.

Appuyer son action sur du solide

Les bases qui permettent d'appuyer l'intervention faite en milieu scolaire sur du solide sont les mêmes que celles sur lesquelles s'appuie l'action éducative du parent en milieu familial. Donc, il est aussi essentiel pour le milieu scolaire et l'enseignante que pour le parent d'être bien informés et de bien comprendre la nature des difficultés que vit l'enfant. De plus, malgré la pression des défis que vivent l'enfant et l'enseignante, appuyer l'année scolaire sur du solide, c'est réussir à maintenir une bonne relation et une complicité entre l'enfant et les adultes qui l'entourent à l'école.

Compenser les déficits

Dans le contexte scolaire, organiser l'espace évoque davantage des questions telles que *«Où est-il le plus avantageux de placer le pupitre de l'enfant dans la classe?»*, tandis que le fait de lui permettre de bouger pourra vouloir dire, pour certaines enseignantes, de donner à l'enfant un rôle de «commissionnaire», ou encore de lui permettre de distribuer des feuilles dans la classe ou de jouer avec une boule de pâte à modeler sur son pupitre.

6. Voir les chapitres VI à X.

Même si, à l'école, les situations relèveront davantage d'une tâche scolaire, d'un moment de récréation ou de l'heure du dîner, prévoir les situations plus difficiles voudra aussi dire la nécessité de préparer le terrain, de voir venir les situations plus difficiles et d'intervenir AVANT que l'orage éclate, ou encore l'intérêt d'établir avec l'enfant une entente de messages codés basée sur la complicité.

Clarifier les demandes

Le contenu des demandes à l'école est différent de celui de la maison, mais les règles d'une bonne demande demeurent strictement les mêmes, qu'elle soit faite par le parent ou par l'enseignante: être bref, clair et concret, positif, affirmatif, précis et respectueux. À ce sujet, il est particulièrement utile que parents et enseignante revoient ensemble et harmonisent leurs priorités et leur façon de faire, tout en apprenant l'un de l'autre.

Construire sur le positif

En raison du contexte de vie de groupe, construire sur le positif pose un défi particulier à l'école parce que l'attention accordée par l'adulte à un seul enfant demeure limitée et que les exigences scolaires entraînent la compétition et le risque d'échec pour les élèves. Cette importante stratégie repose néanmoins sur les mêmes interventions de la part de l'adulte et revêt souvent une importance capitale pour renforcer l'estime de soi de l'enfant.

Comme le parent à la maison, l'enseignante tentera d'accorder à l'enfant une attention, un encouragement ou une rétroaction positive dès que le comportement recherché se manifeste; un système de récompenses concrètes et immédiates, qui est facile et même amusant à gérer, pourra être mis sur pied. Soulignons ici comment certaines enseignantes ont vraiment l'art ou le doigté nécessaire pour réussir à utiliser le groupe d'élèves comme élément de soutien ou pour gérer un système de récompenses souple qui respecte les forces et les difficultés particulières de certains élèves.

Contrecarrer l'inacceptable

Même si la charge émotive est habituellement moins forte dans l'interaction avec l'enseignante, savoir limiter les réactions impulsives et savoir désamorcer les escalades d'agressivité sont tout aussi nécessaires pour l'adulte en milieu scolaire qu'ils le sont pour le parent à la maison. Un moyen non émotif et efficace comme la technique 1-2-3 peut être adapté par l'enseignante qu'il s'agisse: 1. de gérer les interactions agressives entre les enfants de la classe; 2. d'arrêter un comportement inacceptable chez un enfant; ou encore 3. de contrôler ses propres réactions impulsives face aux comportements difficiles de l'enfant. Lorsqu'il s'agit de gérer un temps d'arrêt ou un retrait de privilèges, les mêmes principes s'appliquent à l'école comme à la maison: définir des règles claires, maintenir des conséquences prévisibles, faire participer le jeune dans le processus.

Travailler ensemble à trouver et à ajuster les meilleurs moyens

Le parent a tout avantage à mettre en commun avec l'enseignante la façon dont il a appris à utiliser ces différentes stratégies pour aider son enfant dans le contexte familial. Il n'y a rien de tel pour encourager et pour stimuler de bonnes idées chez l'enseignante, pour imaginer des applications parallèles et cohérentes en milieu scolaire. Si le parent est encore au stade de la recherche de moyens, tant mieux, car cela lui permettra de collaborer pour chercher ensemble de nouvelles solutions...

Dans ce travail d'équipe, le parent a l'avantage de connaître son enfant depuis sa naissance et d'avoir une vision plus globale de ses besoins, tandis que, de son côté, l'enseignante a l'avantage d'être moins impliquée sur le plan émotif et de pouvoir partager une expérience riche de «plusieurs enfants». Dans un contexte d'échange, il est en ce sens souvent éclairant et stimulant que le parent témoigne de sa propre expérience et de son cheminement éducatif face à son enfant, mais il est également enrichissant qu'il demeure ouvert face à l'expertise éducative des intervenants en milieu scolaire et qu'il demeure intéressé à comprendre les stratégies qui sont appliquées à l'école. Construire sur le positif, c'est un principe valable pour tout le monde: les bons coups de l'enfant, mais aussi les bons coups éducatifs du parent et de l'enseignante!

Les mêmes comportements et attitudes qui facilitent la communication et qui encouragent le partage de solutions entre le parent et l'enseignante sont également valables pour faire équipe avec tous les autres adultes qui s'occupent de l'enfant. Les habiletés de communication que le parent a mises au point pour bâtir une complicité avec son enfant l'aideront également à susciter la collaboration avec chacun des partenaires de l'éducation de l'enfant: le conjoint ou l'ex-conjoint, la parenté, les voisins, la gardienne, l'animateur d'une activité de loisir, etc. Les chapitres XX et XXI abordent plus spécifiquement la collaboration que le parent peut établir avec ces autres partenaires (outre l'enseignante). Le résumé qui suit rappelle certains principes qui ont été abordés dans le présent chapitre et qui demeurent valables pour faire équipe avec tout adulte qui partage avec le parent un rôle d'éducateur.

Capsule d'information

Comportements et attitudes
du parent pour faire équipe et partager
le défi éducatif de l'enfant

√ Faire l'effort d'écouter

Mettre à profit les habiletés d'écoute développées avec l'enfant:
- devenir sensible aux messages verbaux et non verbaux;
- faire attention de rester ouvert à un point de vue nouveau ou différent du sien.

Par exemple:

Qu'est-ce que ce partenaire (l'enseignant, le conjoint, etc.) a observé et que pense-t-il de la situation? Quels moyens a-t-il en tête et que suggère-t-il d'essayer?

√ Partager son propre cheminement face au DAH

Utiliser la force extraordinaire du témoignage comme source de changement chez l'autre.
Se rappeler que, dans un témoignage, l'absence de jugement face aux comportements de l'autre diminue ses réactions défensives.

Par exemple:

Le parent partage avec son partenaire certaines des expériences suivantes: comment il en est arrivé à reconnaître le diagnostic; quelles sources d'information l'ont aidé à mieux comprendre; comment a-t-il appris à s'ajuster; quels moyens éducatifs utilise-t-il présentement; quelles inquiétudes et quelles questions demeurent importantes pour lui?

√ Maintenir résolument un climat de résolution de problèmes

Respecter les règles d'une bonne rétroaction et mettre toute l'énergie à la bonne place:
- regarder ensemble ce qui se passe;
- évaluer et ajuster des solutions possibles.

Par exemple:

Concrètement, qu'est-ce qui se passe? Qu'est-ce qu'on pourrait bien essayer pour que ça aille le mieux possible?

√ Développer une allergie au blâme ou à la recherche d'un coupable

Fuir toute tendance accusatrice ou recherche d'un bouc émissaire, qu'il s'agisse de l'enfant, du conjoint, de l'ex-conjoint, de l'enseignante, de soi-même ou de tout autre suspect.

Une réaction à éviter:

Si seulement il n'était pas comme il est...

√ Demeurer conscient de ses propres émotions ainsi que des pressions que l'autre doit vivre

Se rappeler que les émotions circulent étroitement entre les éducateurs du même enfant et que les sources de stress sont facilement contagieuses.
- Éviter d'amplifier les sentiments de déception, de frustration, de peur de l'échec, de dévalorisation chez l'autre;
- Comprendre ses propres émotions pour bâtir une complicité positive.

Par exemple:

On est peut-être deux à se sentir menacés!
Je comprends, pour les avoir vécues, les émotions que provoquent les difficultés de l'enfant.

Une réaction à éviter:

Je fais d'autant plus de pression sur l'autre éducateur que j'ai moi-même peur de ne pas réussir dans mon rôle avec l'enfant ou que je suis inquiète pour lui.

√ Surprendre l'autre à bien faire

Construire sur le positif est un principe valable pour tout le monde: pour l'enfant mais aussi pour tout éducateur, y compris pour soi-même.

Par exemple:

Dis-moi ce que l'enfant a fait de bien aujourd'hui avec toi, pour que je puisse l'encourager.

Mon enfant m'a dit qu'il était content que tu aies fait telle chose pour lui.

Ta façon de t'y prendre m'a donné l'idée d'essayer telle chose de mon côté.

Quelques mots d'encouragement face à l'école

Il peut être encourageant de se rappeler les dimensions suivantes et de situer les efforts de chacun. Il s'agit de mettre en perspective les efforts que font l'enfant, le parent et l'enseignante qui investissent ensemble pour composer avec les défis scolaires.

La médication peut souvent donner un bon coup de pouce

Dans le processus d'ajustement de l'enfant aux exigences du milieu scolaire, la médication apporte parfois le coup de pouce nécessaire dont toute l'équipe avait grandement besoin. Enseignante, parent ou enfant sont souvent surpris du soutien important que peut apporter la médication, en facilitant l'application des autres moyens pédagogiques et éducatifs. Même quand la médication s'avère utile, elle ne remplace pas les efforts de chaque membre de l'équipe, mais elle rend ces efforts tellement plus gratifiants et encourageants parce qu'ils sont plus efficaces.

Tout progrès est un acquis pour l'étape suivante

Il faut aussi se rappeler que chaque difficulté surmontée, chaque progrès qui marque une année scolaire représentent autant d'acquis pour les défis scolaires à venir, tant sur le plan des habitudes de travail que l'enfant a pu développer que sur le plan de son estime de soi et de sa motivation à apprendre. Même si l'école et le DAH font un mariage souvent houleux, les divorces demeurent exceptionnels. Avec le recul, il est en effet étonnant de constater qu'après la résolution de quelques moments de crise, les choses se tassent pour la grande majorité des enfants: ceux-ci apprennent avec le temps, et avec de petits succès, à mieux s'ajuster aux exigences de leur milieu scolaire.

Les efforts de l'enseignante peuvent avoir un impact à long terme

Malgré des résultats qui sont parfois relativement peu encourageants sur-le-champ, les efforts de l'enseignante pour aider l'enfant à s'ajuster à l'école portent fruit parfois à plus long terme. Pendant certaines périodes d'ajustement plus difficiles, nous aimerions pouvoir murmurer à l'oreille de l'enseignante les résultats d'une recherche encourageante, qui met en lumière l'effet positif déterminant que peuvent avoir, à long terme, l'implication et les efforts des enseignants auprès de l'enfant hyperactif. Les adultes avec DAH rencontrés dans le cadre de cette recherche «soulignaient que l'attitude bienveillante, l'attention supplémentaire et l'accompagnement dirigé dont ils avaient été l'objet à l'école avaient été un point tournant qui les avait aidés à contourner leurs difficultés[7]».

D'autres élèves bénéficient aussi des adaptations faites pour l'enfant hyperactif

Il est encourageant pour l'enseignante de comprendre que l'application des stratégies des quatre C et les adaptations consenties pour l'enfant avec un DAH (par exemple, offrir une structure claire et un encadrement plus serré, prévoir un élément de motivation supplémentaire, etc.) représentent une approche éducative qui est également utile pour plusieurs autres enfants dans la classe. Il n'y a rien de tel qu'un enfant avec un DAH pour développer tout le potentiel éducatif d'un enseignant ou d'un parent!

Composer avec les limites de chacun et garder l'école dans une juste perspective

Voici un rappel relatif à la sagesse «d'accepter ce qui ne peut être changé» et l'importance de garder la dimension scolaire dans sa juste perspective. Apprendre à accepter et à composer avec ses propres limites ou avec celles de son environnement est sûrement un apprentissage aussi important à faire pour l'enfant que d'apprendre ses tables de multiplications... Le parent qui réussit à ajuster ses attentes et à composer avec les limites de l'enfant et de l'école joue un rôle crucial pour permettre à l'enfant d'apprendre à faire de même.

De plus, comme nous l'avons déjà souligné au sujet des devoirs, le parent doit se convaincre que la vie de son enfant et de sa famille ne se résume pas à l'école et aux performances scolaires: vivre avec l'enfant des

---

7. C. Desjardins, *op. cit.*, p. 184.

moments heureux, c'est se permettre à tous les deux de recharger leur pile intérieure pour mieux vivre par la suite certains défis moins gratifiants.

R é f l e x i o n 12

Choisir la collaboration avec l'école

Partager l'information

- Qu'est-ce que je pourrais partager avec l'enseignante de mon enfant pour mieux collaborer avec elle (des information sur le DAH, la démarche du diagnostic, la médication, les intérêts de mon enfant, son cheminement scolaire, comment on intervient à la maison, l'objectif scolaire à mettre en priorité, les devoirs, un système de récompenses, un moyen pour communiquer régulièrement ensemble)?

S'imaginer dans la peau de l'enseignante de l'enfant

- Est-ce que je connais les pressions vécues par l'enseignante de mon enfant (le jugement de la direction de l'école ou de ses collègues, la dynamique de la classe, le contenu scolaire, le comportement impulsif de mon enfant, son manque de motivation)?

Les émotions qui nuisent à la collaboration avec l'école

- Quelles émotions risquent de nuire à la collaboration que je souhaite établir avec l'enseignante de mon enfant (mes frustrations, mon inquiétude face à sa réussite scolaire, ma gêne, les jugements qu'on porte sur mon enfant, le sentiment d'être un parent incompétent, ma difficulté à accepter les limites de mon enfant ou celles du milieu scolaire)?

Des comportements et des attitudes pour faire équipe comme parent

- Quels comportements sont faciles pour moi et lesquels sont plus difficiles (écouter le point de vue et les émotions de l'autre, parler de mon propre cheminement face au DAH, garder une attitude basée sur une résolution de problèmes, éviter de blâmer ou de chercher un coupable, être sensible à mes propres émotions, surprendre l'autre à bien faire dans ses interventions auprès de l'enfant)?

Quelques mots d'encouragement face à l'école

- Quelles dimensions m'encouragent davantage face à la réalité scolaire de mon enfant?

√ La médication peut souvent donner un bon coup de pouce face aux autres moyens éducatifs mis en place.

√ Chaque progrès de l'enfant est un acquis pour l'étape suivante (connaissances, motivation et habitudes de travail, estime de soi, etc.).

√ Pour la majorité des enfants, les choses se tassent avec le temps.

√ Une enseignante qui sait accompagner l'enfant peut représenter un point tournant dans son cheminement et avoir un impact à long terme.

√ Par mon propre témoignage, je peux aider l'enseignante à mieux comprendre le DAH et la nature des déficits que vit mon enfant.

√ Par mon propre témoignage, je peux aider l'enseignante à mieux connaître mon enfant: sa personnalité, ses forces, ses intérêts et ses inquiétudes.

√ Les approches éducatives utilisées à la maison peuvent aider l'enseignante à trouver des moyens parallèles adaptés au milieu scolaire.

√ Les adaptations faites pour mon enfant dans la classe sont également utiles pour d'autres enfants.

√ Aider mon enfant à accepter certaines de ses limites et certaines limites de son environnement est un apprentissage aussi important pour lui que les apprentissages scolaires.

√ La vie de mon enfant et de notre famille est loin de se résumer à l'école et aux performances scolaires de mon enfant.

Chapitre XIX

Bien utiliser la médication[1]

La médication, une question difficile

Plusieurs parents acceptent à contrecœur de donner des médicaments à leur enfant; ils recourent à cette solution uniquement pour répondre à des pressions urgentes exercées par l'école, tout en demeurant profondément ambivalents face à cette approche.

Témoignage

Bruno est en troisième année. Il prend du *Ritalin®* depuis un mois; en raison de l'importance de ses difficultés à l'école, ses parents se sont sentis bousculés et ont eu peu de temps pour s'ajuster au diagnostic et à la médication.

Bruno trouve que ça va mieux, mais il a eu aujourd'hui un deuxième billet (la suspension arrive avec le troisième). Il vient de terminer ses devoirs et il entend sa mère mentionner au téléphone à la voisine: *«J'ai bien hâte qu'il s'"enligne" pour qu'on mette à la poubelle ces maudites pilules-là.»*

Le lendemain matin, alors que sa mère est dans sa chambre à se préparer pour le travail, elle lui crie: *«Bruno, n'oublie pas de prendre ton Ritalin!»* Bruno a le goût de jeter le comprimé à la poubelle et de prouver aux autres qu'il *est* bien *«enligné», comme tout le monde.*

---

1. Par médication, nous pensons ici aux principaux psychostimulants utilisés auprès des enfants avec un DAH, comme le *Ritalin®*, l'appellation commerciale du méthylphénidate, ou la *Dexédrine®*, l'appellation commerciale du dextroamphétamine. Pour alléger le texte, nous parlerons seulement de Ritalin, puisqu'il demeure le médicament le plus connu et le plus largement utilisé pour réduire les symptômes associés au DAH.

Certains enseignants ont également des réticences importantes face à l'utilisation de la médication. Par ailleurs, en raison d'une attitude qui manque de transparence, certains parents peuvent contribuer à entretenir des préjugés et de fausses croyances tant auprès de l'école que de l'enfant.

Témoignage

Jonathan est en deuxième année. Il n'est pas un enfant qui dérange beaucoup; la médication (un demi-comprimé le matin et le midi) a été commencée en première année et cela a fait la différence: il était plus concentré, plus «à son affaire», moins éparpillé et complétait davantage ses travaux.

L'enseignante de cette année croit qu'il n'a pas besoin de médicament et que son problème est causé davantage par un manque d'efforts et de volonté. En avril, le père constate que l'école aurait dû demander une nouvelle provision de médicaments pour la dose du midi. Il téléphone et on l'informe qu'il reste encore quinze comprimés; c'est dire que la médication est donnée de façon très irrégulière depuis un bon bout de temps.

L'année est compromise et, à mi-chemin durant la période des examens, le père décide à l'insu de tous d'augmenter la dose du matin aux trois quarts de comprimé. Il apprend par la suite que l'enseignante aurait mentionné à Jonathan à la fin des examens: *«Jonathan, tu as vraiment bien travaillé depuis quelques jours. Je le savais que tu étais capable si tu le voulais. C'est dommage parce que si tu avais travaillé comme cela depuis le début, tu serais en troisième année l'an prochain.»*

Certains enfants manifestent eux aussi une grande résistance à prendre le Ritalin, que ce soit simplement pour s'opposer, ou parce qu'ils vivent comme un échec ou une humiliation le fait de devoir recourir à un médicament pour «mieux se contrôler».

Témoignage

Dany est en troisième année. En plus des caractéristiques du DAH, il présente certains éléments oppositionnels importants. Entre autres, il refuse de prendre sa médication et «c'est la guerre» à ce sujet. Dany dit qu'il «n'a pas besoin de cela» et refuse de la prendre. Quant à sa mère, elle a l'impression qu'elle n'a pas le choix, elle est fatiguée des appels téléphoniques et des billets de l'école.

Elle décide donc de glisser le comprimé finement écrasé dans sa tartine de beurre d'arachide et de confiture, qu'il ramasse habituellement sur le coin de la table en courant pour attraper son autobus le matin. Depuis quelque temps, Dany trouve que ça va mieux et qu'il avait bien raison: il est comme tout le monde et n'a pas besoin de médicaments.

Nous voyons, à partir de ces exemples, que l'utilisation de la médication apparaît comme une question complexe qui mérite d'être abordée avec soin. Bien que la médication soit souvent une composante importante dans la gestion quotidienne du DAH, ces témoignages vécus[2] illustrent combien celle-ci demeure une intervention controversée, que ce soit par les parents, l'enseignante ou l'enfant. Certains vantent de façon inconditionnelle les mérites spectaculaires de la médication et veulent y recourir dès qu'un enfant bouge trop ou écoute trop peu; par contre, d'autres sont farouchement opposés, peu importe les besoins de l'enfant, et le privent ainsi d'une aide dont il pourrait grandement bénéficier[3].

Or la médication n'est ni le premier ni le dernier moyen d'intervention auprès des enfants qui présentent une forme modérée ou sévère de DAH; elle ne représente ni une *solution miracle* ni un *piège à éviter*, pas plus qu'une *solution de dernier recours*. La médication n'est pas nécessaire pour tous les enfants qui présentent un DAH, mais pour ceux qui en ont besoin, ce moyen doit s'inscrire dans une approche globale qui cherche à mettre toutes les forces en commun, c'est-à-dire dans une approche où toutes les ressources disponibles sont résolument mises au service de l'évolution de l'enfant. Les moyens d'intervention utilisés doivent donc être complémentaires: tous les moyens mis en place (la médication, l'encadrement scolaire, le maintien d'une relation positive avec l'enfant, les stratégies des quatre C) doivent faire boule de neige pour soutenir efficacement les efforts de chacun des acteurs.

Nous favorisons aussi une approche résolument globale face à la médication et qui poursuit les objectifs suivants: 1. comprendre ses propres réticences et clarifier ses ambivalences face à la médication; 2. comprendre comment agit la médication pour aider l'enfant avec un DAH; 3. présenter des stratégies qui favorisent une utilisation adéquate de la médication ; 4. informer sur l'état actuel des connaissances scientifiques sur la médication.

---

2. C. Desjardins et S. Lavigueur, «Le déficit d'attention-hyperactivité. Première partie: Le diagnostic et la médication», *Orthographe Plus*, 8 (1), 1995, p. 8.
3. R. Dubé, «Conjuguer Ritalin», *Le Magazine Enfants Québec*, août-septembre 1997, pages 8 à 13.

Comprendre ses propres ambivalences:
Êtes-vous pour ou contre le Ritalin?

Dépasser le niveau de la polémique et du débat d'idées

Voici quelques-unes des affirmations de la part de ceux qui sont «pour» ou «contre» l'utilisation de la médication par les enfants qui ont un DAH.

- *Les écoles sont débordées et coupent les ressources; les enseignants n'ont plus d'autorité et tout ce qu'ils savent faire, c'est d'asseoir les enfants en leur faisant prendre du Ritalin!*

- *Je regrette, madame, mais si votre enfant ne prend pas de Ritalin, on ne pourra pas le garder dans une classe régulière plus longtemps.*

- *Il me semble qu'il est pas mal tannant, ton gars; pourquoi n'essaies-tu pas le Ritalin? Si tu voyais mon petit neveu, ce n'est plus le même enfant. C'est presque pas croyable!*

- *Je vous le dis tout de suite, docteur, mon mari et moi, on est contre les pilules et le Ritalin!*

Quand nous entendons certains débats stériles qui tournent en rond et qui discutent de façon fanatique de la question du Ritalin, il est bon de lire ce témoignage d'une mère qui nous avait beaucoup touchés. À la fois lucide et inquiète, et malgré ses propres réticences, cette mère avait fait un choix difficile pour le bien de son fils.

Témoignage

Moi, j'ai toujours été contre tous les médicaments, je ne prends même pas une aspirine... Mais, à un moment donné, ça n'allait vraiment plus pour Maxime à l'école; il était tellement malheureux, et même s'il est bien intelligent, il avait commencé à vivre des échecs. Alors, je me suis dit à moi-même: «Bon, écoute! *C'est tes principes ou l'avenir de ton enfant. Décide-toi!*» Alors, j'ai choisi son avenir!

Je continue de ne pas aimer lui faire prendre des médicaments. Mais c'est clair qu'il est plus heureux actuellement avec sa médication et je continue d'espérer qu'à un moment donné, il va probablement être capable de prendre la relève et de fonctionner assez bien sans ça.

Il est essentiel de réfléchir à la question controversée du Ritalin en faisant l'effort de dépasser la polémique ou les débats passionnés qui, trop souvent, dans les médias ou dans le milieu familial, tentent de nous faire prendre partie pour ou contre le Ritalin. La médication n'est pas une question d'idéologie ou de philosophie d'éduca-tion, c'est une question bien concrète, qui touche d'abord et avant tout les besoins de tel enfant en particulier.

Mais, pour dépasser le niveau de l'idéologie et des prises de posi-tions radicales, il est utile de regarder quelles sont les sources d'inquié-tudes et les motivations qui préoccupent chaque parent lorsqu'il est confronté à la difficile décision de faire ou non l'essai de la médication pour aider son enfant hyperactif. Il faut se rappeler que, lorsque les diffi-cultés de l'enfant persistent malgré les autres mesures éducatives mises en place, celui-ci en a déjà suffisamment lourd sur le dos, sans se sentir coincé par l'attitude ambivalente des adultes (parents et enseignant) qui l'entourent et en qui il a confiance. Afin de prendre la meilleure décision dans l'intérêt de l'enfant, il devient donc impérieux que ces adultes ten-tent de mieux comprendre leurs propres réticences, et qu'ils cherchent activement à clarifier leurs ambivalences et leurs questions face à la mé-dication.

Évaluer ses propres motivations et sources d'inquiétude

Pour aller plus avant dans cette direction, nous vous invitons à explorer dès maintenant différentes sources de motivation et d'inquiétude, à des degrés divers, chez des parents qui doivent prendre une décision au sujet de la médication. Ce survol devrait vous permettre de relever certains éléments plus significatifs et, idéalement, d'y voir un peu plus clair en comparant vos priorités avec celles des autres parents. Voici donc une liste de motivations et d'inquiétudes qui peuvent, selon les parents et selon la situation de l'enfant, faire pencher la balance d'un côté ou de l'autre.

Réflexion 13

Évaluez vos propres ambivalences

Des raisons qui me font dire oui Quelle est, pour vous, l'importance de chacune des raisons suivantes? 0 = pas importante; 1 = un peu importante; 2 = très importante	0	1	2
Je connais d'autres enfants qui prennent du Ritalin et la médication les aide.			
Je sais que la médication permet de compenser un problème dont la base est biologique (comme les lunettes pour la myopie ou l'inhalateur pour l'asthme).			
Je suis bien informé sur les données scientifiques et sur les effets secondaires de la médication.			
Je n'ai rien à perdre en faisant un essai de quelques semaines.			
Je crois que la médication pourrait aider mon enfant à traverser une période plus difficile ou plus critique, après quoi il pourrait sans doute fonctionner sans elle.			
Je crois que si son enseignante est en faveur de la médication, ce n'est pas pour se simplifier la vie mais vraiment pour le bien de mon enfant.			
Sans l'aide de la médication, la réussite de son année scolaire serait menacée.			
Sans l'aide de la médication, mon enfant irait dans une classe pour «troubles de comportements».			
Avec l'aide de la médication, mon enfant pourrait mieux apprendre, avoir de meilleurs résultats et garder une image positive de l'école.			
Avec l'aide de la médication, mon enfant pourrait se sentir comme tout le monde et mieux dans sa peau.			
Avec l'aide de la médication, mon enfant pourrait davantage se faire des amis et apprendre à les garder.			
La vie familiale serait sans doute plus détendue, tout le monde se sentirait plus heureux.			
Parmi les motivations cotées comme «très importantes» (soit 2) dans la colonne de droite, encerclez les deux motivations qui sont les plus importantes pour vous.			

Des raisons qui me font dire non Quelle est, pour vous, l'importance de chacune des raisons suivantes? 0 = pas importante; 1 = un peu importante; 2 = très importante	**0**	**1**	**2**
Je doute encore du diagnostic de déficit d'attention avec hyperactivité.			
Malgré le bon diagnostic, je pense que ce n'est pas là le principal problème et, avec la médication, on passe à côté.			
Je crains que mon enfant ne soit étiqueté par l'école comme faisant partie du groupe des «enfants problèmes qui prennent du Ritalin».			
Je subis les pressions de mon conjoint qui est contre la médication.			
Je subis les pressions des grands-parents et de mon entourage qui sont contre la médication.			
Je crois que les enseignants utilisent la médication comme un moyen facile, pour que l'enfant dérange moins.			
Je crains qu'au moment d'arrêter la médication, tout sera encore à recommencer.			
Je redoute les effets secondaires négatifs de la médication sur l'appétit ou sur le sommeil de mon enfant.			
Je crains de développer chez mon enfant une dépendance chimique qui peut l'amener à consommer des drogues à l'adolescence.			
Je crains que ce ne soit humiliant et dévalorisant pour mon enfant de prendre un médicament, plutôt que de réussir à se contrôler par lui-même.			
Je crois que ce moyen est artificiel et qu'il ne lui apprend pas à s'améliorer par lui-même.			
Je crains que mon enfant ne soit un peu «zombie» avec la médication.			
Quelqu'un proche de moi ou moi-même avons déjà consommé ou pris des médicaments, et je ne veux surtout pas pousser mon enfant dans la même direction.			
Dans la parenté, je connais des personnes qui avaient probablement un déficit d'attention avec hyperactivité et qui s'en sont pourtant bien tirées sans médication.			
Parmi les inquiétudes cotées comme «très importantes» (soit 2) dans la colonne de droite, encerclez les deux inquiétudes les plus importantes pour vous.			

Nous n'avons pas la prétention de répondre à toutes les inquiétudes fort légitimes qui accompagnent le processus de réflexion des parents qui, en dernier ressort, doivent prendre la responsabilité de décider d'essayer ou non le Ritalin. En évaluant les forces et les besoins particuliers de son enfant, chaque parent doit se donner tout l'éclairage dont il a besoin pour y voir clair et être à l'aise avec la décision qu'il prend. Sa réflexion peut s'appuyer sur l'état des connaissances scientifiques vis-à-vis de la question, mais aussi sur l'échange ouvert et franc avec les personnes qui partagent la même préoccupation quant au bien-être de l'enfant: l'autre parent, son enseignante, son médecin, etc. Pour accompagner ce processus de réflexion sur la question, nous abordons maintenant le rôle de la médication et les moyens à prendre pour en garantir une utilisation adéquate.

Bien comprendre l'action de la médication

Témoignage

Dans un chapitre émouvant, Mary Cahill Fowler témoigne de l'expérience difficile de son fils David qui présente un trouble sévère du DAH [4]. Les confrontations avec l'école se multiplient, la comparaison avec ses pairs lui fait vivre un échec, l'absence d'amis le dévalorise et ajoute à son désarroi, les punitions s'accumulent pendant qu'il se sent incompris par tous, y compris lui-même. Parce qu'il est totalement «inaccepté» et «inacceptable», son estime de soi est en chute libre, il se sent coincé dans une impasse où il verbalise finalement qu'il souhaite mourir.

Les sessions de thérapie, l'adaptation faite par le milieu scolaire et toutes les autres mesures éducatives utilisées par ses parents (demandes claires et bien encadrées, utilisation des temps d'arrêt, système de récompenses, etc.) sont demeurées insuffisantes tant que la médication n'a pas permis à tous les autres moyens utilisés de «tomber en place». Pour David, le Ritalin (dont l'utilisation avait été retardée à cause de certains tics) est apparu clairement comme LA PIÈCE MANQUANTE DU CASSE-TÊTE qui a enfin permis qu'on puisse bâtir sur une suite plus cohérente de petites réussites devenues possibles. Les symptômes de David étaient en effet trop importants pour répondre suffisamment aux mesures éducatives habituelles, de sorte que l'utilisation de la médication est apparue comme le chaînon manquant nécessaire pour l'aider à sortir de l'impasse où il s'enlisait, malgré les efforts et la bonne volonté de tout le monde.

---

4. M. C. Fowler, *op, cit.*, chapitre VII.

Un médicament comme le Ritalin face au DAH joue un double rôle: 1. une compensation de la chimie du cerveau; et 2. un complément aux autres interventions. Premièrement, la médication exerce une action compensatoire, c'est-à-dire qu'elle compense pour une insuffisance biochimique dans le cerveau et diminue de façon immédiate bien que temporairement l'importance des symptômes pour plusieurs enfants ayant un DAH. Deuxièmement, la médication doit demeurer une intervention complémentaire des autres moyens mis en place, c'est-à-dire qu'en limitant les dommages causés par les symptômes du DAH, la médication crée un terrain propice où les moyens éducatifs deviennent plus efficaces et plus gratifiants. Avant d'aborder les stratégies qui permettent de bien gérer l'essai et l'utilisation de la médication, nous expliquerons les deux composantes qui caractérisent son action.

La médication compense pour une insuffisance chimique
Son action sur le cerveau

Le Ritalin fait partie de la famille des psychostimulants, dont l'action spécifique sur le cerveau se comprend à partir du problème neurophysiologique associé au DAH, c'est-à-dire en relation avec le fonctionnement au ralenti observé dans certains secteurs du cerveau et dont nous avons déjà parlé en expliquant la base biologique sous-jacente au DAH [5]. Ainsi, l'action du Ritalin consiste à régulariser le fonctionnement du cerveau en compensant pour la production insuffisante ou l'inaction de certaines substances chimiques cérébrales (entre autres, la dopamine et la norépinéphrine). Ce médicament est donc un *stimulant* qui agit en augmentant la vigilance du cerveau (un peu comme le fait le café), et non pas un *calmant* ou un tranquillisant, dont l'action serait «d'asseoir» et de rendre plus passif un enfant qui bouge trop. Notons qu'un dosage trop élevé pourrait contribuer à créer cette fausse impression.

Une diminution des symptômes

Grâce à cette action stimulante sur le cerveau, le Ritalin s'avère efficace pour environ 75 % des enfants présentant un DAH, pour lesquels il contribue à diminuer à des degrés variables plusieurs des symptômes. Des études portant sur les effets de la médication ont en effet observé: 1. une diminution de l'agitation; 2. un meilleur contrôle de l'impulsivité; 3. une amélioration du maintien de l'attention lors de l'exécution d'une tâche et une amélioration du travail scolaire (comme la qualité de l'écriture); 4. une diminution des comportements agressifs; 5. de meilleures relations

---

5. Voir aux pages 66 et 67.

avec les pairs; et 6. une meilleure réponse aux demandes des adultes[6]. En somme, nous pouvons dire que, pour ces enfants, la vie à l'école, avec les amis et à la maison devient sensiblement «plus normale». Ajoutons que les progrès liés à la médication sont meilleurs: 1. si l'enfant est âgé entre sept et dix ans; 2. s'il ne présente pas de problèmes émotifs ou d'anxiété; et 3. s'il maintient des relations harmonieuses avec ses parents.

Témoignage

Yan, un cas particulièrement sévère de DAH, était à ce point dérangeant que l'école payait volontiers le taxi pour l'envoyer dîner à la maison... Au retour de l'école, et après sa première journée d'essai avec la médication, Yan s'élance en courant et crie à sa mère: «*Maman! Maman! Je suis normal! Je suis normal!*» La diminution de ces symptômes l'avait surpris et sa réaction était émouvante.

Une action rapide mais de courte durée

Il faut bien comprendre que le Ritalin ne fait que compenser pour le déficit chimique observé dans le cerveau, sans toutefois agir sur la cause de ce déficit, un peu comme dans le cas du diabète où l'insuline injectée permet de compenser pour une production insuffisante du pancréas sans pour autant guérir la maladie. Ainsi, dans le cas du déficit d'attention, la médication permet de diminuer plusieurs des symptômes associés au DAH, mais cette action est temporaire; elle ne s'exerce que dans l'immédiat, c'est-à-dire que l'effet de la médication est limité à la durée où elle demeure active dans le métabolisme de l'enfant (par exemple, de trois à quatre heures pour le Ritalin ordinaire, et de six à huit heures pour le Ritalin-SR, à désintégration lente).

La médication est une intervention complémentaire des autres approches
La médication limite certains dommages causés par les symptômes

La difficulté à apprendre en classe et à faire ses travaux, la difficulté à respecter les règles et les demandes des adultes, la difficulté à composer avec les amis ou à s'intégrer dans un groupe d'activité sont autant de sentiments de frustration et d'incompétence qui s'accumulent, tandis que l'estime de soi (étroitement liée à cet âge au fait d'être relativement compétent à l'école et accepté par les amis) tombe en chute libre. Ajoutons à

---

6. C. Desjardins, *op. cit.*

la liste de ces dommages causés par les symptômes du DAH, qu'avec le temps, l'accumulation de difficultés scolaires et sociales risque d'entraîner d'autres difficultés, comme le décrochage scolaire ou l'apparition progressive de comportements d'opposition ou d'agressivité.

Or, pour limiter la progression de ces difficultés, il est efficace de réduire concrètement l'importance des symptômes grâce à la médication. Ainsi, pour plusieurs enfants qui ont un DAH sévère (comme c'était le cas de David dans l'exemple précédent), la médication permet de briser un cercle vicieux d'échecs et de dévalorisation et d'ouvrir une brèche d'espoir, ce qui permet à l'enfant de continuer de faire des efforts et de progresser. C'est souvent le coup de pouce qui est nécessaire pour empêcher la pile intérieure de l'estime de soi de tomber à plat, vidée de l'énergie indispensable pour les autres interventions.

La médication offre un terrain plus propice aux interventions éducatives

Nous pourrions nous demander s'il ne vaut pas mieux mettre tous les efforts pour élaborer des moyens et apprendre à vivre avec le DAH plutôt que de recourir à l'aide compensatoire de la médication; en d'autres mots, ne devrions-nous pas apprendre à nous débrouiller, à nous ajuster, sans cette béquille pharmacologique?

Quand nous réfléchissons à cette question, il faut se rappeler qu'entre six et douze ans, l'enfant fait des apprentissages importants et traverse une étape cruciale de son développement. Or la médication, loin de remplacer les efforts d'apprentissage, peut aider à ce que ces efforts portent fruit. Dans ce contexte, la médication ne fait pas que masquer les difficultés; au contraire, en aidant à réduire les symptômes, la médication peut laisser à l'enfant plus d'énergie et plus d'occasions d'apprendre, c'est-à-dire qu'elle peut lui permettre de vivre davantage le genre d'expériences positives qui sont susceptibles de développer son potentiel et son estime de soi, tout en lui apprenant à vivre *avec* ses difficultés.

Ainsi, un des effets les plus importants et les plus durables de la médication consiste à *créer un terrain propice* qui favorise les apprentissages. Lorsqu'un champ est envahi par les mauvaises herbes (ici, par les symptômes), nous aurons beau essayer de semer (ou essayer de faire des apprentissages), rien ne réussira et cela deviendra un peu plus décourageant. Par contre, il faut aussi reconnaître que, même avec la médication, ces apprentissages ne seront pas automatiques et ne se feront pas spontanément. Ce n'est pas tout d'avoir un terrain propice, encore faut-il semer! Aussi, nous pouvons dire que la médication ne remplacera jamais les efforts à faire pour apprendre, mais qu'elle les encourage dans la mesure où elle permet aux efforts de chacun d'avoir plus d'effet.

Bref, lorsque la médication est indiquée, elle devient une intervention complémentaire qui remplit bien son rôle, dans la mesure où nous profitons de ce terrain propice pour favoriser le développement de compétences durables chez l'enfant. Concrètement, cela veut dire que:

Sur le plan de la relation familiale
Nous profitons d'une atmosphère plus détendue dans la famille pour alimenter une complicité positive avec l'enfant et pour multiplier les situations de plaisir et de bien-être;

Sur le plan de la modification des comportements
Nous profitons des comportements plus positifs pour souligner et pour encourager ceux-ci, pour aider l'enfant à prendre conscience de ses forces et à s'en servir dans d'autres situations semblables;

Sur le plan scolaire
Nous en profitons pour aider l'enfant à développer une méthode de travail, à maîtriser certains apprentissages scolaires de base et à rester motivé face à l'école;

Sur le plan social
Nous en profitons pour que l'enfant ait des amis de son âge et qu'il s'intègre dans des activités parascolaires valorisantes comme tout le monde.

Si vous décidez d'essayer la médication, faites-le de la bonne façon
Privilégier un essai qui se situe en dehors d'un contexte de crise
Un premier conseil: faire un essai de quelques semaines
Il est habituellement préférable à la fois pour l'enfant et le parent de privilégier un essai de quelques semaines plutôt que d'adopter pour de bon le Ritalin. Le fait d'y aller par étape permet à l'enseignante, à l'enfant et au parent d'observer et d'évaluer ensemble les effets positifs et négatifs associés à cette expérience. De plus, si la médication s'avère un moyen

utile, cette première étape d'essai donne du temps à chacun pour apprivoiser l'idée et pour l'intégrer avec les autres moyens mis en place, sans pour autant devoir signer un contrat à vie!

Un second conseil: agir en dehors d'un contexte de crise
Il est également préférable de privilégier un essai qui se vit librement, c'est-à-dire qui se situe avant qu'une crise éclate (suspension, problèmes de comportement, menace d'échec scolaire, etc.). Ici aussi, comme pour la discipline, le fait d'avoir le temps de voir venir et de s'ajuster progressivement, plutôt que d'être poussé malgré soi par les événements, permet d'agir et non de réagir. L'absence d'urgence et de pressions émotives permet au parent d'avoir le temps nécessaire pour bien se documenter, pour réfléchir aux besoins de l'enfant, pour peser le pour et le contre, pour choisir son médecin ainsi que pour clarifier sa position et ses propres ambivalences. Ce pas en avant permet d'être plus à l'aise avec notre décision et met toutes les chances de notre côté pour atteindre les objectifs visés.

Par contre, lorsque la médication est utilisée dans un contexte de pressions pour régler une situation de crise (comme ce fut le cas, par exemple, pour Bruno, dont le témoignage est présenté en début de chapitre), l'utilisation de la médication ne devient qu'une solution à court terme qui comporte des désavantages et de grands risques. À ce moment, la médication s'inscrit davantage à l'extérieur du cheminement de l'enfant; cette solution d'urgence confirme à ses yeux une situation d'échec personnel, une solution qui le dépossède encore davantage de ses propres efforts et moyens d'adaptation. Un des grands avantages de ne pas associer la médication à une situation de crise est précisément de permettre au parent et à l'enseignante d'accompagner l'enfant pour le mettre dans le coup et le faire participer positivement dans le processus d'essai selon l'approche préconisée.

Faire participer l'enfant dans la prise de sa médication
Une question difficile et importante pour l'enfant, dont il est pourtant facilement exclu
Des chercheurs américains[7] ont étudié la perception que les enfants hyperactifs ont du Ritalin qu'ils prennent et ils ont constaté que les enfants étaient relativement mal informés et recevaient fort peu d'explications à ce sujet. Aussi, parents, enseignants et médecins discutaient

---

7. S. S. Robin et J. J. Bosco, *Parent, teacher and physician in the life of the hyperactive child. The incoherence of the social environment*, Springfield, Charles C. Thomas, 1981.

entre eux de la question de la médication, mais ils en parlaient fort peu à l'enfant lui-même. Ces adultes parlaient davantage «de» l'enfant qu'ils ne parlaient «à» l'enfant lui-même, et la réflexion associée à la prise de médication se situait à l'extérieur de l'enfant lui-même.

Les témoignages présentés en début de chapitre illustrent bien l'ambivalence que vivent plusieurs enfants face à l'action du Ritalin (une ambivalence qui reflète souvent et assez fidèlement celle des adultes autour d'eux): Bruno veut «se passer de ses pilules» et prouver qu'il est «bien enligné», comme tout le monde; quant à l'enseignante de Jonathan, elle lui souligne que, s'il double son année, c'est parce qu'il ne «s'est pas décidé assez tôt» à bien travailler (alors qu'à son insu, il bénéficie maintenant du soutien de la médication); dans la troisième situation évoquée, Dany proteste contre la prise de médication, affirmant «ne pas avoir besoin de ça»! Selon le contexte, chaque enfant se trouve confronté à la question suivante: *La médication proposée contribue-t-elle à augmenter mon contrôle et mon autonomie ou, au contraire, contribue-t-elle à augmenter mon impuissance et à me déposséder encore davantage de mes propres moyens?*

T é m o i g n a g e

Le docteur Desjardins rapporte les réactions suivantes lors d'un suivi auprès de Martin (âgé de onze ans), qui est venu le voir pour faire le point un mois après l'essai de Ritalin[8]. À la question: «*Et puis, comment ça va?*», la mère répond tout de suite: «*Avec le Ritalin, ça va beaucoup mieux.*» Et Martin, avec son impulsivité caractéristique, réplique fermement: «*Eh! Ce n'est pas le Ritalin, c'est MOI!*»

En effet, si l'enfant ne reçoit pas le soutien et les explications nécessaires, la médication représente facilement une double menace: d'abord, le fait de prendre des médicaments, c'est reconnaître du même coup qu'il existe une différence réelle dans ses habiletés de base comparées à celles des autres enfants. Puis, certaines questions associées au rôle de la médication se posent implicitement chez l'enfant: *Qui contrôle ce que je fais, moi ou mes pilules? Est-ce que je prends du Ritalin parce que je ne fais pas assez d'efforts par moi-même? Le Ritalin que je prends pour rester tranquille répond-il aux besoins des autres que je dérangeais trop ou répond-il à mes besoins à moi?*

---

8. C. Desjardins, *op. cit.*, p. 168.

Ces questions difficiles et importantes reflètent à la fois la perception que l'enfant a de lui-même, des efforts qu'il doit faire et des apprentissages qu'il doit vivre. Or les réponses que l'enfant donnera à ses questions dépendront de l'attitude des adultes qui l'entourent et des moyens qu'ils utiliseront pour le faire participer dans la démarche. Deux éléments clés aideront l'enfant à répondre positivement à ses inquiétudes et à occuper toute la place qui lui revient: 1. recevoir une information juste et adaptée qui lui permet de bien comprendre l'action de la médication; 2. être accompagné pour accepter sa différence et intégrer ce moyen dans son mode de vie.

Même s'il contraste avec les témoignages en début de chapitre, celui qui suit est pourtant tout aussi authentique. Il est en effet réaliste de penser que, s'il est bien accompagné, l'enfant veuille profiter du soutien que lui apporte la médication et qu'il participe positivement dans sa gestion quotidienne.

T é m o i g n a g e

Avec le soutien de la médication, Sébastien, âgé de douze ans, a réussi cette année à s'intégrer au groupe de cadets de son quartier; les cadets pour lui, c'est sacré! Même que s'il s'écoutait, il porterait parfois son uniforme pour dormir (sauf les gros souliers noirs bien sûr!). Il faut dire que les cadets représentent sa première expérience positive d'intégration sociale, une activité où il s'est enfin senti comme tout le monde.

On est en juin et Sébastien se prépare avec excitation (ça, c'est un peu moins nouveau!) pour les deux semaines de camp qui s'en viennent à Bagotville, à 350 kilomètres de chez lui. Or c'est lui qui insiste auprès de sa mère pour que tous deux n'oublient pas de demander au médecin de lui donner une deuxième ordonnance pour son Ritalin afin de l'apporter au camp. *«Tu me connais: je peux aussi bien perdre mes médicaments une fois rendu là-bas, mais je ne veux surtout pas être mal pris à cause de ça! C'est mon premier camp, et j'ai décidé que ça irait bien!»*

Aider l'enfant à comprendre ce que fait la médication

Le point de départ pour bien informer l'enfant sur l'action du Ritalin est bien sûr que le parent en ait lui-même une image claire et juste. Mais comment pouvons-nous transmettre cette information d'une manière qui soit simple et adaptée à l'âge de l'enfant? Rappelons que les enfants, en général, connaissent l'utilisation du Ritalin en milieu scolaire et qu'il y a un avantage à leur donner l'information nécessaire le plus vite possible.

Le docteur Guy Falardeau[9] donne un bon exemple d'une explication pour un enfant, en rapportant le témoignage d'une mère qui explique ainsi à son petit bonhomme de sept ans l'effet de la médication: «*Nous avons tous dans la tête une petite pile pour la concentration*, lui a-t-elle dit. *Ta pile à toi se vide plus vite que celle des autres, et tu dois prendre des médicaments pour éviter qu'elle ne se décharge complètement.*»

Le livre de Matthew Galvin[10], qui s'adresse à des jeunes de cinq à dix ans, et celui de Barbara Ingersoll[11], destiné à des enfants un peu plus âgés, suggèrent tous deux certaines pistes intéressantes pour donner une information juste et adaptée. Galvin présente avec humour et fantaisie Otto, une petite voiture rouge fort sympathique, mais un peu trop fringante, qui, pour l'aider, doit recevoir une essence spéciale; celle-ci lui permet de ralentir le rythme de son moteur qui, autrement, et malgré la bonne volonté d'Otto, tourne un peu trop vite et lui attire toutes sortes de mésaventures. Quant à Mme Ingersoll, elle explique comment «la médication permet une mise au point du fonctionnement du cerveau, en réactivant la région frontale qui a tendance à fonctionner au ralenti».

De plus, Barbara Ingersoll répond de façon spécifique aux inquiétudes de plusieurs jeunes qui se disent qu'ils devraient y arriver par eux-mêmes et sans médicament. En utilisant l'exemple des lunettes pour corriger une myopie, de l'inhalateur pour l'asthme, ou encore du sirop quand on a une grippe, elle dit aux jeunes qu'ils pourraient toujours vivre sans cela, mais qu'elle trouve également bien sympathique que «ces façons d'aider existent quand on en a besoin et qu'on peut profiter de ce coup de pouce». L'exemple des lunettes est également repris par le docteur Falardeau auprès de ses jeunes patients; en choisissant un ami de sa classe qui porte des lunettes, l'enfant comprend mieux en comparant le rôle joué par les lunettes ou le Ritalin: l'un et l'autre permettent de corriger partiellement une particularité qui est propre à chaque enfant et leur permet de mieux réussir dans le travail à faire à l'école même si, dans les deux cas, on aimerait mieux s'en passer!

Aider l'enfant à accepter sa différence et à intégrer la médication dans son mode de vie

Besoin d'être comme tout le monde, fierté de réussir tout seul, peur d'être rejeté ou de faire rire de soi, peur d'être changé ou contrôlé par un médi-

---

9. G. Falardeau, *Les enfants hyperactifs et lunatiques* (édition revue et augmentée), Montréal, Le Jour Éditeur, 1997, p. 76.
10. M. Galvin, *Otto learns about his medecine*, New York, Magination Press, 1988.
11. B. Ingersoll, *op. cit.*

cament: écouter et comprendre les émotions qui se cachent derrière les réserves des enfants face au Ritalin n'est pas toujours évident. Les enfants — comme les adultes d'ailleurs — expriment difficilement les émotions complexes qui sont associées à une question directe telle que: *«Veux-tu bien me dire pourquoi tu ne veux pas prendre ton Ritalin?»*

Rappelons comment Louise avait finalement réussi à deviner ce qui se cachait sous les réticences et les fausses excuses de Philippe face à la médication, alors qu'elle discutait avec lui de l'importance qu'occupait son chien Rex dans sa vie. Un peu par hasard et parce que Louise était à ce moment-là particulièrement à l'écoute de Philippe, celui-ci avait parlé pour la première fois de sa peur de faire rire de lui par les garçons de la classe; il lui avait raconté comment certains jeunes se moquaient de Louis-Pierre dans son dos. Or Louis-Pierre prenait aussi du Ritalin, même s'il était pas mal «plus grave» que lui-même (du moins, selon Philippe). Louise avait alors compris à quel point Philippe était sensible au rejet, au point de trouver en Rex un ami rassurant, incomparable, qui acceptait sans réserve sa différence...

M. C. Fowler[12] confie que l'acceptation du DAH ne se vit que par étapes successives, comme nous enlevons les pelures d'un oignon, une couche après l'autre. Or, dans ce processus progressif, le fait de prendre du Ritalin représente un pas difficile à franchir parce que, du coup, ce geste confirme l'existence d'une différence réelle, objective. Pour l'enfant comme pour le parent, reconnaître le diagnostic de DAH, c'est également devoir composer avec *l'injustice de la différence*. Ainsi, lorsqu'un enfant s'écrie: *«Ce n'est PAS juste! Pourquoi moi j'en prends et pas les autres dans la classe?»*, ceci est tout à fait légitime, mais il n'y a malheureusement pas de réponse facile.

Si le point de départ pour bien informer l'enfant sur l'action Ritalin consiste à ce que le parent soit lui-même bien informé, le meilleur moyen pour aider l'enfant à accepter sa différence et l'aide de la médication, c'est à coup sûr que le parent ait lui-même fait un bon bout de chemin dans cette direction! *Quoi* dire et *comment* le dire viennent alors spontanément, et le message implicite d'acceptation de la part du parent est facilement perçu par l'enfant. Il n'y a rien de tel pour dédramatiser rapidement toute la question et rassurer clairement l'enfant sur lui-même, son handicap et sa bonne volonté. C'est malheureusement plus facile à dire qu'à faire, et le parent ne peut pas davantage pousser sur son propre

---

12. M. C. Fowler, *op. cit.*

cheminement que sur celui de son enfant. Tout au plus peut-il demeurer attentif, recevoir les émotions et le point de vue souvent ambigus de son enfant, tout en partageant discrètement ses propres réflexions et son propre cheminement face à une réalité parfois difficile à accepter pour les deux.

Il ne faut pas par contre sous-estimer le rôle souvent déterminant que jouent les autres enfants dans le cheminement que fait l'enfant en regard de cette acceptation. De même que la peur du jugement des autres est un facteur important qui explique les réserves de plusieurs enfants face à la médication, découvrir tout à coup qu'un tel dans la classe (que l'enfant jugeait «bien correct») prend lui aussi du Ritalin est souvent l'événement décisif qui dédramatise et fait accepter la médication (surtout chez les adolescents). Voici un exemple vécu, qui semble presque trop fait sur mesure pour être crédible et qui illustre clairement le rôle que peuvent parfois jouer les pairs dans le cheminement de l'enfant (et du parent).

Témoignage

Xavier présente un DAH assez sévère et est très intelligent; il reprend néanmoins sa troisième année. Nous sommes au début de septembre. Malgré la suggestion faite par l'école, la mère et l'enfant expriment au médecin des réserves importantes face à la médication, si bien que la consultation médicale se termine par le conseil suivant: «*Pensez-y et, si jamais vous jugez que ça vaut la peine d'être essayé, faites-moi signe. Moi, je pense que la médication pourrait aider Xavier à donner toute sa mesure.*»

Deux semaines passent et voici que la mère téléphone au médecin et lui annonce qu'ils ont décidé d'essayer la médication. En réponse à la question «*Que s'est-il passé?*», la maman explique que, puisque Xavier recommence la même année, il n'a aucune difficulté scolaire pour l'instant mais que, par contre, il commence déjà à être rejeté par les enfants de sa classe; il est le nouveau qui énerve tout le monde. C'est ce que Xavier avait raconté en pleurant à sa mère un soir au retour de l'école. Or un des enfants lui a spontanément lancé l'autre jour: «*Eh! Tu devrais prendre le même médicament que moi, ça t'aiderait! J'étais pareil comme toi avant!*» Quand Xavier a su que cet enfant, qu'il trouvait «bien normal», prenait du Ritalin et qu'à ses yeux «ce n'était pas la fin du monde», cela l'a décidé à l'essayer lui aussi!

Ajuster la médication aux besoins de l'enfant

Que ce soit pendant la période d'essai ou par après, la médication a besoin d'être gérée avec attention et d'être ajustée aux besoins spécifiques de l'enfant, parce que nous sommes en présence d'un processus qui évolue. Ici comme ailleurs, la meilleure façon de bien gérer est de travailler en équipe: enfant, parent, enseignante et médecin.

Cette démarche d'ajustement s'impose entre autres parce que nous observons une grande différence dans la réaction que chaque enfant a face à la même médication: sans comprendre les véritables raisons, nous observons en effet que les organismes des enfants métabolisent à un rythme très variable les mêmes doses de psychostimulants ingérés. De plus, les effets de la médication face aux symptômes ainsi que ses effets secondaires peuvent également varier d'un enfant à un autre, de façon temporaire ou prolongée. La démarche d'ajustement que nous proposons repose sur trois éléments complémentaires: 1. en faire une question ouverte mais empreinte de respect; 2. utiliser systématiquement la rétroaction de chaque membre de l'équipe; et 3. Faire participer l'enfant dans la gestion quotidienne de sa médication.

Faire de la médication une question ouverte et empreinte de respect

Premièrement, nous voulons d'abord souligner l'importance de faire de la médication une question abordée ouvertement, mais avec beaucoup de respect pour l'enfant. Contrairement aux trois exemples présentés en début de chapitre, il faut éviter toute forme de jugement global et toute forme de cachotteries, que ce soit à l'égard de l'école ou de l'enfant. La médication n'est pas une solution facile (ni pour le parent, ni pour l'école, ni pour l'enfant) face à laquelle nous pourrions nous sentir mal à l'aise; c'est un moyen qui, pour certains enfants, s'avère objectivement utile et complémentaire aux autres moyens mis en place et qui peut encourager les efforts de tout le monde. Lorsque c'est nécessaire, la médication fait donc partie de la mise en commun de toutes les forces et, comme pour les stratégies éducatives, son utilisation exige un travail d'équipe qui s'appuie sur une attitude de respect et d'ouverture face à chacun des partenaires. Mais parce que son utilisation est critiquée et parce que nous jugeons facilement les enfants hyperactifs, nous avons avantage à porter une attention bien spéciale aux messages implicites que nous associons à la prise de médicaments. Comme nous l'avons souligné précédemment, les enfants sont particulièrement sensibles à ce type de réactions plus ou moins délicates de la part de leur entourage.

Être attentif aux observations de chacun

La rétroaction systématique de l'enseignante et celle de l'enfant lui-même sont essentielles pour trouver ce qui convient le mieux à l'organisme et aux besoins de chaque enfant: Quel médicament privilégier (Ritalin, Ritalin-SR ou Dexédrine, ou une combinaison de deux types de médicaments, comme la Clonidine et le Ritalin? Quel dosage (un trop faible dosage peut faire croire que l'action de la médication est inefficace, alors qu'un dosage trop élevé peut rendre l'enfant amorphe ou entraîner des effets secondaires inutiles)? À quel moment de la journée doit être prise la médication (pour la classe seulement ou pour les devoirs)? Est-ce nécessaire et pertinent d'en prendre les fins de semaine, pendant les vacances, pour des activités spéciales? Autant de questions dont les réponses doivent correspondre aux besoins particuliers de chaque enfant et s'appuyer sur une concertation avec le médecin, à la lumière des effets positifs et négatifs qu'auront notés l'enseignante, le parent et, bien sûr, l'enfant lui-même.

Le fait d'informer l'enseignante de la date de la prochaine visite chez le médecin peut encourager la préparation d'une petite feuille d'observations (par exemple: quelle journée et à quel moment particulier certains comportements particuliers ont-ils été observés?). Pour l'enfant, il est possible d'élaborer avec lui une petite grille personnelle où il cochera à mesure ses propres observations, entre autres quant aux effets secondaires liés à la médication. Notons, par contre, que les enfants hyperactifs ne sont pas spontanément de très bons observateurs en ce qui les concerne, et que malgré une remontée spectaculaire des notes ou une baisse significative des punitions, certains enfants maintiennent «qu'ils ne voient pas une grande différence»... Il faut alors prévoir certaines observations plus objectives de l'action de la médication sur leur comportement ou leur capacité d'attention; ces observations seront également utiles pour souligner à l'enfant qu'il a su faire les efforts nécessaires pour mettre à profit l'aide apportée par la médication.

Faire participer l'enfant dans la gestion quotidienne de sa médication

Il n'existe aucune recette standard pour permettre à l'enfant de participer positivement, à part, bien sûr, le fait de lui faire une place, de lui témoigner du respect et de reconnaître systématiquement la valeur de ses propres efforts lorsqu'il sait tirer profit du terrain propice apporté par la médication. Rappelons-nous ce cri du cœur d'un enfant à son médecin:

«*Eh! Ce n'est PAS le Ritalin, c'est MOI!*» La dynamique est la même que dans le cas d'un système de récompenses: ces moyens extérieurs peuvent l'encourager, lui faciliter la tâche, mais ils ne peuvent en aucun cas remplacer les efforts et la bonne volonté que l'enfant lui-même accepte d'y investir.

Les formes de participation à la gestion quotidienne de sa médication peuvent être très variées, puisqu'elles dépendent du contexte de chaque enfant et de la politique de gestion des écoles; par exemple, le petit message de maman dans la boîte à lunch, le clin d'œil de l'enseignante, etc. Un enfant de deuxième année a déjà mis au point avec sa mère un petit dispositif dans son cou qui contenait son médicament du midi, ce qui lui évitait d'attendre en ligne la distribution des médicaments faite au bureau de la secrétaire de l'école (gageons que cette façon de faire ne gagnerait sans doute pas le prix de la discrétion!). Si les formes d'implication de l'enfant dans la gestion quotidienne varient selon les contextes, cette participation, par contre, n'est possible que s'il existe une bonne complicité entre l'enfant, son parent ou son enseignante; les adultes doivent toujours tenir compte que l'enfant se sente respecté dans sa différence et reconnu pour les efforts qu'il fait.

Quelques questions fréquentes au sujet de la médication

Le docteur Claude Desjardins est un pédiatre spécialisé dans le développement de l'enfant. Depuis plus de dix ans, il suit une clientèle d'enfants qui ont un déficit d'attention-hyperactivité et est l'auteur du livre *Ces enfants qui bougent trop*[13] . Vous trouverez en appendice le compte rendu d'une entrevue menée avec lui; il répond aux questions qui reviennent le plus souvent de la part des parents et des enseignants qui s'interrogent sur la médication utilisée pour traiter le DAH[14].

---

13.   C. Desjardins, *op. cit.*
14.   Voir appendice 1 aux pages 379 à 385.

Chapitre XX

Mettre en commun les forces présentes à l'intérieur de la famille

La famille: un milieu où les émotions sont contagieuses

L'histoire de Louise présentée au début du livre[1] évoquait le genre de menace qui plane sur plusieurs familles lorsqu'elles se débattent avec les difficultés associées au DAH. Rappelons brièvement le contexte.

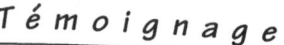 *T é m o i g n a g e*

Jacques, le père de Philippe, était entré dans la cuisine pendant un épisode typique des devoirs, c'est-à-dire au beau milieu d'une solide escalade agressive entre Louise et son fils. Celle-ci avait reçu comme un coup en plein cœur l'air réprobateur et exaspéré de son conjoint; c'était là un jugement de plus, un jugement de trop, qui ajoutait à son humiliation et qui confirmait encore son sentiment d'impuissance. La goutte avait fait déborder le verre; isolée dans sa chambre, elle avait pleuré sans retenue sa frustration, son sentiment d'être inadéquate, son découragement. Elle se sentait traquée dans sa propre famille, par ceux qu'elle aimait le plus. Elle pressentait l'usure de la situation qui pesait lourd et drainait tout le monde.

---

1. Voir à la page 22.

Les deux prochains chapitres apparaissent comme un écho qui répond au cri de détresse familiale évoqué au chapitre I. On connaît les menaces qui guettent le quotidien de la famille aux prises avec le DAH: accumulation de stress et de conflits, inquiétudes, sentiments de frustration et d'impuissance, pressions et jugement de la part de l'entourage, humiliation et isolement social. Nous savons qu'au sein de la famille, que ce soit entre le parent et l'enfant, entre les conjoints, entre frères et sœurs, les sources de tensions et de dévalorisation sont facilement contagieuses; elles déteignent les unes sur les autres et ont facilement tendance à s'amplifier entre elles. Ainsi, les pressions s'additionnent et se multiplient. Et quand un orage éclate, il ne ménage personne: toute la famille se trouve trempée... Certaines familles en viennent même à vivre une sorte de «faillite émotive», alors que les ressources de chacun s'épuisent progressivement. La famille comme un endroit ouaté, où chacun se sent confortable et a le goût de se retrouver pour refaire le plein, n'existe plus. La famille de l'enfant hyperactif est elle aussi fréquemment à *bout de souffle*.

S'il est vrai de dire que, dans une famille, les sources de tensions sont facilement contagieuses et déteignent les unes sur les autres, l'inverse est tout aussi vrai, c'est-à-dire qu'une relation heureuse (par exemple, une bonne complicité à l'intérieur du couple) a également tendance à colorer positivement les interactions du parent avec son enfant. Si certaines émotions négatives (comme la peur de l'échec, les frustrations, l'agressivité ou la culpabilité de l'un) amplifient facilement les mêmes émotions chez les autres membres de la famille, certaines émotions positives (comme l'affection, la confiance, le courage ou la bonne humeur) ont elles aussi un pouvoir de contagion tout aussi étonnant dans une famille! Le rire est aussi contagieux que les larmes, et il a parfois le don de changer un temps lourd et orageux au beau temps.

Le présent chapitre propose des moyens qui visent non seulement à dépasser le piège des émotions négatives, mais plus positivement, des moyens qui peuvent susciter et mettre à profit toutes les forces et tout le potentiel de collaboration qui se trouvent dans chaque famille. Le père ou la mère, le conjoint ou même l'ex-conjoint, le frère ou la sœur disposent de moyens qui peuvent être fort différents mais merveilleusement complémentaires pour composer avec les défis du DAH et pour favoriser le maintien d'une vie familiale où tout le monde est content de se retrouver.

S'aider entre conjoints

L'équipe éducative parentale: un partenariat bien spécial

À la question du bilan de départ «*Quelqu'un qui me fait sentir encore plus inadéquat ou incompétent comme parent*», Louise avait répondu spontanément: «*Jacques, quand il juge trop vite...*» Cette perception reflétait sans doute des situations comme celle des devoirs décrite précédemment.

Paradoxalement — mais c'est tout de même assez typique dans un couple —, à la question portant sur «*Les personnes qui me donnent le sentiment d'être malgré tout un bon parent*», Louise avait à nouveau mentionné le nom de Jacques, en ajoutant un «mais». «*Ma sœur... une des perles rares! Aussi Jacques, mais quand il est en forme lui-même et qu'il me fait, par exemple, un clin d'œil quand j'ai eu le tour d'éviter un affrontement.*» Dans un contexte plus large, aux questions portant sur les sources de récompenses que Louise identifie dans sa vie personnelle, nous trouvons encore le rôle joué par le cercle familial. Ainsi, à la question: «*Une source de gratification personnelle importante?*» Louise a répondu: «*La tendresse de Jacques (parfois!), l'affection et l'attachement des deux enfants, chacun à leur façon.*»

Pour le meilleur et pour le pire!

La perception de Louise face au rôle de Jacques à l'intérieur de leur équipe parentale est assez typique de ce que ressentent plusieurs parents: l'autre est un partenaire central dans la fonction éducative, pour le meilleur et pour le pire! La proximité dans le rôle que les deux parents jouent auprès de l'enfant ainsi que l'intensité émotive de la relation qui existe entre eux font facilement de ce partenariat une arme à deux tranchants, c'est-à-dire que la présence de l'autre est à la fois le meilleur des appuis ou le pire des stress...

Notons que les études montrent que chez les couples qui ont un enfant qui présente un défi éducatif particulier (un handicap physique ou intellectuel, une maladie chronique, etc.), nous trouvons à la fois plus de couples séparés et plus de couples pour qui la relation conjugale s'est solidifiée et pour qui le soutien mutuel est important. Dans le même ordre d'idée, les recherches qui étudient l'influence d'un soutien social sur le comportement des mères soulignent le rôle prépondérant joué par le soutien ou l'absence de soutien du père: *Chez les mères monoparentales*, le soutien du réseau social (parents, amis, voisins) joue un rôle déterminant dans l'exercice du rôle maternel, tandis que *chez les couples parentaux*, c'est presque exclusivement le soutien du père qui est déterminant, neutralisant plus ou moins l'influence du soutien offert par le reste du réseau social. Bref, pour favoriser la relation parent-enfant, il n'y a rien de mieux que des parents qui s'entraident et il n'y a rien de pire qu'un couple qui ne se soutient pas mutuellement: mieux vaut alors être monoparental et profiter du soutien de son réseau social...

Collaborer: *une décision à prendre*

Le défi éducatif que partage le couple parental rappelle à certains égards les éléments abordés au chapitre de l'école, relativement au partenariat à bâtir avec l'enseignante pour faire équipe comme éducateurs[2]. Il faut néanmoins reconnaître que, comparativement à la collaboration avec l'enseignante, le partenariat avec le conjoint revêt un caractère tout à fait particulier: 1. il s'inscrit dans une relation d'une rare intensité (souvent presque viscérale); 2. la continuité de ce partenariat s'inscrit sur une vie, et non sur une année scolaire; et 3. ce partenariat est incontournable: à part une situation de monoparentalité assez rare où l'ex-conjoint n'est plus du tout présent comme parent, l'équipe parentale *existe* et il est impossible d'y échapper! Avec ou sans la séparation des conjoints, nous pouvons dire que la garde de l'enfant EST partagée même si, selon le contexte, ce partage affectif et éducatif se vit sur une base plus ou moins quotidienne et égalitaire.

Cette intensité et cette continuité dans la responsabilité partagée font que le défi de collaborer avec l'autre parent se pose souvent avec une acuité bien particulière. La décision de collaborer, malgré les émotions qui «tirent» parfois en sens contraire, se pose donc de façon encore plus cruciale et plus exigeante entre les conjoints qu'avec l'enseignante ou avec tout autre adulte qui intervient auprès de l'enfant. Tous les parents le savent par expérience: il faut parfois être drôlement convaincu que l'enfant A BESOIN DE PRENDRE APPUI SUR SES DEUX PARENTS pour résister à tous les pièges qui menacent cette équipe parentale. Pensons ici à la tendance à défendre chacun de son côté son propre point de vue, à blâmer le style d'éducation que l'autre a reçu pendant son enfance, ou encore à se relancer mutuellement ses sentiments de frustration, de culpabilité ou de compétition. Nous parlons donc pour le couple d'un choix décisif et parfois difficile à faire et à refaire en faveur de la collaboration, mais un choix qui s'appuie sur la conviction du parent que l'enfant a besoin de son équipe parentale et qu'il en sortira gagnant (et ses parents aussi).

---

2. Voir aux pages 294 à 296.

S'appuyer sur du solide en préservant une bonne relation conjugale

Les moyens qui favorisent la communication et l'échange des émotions et des moyens éducatifs entre les parents font partie de ces bons vieux principes souvent plus faciles à dire qu'à suivre. Vous trouverez ici les mêmes points de repère que ceux qui permettent de maintenir la qualité de la relation avec l'enfant (chapitre IV) ainsi qu'un rappel des comportements et des attitudes qui permettent au parent de faire équipe avec l'enseignante (chapitre XVIII). Pour les rendre plus concrets, nous évoquerons ces moyens tantôt à l'aide d'exemples tirés du bilan de Louise, tantôt en faisant appel à votre propre situation.

Lorsqu'une relation positive existe avec le conjoint, la complicité du lien entre ces deux parents leur permet d'appuyer sur du solide un projet d'envergure comme celui d'élever un ou des enfants. Comme avec l'enfant, la magie de la relation qui existe avec le conjoint se situe au-delà du quoi faire et elle donne à chacun l'énergie et la motivation nécessaires pour continuer à investir et à avancer dans leur projet éducatif. Rappelons les moyens qui permettent d'alimenter positivement la relation parent-enfant: 1. multiplier les occasions d'admirer l'autre, 2. avoir du plaisir ensemble; et 3. développer sa capacité d'écoute. Ces moyens demeurent tout aussi valables quand il s'agit de maintenir une bonne relation avec le conjoint.

Rester sensible aux qualités de l'autre

Avec le conjoint, le parent doit résister à l'usure et à l'habitude pour demeurer sensible aux qualités qu'on apprécie chez lui. Comme avec l'enfant, il est souvent utile de se bâtir mentalement un album de photos et d'images heureuses du conjoint; cette collection de bons souvenirs suscite des rappels positifs qui permettent de dépasser les frustrations du quotidien et de traverser certains lundis plus gris en gardant le soleil et les vacances en tête.

Réflexion

Du côté de Louise

Louise confie qu'elle apprécie encore le sens de l'humour de Jacques et que l'affection qu'il lui manifeste reste un des éléments gratifiants de son quotidien. Jacques est-il assez conscient de cette perception de Louise à son égard?

De votre côté

- Quelles sont vos propres photos soleil préférées de votre conjoint, celles qui captent certaines qualités que vous appréciez particulièrement chez lui?

- Vérifiez maintenant pour savoir s'il est suffisamment conscient que vous appréciez ces qualités présentes chez lui.

Préserver des moments de plaisir et d'intimité

Les parents doivent résister au poids des responsabilités et multiplier joyeusement les moments de plaisir partagé: plaisirs spontanés, planifiés, de quelques minutes ou de quelques heures, fantaisie, projet, humour ou détente. Avec le conjoint (comme d'ailleurs avec l'enfant), il n'y a rien comme les moments de plaisir partagé pour donner une bouffée d'air frais et pour oxygéner une relation, pour éclairer la grisaille du quotidien et pour relativiser les sources de stress. D'ailleurs, n'est-ce pas grâce à des moments de plaisir partagé qu'une relation de couple prend forme? Il suffit de repenser à certains beaux moments des fréquentations pour comprendre que ces moments magiques de plaisir qui enracinent une vie de couple et font espérer une relation durable.

 **R é f l e x i o n**

De votre côté

Retracez les moments de plaisir qui, dès le début, ont contribué à bâtir une relation privilégiée avec votre conjoint.

Quels sont actuellement les moments où vous avez encore du plaisir ensemble?

À l'aide des quelques règles relatives aux situations de plaisir avec l'enfant, comment pourriez-vous améliorer ou multiplier les occasions actuelles de plaisir avec votre conjoint?

√ Régularité (activités qui reviennent souvent);
√ Simplicité (activités faciles à faire);
√ Réciprocité (activités qu'on aime autant l'un que l'autre);
√ Un à un (activités qui permettent l'intimité à deux);
√ Sans contamination (laisser les soucis à la porte);
√ Humour (qu'est-ce qui nous fait rire ensemble?).

La capacité d'écouter les émotions et le point de vue de l'autre

Pour éviter d'enfermer le conjoint dans une image familière et pour pousser un peu plus loin la découverte, il est utile de développer les réflexes du voyageur qui part en vacances: celui-ci redevient tout à coup suffisamment disponible et curieux pour découvrir plein de nouveautés qui passeraient tout à fait inaperçues dans sa routine quotidienne ou son environnement trop familier.

Ce qui permet au couple d'aller au-delà des habitudes et de l'amener à découvrir chez l'autre des paysages nouveaux n'est pas toujours évident; ceci doit parfois être planifié et même encadré, comme la disponibilité en vacances... Voici une expérience personnelle.

Je me souviens d'une période particulièrement houleuse de ma propre traversée familiale, où nous avions décidé, mon conjoint et moi, de nous rencontrer à heure et à jour fixes chaque semaine pour une période de trente minutes. Chacun de nous disposait à tour de rôle de dix minutes d'écoute inconditionnelle et ininterrompue de la part de l'autre, tandis que les dernières dix minutes pouvaient donner lieu à des interactions spontanées entre nous deux. Vues de l'extérieur, ces rencontres fixes et programmées pouvaient sans doute apparaître un peu formelles ou incongrues, mais je dois reconnaître qu'elles nous ont permis de nous défaire des habitudes d'interactions un peu stériles et de dénouer certaines impasses familiales. Après deux mois d'échange, nous étions tous deux motivés à aller rencontrer ensemble un professionnel, pour découvrir de nouvelles perspectives et continuer notre démarche. Quinze ans plus tard, je repense souvent à cette étape d'échanges formels comme ayant été décisive pour la suite et pour l'équilibre de la famille.

Réflexion

Du côté de Louise

Pour proposer à Jacques de faire l'activité du bilan et en discuter ensemble par la suite, Louise savait qu'il valait mieux attendre qu'il soit en forme et vraiment disponible. Elle voulait prendre le temps nécessaire et être simplement à l'écoute de son point de vue, comme elle avait réussi à le faire avec Philippe. Écouter sans pression, sans urgence, le point de vue de Philippe lui avait en effet permis de découvrir des dimensions intéressantes de ce que vivait son enfant (par exemple, l'importance que prenait Rex dans sa vie, sa peur d'être jugé, le peu d'éléments valorisants ou motivants qu'il retenait de son quotidien).

De votre côté

- Avez-vous réussi récemment à «écouter» et à découvrir une émotion ou un point de vue présents chez votre conjoint?

- Si oui, dans quel contexte cela a-t-il été possible? Quels éléments ont contribué à faire le contact ou à faciliter la communication?

- Sinon, pouvez-vous imaginer un contexte qui pourrait favoriser ce genre d'échange?

Rappel des comportements et des attitudes pour faire équipe

Vous trouverez ici les mêmes principes de communication que ceux évoqués précédemment pour favoriser un travail d'équipe avec l'enseignante de l'enfant[3]. Dans les deux cas, le défi consiste à réussir à s'épauler sur le plan émotif ainsi qu'à se concerter au sujet de moyens concrets. À des degrés variables, les moyens suivants demeureront d'ailleurs valables pour faire équipe avec tout adulte qui remplit auprès de l'enfant un certain rôle d'éducateur, qu'il s'agisse du conjoint ou de l'enseignante, mais aussi des grands-parents, de la gardienne, de l'animateur de loisirs, etc. Rappelons qu'avec le conjoint, les enjeux émotifs revêtent souvent une intensité toute particulière, et ce, pour le meilleur et pour le pire.

Choisir de collaborer

Nous en avons déjà beaucoup parlé, mais il faut parfois se le dire et se le redire dans les moments creux, surtout dans les moments où la frustration, l'inquiétude ou la compétition poussent en sens contraire.

Reconnaître l'existence d'une menace réciproque

D'une part, il n'est pas toujours évident de partager ouvertement ses peurs, ses déceptions, ses frustrations avec son conjoint: après tout, *«il devrait le savoir! S'il y a quelqu'un qui devrait me comprendre, c'est bien lui!»* D'autre part, être attentif à ces mêmes émotions négatives qui sont présentes chez l'autre (et qui se cachent parfois sous des comportements difficiles à accepter) signifie également se rapprocher de celles que nous trouvons en nous-mêmes. Louise reconnaissait lucidement que *«la peur d'être de mauvais parents et la peur de Philippe d'être un mauvais enfant»* constituaient une menace importante au bien-être de leur famille; reconnaître cette menace réciproque, c'est souvent le point de départ qui rend possible le travail d'équipe avec le conjoint.

---

3. Voir aux pages 294 à 296.

Se donner des moyens concrets pour communiquer ensemble hors crise

Avec l'enseignante, il est plus habituel de prévoir un moyen spécifique de communication, comme la petite note au bas des devoirs ou l'appel téléphonique, alors qu'avec un conjoint que nous voyons tous les jours, nous sommes davantage portés à y aller spontanément, au fil des événements... Parfois, cela convient parfaitement, mais à d'autres moments, il faut planifier et inventer une autre modalité d'échange (comme un petit souper en tête à tête, etc.).

Se mettre dans la peau de l'autre

Voici un rappel de ce qui a été dit précédemment: se donner la disponibilité psychologique du voyageur qui part en vacances pour découvrir des nuances nouvelles dans un paysage devenu trop familier et éviter le piège de penser que nous connaissons déjà tellement bien notre partenaire que nous n'avons pas à faire d'efforts pour se mettre dans sa peau.

Développer une allergie au blâme et maintenir une attitude centrée sur la résolution de problèmes

Refuser de chercher un coupable, c'est nettement plus facile à dire qu'à faire lorsqu'un parent est confronté à une difficulté de son enfant et que ses émotions viscérales de parent et de conjoint sont simultanément en jeu. La preuve, voyez comme c'est souvent la faute de votre conjoint si le ton monte ou si vous vous trouvez face à un mur de béton... Blague à part, il faut résister vite au piège de blâmer l'autre d'être celui qui blâme! Pour reprendre un message publicitaire connu, rappelons simplement que *«le danger (du blâme) croît avec l'usage»*, c'est-à-dire que le danger croît avec l'intensité de la relation émotive et la proximité des rôles joués auprès de l'enfant.

Assurer une cohérence dans l'intervention auprès de l'enfant

Ceci comporte deux avantages importants. Premièrement, l'enfant avec un DAH a besoin de structures et de normes particulièrement claires pour compenser son impulsivité et sa désorganisation naturelles. Deuxièmement, tout enfant, avec ou sans DAH, résiste mal à la tentation de «diviser pour régner» lorsqu'il se sent confronté aux limites nécessaires que lui impose l'un de ses parents.

Travailler ensemble à trouver et à ajuster les meilleurs moyens

C'est tellement plus encourageant et plus efficace!

Construire sur le positif: surprendre l'autre à bien faire et le lui communiquer

C'était important pour l'enfant, c'était important pour l'enseignante, et ce l'est tout autant pour le conjoint! Les études soulignent que l'impact d'un encouragement est proportionnel à la signification que revêt à nos yeux la personne qui l'exprime. Alors, avec ceux qui vous sont proches: l'autre parent, le frère ou la sœur, les grands-parents, profitez-en pour éviter les discours et, comme le disent les publicitaires: «*Ne manquez pas cette chance unique!*» de les influencer sur-le-champ. Surprenez l'un ou l'autre à bien faire auprès de votre enfant hyperactif!

Sans hésitation, voilà une phrase qu'il vaut la peine de mettre bien à la vue, que ce soit sur le réfrigérateur, le miroir de la salle de bain ou la couverture de votre agenda!

Au besoin, s'aider à contrecarrer les réactions impulsives et agressives

En discutant des moyens pour contrecarrer les comportements inacceptables de l'enfant, nous avons abordé le risque des comportements violents de la part du parent à l'égard de son enfant[4]. Parce que la situation est particulièrement difficile lorsqu'il s'agit de son propre enfant et de son conjoint qui sont en cause, parce que, dans ce contexte, s'aider entre conjoints devient parfois déchirant. Il peut être utile d'avoir toujours en mémoire: 1. de réagir adéquatement aux comportements violents du conjoint à l'égard de l'enfant; et 2. du côté du conjoint agressif, de bénéficier de l'aide de son vis-à-vis.

Conseils pour le parent qui voit l'autre réagir de façon agressive

1. La priorité numéro un: éviter de juger et d'humilier son conjoint. Ceci ne veut pas dire être d'accord, ne rien dire ou faire semblant de ne pas voir, mais bien respecter ce que vit l'autre et se répéter que nous ne savons pas ce que nous ferions nous-même si nous avions le tempérament, le passé ou les sources de stress de notre conjoint.

---

4. Voir aux pages 208 à 211.

2. Demander à son conjoint comment il voudrait que nous essayions de l'aider ou, à tout le moins, comment ne pas lui nuire dans ses efforts (après la crise, quand tout est devenu calme, demander franchement à l'autre: «*Dis-le-moi pour la prochaine fois, qu'est-ce que tu veux que je fasse quand je te vois dans tous tes états?*»).

3. Donner nous-même l'exemple à notre conjoint et utiliser systématiquement des moyens comme le 1-2-3 et le retrait de privilèges pour gérer efficacement les comportements difficiles de l'enfant (ça vaut bien des discussions!).

Conseils pour le parent qui réagit de façon agressive

1. Ne pas faire semblant et exprimer franchement à l'autre les émotions difficiles et les stress que nous vivons (par exemple: «*Je suis plus que tanné de tout ce qui se passe ces temps-ci!*»).

2. Dire clairement à l'autre quel comportement nous aimerions qu'il adopte quand il voit une réaction impulsive qui s'annonce (par exemple: «*Quand tu vois que je suis fâché, je ne veux surtout pas que tu me dises de me calmer. Tu restes calme, tu me fais un clin d'œil et tu t'en vas dans la pièce à côté. O.K.?*»).

3. Reconnaître les limites de l'aide que peut apporter le conjoint face à ce problème d'agressivité et, au besoin, aller chercher un soutien extérieur, dans un contexte qui risque d'être moins menaçant pour les deux. Les groupes d'entraide et la ligne téléphonique *Parent Secours* jouent parfois un rôle irremplaçable pour aider des parents à vaincre leur impulsivité (par exemple: «*Cette situation nous rend super émotifs tous les deux. Il va falloir que j'aille voir ailleurs pour de l'aide!*»).

S'ajuster quand l'un des deux parents a un DAH

Maintenant que le DAH est mieux connu et bien établi comme une entité clinique spécifique, de plus en plus de parents se reconnaissent comme étant eux-mêmes d'anciens enfants hyperactifs non diagnostiqués (rappelons que le facteur héréditaire est la cause la plus souvent reliée au DAH, soit dans 60 à 70 % des cas). Ces parents se reconnaissent dans certaines des difficultés qu'éprouve leur enfant; plus ils comprennent la nature du DAH qui affecte leur enfant, mieux ils comprennent les difficultés qu'ils ont eux-mêmes connues plus jeunes ainsi que les difficultés de désorganisation naturelle et de réactions impulsives qu'ils vivent encore aujourd'hui comme adultes. Le DAH chez les adultes est de plus en plus étudié et bien documenté, entre autres chez nos voisins américains. Un certain nombre d'adultes, chez qui le DAH continue à perturber leur adaptation quotidienne, bénéficient de l'accompagnement d'un médecin ou d'un psychologue; pour certains cas plus sévères, la médication apporte un soutien intéressant. Plusieurs livres[5] et vidéos[6] intéressants de langue anglaise sont maintenant en vente sur le «visage adulte» — de mieux en mieux connu — du DAH.

Le message à retenir pour le couple parental dont l'un des deux a un DAH est: accompagner un enfant hyperactif quand on a soi-même un DAH présente certains défis particuliers, mais cela comporte aussi certains avantages et exige un travail d'équipe pour mettre à profit les forces complémentaires des deux parents. Reprenons un à un les trois éléments de ce message.

Les défis particuliers du parent hyperactif

Deux interventions sont particulièrement difficiles pour le parent hyperactif. Premièrement, il est difficile de «donner ce que nous n'avons pas» et le parent qui est lui-même naturellement désorganisé et impulsif arrive plus difficilement à encadrer la désorganisation naturelle de son enfant. Deuxièmement, réussir à freiner ses propres réactions impulsives pendant des escalades où la réaction de l'un alimente spontanément la réaction de l'autre représente un défi de taille pour ce parent. Voici deux conseils pour compenser ces deux difficultés:

1. Simplifiez au maximum l'organisation de la vie familiale; par exemple, préférez un système spontané de récompenses de type «frigo-loto[7]» à un système plus complexe de tableau et de jetons, ou encore simplifiez au maximum le rangement et l'organisation matérielle de la maisonnée.

2. Limitez les escalades agressives grâce à la technique 1-2-3 qui, avec sa règle de base numéro un *«pas de discussion, pas d'émotion»*, discipline aussi le parent et encadre efficacement les réactions impulsives des deux parties.

Les avantages du parent hyperactif

L'autre beau côté de la médaille, c'est que ce même parent comprend de l'intérieur ce que vit son enfant qui suit ses pas. 1. La tolérance face à

---

5. M. Gordon, et F.D. McClure, *op. cit.*
6. R. A. Barkley, *ADHD in adults,* New York, Guilford Press Video, 1994.
7. Voir aux pages 165 et 166.

certaines difficultés lui vient naturellement; 2. il peut lui transmettre les moyens qu'il a élaborés pour compenser ses propres déficits; et 3. le parent demeure pour l'enfant un témoignage vivant qu'il pourra lui aussi faire son chemin et être heureux plus tard comme son parent.

La complémentarité des deux parents

La complémentarité des forces de chacun des parents est toujours un élément important pour réussir le projet éducatif qu'ils partagent, mais dans ce contexte particulier, cette complémentarité devient cruciale. Le parent avec un DAH est souvent celui qui apportera énergie, enthousiasme, tolérance et confiance dans le duo parental. Nous trouvons une combinaison gagnante dans le couple quand l'autre parent y injecte des compétences sur plan de la planification et de l'organisation et quand il aide l'équipe parentale à prendre davantage le recul nécessaire dans son approche disciplinaire pour agir et non simplement réagir. Ces habiletés différentes et complémentaires contribuent à un meilleur équilibre dans l'approche éducative auprès de leur enfant.

Respecter les besoins et mettre à profit les forces des frères et des sœurs

Nathalie, la petite sœur de Philippe, n'occupait pas l'avant-scène du bilan fait par Louise. Et c'est justement cette place discrète, presque effacée, qui avait retenu l'attention de Louise. Au moment opportun, elle projetait de partager avec Jacques son inquiétude quant au peu d'énergie qui reste de disponible pour leur fille Nathalie[8].

Nous l'avons souligné au chapitre I, *être le frère ou la sœur d'un enfant avec DAH n'est pas toujours facile, même quand on comprend et qu'on veut bien faire sa part.* Le stress quotidien vécu par le frère ou la sœur demeure important: à l'extérieur de la famille, l'enfant est parfois gêné par les comportements difficiles de son frère ou de sa sœur et il ressent le rejet dont ce dernier ou cette dernière est souvent l'objet. Dans le milieu familial, il subit quotidiennement les réactions impulsives de l'enfant hyperactif, tandis qu'il ressent l'irritation et l'impatience de ses parents qui se déversent souvent indifféremment sur les deux enfants à la fois. Aussi rêve-t-il parfois d'une atmosphère familiale plus détendue, alors que ses parents seraient un peu moins accaparés par les difficultés de l'autre et un petit peu plus disponibles pour lui seul.

---

8. Voir à la page 42.

Même si les parents ne peuvent pas agir sur toutes ces sources de stress, nous pouvons retenir deux pistes d'intervention qui favorisent la collaboration des frères et des sœurs au sein de la famille: 1. encourager les interactions positives et réduire le stress des chicanes fraternelles; et 2. rendre la vie familiale plus agréable pour les frères et les sœurs.

Comment encourager les interactions positives et réduire le stress des chicanes fraternelles

Il est difficile de discuter des moyens pour bâtir une meilleure complicité entre frères ou sœurs sans aborder l'épineuse question des chicanes qui, selon l'avis de plusieurs parents, empoisonnent ou, à tout le moins, contribuent à polluer de façon importante l'atmosphère familiale... Les stratégies éducatives des quatre C s'appliquent directement à la gestion des comportements entre frères et sœurs, et nous avons déjà abondamment illustré leur utilisation dans un contexte fraternel où l'intervention éducative s'adresse aux deux enfants à la fois. Nous nous contenterons donc ici d'un simple rappel, en invitant le lecteur à retourner à l'application de chacune des quatre stratégies pour plus de détails.

Compenser l'impulsivité et voir venir les chicanes

Les situations de chicanes sont souvent répétitives et les signes avant-coureurs sont prévisibles pour le parent averti. Aussi, le parent a avantage à prévoir les situations difficiles et à agir plus tôt, avant que l'orage éclate entre les deux enfants (par exemple, offrir au début le soutien nécessaire, discuter ensemble d'autres scénarios, ou convenir d'un message codé avec les deux enfants tel que: «*On zappe la chicane!*»[9]) .

Clarifier les demandes et les règles à respecter dans les relations fraternelles

Remplacez l'éternel «*Non, mais vous ne pourriez pas vous entendre, juste pour une fois!*» Définissez de façon claire et concrète les comportements de collaboration que vous souhaitez voir entre frères et sœurs, ainsi que les comportements d'agressivité ou de violence qui ne seront pas tolérés.

Construire sur le positif et être attentif à les surprendre à bien faire tous les deux ensemble

Toutes les réactions positives de la part du parent sont bonnes pour encourager les efforts qu'exige de la part des deux enfants le maintien d'une entente fraternelle: attention positive, encouragement, félicitations,

---

9. Voir «Prévenir les situations difficiles» à la page 117.

rétroaction ou système de récompenses. Alors, surprenez-les à bien s'entendre et allez-y généreusement pour souligner aux deux enfants à la fois leur comportement de bonne entente. Selon l'âge et les priorités pour chacun des enfants, le système élastique peut bien convenir, puisque l'objectif à atteindre pour avoir droit à un boni commun (par exemple, le nombre de jours sans chicane requis pour la récompense) peut augmenter à mesure que se développe la capacité de bonne entente des enfants[10].

Contrecarrer les comportements inacceptables et la violence physique

Dans le cas d'une escalade d'agressivité, l'approche 1-2-3 donne aux deux enfants un message non équivoque et non émotif de la part du parent; chacun a la responsabilité d'arrêter lui-même l'escalade de la chicane et de «couper le courant», en quittant la pièce si nécessaire[11]. Quant au retrait de privilèges, l'intervention viendra sanctionner de façon prévisible et non émotive certains comportements de violence que nous avions déjà ciblés avec les enfants comme inacceptables dans la famille[12].

Comment rendre la vie plus agréable pour les frères et les sœurs

À partir de sa propre expérience de mère, Patricia Kennedy[13] propose certains moyens concrets qui peuvent contribuer à rendre la vie plus agréable pour les autres enfants qui font eux aussi partie de la famille.

Bien les informer

Être franc et ouvert, expliquer la nature du DAH et ce que vit l'enfant hyperactif, partager les émotions parfois contradictoires (frustration, culpabilité, attachement) que vivent ceux qui l'entourent, bref, mieux comprendre augmente leur niveau de tolérance (face au frère hyperactif ou à la sœur hyperactive, mais aussi face à soi-même).

Établir des règles claires mais adaptées aux besoins de chacun

Établir les règles qui touchent chaque enfant en fonction de sa capacité de contrôle plutôt que simplement en relation avec son âge (par exemple, même si Karim est plus jeune que Patrick, il peut circuler plus loin que son frère à bicyclette parce qu'il est spontanément beaucoup plus prudent). Éviter les comparaisons et traiter chacun de façon personnelle et unique, en fonction de ses propres besoins.

---

10. Voir à la page 167.
11. Voir à la page 192.
12. Voir aux pages 200 à 204.
13. P. Kennedy, L. Terdal et L. Fusetti, *op. cit.*

Favoriser des moments de répit

Organiser systématiquement des temps où le frère ou la sœur se trouve sans la présence de l'enfant hyperactif, lui permettre des temps de repos où il peut, par exemple, être seul avec ses amis, quitte à planifier une activité extérieure avec l'enfant hyperactif (au besoin avec une gardienne).

Protéger leur droit à l'intimité et à la propriété privée

La tendance à l'intrusion, que nous trouvons chez certains enfants hyperactifs, peut être une source de frustration importante pour le frère ou la sœur qui se sent menacé par l'envahissement impulsif de l'autre. Le parent doit être sensible à ce besoin et développer le respect de la propriété des autres chez l'enfant hyperactif (par exemple, mettre une affiche «Arrêt» ou «Privé» à la porte de la chambre du frère ou de la sœur, ou encore, si nécessaire, ce dernier ou cette dernière pourra fermer à clé sa chambre ou une armoire qui protège ses objets spéciaux ou personnels, etc.).

Apprécier et ne pas tenir pour acquis les comportements plus autonomes

Éviter de tenir pour acquis le niveau d'autonomie dont l'enfant non hyperactif fait preuve (par exemple, le fait de faire lui-même son lunch, etc.). Souligner la contribution que cela représente pour le parent et ne pas hésiter à récompenser ces formes d'autonomie. Lui accorder des moments spéciaux pendant la semaine (par exemple, un déjeuner ou un lunch avec maman ou papa le samedi matin au restaurant) pour le remercier de sa contribution pendant la semaine. Par contre, limiter judicieusement les responsabilités trop lourdes de gardiennage ou de surveillance de la part du frère aîné ou de la sœur aînée.

Partager avec eux son propre cheminement comme parent face au DAH

Échanger sur ce que nous avons nous-même appris en tant qu'adulte comme moyen pour mieux composer avec certaines formes de frustrations ou certains comportements de l'enfant hyperactif, ou encore comme moyen de détente ou de répit.

Demeurer tolérant

Permettre résolument au frère et à la sœur non hyperactif de demeurer un «enfant» de plein droit, qui vit ses propres difficultés, ses propres ambivalences, sans souci de devoir compenser auprès de ses parents pour les inquiétudes ou les stress particuliers associés aux difficultés de l'enfant hyperactif.

Michael Gordon a écrit, avec le sens de l'humour qui le caractérise, un petit livre[14] d'une grande complicité émotive à l'intention du frère ou de la sœur de l'enfant hyperactif: colère, rire, étonnement, attachement, sollicitude, toutes les émotions fraternelles y passent... L'auteur sait informer et faire rire le jeune lecteur sur les situations parfois difficiles ou cocasses dans lesquelles se trouve Timmy, le petit frère hyperactif, et dans lesquelles il entraîne aussi ses parents, son enseignante et, bien sûr, sa grande sœur. Si vous connaissez la langue anglaise, nous vous le recommandons fortement.

Composer avec les points forts et les points faibles de la famille

Avant de terminer notre réflexion sur les forces présentes à l'intérieur de la famille, jetons un coup d'œil sur la famille dans son ensemble, la famille comme un système qui regroupe et englobe bien sûr les parents, les conjoints, la fratrie et l'enfant hyperactif dans une sorte d'entité globale, qui fait qu'une famille est une famille.

Comme la relation entre les conjoints, la vie à l'intérieur d'une famille semble parfois pour le meilleur et pour le pire. Quand nous regardons avec un peu de recul ce que vit l'ensemble de la famille de l'enfant avec un DAH, nous y voyons des hauts et des bas, telles des montagnes russes, c'est-à-dire des moments super auxquels chacun tient beaucoup et dont on se souviendra longtemps, et des moments moins bien (pour ne pas dire pénibles), où tout le monde voudrait comme par magie se retrouver n'importe où, mais *ailleurs*... La première étape pour composer avec les forces et les vulnérabilités propres à chacune des familles consiste à prendre un peu de recul pour mieux trouver les éléments positifs et négatifs qui colorent actuellement la vie familiale. Puis, il faut pousser plus loin l'analyse des forces et s'en servir comme point d'appui pour s'attaquer en famille à nos vulnérabilités, pour remettre les pendules à l'heure!

---

14. M. Gordon, *My brother's a world-class pain, a sibling's guide to ADHD/hyperactivity*, New York, GST Publications, 1992.

Capitaliser sur les forces et les situations positives de la famille

Encore une fois, nous illustrerons ces hauts et ces bas du quotidien de la vie familiale à l'aide du bilan que fait Louise des forces et des difficultés de sa petite famille. Au chapitre des hauts et des forces familiales, Louise a trouvé, à la question: Un moment ou un moyen de détente qui permet de refaire le plein en famille?, les éléments suivants: «*Le camping, le ski, le vidéo-popcorn.*» Une force qui caractérise sa famille? «*On n'a pas peur de se dire qu'on s'aime. Quand ça va mal, on repart assez facilement tout le monde sur une nouvelle piste.*»

Bâtir une vie de famille, c'est un projet et une aventure bien plus riches et complexes que de transformer, souvent malgré lui, un enfant hyperactif en enfant sage et bien élevé... Bâtir une vie de famille, c'est créer un milieu de vie intense et significatif où chacun (parent et enfant) peut développer son identité et répondre à des besoins fondamentaux: valorisation, socialisation, échange affectif, plaisir, détente. Nous l'avons déjà dit: Il ne faut pas oublier que la vie (celle de l'enfant, la vôtre, celle de la famille...) ne se résume pas aux devoirs et à l'école!

Comme avec l'enfant ou avec le conjoint, les moments de plaisir partagé et les projets de famille nourrissent la fibre du tissu familial (préparer un voyage, faire un jardin, faire l'album photos, élever des animaux, camper, peinturer, réaménager, faire des jeux, faire du sport, etc.). Notons, de plus, que la psychologie sociale souligne l'importance cruciale que jouent les fêtes et les rituels pour bâtir un sentiment d'appartenance à un groupe, d'autant plus avec sa propre famille. Même les vendredis soir peuvent être un prétexte hebdomadaire suffisant pour fêter en famille l'arrivée de la fin de la semaine; l'occasion se prête bien pour inventer des récompenses pour l'enfant dont profitera toute sa famille: celui-ci prépare un superdessert pour tout le monde ou décide du menu, etc. Croyez-le ou non, mais l'époque qui précède l'adolescence, pendant laquelle les enfants ont le «goût de la famille», passe finalement trop vite et nous nous ennuyons, après coup, de cette époque où la vie familiale était aussi intense et les enfants aussi disponibles...

Mais attention! Il en est du choix des activités familiales comme du choix d'un système de récompenses: les activités choisies ne doivent pas susciter trop de nouvelles pressions ou de stress du côté des parents; les meilleures activités sont simples, adaptées aux déficits de l'enfant et, idéalement, répondent au moins un peu aux besoins de tous les membres qui y trouvent leur part de plaisir personnel.

Aborder les difficultés dans un climat de résolution de problèmes

En ce qui concerne maintenant les moments creux et les vulnérabilités familiales, Louise a trouvé les éléments suivants. Les moments plus difficiles? *«Il est 5 heures et demie: tout le monde a faim, on est fatigué, les devoirs traînent, et moi qui manque de temps pour préparer le souper. L'enfer! On voudrait tous être ailleurs...»* Une menace au bien-être de la famille? *«On est peut-être en train de perdre le sens de l'humour de Jacques et de Philippe; avant les fameux devoirs, on jouait plus avec Philippe les soirs de semaine. En fait, avant l'école, il me semble que tout était moins sérieux. On avait plus d'énergie pour rire et faire des folies!»*

Selon l'âge des enfants et le style de la famille, certains parents trouvent utile de convoquer une sorte de conseil de famille, organisé selon le modèle du monde des affaires, à périodes fixes ou de façon sporadique pour aborder une problématique particulière. Certaines écoles ont également adopté un modèle scolaire de conseil de coopération[15] qui reflète la même approche. Le conseil de famille est un moyen préconisé par plusieurs auteurs qui s'intéressent à la dynamique de la vie familiale; nous y trouvons généralement les mêmes règles de base qui régissent le fonctionnement du conseil de famille et qui s'inspirent du processus de résolution de problème[16]. Pensons ici à l'organisation du 5 à 7 dans la famille de Louise, à la répétition des chicanes le samedi matin entre Pierrot et Maude[17], ou mieux encore à un exemple de situation difficile dans votre propre famille.

Capsule d'information

Exemples de règles qui régissent un conseil de famille

1. On essaie de définir le problème en cause et on s'exprime sur les émotions qui y sont reliées. Pendant cet échange, les règles de communication sont les suivantes: chacun a le droit de dire ce qu'il pense et ressent, dit son point de vue en quelques phrases, puis passe la parole au suivant. Les insultes et les cris ne sont pas tolérés (parce qu'on cherche une solution et non à créer de nouveaux problèmes).

15. D. Jasmin, *Le conseil de coopération: un outil pédagogique pour l'organisation de la vie et la gestion des conflits*, Montréal, Éditions de la Chenelière, 1994.

16. C. Webster-Stratton, *op. cit.* Aussi: J. Monbourquette, *L'ABC de la communication familiale*, Ottawa, Novalis, 1993.

17. Voir aux pages 114 à 116.

2. Chacun participe à un remue-méninges pour bâtir une liste de toutes sortes de solutions possibles; on ne censure pas à mesure les suggestions, chacun faisant l'effort de demeurer créatif et imaginatif.

3. On envisage et on évalue ensemble les conséquences positives et négatives que présente chacune des solutions.

4. On décide ensemble quelle solution sera essayée et on planifie son application.

5. On prévoit comment on évaluera l'efficacité de la solution.

Il s'agit d'une procédure dont le style un peu formel vise à encadrer et à faciliter un échange ouvert qui conduit à la résolution conjointe de petits problèmes dans la vie familiale. La solution retenue est moins importante que le processus de réflexion: le rôle des parents consiste moins à montrer aux enfants *quoi* penser que *comment* réfléchir pour résoudre une difficulté commune.

Il est important de préciser que les formes de rencontres et de concertation peuvent varier autant que les familles. Dans l'exemple des samedis matin problématiques entre Maude et Pierrot, les parents s'étaient d'abord concertés et avaient convenu de convoquer les deux enfants pour expérimenter ensemble une approche de résolution de problèmes. Dans un contexte plus épineux et plus exceptionnel, les parents de Stéphane (qui avait été pris à voler chez le dépanneur) l'avaient convoqué pour discuter ensemble du choix de la conséquence; puis, avec un peu plus de recul et après que la conséquence fut bien exécutée, ils avaient profité du déjeuner le dimanche suivant pour parler une dernière fois de l'événement, être à l'écoute de Stéphane et mieux comprendre la portée émotive et la signification de cet événement à partir de l'analyse que pouvait en faire le jeune lui-même[18].

Ainsi, il n'y a pas de formule miracle ni de recette standard pour apprendre comment communiquer et décider en famille pour régler certaines situations plus difficiles, ni non plus pour élaborer joyeusement ensemble un projet positif de famille, comme une expédition de vacances. Indépendamment de la forme adoptée, l'attitude de base du parent exprime le message «*Cherchons ensemble! Inventons la meilleure solution!*», qui contraste avec l'attitude «*Moi, je connais la meilleure solution! Aux autres*

---

18. Voir aux pages 205 et 206.

de comprendre maintenant pourquoi j'ai raison!» Le leadership du parent doit être axé sur la volonté de permettre à chacun d'exprimer ses émotions et ses opinions, et de faciliter la recherche d'une solution qui correspond le mieux aux besoins de chaque membre de la famille. Aucune décision n'a d'ailleurs besoin d'être définitive: on essaie une solution et on s'ajuste à nouveau après avoir tenté l'expérience.

Quant aux règles de fonctionnement, la famille doit être structurée *mais* flexible, un peu comme doit l'être l'école idéale pour l'enfant hyperactif. La vie familiale de cet enfant doit en effet offrir une structure cohérente où les règles sont claires et bien définies, sauf que l'atmosphère doit être teintée à la fois de tolérance et de flexibilité. Dans ce contexte, l'équilibre familial n'est pas simple à trouver et exigera de multiples échanges et ajustements à l'intérieur du système! Parce que la vie familiale est marquée par des hauts et des bas et qu'il faut tenter d'équilibrer des tendances opposées — structure et flexibilité — mais nécessaires, une bonne dose d'humour devient, au dire de plusieurs familles, un élément clé qui facilite leur ajustement.

Réflexion 14

Un coffre d'outils familial: voir ses forces et inventer ses solutions

S'aider entre conjoints

- Quels sentiments, présents chez mon conjoint ou chez moi, peuvent nous aider à faire équipe (par exemple, la ténacité, le sens de l'humour, l'attachement, etc.)?

- Quels sentiments, présents chez mon conjoint ou chez moi, peuvent rendre plus difficiles notre travail d'équipe (par exemple, la frustration face aux difficultés, les réactions impulsives, l'inquiétude face à l'avenir, la peur du jugement, la difficulté à accepter certaines limites, etc.)?

- Quelles attitudes aidantes sont déjà présentes entre nous? Quelles attitudes seraient à développer davantage (reconnaître que l'on vit les mêmes sentiments difficiles, refuser les blâmes, refuser de chercher un coupable, se réserver un temps précis pour échanger, s'encourager à partir de nos points forts, réserver du temps pour notre vie de couple, etc.)?

Aider les frères et les sœurs

- Selon moi, que ressentent les autres enfants de la famille face au fait de vivre avec un frère hyperactif ou une sœur hyperactive?

- Qu'est-ce qu'on fait déjà et qu'est-ce qu'on pourrait faire davantage pour aider les frères et les sœurs (travailler à diminuer les chicanes entre les enfants, les informer sur le DAH, clarifier des règles adaptées à chacun, leur permettre des temps de répit, protéger leur droit à l'intimité et à la propriété, valoriser leur autonomie, etc.)?

Composer avec les points forts et les points faibles de la famille

- Quels bons moments et quelles forces particulières caractérisent notre vie familiale? Comment exploiter davantage ces éléments positifs (projets, fêtes, loisirs, etc.)?

- Quelle situation familiale est plus stressante ou conflictuelle chez nous? Qu'est-ce qui rend cette situation plus difficile? Quelles sont les différentes solutions qui pourraient être envisagées pour améliorer la situation?

- Qu'est-ce qui convient le mieux à notre style de famille pour élaborer ensemble des projets ou pour inventer des solutions pour résoudre des difficultés (un conseil de famille un peu formel, une consultation entre parents suivie d'un échange en famille, un échange spontané pendant un repas)?

Chapitre XXI

Mettre en commun les forces présentes à l'extérieur de la famille

Qui peut m'aider?

Voici le dernier volet sur les ressources d'aide qui entourent l'enfant et le parent. Nous avons vu au chapitre précédent que parents et enfants partagent une même aventure et que, pour le meilleur et pour le pire, cet équipage compte d'abord sur l'intensité des liens qui les relient pour réussir leur traversée. Mais, malgré la bonne volonté de chacun, le fait de vivre en famille, coude à coude, peut parfois limiter l'entraide, et la famille doit à son tour pouvoir prendre appui sur des forces qui lui sont extérieures: la bouée qui vient en aide doit, à ce moment être ancrée sur une autre rive, à l'extérieur de la famille, pour aider ceux qui se trouvent à bord, ballottés par les mêmes vagues.

Les différentes ressources qui se trouvent à l'extérieur de la famille (parenté, amis, voisins, groupes d'entraide, ressources communautaires et professionnelles) peuvent, à différents moments et chacune à leur façon, donner un bon coup de pouce à l'un ou à l'autre des membres de l'équipage familial. Notons que cette bouffée d'oxygène dont bénéficie alors l'un des membres permet souvent et indirectement à toute la famille de reprendre un second souffle. Ainsi, en injectant de l'énergie nouvelle, cette aide venue de l'extérieur contribue de façon importante à maintenir l'équilibre de la famille et fonctionne un peu comme une course à relais: chaque ressource connaît des forces et des limites particulières et chacune est susceptible de prendre la relève là où l'originalité de la contribution de l'une vient compenser pour les limites de l'autre, de façon à créer un véritable réseau de soutien.

Le chapitre présente la contribution originale ainsi que les limites des différentes ressources d'aide à l'extérieur de la famille, une aide dont l'enfant, le parent ou la fratrie peuvent bénéficier. Nous insisterons sur les moyens qui permettent aux parents de profiter de toutes ces forces qui sont complémentaires les unes les autres.

Profiter de l'aide de l'entourage social: parenté, amis et voisins

Il existe trois moyens qui permettent de mettre à profit les ressources qui sont disponibles dans l'entourage social de la famille: 1. accepter que, dans l'entourage, certaines personnes ne comprennent pas et ne comprendront jamais le problème du DAH; 2. accepter de recevoir de l'aide de la part de ceux qui se montrent disponibles; et 3. varier les formes d'aide reçues.

Accepter les limites de compréhension de la part de l'entourage

Lorsque nous discutons du soutien que les parents reçoivent de leur famille et de leurs amis, ils nous disent: «*Ça dépend!*» Ils expliquent que certaines personnes de leur entourage «*comprennent que le DAH existe ainsi que les défis particuliers qu'il pose à l'enfant et aux parents*», tandis que d'autres personnes, derrière toutes sortes de formules tantôt polies et gentilles, tantôt «jugeantes» et culpabilisantes, «*n'arrivent tout simplement pas à comprendre*». Face à cette situation, certains parents tentent de leur faire partager l'information qu'ils ont sur la nature du DAH, le cheminement qu'ils ont vécu, des moyens éducatifs qu'ils utilisent et du soutien de la médication. Puis, si leur entourage ne semble toujours pas comprendre, c'est dommage, mais ils n'insistent plus!

Il n'est pas toujours facile pour ces parents d'accepter que certaines des personnes qui leur sont par ailleurs très proches (par exemple, les grands-parents) comprennent si peu leur réalité, mais à long terme, c'est plus sage de s'ajuster que de s'acharner. Ils limitent alors le niveau des échanges sur ce point et choisissent, par exemple, de partager davantage des éléments positifs ou neutres de ce que vivent l'enfant et la famille. Pour ce qui est des éléments reliés au DAH, ils évitent tout simplement d'en parler et si, par bonheur, les personnes de l'entourage vivent avec l'enfant une expérience heureuse, si l'enfant a parlé d'elles positivement ou si elles interviennent adéquatement, ces parents ne manqueront sûrement pas la chance de les surprendre à bien faire et de le leur souligner discrètement...

Il est clair que les parents d'un enfant qui a un DAH assez sévère n'ont ni le temps ni l'énergie de cultiver un large réseau social et qu'ils ont encore moins l'énergie d'absorber les réactions négatives de la part de l'entourage (pour certains, les réactions de l'école suffisent amplement). Ils ont donc avantage à choisir judicieusement leurs amis et leurs sorties, et à profiter pleinement de l'aide qu'ils reçoivent de ceux qui comprennent ce qu'ils vivent.

Cette distinction ressort également dans l'analyse que fait Louise de son réseau de soutien. Du côté des grands-parents, à tort ou à raison, Louise ressent toujours comme réprobateurs *«les nuances dans la voix et le regard de sa mère quand il est question de Philippe»*, tandis qu'elle peut compter sur l'aide de sa belle-mère, qui ne panique pas et qui garde volontiers Philippe, puisqu'elle a su élever l'oncle Louis, qui était pas mal plus grave que Philippe à son âge! Louise établit le même contraste entre son amie Nicole qui *«a un enfant trisomique et qui comprend bien les limites d'un enfant»*, tandis qu'elle se sent jugée par sa belle-sœur qui a un *«fils unique un peu trop parfait à mon goût, du style "bien joli, gentil, qui reste assis"...»*

Notons que c'est peut-être à tort que Louise se sent jugée ou dévalorisée par sa mère et par sa belle-sœur, probablement parce qu'elle a elle-même de la difficulté à accepter ses limites et celles de Philippe, surtout lorsqu'elle se trouve en face de sa propre mère et de sa belle-sœur *«qui semblent l'avoir tellement plus facile qu'elle»*... Mais, peu importe, l'important pour Louise est d'arrêter d'essayer de les convaincre ou de se justifier elle-même, et d'investir plutôt dans des relations où elle se sent spontanément comprise et aidée dans ses difficultés.

Accepter de recevoir de la part de l'entourage

Le coup de pouce très concret offert par sa belle-mère qui garde à l'occasion Philippe et, sur un plan plus personnel, la complicité inconditionnelle que Louise entretient avec sa sœur, illustrent bien comment l'entourage peut offrir une source importante de soutien, et ce, sur trois plans: les émotions, l'information et les moyens ou l'aide concrète.

Quant à sa sœur, cette «perle rare» qui est aussi mère de quatre enfants, Louise SAIT qu'elle peut lui téléphoner n'importe quand et qu'elle pourra laisser déborder librement son trop-plein émotif sans être jugée. Cela ne lui arrive pas souvent, mais savoir que sa sœur est là, qu'elle est disponible en cas «d'urgence émotive» constitue une sécurité importante pour Louise. Sur le plan de l'information et des moyens, nous ne pouvons pas dire que le DAH est la spécialité de sa sœur (moins que Louise), mais le fait de pouvoir jaser librement avec elle permet à Louise de prendre un peu de recul, de réfléchir plus clairement et d'arriver à des idées qui ont généralement plein de bon sens. Ainsi, Louise profite du soutien émotif et de l'échange de moyens qu'elle retire de ses conversations avec sa sœur; comme aide concrète, Louise accepte aussi de recevoir ce que sa belle-mère peut lui apporter en gardant Philippe.

Or il y a des personnes pour qui c'est plus difficile que pour d'autres d'accepter de *recevoir* l'aide de la part de l'entourage. Est-ce un trait de caractère? une question d'éducation? Probablement un peu des deux, comme dans la plupart des attitudes sociales. Il y en a pour qui recevoir un cadeau les rend spontanément mal à l'aise, alors que pour d'autres, c'est une joie spontanée. Si vous faites partie de ce dernier groupe, cette stratégie n'est pas pour vous; mais pour la personne qui se sent mal à l'aise de recevoir ou de demander, il faut parfois renverser les rôles pour que celle-ci se rappelle qu'elle serait elle-même très heureuse d'avoir l'occasion de faire plaisir, de rendre service ou d'offrir un cadeau. Ce reflet d'elle-même peut l'aider à se décider à faire davantage confiance aux autres, à accepter leur bonne volonté et à recevoir de bon cœur le coup de pouce offert.

Reprenons l'exemple de Louise. Nous avons noté qu'elle n'a aucune difficulté à recevoir de sa sœur, en raison sans doute du caractère exceptionnel de leur relation. Et quand sa belle-mère lui offre de garder Philippe, elle accepte d'emblée, la joie de Philippe d'aller chez sa grand-mère venant facilement à bout de toute hésitation de sa part. Mais, à part ces deux ressources dans son entourage, Louise aime bien se débrouiller toute seule et vit difficilement la pression de se sentir avec une «dette psychologique» face aux personnes qui l'aident.

Varier les formes d'aide qu'on reçoit de chacun

Pour vraiment mettre toutes les forces en commun, une troisième straté-gie consiste à diversifier davantage et à répartir les attentes pour mieux profiter de toutes les formes d'aide que l'entourage peut offrir. Voici cer-tains exemples d'aide possibles: permettre une soupape émotive pour le parent, lui donner de l'information qui l'aide à mieux comprendre ou à savoir quoi faire, donner un coup de pouce pour les devoirs, payer un camp de vacances, être disponible pour garder ou pour dépanner, offrir à l'enfant un Nintendo (qui pourrait être utilisé en système de location-récompense), faciliter un loisir ou une détente pour l'un des pa-rents ou pour le couple, prêter son chalet ou son équipement de cam-ping, inviter le frère ou la sœur pour une fin de semaine, faire une sortie avec l'enfant, initier l'enfant à un loisir, accompagner l'enfant à son cours de karaté, offrir un petit contrat à l'enfant (neige, pelouse, promenade du chien), etc. À chacun sa spécialité! Varier les formes d'aide permet de recevoir davantage sans épuiser les mêmes ressources.

Une amie, qui est particulièrement bien organisée dans sa vie per-sonnelle et professionnelle, a vécu une séparation imprévue et difficile. À la question comment elle s'y était prise pour passer au travers, sa réponse fut aussi intéressante qu'inhabituelle. *«J'ai demandé aux personnes dont je suis proche de me donner le genre d'aide dans lequel chacune est la meilleure et sans que ça lui pèse trop. Pierre, mon vieil ami de toujours, et moi prenions une longue marche ensemble tous les deux jours, pour jaser et pour qu'il me tienne par la main; une autre m'a fait des petits plats cuisinés deux fois par semaine; j'appelais une autre juste pour me confier et pleurer; une autre m'amenait à la Sporthèque et une autre encore m'a aidée dans plusieurs détails de ma réorgani-sation matérielle.»* À la lecture de ces lignes, nous pouvons dire qu'elle a eu de «bons petits réconforts», sans pour autant risquer d'abuser ou sans qu'elle se sente trop mal à l'aise ou redevable à quiconque. Tout le monde était heureux de donner un coup de pouce, sans pour autant craindre d'être envahi par une peine trop lourde à porter. La plupart des gens aiment bien mettre la main à la pâte, mais ils détestent qu'on leur mette toute la responsabilité sur les épaules.

Il est prudent de se rappeler que les ressources naturelles, celles de la nature comme celles que nous trouvons spontanément dans notre envi-ronnement social, sont menacées d'épuisement quand nous en abusons. C'est pourquoi il est sage d'accepter de recevoir mais aussi de demeurer assez imaginatif pour diversifier les formes et les sources d'aide que nous recevons, et limiter ainsi judicieusement l'utilisation que nous faisons de chacune de ces précieuses ressources! De plus, cette prudence est d'autant plus facile à respecter si la famille mise aussi sur des ressources «moins personnelles», comme les groupes d'entraide, les ressources communautaires ou professionnelles.

Profiter du soutien qu'offre un groupe d'entraide

Les groupes d'entraide et les ateliers de formation varient les uns des autres quant à la structure et au contenu; mais le bénéfice le plus important que le parent en retire est souvent le sentiment merveilleux qu'il n'est pas tout seul! Plusieurs de ces activités de groupe sont parrainées par des associations nationales, provinciales ou régionales, tandis que d'autres naissent spontanément à partir de quelques parents réunis au hasard d'un événement comme une conférence sur le DAH. Vous trouverez en appendice des renseignements sur différentes associations reliées au DAH et qui peuvent généralement informer les parents si de tels groupes existent dans leur quartier ou leur région[1].

Quelle que soit la formule spécifique du regroupement de parents auquel nous adhérons, l'essentiel est que la forme choisie corresponde bien au style et à la personnalité des individus qui composent le groupe. Lorsqu'il existe un bon niveau d'échange entre les parents participants, la magie d'un groupe d'entraide peut idéalement s'exercer de trois façons, qui sont complémentaires aux autres types de ressources dont bénéficie déjà chaque famille.

S'appuyer sur le témoignage des autres parents

Participer à un groupe d'entraide, c'est pour plusieurs une occasion unique de partager avec d'autres parents qui ont pris un peu de recul, qui regardent en arrière et témoignent de leur expérience. En effet, le témoignage des autres permet de nourrir l'espoir et aide à vivre les étapes du deuil associé à l'acceptation du DAH. Même si, pour l'enfant comme pour le parent, la vie ne sera jamais aussi facile qu'on l'aurait souhaité, le cheminement vécu par d'autres parents permet de garder une confiance réaliste face à l'avenir.

Rappelons-nous Mary Cahill Fowler, cette mère d'un enfant sévèrement atteint, qui confie que le DAH ne s'accepte que progressivement, par

---

1. Voir l'appendice 2 aux pages 389 et 390.

étapes successives, comme on enlève les pelures d'un oignon, une couche après l'autre... Vivre son deuil, reconnaître que l'intégration de l'enfant et le rôle de parent sont et seront bien plus difficiles à vivre pour nous que pour d'autres familles, pour lesquelles les choses semblent aller «presque d'elles-mêmes»... Selon les difficultés éprouvées par l'enfant, selon la personnalité des parents, selon le contexte familial, certaines pelures seront parfois plus difficiles à laisser tomber. Mais pour accompagner ce processus, la sérénité dont témoignent certains parents en dépit des pertes émotives qu'ils ont vécues, vaut mille mots d'encouragement. Partager avec d'autres parents les défis auxquels ils ont fait face et le cheminement que leur enfant a franchi nourrit l'espoir que plusieurs des difficultés présentes se tasseront avec le temps.

Avoir un antidote contre les jugements négatifs de l'entourage

Quand nous interrogeons des parents sur ce qu'ils ont le plus apprécié de tel atelier ou de tel groupe d'entraide, la réponse est presque unanime: *«Non seulement savoir, mais sentir qu'on n'est pas tout seul! Qu'on n'est pas si pire que ça... Que c'est normal d'en arracher, que c'est normal parce que le DAH, ce n'est pas normal!»* La force de cette réaction traduit bien le besoin que vivent les parents de contrebalancer un jugement social qui pèse lourd sur leurs épaules et leur estime de soi.

Profiter de l'échange d'informations entre les parents

Souvent confrontés aux mêmes genres de difficultés, les parents d'un groupe d'entraide sont particulièrement enthousiastes de partager entre eux le fruit de leurs expériences et ainsi éviter aux autres les tâtonnements qui ont précédé la découverte de certaines de leurs trouvailles: échange de trucs pour aider tel comportement, de documents d'informations plus clairs ou plus convaincants que d'autres, de coordonnées de ressources communautaires (une bonne gardienne, une bonne activité parascolaire, une activité de détente pour le parent, etc.) ou de ressources professionnelles (un médecin, une étudiante en psychoéducation ou en orthopédagogie).

Un dernier élément relatif à l'échange d'informations au sein des groupes de parents: le partage de situations cocasses vécues dans l'une ou l'autre des familles est une forme d'échange particulière qu'il vaut la peine de souligner. Cette forme d'humour reflète qu'on a atteint un certain niveau de complicité entre les participants et permet de dédramatiser à l'avance la prochaine situation aussi pire qui ne manquera pas de se présenter... Une bonne prévention contre le stress!

Explorer les ressources communautaires et trouver chaussure à son pied

Les ressources communautaires qui englobent toute une gamme de services (activités sportives et de loisirs, ressources de gardiennage, réseau de bénévoles, club de devoirs, etc.) peuvent apporter un coup de pouce complémentaire à l'enfant et à sa famille, un coup de pouce qui, généralement, «ne change pas le monde», sauf qu'il fait parfois une merveilleuse différence! En regard de l'utilisation de ces ressources, le défi consiste davantage à trouver chaussure à son pied; la trouvaille consiste à faire un bon jumelage entre un besoin et une réponse disponible. Comme nous ne réussissons pas toujours au premier essai, il faut parfois magasiner avec détermination avant d'y parvenir.

Jetons un rapide coup d'œil à certaines des ressources que nous pouvons trouver dans différents quartiers afin de stimuler l'imagination et de vérifier s'il n'y aurait pas, dans votre propre communauté, quelque trouvaille dont pourrait bénéficier quelqu'un de la famille. Cette liste, loin d'être exhaustive, vous invite simplement à explorer la gamme de services qui sont offerts autour de vous, en gardant en tête les besoins des différents membres qui composent votre famille.

Les activités de loisirs

Nous avons souligné que c'est souvent à travers les activités structurées de loisirs que l'enfant hyperactif a davantage la chance de se valoriser et de compenser pour certaines frustrations qu'il éprouve, par exemple, à l'école ou avec les amis (voir à ce sujet le chapitre XV). Ainsi, les ressources de loisirs offertes dans sa communauté peuvent parfois faire une grande différence sur son estime de soi et son intégration sociale.

Dans cette perspective, souvenons-nous d'une réflexion faite qui proposait de multiplier les activités de loisirs qui rejoignent les intérêts spontanés de l'enfant et qui sont pour lui des occasions valorisantes de réussite[2]. Pensons, par exemple, aux équipes sportives, aux scouts, aux corps de cadets, au club des Petits Débrouillards, aux cours offerts par différentes municipalités ou commissions scolaires (chorale, théâtre, tennis, natation, karaté, gymnastique, etc.), aux clubs de ski de fond ou de ski alpin, aux camps de jour et aux activités dans les parcs, les bibliothèques municipales, et quoi encore!

---

2. Voir Réflexion à la page 106.

Pour vraiment trouver quelque chose qui sied à l'enfant hyperactif, nous avons aussi mentionné l'importance de réussir à faire un bon jumelage entre les intérêts et les habiletés de l'enfant et les ressources du groupe d'activité en question (l'attitude de l'animateur adulte et des autres jeunes participants étant un critère important pour l'intégration). Nous devons donc ici encore travailler à bâtir une complicité éducative avec l'animateur, en s'appuyant une fois de plus sur les stratégies pour faire équipe[3]. Rappelons aussi que l'aide de la médication est parfois une autre forme de coup de pouce qui rend le jumelage possible.

Avant de quitter le thème des activités des loisirs, notons comment celles-ci peuvent aussi également servir les autres membres de la famille. Pour la fratrie comme pour le parent, les ressources de loisirs offertes par la communauté peuvent également devenir une grande source de valorisation et de détente. Toutes les activités mentionnées précédemment pour l'enfant hyperactif peuvent en effet devenir une activité privilégiée qui jouera un rôle de ressourcement et de répit pour la fratrie, un territoire neutre, libre du stress de certaines interactions familiales, un temps où les frères et les sœurs développent un intérêt personnel et occupent une place spéciale.

Le parent peut, de son côté, trouver dans l'une ou l'autre activité de loisirs offerte dans la communauté un moment de gâterie personnelle, un moment où il investit pour lui-même dans un domaine qui le détend et le valorise (photo, bricolage, art culinaire, méditation, danse, aérobie, activité sportive, etc.). Ces activités demeurent une petite source d'enrichissement personnel qui vient s'ajouter à la vie quotidienne et qui complète les autres formes d'enrichissement qui viennent de la parenté, des amis ou du voisinage.

Le réseau de gardiennage

Le réseau de gardiens et de gardiennes sur lequel les parents peuvent miser pour profiter de périodes de répit et de ressourcement s'élabore de différentes façons selon le contexte propre à chaque famille. Il peut parfois s'appuyer sur un programme de formation-accréditation de jeunes gardiens et gardiennes offert dans certains CLSC (tiens, s'ils y développaient une petite «spécialité» pour garder des enfants «spéciaux»...). Il s'agit aussi parfois d'un réseau plus informel dans le quartier ou le village, qui s'appuie sur une publicité locale faite de bouche à oreille.

---

3. Voir aux pages 294 à 296.

Plus souvent qu'autrement, le réseau de gardiennage familial est bâti par les parents eux-mêmes qui doivent y mettre passablement d'efforts et magasiner assez longtemps avant de trouver, pour quelque temps, les gardiens ou les gardiennes qui s'intègrent bien dans le système familial et qui réussissent à prolonger, pendant l'absence des parents, l'approche éducative qui convient bien à l'enfant. Là comme ailleurs, le parent aura tout avantage à prendre les devants, à y aller progressivement, à prévoir les situations, à bien informer le gardien ou la gardienne du programme, à bien lui expliquer les besoins particuliers de l'enfant et la façon d'y répondre le mieux possible.

Ce réseau peut bien sûr être complété par les ressources plus personnelles de l'entourage (famille, amis, connaissances et voisins), mais pour éviter de trop dépendre de l'un ou de l'autre, il faut prévoir et diversifier les ressources. Un bon réseau de gardiennage est essentiel pour que les parents ne se privent pas d'un répit dont ils ont souvent plus besoin que ce qu'ils veulent bien admettre... Pour bâtir un tel réseau, les parents doivent généralement faire un effort de planification et de recrutement systématique parmi les jeunes gardiens et gardiennes de la communauté, une démarche où les associations de parents, les groupes d'entraide, l'animateur de loisirs, etc., peuvent sans doute être de bon conseil.

Les activités qui répondent à des besoins spéciaux

Nous pensons ici à deux types particuliers d'activités.

1. Les activités de loisirs (samedis matin, camps de jour pour l'été ou camps de vacances) qui regroupent des enfants qui présentent des besoins spéciaux (comme des troubles d'apprentissage). Organisé par des associations de parents (par exemple l'AQETA), ce type d'activités spéciales est offert dans certaines régions[4].

2. Les ressources d'aide pour les devoirs. Nous avons beaucoup insisté, au sujet des devoirs, sur l'importance de ne pas hésiter à recourir à l'aide d'une personne-ressource ou d'un jumelage avec un plus vieux si le parent se sent débordé par ses autres tâches, s'il est mal à l'aise face au contenu scolaire, si l'enfant a besoin d'une aide particulière, si la situation des devoirs vient plus ou moins empoisonner la relation parent-enfant et compromettre l'atmosphère de la soirée[5].

---

4. Voir l'appendice 2 pour les coordonnées de l'AQETA, à la page 394.
5. Voir «Recourir à l'aide d'une personne-ressource» aux pages 252 et 253.

Les ressources d'aide aux devoirs varient selon les commissions scolaires, les services privés, les CLSC, les services communautaires et, selon les quartiers, différentes pistes valent la peine d'être explorées. Certains étudiants dans le domaine de l'intervention scolaire ou psychosociale acceptent également d'aider un jeune, à un coût moyen (entre les tarifs d'un gardien et d'un professionnel), pour répondre à ses besoins particuliers tant sur le plan des loisirs que des devoirs ou de la récupération scolaire.

Bénéficier de l'aide des professionnels

Comme nous avons déjà abondamment discuté de l'équipe de travail enfant-parent-enseignant au chapitre XVIII, nous nous limiterons ici à deux types de ressources professionnelles: d'abord, le rôle du médecin de l'enfant dans la problématique du DAH, puis l'aide plus spécialisée que peuvent apporter auprès de l'un ou de l'autre membre de la famille d'autres ressources professionnelles, comme le psychologue, le psychoéducateur ou le travailleur social.

Bien choisir le médecin de l'enfant

En raison de la nature physiologique du DAH, le médecin est un acteur clé dans le processus d'accompagnement dont l'enfant a besoin. Nous avons déjà beaucoup parlé au chapitre II du rôle important que joue le médecin à l'étape de l'évaluation et du diagnostic ainsi que de son rôle dans l'essai et le suivi de la médication au chapitre XIX.

Médecin de famille, pédiatre, neuropédiatre, pédiatre développementaliste, pédopsychiatre, qui est le mieux placé pour poser le diagnostic et pour assurer le suivi médical auprès de l'enfant? Il semble bien qu'il n'y a pas une seule spécialité médicale qui puisse revendiquer une compétence exclusive face au DAH. La compétence nécessaire tient moins souvent à l'étiquette du médecin qu'à l'intérêt et à l'expérience clinique qu'il a acquis face à cette problématique particulière. Par contre, qu'il soit médecin de famille ou spécialiste, pour remplir adéquatement son double mandat (poser le diagnostic et ajuster la médication), le médecin doit travailler en complémentarité au sein de l'équipe enfant-parent-école. Voilà un des points essentiels si nous voulons mettre toutes les forces en commun autour de l'enfant et lui offrir l'aide dont il a besoin.

C'est pourquoi il vaut parfois la peine de s'informer auprès de l'école ou d'autres parents dont les enfants ont un DAH pour trouver et choisir un médecin en qui nous aurons vraiment confiance, d'une part parce qu'il intervient auprès de plusieurs autres enfants qui ont un DAH et parce qu'il a un intérêt et a acquis une expertise face à cette problématique, et d'autre part, parce qu'il travaille en concertation avec le parent et l'école, tout en bâtissant sa propre relation de complicité avec son jeune patient.

Au besoin recourir à un «spécialiste» des émotions et du comportement
Décider de demander une aide professionnelle

Nous avons souligné combien les stress à l'intérieur de la famille se vivent à plusieurs niveaux et s'alimentent parfois les uns les autres: tension entre le parent et l'enfant qui n'écoute plus, tension à l'intérieur du couple, tension qui rejoint tout le système familial (chacun voudrait être ailleurs). Quand l'information, les livres, les trucs, l'aide et les bons conseils de l'entourage, bref, quand rien ne semble plus fonctionner, quand nous sommes vraiment à bout de souffle, quand nous avons l'impression d'avoir tout essayé, quand nous tournons en rond, que nous nous écorchons et que les difficultés se font plus persistantes, plus inquiétantes, peut-être est-il alors grand temps ou même plus que temps de demander l'aide d'un professionnel pour avoir ce coup de pouce spécialisé et fait sur mesure dont nous avons tellement besoin.

Décider de recourir aux services d'aide d'un professionnel, d'un psychologue, d'un psychoéducateur, d'un psychiatre ou d'un travailleur social, c'est un peu comme accepter de recevoir: il y en a pour qui c'est facile et qui magasinent allègrement les services offerts. Mais il y en a d'autres qui voudraient s'en sortir tout seuls et pour qui cette décision pèse lourd; pour eux, la demande de consultation suivra une lente remise en question personnelle ou familiale, une démarche qui les a finalement amenés à reconnaître que «*oui, nous vivons un problème qui demande l'aide d'un spécialiste*».

Dans le chapitre précédent, nous avons évoqué un exemple personnel d'une tourmente familiale qui nous avait amenés à nous rencontrer, mon conjoint et moi, de façon un peu formelle, puis finalement à consulter un psychologue pour éclairer notre démarche dans un contexte de thérapie familiale. Assise face à lui dans le bureau de consultation, je me surprenais parfois à me dire intérieurement: «*Non, mais, dis-moi pas que j'en suis rendue là... avoir besoin de l'aide d'un psy!*» Mais avec le recul, je m'amuse à me dire que «*je ne sais vraiment pas où je serais rendue maintenant, si précisément je n'avais pas été assise dans son bureau à cette époque-là!*»

Explorer les services offerts

La panoplie des différents types de services auxquels la famille, le couple ou l'un de ses membres pourraient avoir recours varie d'une région à une autre. Certains services comme l'entraînement aux habiletés éducatives parentales, la thérapie de soutien, la thérapie conjugale ou familiale, les services de médiation, sont offerts dans les CLSC, d'autres dans des cliniques externes de psychiatrie, d'autres enfin en cabinet privé. Là encore, il vaut vraiment la peine de s'informer (auprès des organismes, des associations professionnelles ou des usagers) et de magasiner pour trouver le spécialiste qui convient à notre besoin et à notre personnalité.

Pour aider le parent dans son rôle auprès de l'enfant: le soutien émotif et l'approche éducative

Certains ateliers de groupe sont axés sur la formation aux habiletés parentales. Ces ateliers ne s'adressent généralement pas exclusivement aux parents qui ont un enfant avec DAH mais, de façon plus générale, à des parents qui désirent apprendre à mieux gérer les comportements difficiles de leur jeune. Pour une aide faite sur mesure et pour un accompagnement plus personnel, plusieurs parents auront recours à une forme individuelle d'aide où un psychologue, un psychoéducateur ou un travailleur social leur offrira un soutien émotif en plus de les guider dans l'application concrète de meilleures stratégies éducatives. C'est le type d'aide professionnelle le plus fréquemment utilisé par les parents qui ont un enfant avec un DAH.

Pour aider la recherche d'un meilleur équilibre familial

Quand un peu tout le monde dans la famille a besoin de retrouver ou de redéfinir sa place, notamment quand les frères ou les sœurs présentent des signes de vulnérabilité ou dans des situations plus stressantes de séparation ou de famille reconstituée, des rencontres de thérapie familiale peuvent aider. Cette démarche familiale permettra de clarifier les modes de fonctionnement répétitifs et inefficaces qui se sont installés et aidera toute la famille à repartir sur des pistes nouvelles et plus satisfaisantes pour chacun.

Pour aider le couple

Une thérapie conjugale peut aider à dénouer certains conflits, tandis que, dans un autre contexte, le recours à un médiateur peut faciliter les négociations parentales avec l'ex-conjoint dans le meilleur intérêt des enfants.

Pour aider un des parents qui vit une difficulté particulière

Ce dernier type de service s'adresse à un besoin spécifique que peut vivre l'un des deux parents: 1. la personne manifeste des signes d'état dépressif comme une perte d'appétit, des idées noires, l'instabilité de l'humeur, l'insomnie; 2. la présence d'un DAH assez sévère continue de perturber l'adaptation quotidienne du parent adulte; 3. une difficulté dans le contrôle de l'agressivité et la manifestation de comportements violents chez le parent; 4. une dépendance face à l'alcool ou une autre substance, et qui ne va pas en s'améliorant...

Notons que la dépression, la violence et la dépendance peuvent être des difficultés secondaires qui se sont greffées à la suite d'un état de stress prolongé, comme c'est le cas lorsqu'un parent demeure trop longtemps à bout de souffle avant de demander de l'aide. Notons aussi que les groupes d'entraide regroupant des personnes qui vivent une même difficulté (violence, dépression ou alcool) offrent une force de soutien semblable à celle dont nous avons parlé sur les groupes de parents: une force qui s'appuie sur le témoignage, sur un sentiment d'appartenance et sur l'échange d'informations. Souvent, la rencontre avec un professionnel est la première démarche qui permet à l'individu de demander de l'aide à un groupe d'entraide.

La particularité du type de service dont pourra bénéficier le plus la famille n'est pas toujours évidente au point de départ: par exemple, un couple peut consulter en thérapie conjugale et découvrir, chemin faisant, que leurs tensions ne sont que le symptôme du stress et de la dévalorisation qu'ils accumulent parce qu'ils sont dépourvus de moyens avec leur enfant. Ainsi, c'est souvent la première étape du processus même de la consultation qui permettra justement de mieux établir la nature du besoin qui est en cause. Ce qu'il y a de plus important à retenir: quand nous avons l'impression de tourner en rond, que nous nous écorchons entre nous ou que nous nous sentons presque à bout de souffle, il ne faut pas hésiter à trouver l'aide spécialisée dont nous avons besoin! Toute démarche vers un service d'aide peut mener à celle dont nous avons vraiment besoin. Le plus difficile est de tendre la main la première fois!

Réflexion 15

Bénéficier d'un réseau d'aide complémentaire

Accepter les limites de compréhension qu'ont certaines personnes

- Quelles personnes de mon entourage comprennent ce que vit mon enfant, ce que je vis comme parent, ce que vit ma famille? Lesquelles comprennent moins bien?

Accepter de «recevoir»

- Suis-je celui ou celle qui demeure un peu mal à l'aise de recevoir de l'aide de la part de son entourage? Si oui, puis-je retracer différentes situations où j'ai été personnellement heureux d'avoir eu l'occasion de donner un coup de pouce à un autre? Est-il possible que certaines personnes dans mon entourage seraient tout aussi heureuses d'avoir l'occasion de m'aider, moi ou mon enfant?

Diversifier les *formes d'aide* dont la famille pourrait bénéficier

- Quelles formes d'aide pourraient m'être utiles (un soutien émotif, une aide concrète, une activité rendue possible, etc.)?

- Quelles personnes de mon entourage peuvent m'offrir un petit quelque chose qui me donnerait un coup de pouce?

- Y a-t-il des formes d'aide nouvelles dont je pourrais explorer la faisabilité?

La force d'un *groupe d'entraide*

- Qu'est-ce que j'aimerais le plus qu'un groupe d'entraide puisse m'apporter (le réconfort d'un témoignage, le sentiment «qu'on n'est pas tout seul, qu'on est *normal*», l'échange d'informations, l'échange de trucs et de moyens pour l'enfant, l'école et les devoirs, des moyens avec mon conjoint, des moyens de détente, des informations sur des ressources, comme des activités pour l'enfant, des noms de gardiennes ou de professionnels)?

Le *médecin* comme membre de l'équipe qui entoure mon enfant

- Qu'est-ce que j'aime et qu'est-ce que j'aime moins dans la façon de travailler du médecin de mon enfant?

- Quels moyens pourraient augmenter la collaboration au sein de l'équipe enfant-parent-médecin-école?

Bénéficier du coup de pouce spécialisé d'un *professionnel*

- Vivons-nous, dans notre famille, certaines difficultés qui pourraient bénéficier de l'aide d'un spécialiste (notre approche éducative, l'équilibre de la vie familiale, l'harmonie du couple, les négociations avec mon ex-conjoint, mon équilibre personnel et celui de mon conjoint)?

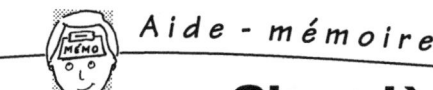 *Aide - mémoire*

Cinquième partie:
Mettre toutes les forces en commun

Chapitre XVIII: Collaborer avec l'école

1. La réalité scolaire pose un défi de taille pour la majorité des enfants qui ont un DAH; les difficultés qu'ils éprouvent tant sur le plan de leur intégration scolaire que sociale menacent leur estime de soi et préoccupent beaucoup les parents.

2. L'enseignante, l'enfant et le parent sont les trois principaux acteurs de l'équipe de travail. Le rôle de l'enseignante est bien sûr déterminant dans la motivation et la réussite de l'année scolaire de l'enfant, mais son approche est également influencée par la composition de la classe, l'attitude de la direction de l'école, l'esprit de collaboration ou de compétition entre les collègues enseignants et la disponibilité des autres ressources de l'école.

3. Les efforts consentis par l'enfant sont également déterminants dans sa réussite scolaire, mais il est important que parent et enseignante distinguent entre ce que l'enfant ne *veut* pas et ne *peut* pas faire et qu'ils comprennent bien les défis particuliers auxquels le milieu scolaire confronte l'enfant qui a un DAH.

4. Qu'il soit porte-parole ou médiateur, le rôle du parent exige qu'il évite de prendre partie pour ou contre l'enfant ou l'enseignante. Son défi le plus important est d'ajuster ses attentes en fonction des capacités réelles de l'enfant et des ressources du milieu scolaire, ainsi que de mettre toute son énergie à maintenir un esprit de collaboration au sein de l'équipe de travail dont l'enfant a besoin pour appuyer ses efforts.

5. La collaboration s'appuie sur un échange ouvert d'informations entre le parent et l'enseignante (nature du DAH, médication, cheminement de l'enfant, objectifs à privilégier, devoirs, système de récompenses, etc.); cet échange s'établit dès le début de l'année scolaire et ne se limite pas aux situations de crise.

6. Certains comportements et certaines attitudes du parent aident l'enseignante à faire équipe.

a) Faire l'effort d'écouter son point de vue et ses émotions (rester sensible aux messages verbaux et non verbaux).

b) Partager son propre cheminement face au DAH de son enfant (c'est toute la force du témoignage).

c) Maintenir un climat de résolution de problèmes (regarder ensemble ce qui se passe, puis imaginer et évaluer des solutions possibles).

d) Développer une allergie au blâme ou à la recherche d'un coupable (le DAH peut être une menace réciproque à la compétence éducative du parent comme de l'enseignante).

e) Demeurer conscient de ses propres émotions (inquiétude, frustration, gêne) ainsi que des pressions que subit l'enseignante (nombre d'enfants, programme à couvrir, jugement du milieu).

f) Surprendre l'enseignante à bien faire et le lui communiquer chaque fois!

7. On a avantage à situer les efforts de chacun dans une perspective plus large.

a) La médication peut souvent donner un bon coup de pouce en facilitant l'application des autres moyens éducatifs.

b) Tout progrès et tout apprentissage sont des acquis pour l'étape scolaire suivante.

c) Les efforts de l'enseignante peuvent avoir un impact à plus long terme que l'année pendant laquelle elle investit auprès de l'enfant.

d) Les adaptations faites pour l'enfant sont aussi utiles pour d'autres élèves dans la classe.

e) Composer avec les limites de chacun et se rappeler que la vie de l'enfant et de la famille est loin de se limiter à l'école et aux performances scolaires.

Chapitre XIX: Bien utiliser la médication

1. L'utilisation de la médication pour diminuer les symptômes associés au DAH demeure une question épineuse et une intervention controversée que ce soit pour le parent, l'enseignante ou pour l'enfant lui-même.

2. Le débat public du «pour ou contre le Ritalin» tend à radicaliser et à cristalliser les positions. Le parent, qui est d'abord préoccupé par le bien-être de son enfant, a avantage à mieux comprendre ses propres

ambivalences et à examiner les sources d'inquiétude et les motivations qui l'influencent face à la décision de donner ou non de la médication à son enfant.

3. La médication agit sur la physiologie du cerveau en compensant pour la production insuffisante de certaines substances chimiques. Il s'agit donc d'un *stimulant* qui augmente la vigilance du cerveau, et non d'un *calmant* comme le pensent à tort certaines personnes. Sans toutefois agir sur la cause du problème, la médication permet de diminuer à court terme chez 75 % des enfants plusieurs des symptômes associés au DAH (comme le fait, par exemple, l'insuline pour le diabète).

4. La médication exerce une action qui est complémentaire aux autres interventions éducatives. En limitant les dommages causés par les symptômes (échecs et dévalorisation), elle ouvre une brèche d'espoir et redonne l'énergie nécessaire pour continuer d'avancer pendant une période cruciale du développement de l'enfant. Elle ne remplacera pas les efforts que l'enfant et l'entourage doivent faire, mais elle peut contribuer à créer un terrain propice qui favorise les apprentissages de l'enfant.

5. Si on décide de faire l'essai de la médication, il est utile de respecter les trois points de repère suivants.
   a) Privilégier un essai de quelques semaines qui se situe en dehors d'un contexte de crise (suspension, menace d'échec scolaire), de façon à intégrer cet élément dans le cheminement global de l'enfant et dans l'ensemble des autres moyens mis en place pour l'aider.
   b) Faire participer l'enfant dans la prise de médication: l'informer sur l'action exercée par la médication, demeurer attentif aux émotions que cela suscite chez lui, l'aider à accepter cette aide et reconnaître le rôle central des efforts *faits par l'enfant* lui-même.
   c) Travailler en équipe enfant-parent-enseignante-médecin pour bien ajuster la médication en fonction des besoins et des réactions de l'enfant.

N. B. Pour plus de renseignements au sujet de la médication, voir en appendice: «Une entrevue avec le docteur Claude Desjardins» à la page 379.

Chapitre XX: Mettre en commun les forces présentes à l'intérieur de la famille

1. Les émotions sont contagieuses à l'intérieur d'une famille, qu'elles soient négatives comme la peur de l'échec, les frustrations, l'agressivité ou la culpabilité, ou qu'elles soient positives comme l'affection, la confiance, le courage et la bonne humeur.

2. Les conjoints sont des partenaires éducatifs tout à fait spéciaux, pour le meilleur et pour le pire; le duo parental forme un partenariat intense sur le plan émotif, qui s'inscrit dans une longue continuité, qui demeure incontournable, puisque l'enfant prend résolument appui sur ses *deux* parents.

3. Pour s'aider dans leur rôle et pour faire équipe, les conjoints doivent s'appuyer sur la qualité de leur relation conjugale, s'épauler sur le plan émotif et se concerter quant aux moyens éducatifs. Surprendre l'autre à bien faire reste un des moyens les plus efficaces pour renforcer les comportements éducatifs adéquats du partenaire.

4. Quand l'un des deux parents a lui-même un DAH, la complémentarité des forces de chacun devient cruciale: le parent hyperactif est souvent celui qui apportera l'énergie, l'enthousiasme, la tolérance et la confiance dans l'équipe parentale, tandis que l'autre partenaire devra y injecter des compétences sur le plan de la planification, de l'organisation, et avoir un certain recul face aux réactions plus impulsives de l'enfant ou du conjoint.

5. Pour favoriser la collaboration des frères et des sœurs au sein de la famille, les parents doivent:

   a) encourager les interactions positives et réduire les stress des chicanes en utilisant les stratégies des quatre C: compenser l'impulsivité et voir venir les chicanes, clarifier les règles que les enfants doivent respecter entre eux, construire sur leurs interactions positives et les surprendre à bien s'entendre, contrecarrer leurs comportements agressifs inacceptables;

   b) rendre la vie familiale la plus agréable possible pour les frères et les sœurs: les informer sur le DAH, établir des règles qui conviennent à chacun, favoriser des moments de répit, protéger leur droit à l'intimité et à la propriété privée, apprécier leurs comportements d'autonomie, partager leur propre cheminement face au DAH et demeurer tolérants.

6. Pour bâtir un milieu de vie intense et significatif pour chacun des membres de la famille, les parents doivent:

   a) capitaliser sur les forces de la famille: multiplier et valoriser les activités de plaisir ensemble, les fêtes et les rituels, les occasions qui développent le sentiment d'appartenance et qui permettent à chacun de se détendre et de se ressourcer;

   b) aborder les situations pièges et les difficultés de la vie familiale dans une atmosphère de résolution de problèmes selon une forme d'échange et de concertation qui convient bien à la famille (conseil de famille ou autre).

Chapitre XXI: Mettre en commun les forces présentes à l'extérieur de la famille

1. La famille a également besoin de pouvoir s'appuyer sur les forces d'un réseau d'aide situé à l'extérieur d'elle-même, dont les ressources sont complémentaires entre elles et avec celles de la famille.

2. Pour bénéficier davantage de l'aide disponible dans l'entourage social (parenté, amis ou voisins), les parents doivent:

   a) accepter que certaines personnes ne comprennent pas et ne comprendront probablement jamais le problème du DAH: mieux vaut alors s'ajuster que de s'acharner;

   b) vaincre une certaine réserve et accepter de *recevoir* de la part des personnes qui sont disponibles pour aider, que ce soit sur le plan des émotions, des moyens d'intervention ou de l'aide matérielle;

   c) se rendre compte que les gens acceptent avec plaisir de mettre la main à la pâte, surtout si les sollicitations ne sont pas trop lourdes ni trop nombreuses! Ainsi, pour ménager les «ressources naturelles» de l'environnement social, il est sage de diversifier les différentes formes d'aide qu'on reçoit, selon la variété des ressources dans l'entourage.

3. Les parents qui participent à un groupe d'entraide se sentent solidaires et en retirent une forme de soutien particulier qui est complémentaire aux autres formes d'aide.

   a) Le témoignage apporté par les parents qui ont déjà fait un «bout de chemin» accompagne le processus de deuil du rêve d'une vie plus facile; ce témoignage nourrit l'espoir des autres parents qui peuvent ainsi mettre leur propre expérience en perspective.

   b) Le sentiment de compréhension et de complicité qui s'établit entre les parents devient un antidote qui les protège contre les jugements négatifs de l'entourage.

   c) Confrontés aux mêmes difficultés, les parents peuvent s'échanger le fruit de leurs trouvailles: trucs, documents d'information, coordonnées de ressources communautaires et professionnelles.

4. *Les ressources communautaires* englobent toute une gamme de services (activités sportives et de loisirs pour les enfants ou les adultes, ressources de gardiennage, réseau de bénévoles, club de devoirs, camp de jour spécialisé, etc.) qui peuvent apporter un coup de pouce complémentaire à l'enfant et sa famille.

   Le défi consiste à trouver chaussure à son pied, c'est-à-dire à jumeler un besoin de l'enfant ou de la famille et une réponse disponible dans la communauté. Il faut parfois magasiner avec détermination dans l'ensemble des services communautaires avant de réussir un jumelage satisfaisant.

5. En raison de la nature physiologique du DAH, le médecin de l'enfant est un acteur clé dans l'accompagnement professionnel dont l'enfant a besoin. Pour remplir adéquatement son double mandat (faire l'évaluation et poser le diagnostic, et faire l'essai et assurer le suivi de la médication), le médecin doit travailler en complémentarité au sein de l'équipe enfant-parent-école.

   Il est sage que le parent s'informe auprès de l'école ou d'autres parents d'enfants avec un DAH pour trouver et choisir un médecin qui a acquis une expertise clinique face à cette problématique, un médecin en qui le parent et l'enfant auront vraiment confiance.

6. Quand l'information, l'aide et les conseils de l'entourage ne suffisent plus, les parents ont l'impression de tourner en rond et deviennent à bout de souffle; il est alors impératif d'aller chercher le coup de pouce «spécialisé», c'est-à-dire l'aide professionnelle dont l'enfant, le parent, le couple ou la famille peuvent bénéficier.

Que ce soit pour une aide dans l'approche éducative de l'enfant, une aide pour retrouver un équilibre familial ou conjugal, ou encore une aide pour l'un des parents qui vit une difficulté particulière (dépression, hyperactivité, agressivité, dépendance), le soutien d'un spécialiste, qu'il soit psychologue, psychoéducateur, psychiatre ou travailleur social, peut faire la différence et ouvrir des pistes de solutions nouvelles.

Mot de la fin

Reprendre son souffle...

En terminant ce guide, nous aimerions nous adresser de façon toute personnelle à ce parent à bout de souffle, à cette personne unique qui cumule plusieurs autres rôles que celui d'être un «parent», une personne qui est aussi un conjoint, un ami, un travailleur, un citoyen et peut-être aussi, à ses heures, un sportif, un artiste, un rêveur ou un philosophe dans l'âme... Les dernières stratégies que nous proposons ici ne s'adressent ni à l'enfant, ni à l'école, ni à l'entourage, mais bien à la personne du parent elle-même. Pour aider ce parent à reprendre son souffle, pour lui donner un deuxième souffle, voici deux moyens bien simples mais parfois difficiles à réaliser: 1. prendre soin de soi; 2. prendre le temps qu'il faut et être patient avec soi.

Certains parents sont plus réticents à s'occuper d'eux-mêmes; ils sont plus préoccupés (et ont développé l'habitude) à répondre aux besoins des autres *avant* les leurs. Ceux-ci protesteront qu'il ne leur reste ni le temps ni l'énergie de s'occuper d'eux-mêmes: si seulement nous avions une idée de tout ce qu'ils ont à faire, de tout ce qui les préoccupe et leur tombe sans cesse dessus...

Il est important de se rappeler que le «plus urgent» n'est pas nécessairement le «plus important»: telle course à faire ou telle tâche domestique peut être urgente mais non importante, alors que de bâtir un réseau de gardiennage ou faire une activité que l'on aime peut être important mais apparaître moins urgent... Pour tenter de vous en convaincre, nous insisterons sur le fait qu'un parent plus en forme est aussi un parent plus en mesure d'aider adéquatement son enfant. Un parent à bout de souffle a beau vouloir continuer à courir, ça ne fonctionne plus: ce qu'il lui faut, c'est une halte, une bouffée d'air frais!

Reprendre son souffle, c'est prendre le temps (et tant pis pour tout ce qui ne peut pas attendre) de respirer à pleins poumons l'air vivifiant du printemps. C'est une question de survie! Rappelez-vous les conseils de sécurité aérienne: en situation d'urgence, la consigne est claire, on oblige le parent à mettre d'abord son propre masque d'oxygène avant de tenter quoi que ce soit pour aider l'enfant à ses côtés...

Prendre soin de soi

Voici un résumé de cinq moyens que vous trouverez un peu partout dans ce guide, des moyens qui permettent à un parent de prendre soin de lui-même, c'est-à-dire d'inspirer profondément l'air frais dont il a besoin.

Accepter le coup de pouce des autres

S'occuper de soi, c'est d'abord accepter de recevoir (et même de demander) l'aide disponible de la part de tous ceux qui entourent le parent. Pensons, par exemple, au coup de pouce qui vient du conjoint et des autres membres de la famille, de l'enseignante, d'un parent, d'un ami, d'une personne du voisinage, d'un groupe d'entraide, ou encore d'un professionnel.

Les formes d'aide sont presque illimitées, le meilleur coup de pouce étant celui qui correspond le mieux au besoin actuel du parent: recevoir un peu de tendresse; être écouté pour clarifier ce qu'on pense ou pour laisser déborder ses émotions; partager les tâches domestiques; accepter qu'un autre adulte fasse une activité avec l'un des enfants, qu'il l'aide à faire ses devoirs ou lui offre une gâterie; échanger des trucs et de l'information avec d'autres parents ou l'enseignante; profiter de l'aide d'une thérapie personnelle ou familiale, etc.

Se réserver régulièrement une activité privilégiée

S'occuper de soi, c'est aussi s'offrir à soi-même un moment ou une activité privilégiée de ressourcement ou de récupération personnelle sur une base régulière (et à peu près non négociable). Afin de préserver ces moments d'activité personnelle malgré toutes les demandes pressantes de la vie quotidienne, le parent doit souvent se répéter que le plus important n'est pas nécessairement le plus urgent.

Comme pour les coups de pouce, les formes que prennent ces activités privilégiées demeurent très variables d'un parent à l'autre, l'essentiel étant de trouver chaussure à son pied et de porter cette chaussure aussi souvent qu'on en ressent le besoin!

Pour Louise, une activité de ressourcement ou de récupération personnelle, c'est, par exemple, une journée de ski à rire et à courser sur les pentes avec Philippe, c'est un vendredi soir de télé-vidéo-popcorn en famille, ou encore une sortie seule avec sa sœur.

Pour d'autres parents, ce peut être une activité artistique, sociale, sportive ou créative qui les repose ou leur permet de se ressourcer: souper en tête à tête, théâtre, cinéma, bridge, bingo, mots croisés, photographie, danse aérobie, chorale, yoga, bricolage, massage, couture, lecture, écriture, balade dans la nature, observation des oiseaux, cueillette de champignons, jardinage, natation, lèche-vitrines, peinture, musique, méditation, badminton, quilles, ski de randonnée, tennis, et quoi encore!

Et pour vous? Quelles activités représentent un moyen de ressourcement ou de récupération personnelle?

S'imposer à soi-même des temps d'arrêt

S'occuper de soi-même, c'est aussi se donner des temps d'arrêt pour mettre un frein à une escalade émotive qu'on sent monter en soi. Il est impressionnant ce témoignage d'une mère, dont le fils hyperactif était

maintenant âgé de vingt-cinq ans, à qui l'on avait demandé: *«Qu'est-ce qui vous a le plus aidée dans tous les moyens que vous avez utilisés avec votre fils?»* Sa réponse était aussi simple que spontanée: *«Pour moi, ce qui a fait toute la différence, c'est le jour où j'ai décidé de me donner à moi-même des temps d'arrêt et de prendre systématiquement une pause de musique-lecture seule dans ma chambre, aussitôt que je sentais la pression trop forte. Quinze minutes étaient suffisantes pour faire la différence.»*

Le parent, qui a appris à utiliser l'approche du temps d'arrêt (la stratégie 1-2-3) avec l'enfant pour désamorcer les réactions impulsives et limiter le dégât des escalades, doit apprendre à se donner à lui-même des temps d'arrêt pour désamorcer l'escalade de ses propres sentiments de colère, de frustration ou d'inquiétude. Rappelez-vous: *mieux vaut l'escapade que l'escalade!* Ainsi, quand le parent sent la vapeur monter, il recourt à une forme de temps d'arrêt qui lui convient et qui permet de diminuer la pression: prendre une grande marche, aller siroter un café au restaurant, passer «les commandes parentales» à son conjoint, s'isoler dans sa chambre ou la salle de bains avec le baladeur sur les oreilles, prendre un bain chaud, poursuivre la lecture d'un roman, s'étendre sur son lit pour respirer profondément, maîtriser et utiliser systématiquement une technique de relaxation, etc.

Notons que tous les moyens qui, sur le coup, désamorcent la tension mais qui créent une seconde série de problèmes sont à éviter systématiquement (par exemple, se verser un verre d'alcool, prendre une « valium », manger de façon compulsive, etc.). La recommandation n'est pas originale, mais la tentation est bien réelle, comme en témoignent de nombreux parents qui sont soumis à un stress prolongé (composer quotidiennement avec le déficit d'attention avec hyperactivité *est* un stress proplongé).

Discipliner les pensées négatives

Une autre façon de prendre soin de soi et de protéger ses réserves d'énergie et de sérénité consiste à «discipliner» résolument les pensées négatives, ces pensées «prophètes de malheur» qui rôdent certaines nuits d'insomnie et qui font aussi surface en plein jour. Ces pensées négatives ont d'ailleurs tendance à s'alimenter les unes les autres et à contribuer à favoriser justement l'apparition du malheur redouté.

Ces messages négatifs qu'on répète intérieurement ont plusieurs visages; tantôt, ils alimentent notre propre sentiment d'impuissance: *«Je n'y arriverai jamais. Ça ne me sert à rien d'essayer»*; tantôt, ils font prêter de mauvaises intentions aux autres ou nourrissent le ressentiment face aux limites manifestées par l'enfant et par ceux qui interagissent avec lui: *«Si seulement il se forçait un peu plus!» «Qu'est-ce qu'il a, celui-là, à m'en vouloir comme ça?»*

Comment arriver à discipliner ces pensées «prophètes de malheur» et à leur substituer des messages intérieurs moins nuisibles? Selon l'approche de la thérapie émotivo-rationnelle[1], c'est essentiellement une question de volonté et d'exercice: le défi consiste à saisir au vol ces pensées négatives et à les remplacer systématiquement par des pensées plus positives. L'entraînement consiste à les reconnaître et à les intercepter pour limiter les dommages qu'elles peuvent causer. Il existe également deux

---

1. L'approche a été élaborée par Albert Ellis, aux États-Unis, et a été popularisée par Lucien Auger au Québec. Cette approche affirme que ces pensées irrationnelles drainent inutilement chez la majorité des personnes une bonne partie de leur énergie émotive et enseigne comment se libérer de ce genre de pensées nuisibles.

bons antidotes contre les pensées négatives: 1. cultiver les souvenirs des moments heureux vécus avec l'enfant, le conjoint, l'école[2]; 2. prendre du recul et entretenir des rêves face à l'avenir, que ce soit celui de l'enfant ou le nôtre. Personnellement, je me souviens de cette phrase «anti-drame» préférée de ma mère: *«Arrête de t'en faire pour ça. Penses-tu que tu t'en rappelleras vraiment encore la journée de tes noces?»*

Gérer son stress
Connaître «ses» signes de stress

Une autre façon de prendre soin de soi, c'est de demeurer attentif à ses propres indicateurs de stress, afin de diminuer l'accumulation de ses sources de tension. Pour chacun d'entre nous, certains signes physiques ou psychologiques annoncent un état inquiétant de stress: maux de tête, torticolis ou maux de dos, brûlures d'estomac, insomnie, perte de l'appétit, besoin constant de grignoter, sentiment de fatigue, irritation et humeur plus instable, absence de plaisir ou de motivation, réactions agressives, difficulté de concentration, sentiment de culpabilité ou d'impuissance, etc. Ces signes avant-coureurs, que chacun doit apprendre à reconnaître, sont des sonnettes d'alarme qui indiquent qu'il est temps de «faire quelque chose». Il n'y a rien de pire que le maintien d'un état de stress prolongé pour perpétuer un cercle vicieux: stressé, on devient moins efficace, ce qui contribue d'autant à augmenter l'insatisfaction et le stress.

Limiter les sources de stress

Il existe deux façons complémentaires d'arrêter la course et les ravages du stress: 1. travailler à résoudre les difficultés qui sont à la source du stress; 2. utiliser les moyens énumérés précédemment et prendre soin de soi (accepter l'aide des autres, maintenir des activités personnelles de ressourcement, se donner des temps d'arrêt et discipliner ses pensées négatives).

Pour suivre ces deux pistes, la sagesse de la formule proposée par les AA a fait ses preuves et demeure une source d'inspiration pour bien des gens: 1. *«Avoir le courage de changer ce qu'on peut»*, c'est-à-dire adopter une approche de résolution de problèmes, que ce soit face à une difficulté vécue par l'enfant ou face à notre propre équilibre de vie; 2. *«Avoir la sagesse d'accepter ce qu'on ne peut changer»*, comme, entre autres, d'accepter de faire lentement le deuil des pertes qui sont associées à la

---

2. Voir à la page 75.

présence du DAH (accepter que la vie ne sera jamais aussi facile qu'on l'espérait pour l'enfant et le parent); et 3. «*Avoir la lucidité de faire la différence entre les deux*».

À ce tire, nous souhaitons sincèrement que les informations contenues dans le guide aideront le parent à cibler des objectifs et des moyens qui sont réalistes pour lui et son enfant et qu'elles aideront à accepter et à compenser certaines limites incontournables. Notons aussi qu'un groupe d'entraide ou l'éclairage d'un professionnel sont parfois nécessaires pour arriver à distinguer ce qui peut de ce qui ne peut pas être changé; c'est déjà une étape courageuse et sage d'aller chercher cette aide!

Prendre le temps qu'il faut et être patient avec soi-même

En plus de prendre soin de soi, il faut être suffisamment patient avec soi-même pour s'accorder tout le temps nécessaire pour se consoler des pertes associées au DAH, ainsi que pour s'ajuster au défi éducatif que le DAH représente. Accepter de se donner tout le temps que ça prend; accepter de recommencer sans cesse et de suivre le rythme d'une symphonie, qui se construit d'un commencement à un autre.

Prendre le temps de se consoler

Prendre le temps que ça prend pour se consoler et pour accepter de perdre le rêve d'une vie plus facile pour l'enfant et pour le parent. Être le parent d'un enfant avec un DAH, c'est tout un travail, un travail exigeant, un travail à long terme. Être le parent d'un enfant avec un DAH, c'est aussi s'inquiéter pour lui, rêver qu'il soit plus heureux et rêver que ses difficultés s'effacent rapidement.

Se consoler de ses pertes se vit comme un deuil, par étapes successives. Rappelons que le DAH ne s'accepte que progressivement, comme on enlève les pelures d'un oignon, une couche après l'autre. À chaque étape, à chaque début d'année scolaire ou à chaque progrès significatif, le rêve que «ça ne soit pas vrai» et le besoin de mettre en doute le diagnostic reviennent sans cesse. La protestation de l'enfant qui s'écrie «*C'est PAS juste! Pourquoi moi et pas les autres?*» est tout à fait légitime. Il n'y a malheureusement pas de réponse facile à ce cri de protestation. Ce cri rejoint d'ailleurs la révolte secrète du parent face à une différence injustifiée mais bien réelle, inscrite dans la biologie de son enfant. Une différence moins visible, mais tout aussi légitime et injuste que toute autre forme de déficit ou de handicap plus ou moins sévère qui peut affecter un enfant.

Rappelons que le fait de reconnaître la légitimité des difficultés vécues par l'enfant, c'est aussi reconnaître la légitimité des difficultés vécues par le parent, l'enseignante et les amis. Le meilleur moyen d'augmenter son niveau de tolérance face à l'enfant, à l'école et à tous les autres qui interagissent avec l'enfant, c'est de travailler aussi à augmenter son niveau de tolérance face à soi-même.

Prendre le temps de s'ajuster

Prendre le temps que ça prend pour changer la façon de s'y prendre, pour s'ajuster et pour avoir le comportement qu'on voudrait avoir avec l'enfant. Mieux comprendre et savoir ce qu'il faut faire ne fait pas du parent un ange ou un superhumain! *«J'ai beau comprendre qu'il ne le fait pas exprès, mais ça me tombe sur les nerfs pareil!»* *«J'ai beau savoir que c'est de l'impulsivité, quand il me répond bête, ça me blesse quand même et je lui réponds spontanément sur le même ton!»* *«Je le sais bien que ça ne donne rien de crier après lui, mais ça sort tout seul!»* *«Les petits encouragements, les récompenses, c'est bien beau, mais des fois j'ai juste PAS LE GOÛT ni la tête à ça!»*

En discutant de l'encouragement à donner aux autres, nous avions proposé de mettre une note de rappel sur le frigo ou sur la glace de la salle de bains, pour bien saisir au vol les comportements qu'on désire encourager chez les autres. Pour apprendre à être patient avec soi-même et pour ne pas oublier de construire sur son propre positif, ajoutons une seconde petite note apposée à côté de la première: *«Me surprendre à bien faire!»*

Un conseil. Si jamais vous êtes en panne d'idée et que vous n'arrivez plus à voir les bons coups que vous faites, demandez vite l'aide de votre conjoint et de vos enfants. Demandez-leur qu'ils vous rappellent une façon de faire qu'ils apprécient chez vous, ou encore une chose que vous avez faite récemment et qu'ils ont bien aimée... En échange, allez-y d'un «deux pour un»: à chaque bon coup qu'ils observeront chez vous, vous vous engagez de votre côté à souligner deux comportements que vous avez appréciés récemment chez eux. Gageons que c'est toute la dynamique familiale qui trouvera un deuxième souffle grâce à l'effort collectif de se surprendre mutuellement à bien faire!

* * *

Un dernier mot à l'intention de toutes les Louise et de tous les Philippe, à chacun des parents qui doute de sa compétence et à chacun des enfants qui aimerait répondre mieux aux attentes de ceux qu'il aime.

Nous tenons à exprimer à ces parents et à ces enfants le respect que nous éprouvons face à leurs efforts et à leur ténacité, ainsi que l'admiration que nous inspire le courage qu'ils ont d'avancer d'un commencement à un autre commencement.

Appendices

Appendice 1

Une entrevue avec le docteur Claude Desjardins, pédiatre

Comment se fait l'essai du Ritalin?

Cela varie selon le contexte précis que le médecin évalue. On doit se rappeler que chaque situation est particulière.

De mon côté, j'aime bien commencer par une très petite dose d'un quart de comprimé le matin, d'un quart de comprimé le midi pour trois jours; à ce dosage, il n'y a généralement rien qui se passe et ça rassure tout le monde. Puis, on augmente à un demi comprimé le matin et un demi comprimé le midi pour une semaine, puis trois quarts de comprimé le matin et trois quarts de comprimé le midi, si c'est nécessaire. Le parent et l'enseignante demeurent alors en communication, tandis que le parent me fait rapport par téléphone de leurs observations toutes les semaines. Dès qu'on observe de petits changements, avec un quart de comprimé de plus le matin et le midi, on a souvent le bon dosage.

En y allant de façon progressive, on évite les effets secondaires ou, du moins, on les voit venir. Ça permet à l'enfant de ne pas se sentir dé-possédé de ses efforts, de pouvoir dire que: «*C'est pas juste le Ritalin, c'est MOI AUSSI!*»

Travailler en équipe — enfant, parent, enseignant et médecin — per-met de mettre en place une collaboration qui continuera pour le suivi après l'essai. J'aime bien quand l'enseignante est avisée du prochain rendez-vous et que le parent me remet ses notes d'observations.

Remarquez que, durant la période d'essai, je tiens à ce que l'enfant prenne du Ritalin à l'école et à la maison, parce qu'il est important que les parents puissent voir eux aussi s'ils observent des changements.

Que dites-vous aux parents qui ne se décident pas à essayer le Ritalin pour leur enfant?

Je leur dis de prendre le temps qu'il faut, mais aussi de tenter de ne pas être trop négatifs, que ce soit à l'égard du Ritalin, de l'école ou de l'enseignante, surtout lorsqu'ils en parlent devant l'enfant. Car il est difficile pour l'enfant de prendre un médicament que les parents ont longtemps dénigré, avant d'accepter d'en faire l'essai.

Je me souviens de l'appel de cette mère qui n'était pas encore décidée et qui sentait le besoin de se vider le cœur contre l'école, l'enseignante et le Ritalin. Je lui avais mentionné: «*J'espère que Stéphane ne vous entend pas parce qu'à sa place, ce serait fini, je ne prendrais jamais de Ritalin!*» Parfois, les difficultés traînent depuis longtemps et lorsque les parents sont prêts, l'enfant, lui, ne l'est plus et ne veut plus rien savoir de la médication.

Comment faites-vous participer l'enfant dans le processus?

En plus de prendre le temps de bien lui expliquer dès le début ce qu'est le DAH et ce que fait le Ritalin, il faut s'adresser directement à lui pendant le suivi pour obtenir son opinion. «*Est-ce que ça t'aide? Ressens-tu des effets désagréables?*» Au fil des visites, on bâtit notre propre relation avec l'enfant et par la suite, rendu à l'adolescence, c'est plus facile de discuter avec lui pour vérifier si, oui ou non, c'est le temps d'arrêter et comment on pourrait le faire.

Pendant combien de temps l'enfant devra-t-il prendre du Ritalin?

Cela varie beaucoup, en fonction de la sévérité du DAH et de l'enfant. Quelles sont ses ressources intellectuelles? A-t-il oui ou non des difficultés d'apprentissage? A-t-il en plus des problèmes d'opposition et de conduite?

En principe, l'enfant prend la médication aussi longtemps qu'elle est utile. Pour un bon nombre d'enfants, cela veut dire pendant deux à trois ans, parfois quatre. Ceux-ci prennent ensuite la relève de façon autonome, grâce à un processus de maturation naturelle et aux moyens d'autocontrôle qu'ils ont pu mettre au point pendant cette période critique de quelques années.

Notons également que certains enfants devront en prendre jusqu'à la vie adulte. On remarque aussi que de plus en plus d'adultes (des anciens hyperactifs non diagnostiqués en bas âge) découvrent comment le DAH les a affectés et les affecte encore. La médication peut aussi être utile pour eux et certains y ont recours.

L'enfant doit-il prendre de la médication juste pour l'école ou également les fins de semaine et les congés?

Il n'y a pas de règle qui s'applique pour tous les enfants. Pour certains, qui ont des difficultés surtout à l'école et pour qui ça va assez bien à la maison, les jours de classe seulement seront suffisants. Cela représente environ 60 à 65 % des enfants.

Par contre, pour les cas plus sévères, lorsque les difficultés sont également présentes à la maison et dans les activités sociales, il est préférable d'en prendre tous les jours. D'autres enfants en prendront tous les jours de la semaine et les fins de semaine durant l'année scolaire, mais n'en prendront pas durant les vacances d'été. On doit ajuster selon l'évolution. Certains qui n'en prennent pas les fins de semaine vont en prendre pour des activités spéciales, comme les pratiques de hockey du samedi matin.

Existe-t-il une différence entre le Ritalin et le méthylphénidate?

Non. Le Ritalin est le méthylphénidate fabriqué par la compagnie CIBA. Depuis quelques années, il y a d'autres compagnies qui fabriquent également le méthylphénidate, par exemple le PMS-Méthylphénidate produit par la compagnie Pharmascience.

Quelle est la différence entre le Ritalin régulier et le Ritalin S-R?

Le Ritalin régulier est un comprimé de 10 mg; il commence à faire effet vingt à trente minutes après son ingestion et son action dure de trois à quatre heures.

Le Ritalin S-R, à désintégration lente, est du méthylphénidate préparé sous la forme de granules; son action apparaît de trente à quarante-cinq minutes après son ingestion et dure à peu près six à sept heures. Pour certains enfants, cette forme leur permet de ne prendre qu'un comprimé par jour le matin. Le comprimé ne peut être ni croqué, ni écrasé, ni coupé en deux. Il n'existe qu'une forme de comprimé à désintégration lente de 20 mg.

Il est à noter que certains enfants qui répondent bien au Ritalin régulier ne répondent pas au S-R, sans qu'on sache d'ailleurs trop pourquoi.

Quels sont les effets secondaires négatifs associés au Ritalin?

Deux effets sont fréquemment observés: premièrement, une diminution de l'appétit pendant la période où la médication est encore active dans l'organisme (habituellement le dîner); deuxièmement, certains enfants ont davantage de difficulté à s'endormir.

Plus rarement, certains enfants ressentent certains malaises physiques qui tendent à disparaître avec le temps, par exemple, des maux de tête ou un mal d'estomac (comme quelqu'un qui a bu trop de café).

Certains enfants deviennent plus «labiles», c'est-à-dire qu'ils ont davantage les émotions à fleur de peau. De façon générale, on peut dire que les enfants deviennent plus sensibles à la réaction des autres (ce qui n'est pas nécessairement un effet négatif!), comme cette mère qui me confiait qu'à sa grande surprise, depuis que son fils prenait du Ritalin, *«c'était la première fois qu'il s'offrait pour faire la vaisselle»*.

On observe aussi chez certains enfants un effet dit de «rebond». Ils deviennent plus agités ou plus irritables au retour de l'école et en soirée, après que l'action du médicament est terminée. Par contre, il faut parfois être attentif pour bien distinguer cet effet «rebond» du fait que les parents ont parfois tendance à oublier comment était le comportement de leur enfant *avant* qu'il prenne du Ritalin... Par contre, quand l'effet «rebond» demeure important, on peut donner au retour de l'école la moitié de la dose de Ritalin prise le midi; cela aide, d'autant plus que de faire des devoirs avec un effet «rebond» représente un défi de taille! Cette demi-dose permettra donc aussi de faciliter les devoirs.

Certains disent que le Ritalin peut entraîner un retard de croissance chez l'enfant. Est-ce vrai?

Dans les années 60 et 70, les dosages prescrits étaient beaucoup plus élevés que maintenant et c'est à cette époque que l'on a noté des absences de gain de poids et de taille. Avec les dosages actuels, cela ne pose plus de problème. Par contre, chez quelques-uns qui ont besoin d'un dosage plus élevé, la courbe de croissance peut être ralentie durant la période scolaire, mais ils rattrapent facilement ce retard durant les vacances d'été.

Que faire si l'enfant a de la difficulté à s'endormir à cause du Ritalin?

J'aimerais mentionner que certains enfants avec un DAH ont de la difficulté à s'endormir, qu'ils prennent ou non du Ritalin. Il faut donc bien déterminer si cela est pire avec le Ritalin. Si tel est le cas, on peut donner une petite dose d'un médicament appelé clonidine avant le coucher. Cela est très utile[1].

Notons que la clonidine est aussi utilisée pour le DAH en combinaison avec le méthylphénidate dans le cas où il y a beaucoup d'impulsivité. Elle peut également remplacer le Ritalin lorsque l'enfant développe des tics avec ce médicament.

Quelle est la différence entre le Ritalin et la Dexédrine?

Le Ritalin et la Dexédrine (dexamphétamine) sont deux stimulants du cerveau au niveau du système nerveux central et ils agissent probablement de la même manière. Les effets secondaires sont les mêmes, bien qu'un peu plus fréquents avec la Dexédrine. Par contre, les dosages sont différents, et certains enfants qui ne répondent pas au Ritalin vont bénéficier de l'action de la Dexédrine.

Quels sont les autres médicaments que l'on utilise parfois à part le Ritalin et la Dexédrine?

La pémoline, vendue sous le nom de Cylert, n'est pas un premier choix, mais peut être utilisée si le Ritalin ou la Dexédrine ne conviennent pas à l'enfant. Il est à noter que des réactions peuvent survenir au foie avec la pémoline. On doit surveiller l'apparition de ce problème avec des prises de sang tous les trois mois au début et tous les six mois par la suite.

Des médicaments de la famille des antidépresseurs peuvent être utilisés en présence d'éléments dépressifs importants ou d'anxiété chez l'enfant lorsque celui-ci ne répond pas aux autres médicaments.

Y a-t-il un risque que l'enfant développe une accoutumance face à la médication?

Non, il n'y a pas de phénomène d'accoutumance avec ce genre de médicament, comme c'est le cas pour le Valium ou les somnifères dont il faut progressivement augmenter la dose pour avoir le même effet. Ceci ne

---

1. Note de l'auteure: voir aussi les stratégies éducatives complémentaires présentées au chapitre XI, qui visent également à faciliter le moment du coucher.

veut pas dire que la dose de Ritalin ne doit pas être ajustée avec le temps pour compenser le peu de gain de poids de l'enfant. Beaucoup d'enfants peuvent néanmoins demeurer au même dosage pendant un ou deux ans.

Y a-t-il un risque que l'enfant développe une dépendance face à la médication?

Non, avec les faibles dosages que nous prescrivons maintenant, il n'y a aucun danger d'entraîner une dépendance physique, qui rendrait l'organisme en manque de médication lorsqu'il en est privé, comme c'est le cas pour la cigarette.

Une diète spéciale (par exemple, sans sucre, sans additifs ni colorants) ou encore certains produits homéopathiques peuvent-ils remplacer l'action du Ritalin pour certains enfants?

Rien de ce que vous mentionnez n'a été prouvé à ce jour sur le plan scientifique, même si beaucoup de gens les utilisent ou les essaient dans un premier temps. Ce serait tellement plus facile pour tous si un produit naturel sans effet secondaire et sans «mauvaise presse» pouvait remplacer le Ritalin. Peut-être un jour?

Le Ritalin peut-il conduire au suicide?

La réponse est non! Le Ritalin ne mène PAS au suicide. On pourrait aussi se demander: «*Le DAH mène-t-il au suicide?*» Ou plutôt: «*L'enfant ou l'adolescent qui a un DAH a-t-il plus de chance de se suicider qu'un autre qui n'a pas de DAH?*» Or les recherches n'ont pas établi de lien significatif entre le DAH et le suicide chez les jeunes, pas plus qu'entre le Ritalin et le suicide.

Les psychostimulants comme le Ritalin ou la Dexédrine ne sont-ils pas des drogues, dans la même famille que le «speed» et les amphétamines?

Sur le plan chimique, oui, ce sont des produits semblables; cependant, il faut comprendre que la drogue n'est pas dans le produit mais dans l'usage qui en est fait. Si une personne s'injecte ou inhale du Ritalin, elle pourrait avoir un effet qui ressemble à celui recherché par les personnes qui consomment de ces drogues. Le Ritalin n'est pas une drogue pour autant, pas plus que ne l'est la colle ou le vernis à ongles: cela dépend de l'usage que l'on en fait, et non du produit lui-même.

Le Ritalin peut-il conduire à une consommation de boisson ou de drogue à l'adolescence?

Votre question est particulièrement importante parce qu'elle préoccupe plusieurs parents.

Les études ont démontré que, parmi les enfants avec un DAH, on retrouvait à l'adolescence plus de consommation de cigarettes, mais on ne retrouvait pas davantage de consommation de boisson ou de drogue.

Par contre, si l'enfant ou l'adolescent présente en plus du DAH des problèmes d'opposition et de conduite, la consommation de drogue est hélas un peu plus élevée que chez un enfant sans DAH. Mais cela n'a rien à voir avec le Ritalin, puisque les enfants qui, en plus d'un DAH sévère, présentent des problèmes d'opposition et de conduite, risquent de vivre d'autres problèmes associés, y compris la consommation de boisson ou de drogue. Il faut donc aider ces enfants par tous les moyens, incluant le soutien de la médication.

À mon avis, pour ces enfants à risque, l'utilisation de la médication peut davantage prévenir la consommation de drogue que de les y conduire... Je me rappelle les parents qui m'ont confié, en parlant de leur fils aîné: «*Pierre-André a beaucoup de problèmes; il a complètement décroché de l'école et il consomme. On reconnaît maintenant qu'il avait et qu'il a toujours un DAH. Si, à l'époque, nous avions été informés et que nous avions utilisé la médication comme on le fait avec son jeune frère Maxime, l'évolution de Pierre-André aurait été probablement pas mal plus facile.*»

Appendice 2

Quelques ressources sur le DAH

Nous avons pensé utile de regrouper et de commenter brièvement certains documents sur le DAH qui sont pour nous des coups de cœur. Cette liste est loin d'être exhaustive; elle présente certaines ressources qui peuvent compléter un aspect abordé plus brièvement ou différemment dans ce guide de survie. Nous avons retenu quelques titres, nos préférés, à l'intention du lecteur pour qui la langue anglaise ne pose pas de problème, et choisi parmi les très nombreux documents sur le DAH (livres, vidéos, revues et sites Internet) qui foisonnent actuellement aux États-Unis.

Les livres

Ces enfants qui bougent trop!
Déficit d'attention-hyperactivité chez l'enfant
(C. Desjardins, Montréal, Éditions Quebecor, 1992, 201 pages.)
Ces enfants qui bougent trop! est une référence de base en français comme introduction à la réalité du DAH. Écrit dans un style clair et facilement accessible, ce livre s'adresse aux parents pour les sensibiliser au processus d'accompagnement de l'enfant auquel le DAH les convie. Le premier chapitre illustre concrètement la réalité du DAH dans la vie de l'enfant et de ses parents, en évoquant l'histoire d'un enfant hyperactif de sa naissance à la fin de son école secondaire. Le processus du diagnostic, les caractéristiques de base et la nature physiologique du problème, le rôle de la médication, le vécu de la famille, l'ajustement à l'école, l'évolution de la problématique à l'adolescence sont les principaux thèmes abordés dans les chapitres qui suivent.

Selon le témoignage de plusieurs parents, le livre est également très utile pour sensibiliser la parenté, les amis ou même les enseignants à la nature spécifique du problème; en leur permettant de mieux comprendre ce qu'est le DAH, la lecture du livre contribue, entre autres, à diminuer les préjugés à l'égard de l'enfant et des parents.

Le cousin hyperactif
(J. Gervais, Montréal, Éditions Boréal, 1996, 59 pages.)
Ce livre, qui s'adresse aux jeunes de sept à douze ans, fait partie de la collection «Dominique». Il est abondamment illustré et raconte l'histoire de Sébastien, chez qui on diagnostique finalement un DAH. L'histoire traduit bien les émotions pénibles que vit Sébastien tant à l'école que dans sa famille aussi longtemps qu'on interprète à tort ses difficultés comme de la mauvaise volonté. L'identification du diagnostic permet de comprendre qu'il s'agit d'un déficit réel dans la capacité qu'a Sébastien de contrôler son agitation, son attention ou son impulsivité.

Ce petit livre est utile pour sensibiliser l'enfant lui-même, les frères et les sœurs, les amis et la parenté à la nature des difficultés qui sont associées au DAH. Selon les témoignages des enseignants, le livre est également un excellent moyen pour sensibiliser les enfants en milieu scolaire à la réalité du DAH et pour augmenter la compréhension qu'ils ont des difficultés que vivent certains des enfants dans la classe. Loin de contribuer à étiqueter davantage les enfants hyperactifs qui sont déjà marginalisés, l'histoire de Sébastien contribue à augmenter le niveau de tolérance à leur égard et à faciliter leur intégration .

Le «Mot aux parents» qui termine le livre (pages 49 à 59) est un bon résumé des informations les plus importantes concernant la problématique du DAH. Sous prétexte d'informer les jeunes sur le DAH, l'histoire de Sébastien et le mot aux parents permettent également de sensibiliser les adultes qui, de prime abord, ne seraient pas assez disponibles ou motivés pour lire un document plus exhaustif...

Les livres à l'intention des jeunes écrits par Michael Gordon
Les livres de Michael Gordon sont de véritables coups de foudre et il est regrettable qu'ils ne soient pas encore traduits en français (notons que certains livres ont été traduits en espagnol!). Chacun de ces volumes possède une sensibilité qui reflète bien les émotions vécues et un sens de l'humour qui dédramatise les situations associées au DAH. Tous les âges

et tous les publics sont ciblés par les livres de Gordon: jeunes, fratrie, adolescents, parents, enseignants, adultes avec DAH. Ils sont tous publiés par GSI Publications.

Jumpin' Johnny. Get back to work. A child's guide to ADHD/hyperactivity
(1991, 24 pages.)

Jumpin' Johnny s'adresse aux enfants de cinq à dix ans. Le document existe aussi en vidéocassette, sous forme de dessins animés. Johnny est un petit bonhomme fort sympathique qui nous confie spontanément l'histoire de sa vie: il raconte ses bévues en classe, sa visite chez le médecin et l'identification du diagnostic de DAH, les moyens concrets mis en place par ses parents et son enseignante pour l'aider, ses hésitations (et surtout celles de ses parents!) face à l'essai de la médication. Grâce à ses illustrations et à la simplicité du texte, le livre est amusant à regarder et à raconter si on le traduit simultanément à l'enfant.

My brother's a world-class pain. A sibling's guide to ADHD/hyperactivity
(1992, 34 pages.)

La présentation générale, le ton sympathique et l'humour de ce petit livre sont tout à fait dans la même veine que *Jumpin' Johnny*; il s'adresse aux jeunes de cinq à douze ans, particulièrement aux frères et aux sœurs d'un enfant avec DAH. À notre connaissance, c'est le seul livre qui vise ce public et il le fait fort bien: toutes les émotions fraternelles y passent, de la frustration à l'attachement en passant par la gêne et le rire. Quel excellent moyen de faciliter l'échange avec le frère et la sœur, eux qui se trouvent facilement laissés pour compte face aux préoccupations un peu envahissantes associées au DAH.

I would if I could. A teenager's guide to ADHD/hyperactivity
(1993, 34 pages.)

Ce livre possède les mêmes qualités que *Jumpin Johnny* (humour, ton de la confidence, qualité des informations sur le processus du diagnostic, la nature du DAH et les moyens pour aider), sauf que celui-ci s'adresse aux adolescents. C'est le journal personnel d'un jeune hyperactif, qui, comme le *Cousin hyperactif*, permet de comprendre de l'intérieur les émotions difficiles associées au DAH. On y trouve, entre autres, les inquiétudes de l'adolescent qui sont associées à l'essai de la médication ainsi que le rôle important que jouera le diagnostic qui permet enfin à ses parents de mieux comprendre la nature de ses difficultés et d'ajuster leur approche en conséquence. Les moyens éducatifs mis en place sont bien présentés et, avec l'aide apportée par la médication et grâce à son intégration dans l'équipe de soccer, permettent enfin à Sam de voir la lumière au bout du tunnel.

Distant drums, different drummers. A guide for young people with ADHD

(B. D. Ingersoll, Bethesda, Cape Publications, 1995, 40 pages.)
Ce petit livre, écrit par Barbara Ingersoll, est simple et bien illustré; il s'adresse avec beaucoup de finesse et de pédagogie à des jeunes âgés de sept à quatorze ans, qui ont un DAH. Deux éléments ont soulevé notre enthousiasme dans l'approche de ce livre.

1. Barbara Ingersoll explique clairement aux jeunes la nature du DAH, mais surtout elle fait comprendre comment certains traits de caractère associés au DAH, comme être énergique, curieux, aventureux et rapide à réagir, étaient, dans une époque ancienne, particulièrement valorisés et utiles pour assurer la survie de nos ancêtres, les chasseurs.

2. Par la présentation d'une grille d'autoévaluation et par la suggestion de plusieurs moyens concrets, l'auteur fait participer le jeune lui-même à l'identification et au choix de moyens susceptibles de l'aider à composer plus efficacement avec ses propres difficultés associées au DAH.

Otto learns about his medecine

(M. Galvin, New York, Magination Press, 1988, 30 pages.)
Ce petit livre, illustré avec fantaisie et humour, s'adresse aux jeunes enfants de cinq à dix ans. Matthew Galvin réussit un tour de force: celui de présenter le rôle de la médication à de tout jeunes enfants d'une manière claire et amusante. Otto est une petite voiture rouge, tout à fait sympathique, mais dont le moteur roule un peu trop vite et l'entraîne, bien malgré elle, dans différentes mésaventures. Son mécanisme requiert donc l'utilisation d'une essence spéciale qui permettra de ralentir un peu son allure fringante et facilitera son ajustement.

Les vidéos

ADHA: What do we know? et *ADHA: What do we do?*

Russel A. Barkley est sans conteste un des spécialistes les plus reconnus sur le plan international sur la question du DAH. À part les nombreux livres et articles scientifiques dont il est l'auteur, Barkley a produit quelques documents vidéo qui résument fort adéquatement une information très accessible sur le sujet. Ces deux vidéocassettes, de trente minutes chacune, présentent de façon claire les concepts de base et les illustrent par des mises en situation. Le premier document, *What do we know?*, porte sur l'explication des causes et des caractéristiques du DAH, alors que *What do we do?* présente une gestion du comportement qui s'appuie sur l'approche behaviorale.

Jumpin Johnny!

Un petit document de quinze minutes, produit par M. Gordon, qui reprend avec autant de succès le contenu et les illustrations du livre du même titre présenté précédemment.

1-2-3 Magic!

Un document de deux heures, produit par Thomas Phelan, qui présente les principes de base et les applications concrètes du temps d'arrêt selon l'approche 1-2-3, telle qu'expliquée au chapitre X. Il s'agit essentiellement de la présentation résumée d'un atelier de formation offert par T. Phelan à un groupe de parents; les exposés sont entrecoupés de témoignages et de mises en situation qui illustrent les interventions discutées.

Les magazines et les périodiques

Le Magazine Enfants Québec

Bien que ne portant pas uniquement sur le DAH, nous y trouvons de nombreux articles vraiment intéressants et bien documentés pour les parents qui ont des enfants d'âge scolaire. Ce magazine, publié tous les deux mois, propose des pistes de réflexion et offre aux parents plusieurs outils reliés aux questions éducatives, par exemple la gestion de la discipline, l'écoute de l'enfant, les ressources scolaires, des suggestions de livres, de jouets, de camps de vacances, etc.

Voici, à titre d'exemples, quelques thèmes, abordés récemment par le magazine, qui présentent un intérêt particulier pour le parent qui a un enfant avec un DAH.

1. Sur les devoirs (voir le chapitre XIV), l'article proposait aux parents plusieurs ressources intéressantes.
Voir: Paradis, F. «Aide aux devoirs et aux leçons». *Le Magazine Enfants Québec*, septembre 1997, p. 66 à 69.

2. Des suggestions pour agrémenter et rendre plus nourrissante la boîte à lunch de l'enfant. C'est une question qui préoccupe plusieurs parents dont l'enfant avec DAH manque parfois d'appétit et revient le soir avec une boîte à lunch à demi vide.
Voir: Acti-menu. «Quoi de neuf dans la boîte à lunch?» *Le Magazine Enfants Québec*, septembre 1997, p. 109 à 111.

3. À l'occasion, on y trouve aussi d'excellents articles dans lesquels des spécialistes abordent spécifiquement la question du DAH. Voir par exemple:
Dubé, R. «Conjuguer Ritalin», *Le Magazine Enfants Québec*, septembre 1997, p. 8 à 13.
Duclos, G. «Aider l'enfant girouette», *Le Magazine Enfants Québec*, novembre 1997, p. 19 à 23.
Duclos, G. «L'enfant tornade. Stratégies pour aider l'enfant hyperactif et ses parents», *Le Magazine Enfants Québec*, février 1995, p. 2 à 5.

Brakes, The interactive newsletter for kids with ADHD

Il s'agit d'un magazine qui s'adresse spécifiquement aux jeunes d'environ huit à quatorze ans qui présentent un déficit de l'attention avec ou sans hyperactivité. Ce magazine paraît tous les deux mois depuis 1995 (30 $US pour six numéros par année). Chaque numéro (qui comporte environ une douzaine de pages) aborde un thème particulier, par exemple le retour à l'école, les amis, les loisirs, la famille, les animaux domestiques, la lecture, les vacances d'été, etc. En plus de proposer aux jeunes lecteurs des articles signés par des spécialistes et différentes activités (comme trouver des formes cachées dans une illustration), on laisse une place importante aux jeunes eux-mêmes dans la rédaction du magazine. Tour à tour, les jeunes y signent des chroniques, échangent des trucs avec les autres lecteurs, posent des questions ou parlent de leurs réussites, de leurs frustrations ou simplement de ce qu'ils aiment. Placé au centre de chaque magazine, un encart, qui s'adresse aux parents et aux éducateurs, aborde des thèmes complémentaires et les informe sur de nouvelles publications susceptibles d'intéresser les adultes qui accompagnent un jeune avec un DAH.

N. B. Tous les livres et vidéos de langue anglaise mentionnés précédemment sont offerts auprès de l'organisme A. D. D. Warehouse, une adresse incontournable si vous connaissez l'anglais. Il s'agit d'une gigantesque banque de ressources américaines spécialisées sur le déficit d'attention avec ou sans hyperactivité (livres, vidéos, jeux, matériel pédagogique pour enfants, adolescents et adultes). On peut obtenir gratuitement le catalogue de tout le matériel en écrivant aux adresses suivantes.

A. D. D. Warehouse
300 Northwest 70th Ave, Suite 102
Plantation, FL 33317-2360, USA
Tél.: 1800-ADD-WARE
Tél.: 305-792-8944
Internet: www.addwarehouse.com
Télécopieur: 305-792-8945

Les associations et les groupes de parents

Panda (ou «Parents Aptes à Négocier le Déficit de l'Attention avec ou sans hyperactivité»)

Bientôt regroupés sur le plan provincial (association prévue pour l'automne 1998), différents groupes régionaux offrent des services d'entraide pour les parents ayant un enfant qui présente un déficit de l'attention avec ou sans hyperactivité. Les objectifs de Panda sont de favoriser le regroupement des parents ayant un enfant avec un déficit d'attention, de les informer et de les outiller pour mieux répondre aux besoins de leur jeune. Panda vise aussi à sensibiliser les intervenants qui travaillent avec les enfants ayant un DAH, ainsi qu'à mettre sur pied des ressources adéquates et complémentaires à celles déjà existantes.

Pour savoir s'il existe un groupe Panda dans votre région et pour connaître ses coordonnées, communiquez avec votre CLSC, puisqu'un intervenant de cet organisme travaille en collaboration avec les parents des groupes Panda. Si votre CLSC n'offre pas ce service ou n'a pas les renseignements désirés, prenez contact avec le CLSC Sainte-Thérèse-de-Blainville au (450) 430-4553. Cet organisme connaît bien les groupes Panda et on saura vous informer adéquatement et, au besoin, vous diriger pour former un regroupement dans votre propre quartier.

AQETA (ou Association québécoise pour les troubles d'apprentissage)

L'AQETA est un important organisme qui existe au Québec depuis 1966 et qui s'intéresse aux troubles d'apprentissage, dont le DAH. L'association offre des services de références et de renseignements sur différents troubles d'apprentissage, dont les difficultés de mémoire, de communication, de lecture, d'écriture, de calcul, etc.; le DAH et la dyslexie font également partie des problématiques importantes auxquelles s'intéresse l'association.

L'AQETA organise, chaque année, un congrès international d'envergure (généralement tenu en mars à Montréal). L'association est représentée par des sections régionales qui sont réparties dans différentes régions du Québec; celles-ci peuvent parfois offrir des services comme un groupe d'entraide, des documents d'information, des activités de loisir pour les jeunes présentant des troubles d'apprentissage (activités du samedi, camps de jour pendant l'été, etc.). Pour connaître quels sont les services offerts dans votre région, communiquez avec le bureau provincial.

> 284, rue Notre-Dame Ouest, Montréal (Québec) H2Y 1T7
> Téléphone: (514) 847-1324
> Télécopieur:: (514) 281-5187
> Courrier électronique: aqeta@sympatico.ca
> Site Internet: http://educ.queensu.ca/~lda

CH.A.D.D. (Children and adults with attention deficit disorder)

CH.A.D.D. est un vaste organisme américain et canadien voué à l'amélioration de la qualité de vie des personnes qui ont un déficit de l'attention, avec ou sans hyperactivité. CH.A.D.D. offre de nombreux services anglophones (par exemple dans la région d'Ottawa ou de Toronto): groupes d'entraide, conférences mensuelles, prêt de documents d'information, etc. Les membres reçoivent automatiquement le magazine *Attention!* ainsi que les périodiques *CH.A.D.D.er Box*, publiés quatre fois par année. À ce jour, cet organisme n'est pas encore établi au Québec. Voici les cordonnées de la section de la région d'Ottawa: (613) 722-8482. Site Internet: http://www.chadd.org/

Les sites Internet

Il est quelque peu risqué de donner des renseignements au sujet des ressources offertes sur le DAH sur le réseau Internet: tout change tellement rapidement sur l'autoroute de l'information. Les sites anglophones qui abordent la question du DAH sont nombreux et de qualité inégale; rien n'assure la crédibilité des renseignements trouvés sur un sujet à la mode comme le DAH! Les parents internautes doivent donc faire preuve d'un grand discernement et vérifier si la source des renseignements est fiable; par exemple, les sites de CH.A.D.D. et ADD Warehouse sont des portes d'entrée utiles et fiables pour naviguer sur la question du DAH.

Les sites francophones sont relativement peu nombreux; en voici quelques-uns qui sont valables depuis le printemps 1998. Bien que non spécifique au DAH, nous indiquons aussi l'adresse du réseau d'information créé et mis à jour par l'hôpital Sainte-Justine de Montréal; ce site demeure une porte d'entrée fiable et intéressante pour les parents.

Guide pour les parents d'enfants hyperactifs est un site québécois créé par une mère d'enfant hyperactif.
http://planete.qc.ca/sante/elaine/table.html

Information pour les familles est un site français créé par l'Académie américaine de psychiatrie de l'enfant et de l'adolescent, qui propose une information concise sur plusieurs problématiques, dont les enfants qui ne peuvent soutenir leur attention.
http://www.aacap.org/infoami/index.htm

Thada: un site intéressant et bien illustré qui résume certaines questions associées au déficit d'attention.
http://www.thada.org/html/accueil.htm

Cise (Centre d'information sur la santé de l'enfant) est un site d'information sous la responsabilité de l'hôpital Sainte-Justine. Ce réseau est une excellente porte d'entrée qui ouvre vers de nombreux autres sites portant sur les préoccupations des parents et de leur enfant.
http://brise.ere.umontreal.ca/~lecomptl/index.html

Appendice 3

Jouer, s'amuser, découvrir et inventer avec... des livres!
Une collaboration spéciale de Yolande Lavigueur[1]

Si le chien peut être le meilleur ami de l'enfant, le livre peut être le meilleur ami du parent. Faire lire délivre... le parent! Pour vous en convaincre, il suffit de faire un petit tour à votre bibliothèque municipale, section jeunesse. Trouvez ou demandez à la bibliothécaire plusieurs albums sur un sujet qui intéresse particulièrement votre enfant. Il existe une très grande quantité de livres sur tous les sujets, ou presque, des bonbons au Big Bang, en passant par le chien et les tortues.

Vous aurez tôt fait de constater que certaines collections sont plus attrayantes, diversifiées et riches tant dans leur contenu que dans leur forme. Certaines conviennent tout à fait au style de lecture «sautillante» et aventureuse des petits lecteurs explorateurs-zappeurs. Je connais un petit garçon qui n'avait jamais lu un livre en entier jusqu'à ce qu'il découvre: *Le cheval, le connaître et en prendre soin*, un petit manuel illustré sur son sujet préféré, sa passion... le cheval!

Voici quelques exemples de collections qui ont su s'adapter à un public de lecteurs qui n'ont rien d'indulgent ni de naturellement concentré et attentif.

---

1. Yolande Lavigueur est professeure de littérature et documentation enfantines au cégep de Saint-Jérôme. De 1990 à 1996, elle a fait la sélection des livres jeunesse pour le magazine *Protégez-vous* et pour *Livrélus* produit par l'Association des professeurs de sciences du Québec (APSQ).

Pour apprivoiser la vie et les émotions

Chez Syros Éditeur, la collection «Les petits carnets»

Sous la forme de petits carnets, avec des onglets pour repérer, comme certains dictionnaires, le sujet qui intrigue ou intéresse le lecteur sur le moment. Par exemple, le carnet intitulé *Les sentiments* définit, explique et illustre avec art et humour des sentiments tels que la joie, la tristesse, la fierté, la haine, l'amitié, le dégoût, la honte, la tendresse, la déception et bien d'autres.

Cerner, définir une émotion par des mots n'est pas facile, et pourtant, c'est ici une mission accomplie. Des dessins fort éloquents ajoutent à la réussite de ces titres: *Peurs; Sentiments; Petits ennuis; Incommodités; Bestioles; Gros ventre; Virgule.*

Pour le plein air et la nature

Chez Milan Éditeur, la collection «Carnets de nature»

De petits livres format poche, bourrés de dessins et de schémas clairs et vivants, comme une super bande dessinée. À chaque page, une idée d'activité avec des informations pertinentes, souvent étonnantes, des encadrés et des gros plans. À glisser dans la poche ou dans le sac à dos, et à utiliser sur le terrain, dans les champs ou dans le bois! Des titres: *Feux et cuisine; Cabanes et abris; Traces et empreintes; L'orientation; Le secourisme; Petites bêtes de la campagne; Oiseaux des jardins; Étoiles et planètes; Messages secrets*, etc. (Il y en a plus de vingt.)

Pour s'amuser

Chez Nathan, la collection «Faites vos jeux»

Pour les plus petits. Chaque livre compte trente-deux pages, trente-deux activités diversifiées, expliquées et illustrées de façon amusante. Trois titres: *Jeux d'intérieur; Jeux d'extérieur; Jeux avec les animaux.*

Chez Héritage Jeunesse, la collection «Quoi faire?»

Dans la même veine que la collection précédente, mais qui s'adresse à tous les âges; des idées d'activités tellement intelligentes que vous aurez le goût de jouer vous aussi! Les titres: *Activités amusantes pour l'été; Activités amusantes pour l'hiver; Activités amusantes pour le voyage.*

Chez Larousse, la collection «Je m'amuse»

De superbes livres d'activités à emprunter avec ou sans le vidéo d'accompagnement; ce dernier montre le déroulement de l'activité, un peu comme le fait une émission de cuisine à la télé. Des titres: *Je m'amuse en plein air* et *Je m'amuse les jours de pluie.*

Chez Gallimard, la collection «Les bouquins malins»

Pour les neuf à douze ans, de petits albums format poche, remplis de caricatures et de schémas amusants. Les titres parlent d'eux-mêmes. On a pensé à chaque petit garnement qui a le goût soit d'apprendre, soit de réussir un défi, soit d'épater la galerie, ou encore les trois à la fois! Leur slogan: Défense de s'ennuyer! Les titres: *Tous les jeux de bille; Le guide des farceurs; Messages et codes secrets; Les meilleures parties de cartes; Je m'amuse tout seul à la maison; Les champions de l'élastique; Des trésors de papier; Comment étonner tes amis; Tous les drapeaux du monde; Les paris impossibles; Le livre des horreurs; Détectives et agents secrets.*

Pour connaître

Chez Gallimard, la collection «Les chemins de la découverte»

Chaque livre présente des êtres vivants, qui sont des sources de curiosité et d'émerveillement. Certains titres: *Qui suis-je?... Une araignée; Qui suis-je?... Une grenouille; Qui suis-je?... Un papillon; Qui suis-je?... Un félin; Qui suis-je?... Un animal qui se camoufle; Qui suis-je?... Un rapace,* etc.

Pour bricoler, construire et créer

Pour les artistes et les inventeurs en herbe, les collections de livres de bricolage sont tellement nombreuses et variées que cela en devient étourdissant. Voici quelques collections exceptionnelles par leur accessibilité aux jeunes, leur qualité, leur attrait et le réalisme de leurs projets.

Chez Gallimard, la collection «Les livres à malice»

Pour les tout petits (sept à neuf ans). Inutile de savoir lire, on regarde les images et voilà qu'on a de l'imagination plein les doigts! On a intitulé les livres à partir des matériaux utilisés: *Les galets; Le papier; Le bois; La pâte à modeler; Le tissu; Les bouchons; Les boutons; Les boîtes; Les perles; Les feuilles,* etc.

Chez Fleurus Idées, la collection «Mes premières activités manuelles»

Pour les neuf à douze ans. Des titres évocateurs: *Marionnettes; Déguisements; Mobiles; Les quatre saisons; Animaux rigolos en papier; Avec des œufs; Avec de l'argile,* etc.

Chez Sélection du Reader's Digest, la collection «1, 2, 3, je crée»

Pour tous. La collection fétiche de tous les éducateurs et que l'enfant peut utiliser seul, dès qu'il sait lire un peu. Avec des patrons à copier ou à découper. Les titres: *1, 2, 3, je crée... mes marionnettes; 1, 2, 3, je crée... avec la nature; 1, 2, 3, je crée... mes petits plats; 1, 2, 3, je crée... mes tours de magie; 1, 2, 3, je crée... tout pour Noël; 1, 2, 3, je crée... mes cadeaux.*

Pour découvrir en jouant

Chez Sélection du Reader's Digest, la collection «Découvrons en jouant»

Pour les petits (sept à neuf ans), une collection qui donne le goût des sciences et des expériences. Des titres: *Découvrons en jouant... Ce qui bouge; Découvrons en jouant... L'équilibre; Découvrons en jouant... Ce qui change; Découvrons en jouant... Mon corps.*

Chez Time Life, la collection «Les enfants découvrent»

Pour tous les âges, une collection à dévorer selon l'ampleur de l'appétit de comprendre de l'enfant. Les titres: *Les moyens de locomotion; Comment ça marche?; Les cinq continents; Les dinosaures; Le temps et les saisons.*

Bref, quelle bonne idée pour un parent que d'aller vite faire un tour, avec ou sans son enfant, à la bibliothèque municipale, à la librairie ou à un salon du livre! Que l'enfant comme le parent se laissent fasciner et tenter par tous les trésors, toutes les découvertes et toutes les idées d'activités qui se cachent dans les livres jeunesse!

Bibliographie

BARKLEY, R. A. *ADHD and the nature of self-control*, New York, The Guilford Press, 1997; *ADHD in adults*, New York, Guilford Press Video, 1994; *Taking charge of ADHD. The complete autoritative guide for parents*, New York, GSI Publications, 1995.

BLECHMAN, E. A. *Solving child behavior problems at home and at school*, Champaign, Research Press, 1985.

CRINC, K. A. et GREENBERG, M. T. «Minor parenting stresses», *Child Development*, 61, 1628-1637, 1990.

DEMERS, D., LAVIGUEUR, Y., GUINDON, G. et CRÉPEAU, I. *La Bibliothèque des enfants: des trésors pour les 0 à 9 ans*, (2e édition), Montréal, Québec Amérique jeunesse, 1995.

DESJARDINS, C. *Ces enfants qui bougent trop! Déficit d'attention-hyperactivité chez l'enfant*, Montréal, Éditions Quebecor, 1992.

DESJARDINS, C. et LAVIGUEUR, S. «Le déficit d'attention-hyperactivité. Première partie: Le diagnostic et la médication», *Orthographe Plus*, 8 (1), 1995, p. 8.

DUBÉ, R. «Conjuguer Ritalin», *Le Magazine Enfants Québec*, août-septembre 1997, pages 8 à13.

FALARDEAU, G. *Les enfants hyperactifs et lunatiques* (édition revue et augmentée), Montréal, Le Jour Éditeur, 1997.

FOWLER, M. C. *Maybe you know my kid. A parent's guide to identifying, understanding and helping your child with attention-deficit hyperactivity disorder*, New York, Birch Lane Press, 1990.

GALVIN, M. *Otto learns about his medecine*, New York, Magination Press, 1988.

GERVAIS, J. *Le cousin hyperactif*, Montréal, Éditions Boréal, 1996.

GORDON, M. *I would if I could. A teenager's guide to ADHD/hyperactivity*, New York, GSI Publications, 1993; *Jumpin' Johnny get back to work. A child's guide to ADHD/hyperactivity*, New York, GSI Publications, 1991; *My brother's a world-class pain, A sibling's guide to ADHD/hyperactivity*, New York, GSI Publications, 1992.

GORDON, M. et McCLURE, F. D. *The down & dirty guide to gdult ADD*, New York, GSI Publications, 1996.

GORDON, T. *Comment apprendre l'autodiscipline aux enfants. Éduquer sans punir*, Montréal, Le Jour Éditeur, 1990; *Parents efficaces. Carnet du parent*, Montréal, Le Jour Éditeur, 1976.

GUINDON, G., LAVIGUEUR, Y., GÉLINAS, M. et DESROCHERS, G. *La Bibliothèque des jeunes: des trésors pour les 9 à 99 ans*, Montréal, Québec Amérique jeunesse, 1995.

INGERSOLL, B. *Distant drums, different drummers. A guide for young people with ADHD*, Bethesda, Cape Publications, 1995.

JASMIN, D. *Le conseil de coopération : un outil pédagogique pour l'organisation de la vie et la gestion des conflits*, Montréal, Éditions de la Chenelière, 1994.

KENNEDY, P., TERDAL, L. et FISETTI, L. *The hyperactive child book*, New York, St. Martin's Press, 1993.

LECLERCQ, J. *Le jour de l'Homme*, Paris, Éditions du Seuil, 1976.

MONBOURQUETTE, J. *L'ABC de la communication familiale*, Ottawa, Novalis, 1993.

PALTIN, D. M. *The parents' hyperactivity handbook. Helping the fidgety child*, New York, Plenum Press, 1993.

PHELAN, T. W. *1-2-3 Magic. Effective discipline for children 2-12*, Glen Ellyn, Child Management Inc., 1995; *Self-esteem revolutions in children. Understanding and managing the critical transitions in your child's life*, Glen Ellyn, Child Management Inc., 1996.

QUINN, P. O. et STERN, J. M. *Putting on the brakes. Young people's guide to understanding attention deficit hyperactivity disorder (ADHD)*, New York, Magination Press, 1991.

ROBIN, S. S. et BOSCO, J. J. *Parent, teacher and physician in the life of the hyperactive child. The incoherence of the social environment*, Springfield, Charles C. Thomas, 1981.

TAYLOR, J. *Helping your hyperactive/attention deficit child*, Rocklin, Prima Publishing, 1994.

WEBSTER-STRATTON, C. *The incredible years. A trouble-shooting guide for parents of children aged 3-8*, Toronto, Umbrella Press, 1992.

Table des matières

DEUXIÈME PARTIE
Appuyer son action sur du solide

Chapitre II
S'appuyer sur du solide: établir le bon diagnostic

Chapitre III
S'appuyer sur du solide: être bien informé

Chapitre IV
S'appuyer sur du solide: maintenir une bonne relation

Chapitre V
S'appuyer sur du solide: promouvoir l'estime de soi de l'enfant

TROISIÈME PARTIE
Quoi faire: principes et moyens d'action

Chapitre VI
Quoi faire: agir et non réagir

Chapitre VII
Premier C: Compenser les déficits

Chapitre VIII
Deuxième C: Clarifier les demandes

Chapitre IX
Troisième C: Construire sur le positif

Chapitre X
Quatrième C: Contrecarrer l'inacceptable

QUATRIÈME PARTIE
Des situations à prévoir et des solutions à inventer

Chapitre XI
Le lever et le coucher

Chapitre XII
Les tâches

Chapitre XIII
Les repas

Chapitre XIV
Les devoirs

Chapitre XV
Les loisirs

Chapitre XVI
Les amis

Chapitre XVII
Les sorties, les voyages, les fêtes et les rencontres sociales

CINQUIÈME PARTIE
Mettre toutes les forces en commun

Chapitre XVIII
Collaborer avec l'école

Chapitre XIX
Bien utiliser la médication

Chapitre XX
Mettre en commun les forces présentes à l'intérieur de la famille

Chapitre XXI
Mettre en commun les forces présentes à l'extérieur de la famille

Mot de la fin
Reprendre son souffle...

Appendices